KB008790

데일카네기

자기관리론

데일카네기
자기관리론

1판 1쇄 발행 2007년 7월 2일
개정2판 1쇄 발행 2022년 12월 1일

지은이 Dale Carnegie
옮긴이 강성복
펴낸이 박찬영
편집 김혜경, 한미정, 리베르 편집팀
교정 송인환, 리베르 편집팀
디자인 박민정
마케팅 조병훈, 박민규, 최진주, 김나영
발행처 리베르
주소 서울특별시 성동구 왕십리로58 서울숲포휴 11층
등록신고번호 제2013-17호
전화 02-790-0587, 0588
팩스 02-790-0589
홈페이지 www.liber.site
커뮤니티 blog.naver.com/liber_book(블로그)
e-mail skyblue7410@hanmail.net

ISBN 978-89-6582-356-8(04320)
978-89-6582-354-4(세트)

리베르(Liber 전원의 신)는 자유와 지성을 상징합니다.

자기 자신이 어려운 당신에게

데일카네기

자기관리론

데일 카네기 지음 | 강성복 옮김

리베르

Dale
Carnegie
How to Stop
Worrying
and Start
Living

'살아 숨 쉬는 물고기' 같은 책　역자 서문

인간은 누구나 행복해지기를 원한다. 행복은 인간이 추구하는 최상의 가치다. 하지만 행복이 무엇인지에 대해서는 견해가 다양하다. 그 견해들은 어느 것 하나 틀리지 않지만, 또 어느 것 하나 완벽하지도 않다. 그만큼 행복은 주관적이다. 어떻게 해야 행복한 삶을 살 수 있는지 알기가 어렵다.

현대는 정보 과잉의 시대다. 예전에는 정보가 부족해서 문제였다면 지금은 정보가 넘쳐서 문제다. 어떤 정보를 믿어야 할지 알 수가 없다. 정보의 경중이 가려지지 않기 때문에 선택하기가 곤란하다. 무엇이 행복한 것인가는 점점 더 알기 어려운 문제가 되고 있다.

이럴 때 원전(原典)이 빛을 발한다. 원전에는 간결함과 강렬함이 있다. 단순하기 때문에 더 분명하게 길을 제시해준다. 카네기의 책이 그러하다. 카네기가 지은 『자기관리론』은 어떻게 해야 행복해질 수 있는지를 명쾌하게 제시한다. 이 책의 원제는 『How to stop worrying and start living』이다. 카네기는 걱정을 멈추면 행복해질 수 있다고 말한다. 걱정을 멈추는 법, 그것은 자신의 마음을 다스리고, 육체의 피곤을 물리치는 데서 시작한다. 이것이 바로 자기관리다. 이 책의 한국어판 제목이 『자기관리론』이 된 것은 바로 이런 이유에서다. 20세기 초 카네기는 미국에서 세계 최초로 대중 강연의 시대를 열었다. 세계 최초로 '성인 교육'이라는 시장을 만들어냈다. 그리고 그 과정에서 적절한 교재를 찾을 수 없었기에 스스로 책을 썼다. 그의 말을 빌리자면 썼다기보다는 우러나왔다고 하는 게 맞을 것이다. 그가 이런 책을 쓰기 전까지 이런 부류의 책은 거의 존재하지 않았다. 그래서 그의 책을 원전이라고 부르는 것은 전혀 무리가 아니다.

카네기는 처음에는 성인들에게 화술을 가르쳤다. 하지만 가르치는 과정에서 화술 이외의 많은 부분에 대한 교육이 필요함을 절실히 깨닫고 『인간관계론』이나 『자기관리론』 같은 책을 펴냈다. 『인간관계론』이 다른 사람과 어떻게 원활한 관계를 맺고 그 사람을 내 뜻대로 움직일 것인지에 관한 책이라면, 『자기관리론』은 그 과정에서 생기는 고민과 걱정을 방지하거나 해결하는 방법에 관한 책이다. 카네기의 책이 힘을 갖는 것은 단지 원전이기 때문만은 아니다. 이 책에는 수많은 성공 사례들이 있다. 사례는 이론과 다른 힘을 갖고 있다. 우리에게 펄떡펄떡 살아 숨 쉬는 물고기처럼 실감 나게 다가오는 것은 이론이 아니라 실전 사례다.

카네기가 인용하는 사례 중 상당수는 미국 전역에서 공모를 거쳐 선별된 것들이다. 그만큼 실감이 나고 느낌이 강렬하다. 이 사례들을 자세히 들여다보는 것만으로도 이 책을 읽어야 할 이유는 충분할 것이다. 이 책에 실린 다양한 사례를 읽다 보면 어느 순간 '아, 바로 이거야!' 하는 순간을 맞이할 것이다. 세상이 아무리 달라져도 사람들에게 생기는 걱정이란 크게 달라지지 않기 때문이다. "만일 그런 깨달음을 얻지 못한다면 이 책을 쓰레기통에 집어 던져 버려라. 그 사람에게 이 책은 아무런 의미가 없다. 의미가 없을 뿐 아니라 쓸데없이 자리만 차지하고 있는 애물단지가 된다." 이것은 카네기 자신이 한 말이니 너무 주제넘은 이야기라고 생각하지 않았으면 좋겠다.

누구라도 이 책을 읽는 가운데 한 가지라도 제대로 느낀다면, 한 가지라도 깨달음을 얻는다면, 그리고 그 깨달음대로 실천한다면, 이 책은 그 사람의 인생에 커다란 전기가 될 것이다. 카네기는 그런 변화가 일어나는 것을 수도 없이 지켜보았다. 이 책은 그런 변화의 기록이다. 카네기는 다양한 사상가들의 말을 인용해 우리가 알고 있는 것을 새롭게 제시하는 능력을 보여준다. 예를 들면 "우리의 개인적 욕망과 합치하는 모든 것은 진실해 보인다. 그렇지 않은 모든 것은 우리를 화나게 한다."라는 앙드레 모루아의 말이 그렇다. 우리가 진실이라고 생각하는 것은 실제로 진실이 아니다. 우리가 진실이라고 믿고 싶은 것일 뿐이다. 조금은 과격해 보이지만 조금만 깊이 생각해 본다면 이 말이 타당함을 누구나 인정할 수 있다. 목소리 큰 사람이 활개 치는 이 시대에 카네기의 지적은 그 어느 때보다도 통렬하게 다가온다.

많은 독자가 이미 카네기의 저서를 읽어보았을 것이다. 하지만 리베르 출판사에서 나오는 『자기관리론』은 카네기 자신이 직접 쓴 원본을 번역의 기본서로 삼았다는 점에서 특별하다. 그런 만큼 이 책은 지금까지 국내에 출간된 여러 종의 책 가운데 카네기의 생각이 가장 생생하게 살아있는 책이라고 할 수 있다.

이 책을 번역할 때 우리말처럼 자연스럽게 읽히도록 하는 점에 가장 염두를 두었으나, 영문과 대조하면서 읽고 싶은 독자들을 위해 가능하면 원문을 살려서 번역했다. 그러는 와중에 가슴 아프지만 차선을 택해야 하는 경우도 없지는 않았으니 날카로운 눈을 가진 독자 여러분의 따뜻한 이해를 구하는 바이다.

이 책을 통해 카네기에게 '정강이를 차인' 독자들이 걱정을 멈추고 새로운 삶을 살 수 있게 되기를 기대한다. 방하착(放下着)!

강성복

차례

이 책을 어떻게 썼고 왜 썼는가? 저자 서문

35년 전 나는 뉴욕에 사는 가장 불운한 젊은이 중 한 사람이었다. 당시 나는 생계를 위해 트럭을 판매했다. 하지만 나는 트럭이 어떻게 움직이는지도 알지 못했을 뿐 아니라 알고 싶지도 않았다. 내 일이 경멸스러웠다. 그리고 싸구려 가구에 바퀴벌레가 우글거리는 웨스트 56번가에 있는 집에 산다는 사실도 경멸스러웠다. 나는 아직도 방의 벽에 수많은 넥타이가 걸려 있었던 것을 기억한다. 아침이 되어 새 넥타이를 매려고 손을 뻗으면 바퀴벌레들이 사방으로 도망쳤다. 그런 내 방과 마찬가지로 바퀴벌레가 우글거릴 게 뻔한 더러운 싸구려 식당에서 밥을 먹어야 하는 것 또한 경멸스러웠다.

나는 매일 밤 편두통을 느끼며 외로운 내 방으로 돌아왔다. 실망, 걱정, 비통, 반발로 인해 생기고 자라난 두통이었다. 이런 원인은 전에 내가 대학에 다닐 때 품었던 꿈이 악몽으로 변했기 때문이다. 이게 사는 건가? 이게 과연 내가 그렇게 고대하던 역동적인 모험인가? 과연 이게 인생이 내게 주는 의미 전부인가? 내가 경멸하는 일을 하고, 바퀴벌레와 함께 생활하며, 싸구려 음식을 먹고, 미래의 희망은 보이지 않고……. 나는 독서도 하면서 대학 시절에 꿈꾸던 책도 쓸 수 있는 여가를 가질 수 있기를 간절히 원했다.

나는 내가 경멸하는 이 직업을 그만두더라도 좋아지면 좋아졌지, 나빠질 것은 하나도 없다는 것을 알고 있었다. 돈을 많이 벌려는 욕심은 없었지만, 활기 넘치는 삶을 누리고 싶은 생각은 간절했다. 간단히 말해 나는 루비콘강, 즉 이제 막 인생을 시작하려는 젊은이라면 누구나 맞닥뜨리는 결단의 순간에 도달했다. 그리하여 나는 결단을 내렸고, 그 결단이 내 미래를 완전히 바꾸어놓았다. 결단함으로써 나는 지난 35년 동안 내가 꿈꿀 수 있는 그 어떤 지상 낙원에 있는 것보다도 더 행복하고 보람차게 지낼 수 있었다. 내가 내린 결단은 다음과 같았다. "나는 내가 싫어하는 일을 그만두겠다. 그리고 내가 미주리주 워렌스버그에 있는 주립 교육대학에서 4년간 교육학을 공부했으니 야간 과정에서 성인들을 가르쳐서 돈을 벌겠다. 그런 다음 가끔 쉬면서 책도 읽고, 강의도 준비하고, 장편이나 단편 소설을 쓰겠다. 나는 '글을 쓰는 것과 생계를 꾸리는 것이 일체가 되는 삶'을 원한다."

야간에 성인들에게 어떤 과목을 가르쳐야 할까? 과거를 돌아보며 내가 대학에서 받은 교육을 평가해보고서 나는 대중 연설에 관한 교육과 경험이 내가 대학에서 배운 다른 모든 것을 합친 것보다 사회생활이나 개인 생활에서 현실적으로 훨씬 더 가치가 있다는 것을 깨달았다. 이유가 무엇이냐고? 그로 인해 내 소극성과 자신감 부족이 사라지고 사람을 다룰 수 있는 용기와 확신이 생겼기 때문이다. 또한 그런 경험을 통해 나는 리더십이란 대개 용감하게 나서서 자기 생각을 말할 수 있는 사람에게 부여된다는 사실을 분명히 깨달았다.

나는 컬럼비아 대학과 뉴욕 대학의 야간 공개강좌에서 대중 연설 강사로 일하고 싶다는 지원서를 냈으나 이 두 대학은 내 도움 없이도 해나갈 수 있다는 결정을 내렸다.

당시에 나는 적잖이 실망했다. 하지만 지금 생각해 보면 그 대학에서 나를 거절한 것이 얼마나 다행인지 모른다. 그로 인해 나는 YMCA 야간학교에서 강의를 시작하게 되었는데, 여기에서는 구체적인 결과를 단기간에 내놓는 게 필요했기 때문이다. 얼마나 커다란 도전이었겠는가! 이 성인들이 내게 온 이유는 대학 학점이나 사회적인 위신이 필요했기 때문이 아니었다. 그들이 온 이유는 단 하나, 자신들의 문제를 해결하는 것이었다. 그들은 사업상의 모임에서 겁에 질리지 않고 두 다리로 굳건히 서서 몇 마디 말을 할 수 있게 되기를 바랐다. 세일즈맨들은 한참이나 서성거리며 용기를 불러일으키지 않고도 까다로운 고객의 사무실 문을 열고 들어갈 수 있게 되기를 원했다. 그들은 침착성과 자신감을 얻고 싶어 했다. 사업적으로 성공하고 싶어 했다. 가족을 위해 돈을 더 많이 벌기를 원했다. 그리고 그들은 참가비를 나눠서 지불하고 있어서 만일 결과를 얻지 못하면 더는 돈을 내지 않아도 되었다. 게다가 나는 월급을 받는 것이 아니라 YMCA로부터 수익금의 일정액을 받기로 했으므로, 만일 내가 입에 풀칠이라도 하고 싶다면 나는 현실적이어야만 했다.

그 당시 나는 불리한 상황에서 강의하고 있다고 느꼈다. 하지만 지금에 와서는 내가 돈을 주고도 살 수 없는 훈련을 받고 있었다는 것을 깨달았다. 나는 내 학생들에게 동기를 부여해야 했다. 나는 그들이 자신의 문제를 해결하도록 도와주어야만 했다. 나는 수업 시간마다 그들이 무언가를 깨닫게 함으로써 그들이 계속 오고 싶어 하도록 만들어야만 했다.

그것은 정말 짜릿한 일이었다. 나는 그 일을 사랑했다. 거기에 온 비즈니스맨들이 너무도 빠르게 자신감을 느끼게 되고, 또한 많은 사람이 고속 승진을 하고 보수가 오르는 것을 보며 깜짝 놀랐다. 강좌는 내가 기대하던 것을 훨씬 뛰어넘는 성공을 거듭했다. 세 번째 시즌이 지날 무렵이 되자 '급여 방식으로 하룻저녁에 5달러만 달라.'라는 제안도 거절했던 YMCA는 이익 배분 방식으로 내게 하루에 30달러라는 보수를 지급했다. 처음에 나는 대중 연설에 관한 강좌만 진행했다. 하지만 시간이 흐를수록 이 성인들에게 친구를 만들고 사람들을 설득하는 능력 또한 필요하다는 사실을 깨달았다. 인간관계에 관한 적당한 교재를 찾아보았지만 하나도 찾을 수 없었기에 내가 직접 책 한 권을 써냈다. 내가 썼다고 하지만 사실 그것은 일반적인 방식으로 써진 게 아니었다. 그것은 강좌를 듣는 성인들의 경험 속에서 성장하고 진화했다. 나는 그 책에 『인간관계론(How to Win Friends and Influence People)』이라는 제목을 붙였다.

그 책은 순전히 내 강좌에 참여하는 성인들을 위한 교재로 저술되었다. 그 전에 내가 쓴 네 권의 책이 거의 팔리지 않았기 때문에 나는 그 책이 많이 팔릴 것이라고는 꿈에도 생각지 않았다. 하지만 아마도 현존 인물 가운데 나만큼 깜짝 놀란 작가도 별로 없을 것이다.

시간이 흐르면서 나는 이 성인들에게 또 하나의 커다란 문제가 있다는 것을 깨달았다. 그것은 바로 '걱정'이었다. 내 강의를 듣는 사람들 대다수는 사업을 하는 사람들로서 경영인, 세일즈맨, 엔지니어, 공인회계사 등 모든 업종, 모든 직업의 사람들이 망라되어 있었는데, 대부분 고민거리를 가지고 있었다. 수강하는 사람 중에는 직장 여성이나 주부 등 여성들도 있었는데, 이들 역시 고민거리가 있었다. 나로서는 너무나도 당연히 걱정을 어떻게 극복할 것인지에 관한 교재가 필요했다. 그래서 다시 한번 교재를 찾아보기로 했다. 나는 5번가와 42번가가 만나는 곳에 있는 뉴욕 최대의 공공 도서관에 갔다. 하지만 놀랍게도 제목에'걱정(WORRY)'이라는 단어가 들어 있는 책은 단 22권뿐이었다. 또 한 가지 놀라운 일은 제목에 '벌레(WORMS)'라는 단어가 들어 있는 책은 189권이나 된다는 사실이었다. 걱정에 관한 책보다 벌레에 관한 책이 거의 아홉 배나 많다니! 놀라운 일 아닌가?

걱정은 인류가 직면한 가장 골치 아픈 문제 가운데 하나이기 때문에, 여러분은 당연히 미국의 모든 고등학교와 대학교에서 '걱정을 없애는 방법'에 관한 교육과정을 진행하고 있으리라고 생각할 것이다. 그렇지 않은가? 하지만 내가 견문이 적어서인지는 몰라도 나는 미국에 그런 강좌가 있다는 말을 여태까지 한 번도 들어본 적이 없다. 데이비드 시베리가 자신의 책 『성공적으로 걱정하는 법』에서 "성인이 되었을 때 우리가 경험의 압력을 견디기 위한 준비를 하는 정도는 책벌레에게 발레를 시켰을 때 준비가 되어 있는 정도와 비슷하다."라고 했는데, 정말 그렇게 말할 만도 하다.

그 결과 어떤 일이 초래됐는가? 병원 침상의 과반수를 신경이나 감정과 관련된 문제로 입원한 사람들이 차지하고 있다. 나는 뉴욕 공립 도서관 책장 선반에 놓여 있던 이 스물두 권의 책을 꼼꼼히 읽었다. 그런 후 내가 구할 수 있는 책을 하나도 빠짐없이 샀다. 하지만 성인들을 위한 내 강좌의 교재로 사용할 수 있는 책은 단 한 권도 발견할 수 없었다. 결국 나는 직접 책을 써야겠다고 마음먹었다.

나는 7년 전에 이 책을 쓰기 위한 준비를 시작했다. 어떻게 준비했는지 궁금한가? 나는 고대에서 현대에 이르기까지 철학자들이 걱정에 대해 표현한 구절들을 읽었다. 또한 공자에서 처칠에 이르기까지 수백 명의 전기를 읽었다. 나는 잭 뎀프시, 오마르 브래들리 장군, 마크 클라크 장군, 헨리 포드, 엘리노어 루스벨트, 도로시 딕스 등 다양한 영역에서 이름을 날리고 있는 수십 명의 인물을 직접 만나 면담도 했다. 하지만 이것은 단지 시작에 불과했다.

나는 면담이나 독서보다 훨씬 중요한 다른 일도 했다. 나는 걱정 극복을 위한

'실험실'에서 5년 동안 일했다. 내 강좌의 성인 수강생들을 대상으로 한 실험실이었다. 내가 아는 한 이런 종류의 실험실로는 세계 최초이자 유일한 실험실이었다. 실험은 다음과 같이 진행되었다. 우리는 학생들에게 걱정을 없애기 위해 지켜야 할 몇 가지 규칙을 제시하고 그 규칙을 실제 생활에서 지키도록 했다. 그런 후 다음 강좌에 와서 어떤 결과가 나타났는지 이야기하도록 했다. 어떤 사람들은 자신들이 과거에 사용했던 방법을 발표했다.

그 결과 나는 이 세상의 그 누구보다도 '나는 어떻게 걱정을 극복했는가.'에 대한 이야기를 많이 들은 사람이 되지 않았나 하고 생각한다. 거기에 덧붙여 나는 '어떻게 걱정을 극복했는가.'에 대한 발표 시간에 나온 수백 가지의 이야기를 편지로 읽었다. 미국과 캐나다의 219개 도시에서 진행되고 있는 강좌에서 우수하다고 선정된 이야기들이다. 그러므로 이 책은 결코 상아탑에서 나온 것이 아니다. 또한 걱정은 어떻게 극복될 수 있는지에 대한 학문적이고 장황한 훈계도 아니다. 그와는 정반대로 나는 수천 명의 사람이 어떻게 걱정을 극복했는지를 빠르고 간결하게 기록하는 보고서를 쓰려고 노력했다. 이것 하나는 확실하다. 이 책은 구체적이다. 여러분은 아주 생생한 이야기를 들을 수 있다.

다행히도 여러분이 이 책에서 듣는 이야기는 누군지 모를 가상의 '아무개 씨'이거나 막연한 '메리'나 '존'의 이야기가 아니다. 아주 드문 몇 가지 사례를 제외하고 이 책에는 실제 사람 이름과 실제 동네 이름이 나온다. 이 책의 내용은 실제 있었던 일이다. 실제 있었던 일을 기록한 것이다. 보증하고 확인을 해줄 실제 경험자가 존재한다.

프랑스의 철학자 발레리는 이렇게 말했다. "과학이란 성공한 처방을 모아놓은 것이다." 이 책이 바로 그렇다. 우리의 삶에서 걱정을 없애는 처방 가운데 성공적이고 세월이 가도 유효한 처방을 모아놓았다. 하지만 이것 하나는 미리 경고해두어야 하겠다. 이 책에서 여러분은 새로운 것이라고는 하나도 보지 못한다. 다만 일반적으로 적용되고 있지 않은 것들은 많이 보게 될 것이다. 걱정을 제거하고자 할 때 우리에게 필요한 것은 뭔가 새로운 것이 아니다. 우리는 이미 완벽하게 살아도 될 만큼 충분히 많이 알고 있다. 우리 모두 이미 신약성경에 나오는 황금률과 산상수훈(山上垂訓)에 대해 읽었다. 우리의 문제는 알지 못하는 것이 아니라 실천을 하지 않는 것이다. 이 책의 목적은 예로부터 내려온 수많은 기본적인 진리를 실제 사례를 통해 다시 이야기하면서 케케묵은 냄새를 없애고 오늘에 맞게 재해석해서 여러분 앞에 분명하게 제시하는 것이다. 그러고 나서 여러분의 정강이를 걷어차면서 현실 생활에 적용하도록 만들고자 한다.

여러분이 이 책을 고른 것은 이 책이 어떻게 써졌나를 알기 위해서는 아닐 것이다. 여러분은 실천을 원하고 있다. 그러니 이제 시작해보자. 우선 이 책을 처음부터 41쪽까지 읽어보기를 바란다. 그때가 되어서도 걱정을 없애고 삶을 즐길 새로운 힘과 영감을 얻지 못한다면, 이 책을 쓰레기통에 처박아도 좋다. 그런 사람에게는 이 책이 쓸모가 없기 때문이다.

데일 카네기

이 책이 여러분에게 도움을 주는 16가지 방법

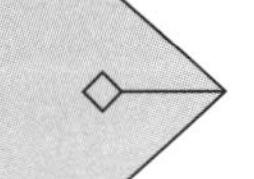

1 걱정스러운 상황을 해결하는 구체적이고도 검증된 공식을 풍부하게 제공한다.

2 사업상의 걱정을 반으로 확 줄이는 방법을 알려준다.

3 평화와 행복을 부르는 정신 자세를 갖추는 7가지 방법을 제시한다.

4 돈과 관련한 걱정을 줄이는 방법을 보여준다.

5 여러분이 가진 수많은 걱정을 극복하는 법칙을 설명해준다.

6 비난을 이롭게 활용하는 방법을 말해준다.

7 주부들이 피곤을 줄이고 젊음을 유지하는 방법을 알려준다.

8 피곤과 걱정을 방지하는 4가지 작업 습관을 제시한다.

9 활동 시간을 하루에 1시간 늘리는 방법을 말해준다.

10 감정 폭발을 막는 방법을 알려준다.

11 자신들이 어떻게 걱정을 멈추고 새로운 삶을 시작했는지를 솔직하게 말하는 평범한 남녀 수십 명의 이야기를 들려준다.

12 2주 안에 우울증을 치료하는 알프레드 아들러의 처방을 알려준다.

13 세계적으로 유명한 의사인 윌리엄 오슬러 경이 걱정을 물리치는 21개 단어를 알려준다.

14 에어컨 산업의 창시자인 윌리스 H. 캐리어가 걱정을 극복할 때 사용하는 3단계 비법을 설명해준다.

15 윌리엄 제임스의 이른바 '걱정을 다스리는 특효약'을 어떻게 사용해야 하는지를 알려준다.

16 수많은 유명인이 어떻게 걱정을 극복했는지를 자세히 말해준다: 아서 헤이스 설즈버거(<뉴욕 타임스> 발행인), 허버트 E. 호크스(컬럼비아 대학 전 학장), 잭 뎀프시(세계 헤비급 권투 챔피언), 코니 맥(명예의 전당에 오른 유명한 야구 감독), 로저 W. 뱁슨(뱁슨 대학 설립자), 버드 제독, 헨리 포드, 진 오트리, J. C. 페니, 존 D. 록펠러.

PART 1

걱정에 대해 알아야 할 기본 사실

Fundamental Facts You Should know About Worry

I

오늘에 충실하라

LIVE IN
"DAY-TIGHT COMPARTMENTS"

1871년 봄, 한 청년이 책을 보다가 그의 인생에 깊은 영향을 남긴 한 구절을 읽게 되었다. 그 청년은 몬트리올 종합 병원의 의학도로서 학기말 시험은 어떻게 통과하나, 무엇을 해야 하나, 어디로 가야 하나, 실습은 어디서 하나, 어떻게 먹고 사나 등의 문제로 걱정을 하고 있던 참이었다.

이 젊은 의학도가 1871년에 읽은 그 한 구절은 그가 당대 최고의 의사가 될 수 있도록 도와주었다. 그는 세계적으로 유명한 존스 홉킨스 의대를 건립했다. 또한 옥스퍼드 의과 대학의 흠정 강좌 교수(영국 왕실이 공로를 인정해 임명하는 일종의 명예 교수직)가 되었다. 그건 대영제국에서 의사에게 부여될 수 있는 가장 명예로운 자리였다. 그리고 영국 왕실로부터 기사 작위를 받았다. 그가 세상을 떠났을 때 그의 삶을 기록하기 위해서는 두꺼운 책 두 권이 필요했는데, 그 분량만도 1,466쪽에 달했다.

그의 이름은 윌리엄 오슬러 경이었다. 그가 1871년 봄에 읽은 그 한 구절, 즉 그가 걱정에 얽매이지 않는 삶을 살 수 있도록 만들어준 토머스 칼라일의 그 한 구절은 바로 이것이다.

우리의 주된 임무는 멀리 있어서 잘 보이지 않는 것을 보려고 하는 것이 아니라, 당장 눈앞에 또렷이 보이는 것을 실천하는 것이다.
Our main business is not to see what lies dimly at a distance, but to do what lies clearly at hand.

토머스 칼라일(Thomas Carlyle)
영국의 평론가, 역사가이다. 혁명을 지배 계급의 악정(惡政)에 대한 천벌로 여겨 지지하였으며, 영웅적 지도자의 필요성을 제창하였다.

42년이 지나고 캠퍼스 가득 튤립이 꽃을 피우는 어느 따스한 봄날 저녁, 윌리엄 오슬러 경은 예일 대학교 학생들에게 연설하였다. 그는 예일대생들에게 자신처럼 4개 대학에서 교수직을 맡고 있고 인기 있는 책을 쓴 사람은 '매우 특별한 두뇌'를 갖고 있을 것이라고 여겨지겠지만 그것은 사실이 아니라고 단언했다. 오슬러 경은 자신의 친한 친구들이 그가 '너무나 평범한 두뇌'를 갖고 있다는 것을 알고 있다고 말했다.

윌리엄 오슬러 경(왼쪽)과 존스 홉킨스 의과 대학(오른쪽)

그렇다면 그가 성공한 비결은 무엇일까? 그는 자신이 '오늘에 충실하게' 살았기 때문이라고 말했다. 그가 한 이 말의 의미는 무엇이었을까? 예일대에서 연설하기 몇 달 전 윌리엄 오슬러 경은 대서양을 건너기 위해 대형 원양 정기선을 타고 있었다. 그 배는 선교(船橋)에 서 있는 선장이 버튼 하나만 누르면 즉각적으로 '떵떵'하는 기계 소리를 울리며 배의 각 부분이 순식간에 다른 부분과 완전히 격리되어 방수 구획으로 변하는 배였다.

오슬러 경은 예일대 학생들에게 이렇게 말했다.

여러분 개개인은 정기선보다 훨씬 놀라운 유기체일 뿐 아니라 더 먼 항로를 가야 합니다. 저는 여러분에게 '오늘만의 구획'을 만들어서 오늘에 충실하게 사는 것이 인생이라는 항해의 안전을 담보해주는 가장 확실한 방법임을 알려주고 싶습니다. 선교에 올라서 주요 칸막이벽들만이라도 제대로 작동하도록 조처하십시오. 살아가는 단계마다 버튼을 눌러 철문이 과거, 즉 이제는 죽어버린 지난날을 격리하는 소리를 들으십시오. 또 다른 버튼을 눌러서 금속 막벽(幕壁)으로 미래, 즉 아직 태어나지 않은 내일을 격리하십시오.

그때야 비로소 여러분은 안전해집니다. 오늘에만 충실하게 살 수 있습니다. …… 과거를 격리하십시오. 죽은 과거가 죽은 자들을 묻게 놔두십시오. …… 바보들에게 죽음의 잿더미로 가는 길을 밝혀주던 어제를 격리하십시오. …… 어제의 짐에 내일의 짐까지 더해서 오늘 지고 간다면 아무리 튼튼한 사람이라도 쓰러질 수밖에 없습니다. 과거와 마찬가지로 미래 또한 빈틈없이 격리하십시오. …… 미래는 오늘입니다. …… 내일이란 없습니다. 인간이 구원받는 날은 바로 지금입니다. 미래를 걱정하는 사람에게는 정력의 낭비, 정신적 고뇌, 번민 등이 끊임없이 쫓아다닙니다. …… 꽉 닫으십시오. 그렇게 이물에서 고물까지 모든 곳을 주요 칸막이벽으로 막고 난 다음 '오늘만의 구획'에서 생활하는 습관을 몸에 익힐 준비를 하십시오.

오슬러 경이 한 말이 내일을 준비하기 위해 아무런 노력도 하지 말아야 한다는 뜻이었을까? 아니다. 전혀 그렇지 않다. 단지 그는 그 연설에서 여러분의 모든 지적 능력과 정열을 다 동원해서 오늘 해야 할 일을 오늘 가장 잘하는 데 집중하는 것이 내일을 가장 잘 준비하는 길임을 말하고자 했을 뿐이다. 그것만이 여러분이 미래를 준비할 수 있는 유일한 방법이다.

오슬러 경은 예일대생들에게 주기도문에 나오는 것처럼 "오늘 우리에게 일용할 양식을 주옵소서."라는 기도로 하루를 시작하기를 권했다.

이 기도가 단지 오늘 필요한 양식만을 간청하고 있음을 기억하기 바란다. 이 기도는 어제 먹은 빵에 곰팡이가 피어 있었다고 불평하지 않는다. 또한 다음처럼 말하는 것도 아니다. "오, 하느님, 최근 밀밭에 비가 거의 오지 않았습니다. 다시 가뭄이 들려나 봅니다. 이러면 내년 여름에 먹을 양식을 어찌 마련할 수 있겠습니까? 제가 일을 잃게 될지도 모를 일이고요. 오, 하느님, 그러면 저는 어떻게 양식을 구할 수 있겠습니까?"

이런 게 아니다. 이 기도는 우리가 오늘 필요한 양식만을 간청해야 한다고 가르치고 있다. 오늘의 양식만이 여러분이 실제로 먹을 수 있는 유일한 양식이다.

오래전 돈 한 푼 없는 철학자 한 사람이 주변이 온통 자갈밭이라 사람들이 먹고살기 위해 엄청나게 고생해야 하는 지역을 지나고 있었다. 어느 날 그는 언덕 위에 사람들을 모아놓고 연설했다. 아마 그 연설은 동서고금을 막론하고 지금까지 있었던 그 어떤 연설보다도 더 많이 인용되는 연설일 것이다. 그 연설은 수백 년에 걸쳐 사람들에게 깨달음을 주고 있다.

"그러므로 내일 일을 위하여 생각하지 말라. 내일 일은 내일 생각할 것이요. 한 날의 괴로움은 그날로 족하니라."

Take therefore no thought for the morrow; for the morrow shall take thought for the things of itself. Sufficient unto the day is the evil thereof.

많은 사람이 "내일 일을 위하여 생각하지 말라."라는 예수의 말을 거부했다. 그들은 그 말을 실현할 수 없는 이상적인 충고, 일종의 동양적인 신비주의에서 나온 말로 보고 거부했다. 그들은 이렇게 말했다. "나는 내일 일을 생각해야 하겠다. 나는 내 가족을 보호하기 위해 보험에 들어야 하겠다. 노년에 대비하기 위해 저축을 해야 하겠다. 나는 성공하기 위해 계획을 세우고 준비해야 하겠다."

맞다! 물론 그렇게 해야 한다. 하지만 사실은 3백여 년 전 번역된 예수의 저 말이 제임스 왕이 통치하던 시대에 의미하던 바는 오늘날의 의미와 같지 않다. 3백여 년 전 '생각(Thought)'은 대개 '염려(Anxiety)'를 뜻했다. 최근 번역된 성경들은 예수의 말을 좀 더 정확하게 옮기고 있다.

"내일 일을 위하여 염려하지 말라."

그러니 부디 내일 일을 위하여 생각하라. 신중하게 생각하고 계획을 세우고 준비하라. 하지만 염려하지는 말라.

제2차 세계 대전 당시 우리 군 지휘자들은 내일 일을 계획했지, 걱정하면서 시간을 보낼 틈이 없었다. 미국 해군을 지휘하던 어니스트 J. 킹 제독은 이렇게 말했다. "나는 최정예 부대에 최상의 물자를 보급하고, 그들에게 가장 적절한 임무를 부여했다. 내가 할 수 있는 것은 그것뿐이었다."

킹 제독은 계속해서 말했다. "나는 침몰해버린 전함을 인양할 수 없다. 막 침몰하려는 전함을 구할 수도 없다. 어제의 일을 안타까워하기보다는 내일의 문제를 해결하기 위해 내 시간을 쓰는 것이 훨씬 낫다. 더구나 지난 문제들이 나를 계속 붙잡도록 놔둔다면 나는 견뎌내지 못할 것이다."

전시(戰時)이건 아니건 간에 현명한 사고와 미련한 사고의 중요한 차이는 이것이다. 현명한 사고는 원인과 결과를 따져서 논리적이며 건설적인 계획을 세우게 한다. 미련한 사고는 긴장과 신경쇠약에 이르게 하는 경우가 많다.

나는 최근 운 좋게도 세계에서 가장 유명한 신문 가운데 하나인 〈뉴욕타임스〉의 발행인 아서 헤이스 설즈버거를 인터뷰하는 기회를 얻었다. 설즈버거 씨는 내게 제2차 세계 대전이 유럽을 휩쓸었을 때 자신은 어찌나 당황스럽고 미래에 대해 걱정이 되던지 거의 잠을 이루지 못한 적이 있다고 털어놓았다. 그는 종종 한밤중에 침대에서 나와 캔버스와 물감통을 펼쳐놓고는 거울에 비친 자신의 초상화를 그리려고 애쓰곤 했다. 그는 그림 그리는 법을 전혀 알지 못했지만, 걱정을 떨쳐버리기 위해 어쨌거나 그림을 그렸다. 설즈버거 씨는 교회 찬송가에 나오는 '다만 한 걸음씩만 인도하소서.'라는 구절을 자신의 좌우명으로 삼고 나서야 비로소 걱정을 떨쳐버리고 마음의 평화를 찾을 수 있었다고 내게 털어놓았다.

인도하여 주소서, 자비로운 빛 되신 주님 …….
내 발걸음을 지켜주소서.
먼 길 보려 하지 않으니
다만 한 걸음씩만 인도하소서.

거의 비슷한 시기에 유럽의 한 지역에서 군에 복무하던 한 젊은이도 이와 똑같은 교훈을 배우고 있었다. 그는 메릴랜드주, 볼티모어시, 눌놈가, 5716번지에 거주하는 테드 벤저미노였는데, 걱정이 어찌나 심했던지 중증의 전쟁 신경증에 걸리고 말았다. 테드 벤저미노는 당시의 일을 이렇게 쓰고 있다.

1945년 4월, 나는 걱정을 심하게 하다가 마침내는 의사들이 '경련성 가로결장'이라고 부르는 증세를 보이기에 이르렀다. 엄청난 고통을 수반하는 질병이었다. 전쟁이 그때 끝나지 않았더라면 내 신체 상황은 회복할 수 없는 지경에 이르렀을지도 모른다.

나는 완전히 탈진한 상태였다. 나는 보병 94사단 소속 유해 발굴 담당 하사관이었다. 내 임무는 모든 전사자와 실종자, 그리고 부상자에 대한 기록을 작성하고 관리하는 일이었다. 또한 격렬한 전투 와중에 전사해서 약식으로 매장된 연합군과 적군 양측 모두의 시신 발굴을 돕는 일도 내 임무에 속했다. 나는 이런 전사자들의 개인 소지품을 수거해서 그 물건들을 소중히 간직할 만한 부모나 가까운 친척에게 발송하는 일도 해야 했다. 나는 늘 우리가 터무니없거나 중대한 실수를 저지를지도 모른다는 걱정에 시달렸다. 나는 내가 이 일을 끝까지 잘 해낼 수 있을지 걱정스러웠다. 나는 내가 살아남아서 내 유일한 자식인, 아직 얼굴도 보지 못한 16개월 된 내 아들을 내 팔에 안아볼 수 있을지 걱정스러웠다. 너무나 심한 걱정에 시달린 나머지 체중이 15kg이나 줄었다. 걱정이 광적인 상태에 이르러서 거의 미칠 것만 같았다. 나는 내 손을 바라보았다. 거의 뼈와 거죽만 앙상하게 남아 있었다. 몸이 망가진 채 집으로 돌아갈지도 모른다는 생각이 나를 두렵게 했다. 나는 어린아이처럼 주저앉아 흐느껴 울었다. 심신이 어찌나 허약해졌던지 홀로 남겨지기만 하면 바로 눈물이 차올랐다. 벌지 전투가 개시된 직후에는 너무 자주 울음이 터져서 다시 정상적인 사람으로 돌아갈 수 있으리라는 희망을 거의 포기할 정도였다.

나는 결국 육군 의무실에 입원했다. 거기 있던 군의관 한 사람이 내게 충고 한마디를 해주었는데, 그 충고가 내 삶을 완전히 바꾸어놓았다. 그 군의관은 내 몸을 꼼꼼히 진찰하고 나서 내 문제는 정신에 있다고 말했다. 그는 이렇게 말했다. "테드, 자네의 삶을 모래시계라고 생각하게나. 자네도 알다시피 모래시계 위쪽에는 수천 개의 모래알이 있다네. 그 모래알들은 천천히, 그리고 일정하게 가운데 있는 잘록한 부분을 통과하지. 모래시계를 깨뜨리지 않는 한 자네나 내가 무슨 수를 쓰더라도 모래알 하나도 그 좁은 구멍을 통과하게 만들지 못한다네. 자네나 나뿐 아니라 다른 어떤 사람들도 모두 이 모래시계와 같아. 아침에 일과를 시작할 때 우리가 그날 해야 하는 것으로 보이는 일이 수백 개나 되지. 하지만 모래시계에서 모래알이 좁은 구멍을 지나가듯이, 한 번에 하나씩, 천천히, 그리고 일정하게 일을 처리하지 않으면 우리는 자신의 육체적 혹은 정신적 상태를 무너뜨리게 되어 있어."

나는 군의관이 내게 이 말을 해준 다음부터 지금까지 계속해서 이 철학을 실천했다. '한 번에 모래알 하나 …… 한 번에 한 가지 일' 그 충고는 전쟁 내내 육체적으로, 그리고 정신적으로 나를 구해주었다. 또한 내가 직장에서 지금의 위치에 올 수 있도록 도와주었다. 나는 지금 볼티모어에 있는 커머셜 크레디트 컴퍼니에서 재고 관리를 담당하고 있다. 나는 직장에서도 전쟁에서 일어났던 것과 똑같은 문제가 일어난다는 사실을 발견했다. 수십 개의 일을 동시에 수행해야 하는데, 남아 있는 시간은 많지 않다. 새로운 양식을 처리해야 하고, 비축된 재고가 부족해 재고 주문을 새로 넣어야 하며, 주소를 변경해야 하고, 사무실을 여닫는 등의 일을 해야 한다. 나는 긴장을 하고 조바심을 내는 대신에 군의관이 내게 해준 말을 떠올린다. '한 번에 모래알 하나, 한 번에 한 가지 일'이 말을 몇 번 되뇌다 보면 일을 더 능률적으로 처리하게 되고 전장에서 나를 거의 쓰러뜨릴 뻔했던 혼란스럽고 어지러운 감정이 생기지도 않는다.

현대인의 생활 방식에 관한 너무나 놀라운 사실은 병원 침상의 절반 정도가 신경이나 정신적인 면에서 문제가 있는 사람들, 즉 누적된 과거와 두려운 미래라는 무거운 짐에 눌려 고꾸라진 환자들에게 할당되어 있다는 점이다. 그중 대다수의 사람이 "내일 일을 위하여 염려하지 말라."라는 예수의 가르침이나 "오늘에 충실하라."라는 윌리엄 오슬러 경의 말을 따르기만 했다면, 행복하고 보람찬 인생을 살면서 오늘도 거리를 쏘다니고 있을 것이다.

여러분과 나는 바로 지금 끝없이 견뎌온 무한한 과거와 기록된 시간의 마지막 부분으로 돌진해오는 미래라는 두 개의 영원이 만나는 자리에 서 있다. 우리는 이 두 개의 영원 어느 곳에서도 살 수 없다. 결코, 단 한 순간도 그럴 수 없다. 만일 그렇게 하려고 하면 우리의 정신과 육체가 모두 망가지고 만다. 그러니 우리가 살 수 있는 유일한 시간을 사는 것으로, 지금부터 잠자리에 드는 시간까지 사는 것으로 만족하기로 하자. 로버트 루이스 스티븐슨은 이렇게 말했다.

> 자신의 짐이 아무리 무겁더라도 밤이 올 때까지라면 누구나 견딜 수 있다. 자기가 해야 할 일이 아무리 힘들더라도 하루 동안이라면 누구나 할 수 있다. 해가 떨어질 때까지라면 누구나 달콤하게, 참을성 있게, 사랑스럽게, 순수하게 살 수 있다. 그리고 바로 이것이 삶이 실제로 의미하는 전부이다.

로버트 루이스 스티븐슨(Robert Louis Stevenson)
영국의 소설가로, 『보물섬』, 『지킬 박사와 하이드』 등의 소설을 발표하였다.

그렇다. 삶이 우리에게 요구하는 것은 이것이 전부이다. 하지만 미시간 주, 새기노시, 코트 가, 815번지에 사는 E. K. 실즈 부인은 잠자리에 들 때까지만 사는 법을 배우기 전에는 절망에 빠져서 거의 자살할 만한 지경에 이르렀었다. 실즈 부인은 내게 자신의 이야기를 들려주며 이렇게 말했다.

1937년에 남편을 잃었습니다. 저는 의욕을 완전히 잃었고, 게다가 거의 무일푼이었습니다. 전에 캔자스시에 있는 로치 파울러 컴퍼니에서 근무할 당시 제 상사였던 리언 로치 씨에게 편지를 보냈더니 그가 다시 예전의 일을 주었습니다. 예전에 저는 시골과 도시 지역 교육위원회에 책을 판매하는 일을 해서 생계를 꾸렸습니다. 그로부터 2년 전 남편이 병을 얻었을 때 저는 차를 팔았습니다. 하지만 중고차를 할부로 사기로 하고, 있는 돈을 다 긁어모아 계약금을 치른 다음 다시 책을 팔러 나섰습니다.

저는 다시 길을 나서면 우울증이 조금은 줄어들지 않을까 기대했습니다. 하지만 혼자 차를 몰고 혼자 식사하는 것은 정말 견디기 힘든 일이었습니다. 어떤 지역에서는 실적이 그다지 좋지 않아서 얼마 안 되는 자동차 할부금을 갚기도 힘들 정도였습니다.

1938년 봄 미주리주 베르사유에서 일을 할 때였습니다. 학교들의 재정 상태는 나빴고, 길은 험했습니다. 어찌나 외롭고 기운이 빠지던지 한번은 자살까지도 생각했습니다. 성공하는 건 불가능해 보였습니다. 삶의 의미가 전혀 없었습니다. 아침에 눈을 떠서 일상을 대하는 게 너무나 두려웠습니다. 모든 것이 두려웠습니다. 자동차 할부금을 내지 못할까 두렵고, 방세를 내지 못할까 두렵고, 먹을 게 떨어질까 봐 두려웠습니다. 건강은 나빠져 가는데 병원에 갈 돈이 없는 것도 두려웠습니다. 자살하지 못한 건 언니가 크게 슬퍼할 것이다, 그리고 제게는 장례를 치르는 데 필요한 돈이 없다, 이런 생각 때문이었습니다.

그러던 어느 날 저는 어떤 글을 읽고 나서 낙담한 마음을 추스르고 계속 살아갈 수 있는 용기를 얻었습니다. 그 글 중에 제게 용기를 준 문장 하나를 영원히 감사하게 생각할 것입니다. 그 글은 이렇게 되어 있었습니다. '현명한 사람에게는 하루하루가 새로운 삶이다.' 그 문장을 타자기로 쳐서 제 자동차 앞 유리창에 붙여놓고 운전을 하면서도 항상 쳐다보았습니다. 한 번에 단 하루를 사는 게 그리 어렵지 않다는 걸 알게 되었습니다. 어제를 잊고 내일을 생각하지 않는 법을 배웠습니다. 매일 아침 저는 이렇게 말합니다. "오늘은 새로운 삶이다."

외로움에 대한 두려움, 궁핍함에 대한 두려움에서 벗어나는 데 성공했습니다. 지금 행복하고 그런대로 성공도 했으며 삶에 대한 열정과 사랑도 듬뿍 가지고 있습니다. 이제 삶이 저를 아무리 놀라게 하더라도 결코 다시는 두려워하지 않으리라는 것을 압니다. 미래를 두려워할 필요가 없다는 것을 압니다. 이제 저는 한 번에 하루씩 살 수 있다는 것, 그리고 '현명한 사람에게는 하루하루가 새로운 삶'이라는 것을 압니다.

여러분은 혹시 누가 이런 시를 썼는지 아는가?

행복하도다, 홀로 행복하도다,
오늘을 자신의 것이라고 할 수 있는 사람,
굳센 마음으로 이렇게 말할 수 있는 사람.
"내일이여, 최악을 행하라. 나는 오늘을 살 것이니."

이 시는 요즘 지은 시처럼 들린다. 그렇지 않은가? 하지만 이 시는 기원전 30년 로마의 시인 호라티우스가 지은 시다.

인간 본성에 관한 가장 비극적인 사실 중의 하나는 사람들이 삶을 사는 것을 자꾸 미루는 경향이 있다는 것이다. 우리는 모두 창밖에 피어나는 장미의 아름다움을 즐기는 대신 지평선 너머 어딘가에 있는 마법의 장미 정원만을 꿈꾸고 있다.

우리는 왜 이토록 미련한 것일까? 왜 이토록 비극적으로 미련한 것일까?

스티븐 리콕은 이렇게 썼다.

우리의 짧은 인생 과정은 얼마나 이상스러운가? 아이는 이렇게 말한다. "내가 조금 큰 아이가 되면." 조금 큰 아이는 이렇게 말한다. "내가 자라면." 자라고 나서는 이렇게 말한다. "내가 결혼하고 나면." 하지만 결혼하고 나면 결국 어떻다는 말인가? 생각은 이렇게 바뀐다. "내가 은퇴할 때가 되면.” 그리고 마침내 은퇴하고 나면 그는 지나온 풍경을 돌아본다. 거기에는 찬바람만이 휩쓸고 있다. 그는 모든 것을 놓쳐버렸고 인생은 가버렸다. 우리는 너무 늦게 배운다. 인생은 사는 데 있다는 것을, 매일, 매시간의 연속으로 이루어진다는 것을.

디트로이트 출신의 에드워드 S. 에반스는 걱정으로 거의 죽을 지경에 이르러서야 인생이 ‘사는 데 있다는 것, 매일, 매시간의 연속으로 이루어진다는 것’을 배웠다. 가난한 가정에서 자란 에드워드 에반스는 신문을 팔아 처음으로 돈을 벌었고, 그 후에 식품점 종업원으로 일했다. 시간이 흘러 그가 부양하는 식구는 일곱으로 늘어났고, 그는 보조 사서(司書)로 일을 하게 되었다. 박봉이었지만 그만두기가 두려웠다.

그가 자기 일을 시작할 수 있는 용기를 내는 데는 8년이 걸렸다. 일단 55달러를 빌려 자기 사업을 시작했다. 그 뒤 그는 이 사업을 1년에 2만 달러를 벌어들일 정도로 키워놓았다. 그런데 한파가 들이닥쳤다. 무시무시한 한파였다. 그는 큰 금액을 빌린 친구의 보증을 섰는데, 그 친구가 그만 부도를 냈다.

엎친 데 덮친 격으로 다른 불운이 밀어닥쳤다. 그가 전 재산을 맡겼던 은행이 파산하고 말았다. 그는 자신이 갖고 있던 돈을 모두 날렸을 뿐 아니라 1만 6천 달러라는 부채마저 떠안게 되었다. 그 상황에서는 그의 신경도 버텨내지를 못했다. 그는 내게 이렇게 말했다.

저는 잠을 잘 수도, 먹을 수도 없었습니다. 이상하게 몸이 아팠습니다. 걱정, 다른 무엇도 아니고 걱정이 몸이 아픈 이유였습니다. 하루는 길을 걸어가다가 정신을 잃고 길 위에 쓰러지고 말았습니다. 더는 걸을 수가 없었습니다. 그래서 입원했는데, 몸에 온통 종기가 나기 시작하더군요. 이 종기들이 몸 안쪽으로 진행하는 바람에 나중에는 침대에 누워 있는 것 자체가 고통이었습니다. 저는 날이 갈수록 쇠약해져 갔습니다. 마침내 담당 의사가 앞으로 2주밖에는 살지 못하겠다고 말하더군요. 너무나도 놀랐습니다.

유언장을 작성하고 침대에 누워서 죽음을 기다렸습니다. 발버둥을 치거나 걱정해봐도 아무런 소용이 없었으니까요. 모든 것을 포기하고 편안한 마음으로 잠을 잤습니다. 몇 주 동안 한 번에 두 시간 이상을 자본 적이 없었는데, 이제 일상의 문제들이 끝날 날이 다가온다니까 마치 아기처럼 잠들었습니다. 그리고 저를 지치게 하던 피곤이 사라지기 시작했습니다. 식욕이 돌아오더니 살도 쪘고요.

몇 주가 지나자 목발을 짚고 걸을 정도가 되었습니다. 6주 후에는 다시 일을 시작할 수 있었습니다. 전에는 1년에 2만 달러를 벌었었지만, 지금은 1주에 30달러를 받는 일을 해도 즐겁습니다. 제가 하는 일은 짐을 실을 때 자동차 바퀴 뒤에 받치는 블록을 판매하는 일입니다. 그동안 저는 깨달은 바가 있습니다. '이제 더는 걱정을 하지 말자. 과거에 일어난 일을 후회하지도 말고, 미래의 일을 두려워하지도 말자.' 저는 제 모든 시간과 정력, 정열을 그 블록 파는 일에 집중시키고 있습니다.

에드워드 S. 에반스는 그 뒤 빠르게 성장했다. 몇 년 뒤 그는 그 회사의 사장이 되었다. 그의 회사, 에반스 프로덕트 컴퍼니는 오래전에 뉴욕 증권거래소에 상장되었다. 에드워드 S. 에반스는 1945년에 세상을 떴는데, 그 당시 그는 미국에서 가장 혁신적인 사업가 중 한 사람이었다. 비행기로 그린란드로 가게 된다면 여러분은 그의 이름을 따서 지어진 에반스 필드라는 소형 비행장에 내릴지도 모른다.

이 이야기의 핵심은 이런 것이다. 만일 그가 걱정이 쓸데없는 짓임을 깨닫지 못했다면, 만일 그가 오늘에 충실하게 사는 법을 배우지 못했다면, 에드워드 S. 에반스는 사업과 인생에서 자신이 거둔 짜릿한 승리를 결코 맛보지 못했으리라는 것이다.

여러분은 화이트 퀸이 앨리스에게 한 말을 기억할 것이다. "규칙은 어제도 잼을 발랐고, 내일도 잼을 바르는데, 오늘만 잼을 바르지 않는 것이야." 사람들 대부분이 이와 같다. 지금 당장 오늘의 잼을 가진 빵에 두텁게 바르는 대신 어제의 잼 때문에 속을 썩이고 내일의 잼 때문에 걱정한다.

프랑스의 위대한 철학자 몽테뉴마저 이와 같은 실수를 저질렀다. 그는 이렇게 말했다. "내 삶은 대부분 일어나지도 않은 끔찍한 불운으로 가득 차 있었다." 내 삶도 그러했고, 여러분의 삶 또한 그러하다.

단테는 "오늘은 결코 다시 시작되는 법이 없음을 생각하라."라고 말했다. 인생은 믿기 어려울 만큼 빠른 속도로 사라져가고 있다. 우리는 초속 19마일이라는 속도로 공간 속을 달려가고 있다. 오늘이야말로 우리가 가진 가장 소중한 재산이다. 그리고 오늘이야말로 우리가 가진 유일하게 확실한 재산이다.

기원전 5세기경 그리스의 철학자 헤라클레이토스는 제자들에게 "변하지 않는다는 법칙을 제외하고 모든 것은 변한다."라고 가르쳤다. 또한 그는 이렇게 말했다. "같은 강물에 두 번 들어갈 수 없다." 강물은 매 순간 변한다. 거기에 들어가는 사람도 마찬가지이다.

인생은 끊임없는 변화이다. 확실한 것은 오늘뿐이다. 끊임없는 변화와 불확실성으로 싸여 있는 미래, 그 누구도 결코 예측할 수 없는 미래의 문제를 해결하느라고 오늘을 사는 아름다움을 망칠 이유가 무엇인가?

미셸 드 몽테뉴(왼쪽), 단테 알리기에리(가운데), 헤라클레이토스(오른쪽)

고대 로마 제국 사람들은 이런 경우에 적당한 한 단어를 알고 있었다. 실제로는 두 단어라고 해야겠다. 카르페 디엠(Carpe diem). "오늘을 즐겨라." 혹은 "오늘을 잡아라." 그렇다. 오늘을 잡아서 최대한 잘 활용해야 한다.

로웰 토마스의 철학 또한 이랬다. 최근 나는 그의 농장에서 주말을 보낸 적이 있다. 그때 나는 그가 자신의 방송 스튜디오 벽에 『성경』의 〈시편〉 118편에 나오는 한 구절을 액자에 넣어 걸어놓고 자주 쳐다보는 것을 보았다.

이날은 여호와께서 정하신 것이라,
이날에 우리가 즐거워하고 기뻐하리로다.

존 러스킨의 책상에는 평범한 돌멩이 하나가 있는데, 거기에는 '오늘'이란 단어가 새겨져 있었다.

내 책상에 돌멩이는 없지만, 나는 욕실 거울에 시 한 편을 붙여놓고 매일 아침 면도할 때마다 쳐다본다. 인도의 유명한 극작가 칼리다사가 쓴 시로, 윌리엄 오슬러 경이 자기 책상 위에 놓아두던 시이기도 하다.

새벽에 바치는 인사

이 하루를 잘 살피라!
이 하루가 인생이며, 인생 중의 인생이니.
그 짧은 흐름 안에 들어 있다.
네 존재의 진실과 실체가,
성장의 축복이,
행동의 영광이,
아름다움의 찬란함이.
어제는 꿈에 불과하고
내일은 환영일 뿐이니,
오늘을 잘 보내는 이에게
어제는 행복한 꿈,
내일은 희망으로 가득 찬 환영.
그러니 잘 살피라. 이 하루를!
이것이 새벽에 바치는 인사.

그러므로 여러분이 걱정에 대해 가장 먼저 알아야 할 사실은 이것이다. 만일 여러분의 인생에서 걱정을 없애고자 한다면, 윌리엄 오슬러 경이 말한 대로 다음과 같이 하라.

걱정에 대해 알아야 할 기본 사실 1

- **과거와 미래를 철문으로 막아라. 오늘에 충실하게 생활하라.**
  Shut the iron doors on the past and the future. Live in Day-tight Compartments.

자신에게 이런 질문을 던지고 답을 적어보라.

1. 미래에 대한 걱정으로, 혹은 '지평선 너머 어딘가에 있는 마법의 장미 정원'을 고대하며 오늘을 사는 것을 미루는 경향이 있지는 않은가?
2. 가끔 과거에 일어난 일, 이제는 지나버리고 어쩔 수 없는 일에 대해 후회하느라 괴로워한 적이 있는가?
3. 아침에 일어나면서 '오늘을 잡을' 결심, 이 24시간을 최대한 활용할 결심을 하는가?
4. '오늘 충실하게 생활'함으로써 인생을 더 밀도 있게 살 수 있는가?
5. 언제부터 이렇게 할 수 있는가? 다음 주? 내일? 오늘?

Ⅱ

걱정스러운 상황을 해결하는 마법의 공식

A MAGIC FORMULA FOR SOLVING WORRY SITUATIONS

이 책을 더 읽어나가기 전에 걱정스러운 상황을 빠르고도 확실하게 성공적으로 처리할 수 있는 처방이나 지금 당장 활용할 수 있는 기법을 알고 싶은가?

그렇다면 냉방 산업을 개척한 뛰어난 엔지니어이자 뉴욕주 시러큐스에 있는 세계적으로 유명한 캐리어사의 사장이기도 한 윌리스 H. 캐리어가 개발한 방법을 여러분께 소개하겠다. 이 방법은 내가 아는 한 걱정이란 문제를 해소하는 가장 뛰어난 방법으로서 언젠가 캐리어 씨와 뉴욕에 있는 엔지니어스 클럽에서 같이 점심을 먹었을 때 그가 직접 이 방법에 대해 이야기해주었다.

젊은 시절 뉴욕주 버펄로에 있는 버펄로 포지 컴퍼니에서 근무할 때의 일이었습니다. 제게 미주리주 크리스털시에 있는 피츠버그 플레이트 글래스 컴퍼니의 한 공장에 가스 정화 장비를 설치하라는 임무가 떨어졌습니다. 수백만 달러가 들어간 공장이었죠. 설치의 목적은 가스에서 불순물을 제거하여 엔진에 손상을 입히지 않고 태울 수 있게 하는 것이었습니다. 이런 식으로 가스를 정화하는 방식은 새로운 방식이었죠. 전에 한 번밖에 시도된 적이 없었고, 상황도 전혀 달랐습니다. 그래서 미주리주 크리스털시에 가서 작업을 하는데, 전혀 예기치 못한 문제가 발생했습니다. 그럭저럭 작동은 하는데 저희가 보장한 수준에는 미치지 못하는 것이었습니다.

실패했다는 사실에 저는 정신이 아득했습니다. 마치 누가 제 머리를 세게 때린 것 같았죠. 위와 내장이 꼬이고 뒤집히기 시작했습니다. 한참 동안 저는 걱정이 되어 잠을 이룰 수 없었습니다. 그러다가 걱정해서는 되는 일이 하나도 없다는 상식적인 생각이 들었습니다. 그래서 걱정을 하지 않고 제 문제를 해결할 방안을 고안해냈습니다. 그것은 정말 효과가 좋았습니다. 지금까지 30년 이상 저는 이 걱정 대처 기술을 사용하고 있습니다. 방법은 단순합니다. 아무나 할 수 있습니다. 방법은 3단계로 되어 있습니다.

제1단계. 저는 상황을 두려움 없이, 솔직하게 분석하고는 이번 실패로 인해 일어날 수 있는 최악의 결과가 무엇인지 생각해 보았습니다. 저를 감옥에 보내거나 총으로 쏴 죽일 리는 없었습니다. 그건 확실했죠. 제가 직장을 잃을 가능성이 있는 건 사실이었습니다. 제 고용주가 장비를 제거해야 하고 이미 투자한 2만 달러를 잃을 가능성도 물론 있었죠.

제2단계. 일어날 수 있는 최악의 결과가 무엇인지 생각해 보고 나서, 필요한 경우 그 결과를 순순히 받아들이기로 마음먹었습니다. 저는 이렇게 생각했습니다. '이번 실패는 내 경력에 오점이 될 것이고, 어쩌면 나는 직장을 잃을지도 모른다. 하지만 그렇게 되더라도 나는 언제든지 다른 자리를 잡을 수 있다. 훨씬 더 상황이 나빠질 수도 있다. 그리고 내 고용주의 측면에서 보더라도, 어쨌거나 우리가 새로운 가스 정화 기술을 시험하고 있다는 것을 이미 알고 있었고, 이번 실험으로 2만 달러의 손실을 본다고 해도 그 정도는 견딜 수 있을 것이다. 이번은 실험이니까 그 비용을 연구개발비로 처리할 수도 있지.'

일어날 수 있는 최악의 결과를 확인하고 필요한 경우 그 결과를 순순히 받아들이기로 마음먹고 나자, 대단히 중요한 결과가 생겼습니다. 순식간에 마음이 편해지면서 최근 경험하지 못했던 평화로운 느낌이 들었습니다.

제3단계. 그때부터 저는 침착하게 제가 이미 마음속으로 받아들인 최악의 결과를 개선하기 위해 시간과 노력을 기울였습니다.

이제 저는 모든 방법을 써서 저희에게 발생할 수 있는 2만 달러라는 손실을 줄이기 위해 노력했습니다. 몇 가지 시험을 해보고 저는 마침내 5천 달러를 더 들여서 추가로 장비를 설치하면 문제를 해결할 수 있다는 것을 발견해냈습니다. 저희는 그렇게 했고, 회사는 2만 달러 손실을 보는 대신 1만 5천 달러의 이익을 냈습니다.

제가 걱정만 계속하고 있었더라면 결코 그 일을 해내지 못했을 것입니다. 왜냐하면 걱정의 가장 나쁜 속성 가운데 하나가 집중력을 떨어뜨리는 것이기 때문입니다. 걱정하면 저희의 생각이 여기저기 아무 데나 산만하게 옮겨 다니므로 결단력을 발휘할 수 없습니다. 하지만 마음을 굳게 먹고 최악의 상황에 직면해서 그것을 정신적으로 받아들이고 나면, 모호한 생각들이 모두 제거되고 눈앞의 문제에 집중할 수 있는 위치에 서게 됩니다. 제가 말씀드린 사건은 오래전에 일어난 일입니다. 하지만 그 효과가 너무 좋아서 그 이후로 항상 사용하고 있습니다. 그리고 그 결과 제 삶에는 거의 아무런 걱정도 없습니다.

심리적으로 볼 때, 윌리스 H. 캐리어가 말한 마법의 공식이 그토록 귀중하고 그토록 현실적인 이유가 무엇일까? 그 방법은 걱정이 눈을 가려서 우리가 헤매고 있을 때 우리를 거대한 회색 구름으로부터 확 잡아당겨 끌어내리기 때문이다. 그 방법은 우리의 발이 대지를 단단히 딛고 서 있을 수 있게 해준다. 우리는 우리가 어디에 서 있는지 알게 된다. 우리 발아래 단단한 땅이 없다면, 도대체 하나라도 철저히 생각한다는 것을 기대할 수 있겠는가?

응용심리학의 아버지 윌리엄 제임스 교수가 세상을 뜬 지 이제 30년이 지났다. 하지만 그가 지금 살아 있어서 최악의 상황에 대처하는 이 공식에 대해 듣는다면 그것을 진정으로 인정해줄 것이다. 내가 이렇게 생각하는 이유가 궁금한가? 그는 자신의 학생들에게 이렇게 말했기 때문이다.

> 기꺼이 사실을 인정하라. …… 기꺼이 사실을 인정하라. 왜냐하면 어떤 재난이건 그 결과를 극복하기 위해서는 이미 일어난 일을 인정하는 것이 첫걸음이기 때문이다.

윌리엄 제임스(William James)
미국의 철학자이자, 심리학자로, 철학, 종교학, 심리학 등에서 뛰어난 연구를 많이 남겼다.

린위탕(林語堂)도 널리 읽히는 그의 책 『생활의 발견』에서 같은 생각을 피력했다. 중국 철학자는 이렇게 말했다.

진정한 마음의 평화는 최악을 받아들임으로써 얻을 수 있다.
심리학적으로 보면 그것은 에너지의 해방을 의미한다.

린위탕(林語堂)
중국의 소설가이자 문명 비평가로, 중국의 지성을 대표하는 국제적인 인물로 꼽힌다.

정확한 말 아닌가! 심리적으로 그건 에너지의 새로운 해방을 의미한다. 최악을 받아들이고 나면 우리는 더는 잃을 것이 없다. 그리고 그것은 자동으로 이제는 뭐든 얻기만 하면 된다는 것을 의미한다.

윌리스 H. 캐리어는 이렇게 말했다. "최악의 상황에 직면하고 나자 순식간에 마음이 편해지면서 최근 경험하지 못했던 평화로운 느낌이 들었습니다. 그런 후부터 생각하는 게 가능해졌습니다."

일리 있는 말이다. 그렇지 않은가? 그런데도 수백만의 사람들이 분노의 소용돌이 속에서 자신들의 인생을 망치고 있다. 그들은 최악을 인정하기를 거부하고, 거기에서부터 개선해 나가는 것을 거부하고, 최악으로부터 건질 수 있는 것을 건지기를 거부하기 때문이다. 그들은 자신들의 운명을 다시 쌓아 올리려고 노력하는 대신 경험과 치열하고도 과격한 싸움을 벌인다. 그러다 우울증이라는 상념 고착의 희생자로 끝을 맺는다.

윌리스 H. 캐리어의 마법의 공식을 받아들여서 자신의 문제에 적용한 다른 경우를 알고 싶은가? 그렇다면 여기 사례 하나를 제시하겠다. 내 강좌를 수강한 뉴욕에 사는 오일 딜러의 사례이다. 이 수강생은 이렇게 말했다.

저는 협박을 당하고 있었습니다. 저는 이런 일이 가능하다는 것을 믿지 않았습니다. 이런 일은 영화에서나 일어나는 일이라고 믿고 있었습니다. 하지만 실제로 제가 협박을 당하고 있었습니다! 일의 자초지종은 이렇습니다. 제가 대표로 있는 정유회사에는 많은 배달 차량과 기사들이 있습니다. 당시는 물가관리국 규제가 엄격하던 시절이라 저희는 저희 고객에게 배달할 수 있는 석유의 양을 할당받고 있었습니다. 그런데 저는 모르고 있었지만, 배달 기사 중에 고정 고객에게 기름을 적게 배달하고 남은 기름을 자기들 고객에게 재판매하고 있었던 모양입니다.

제가 이런 불법 거래에 대해 눈치를 챈 것은 어느 날 한 정부 조사관이 찾아왔을 때였습니다. 그는 뒷돈을 주면 사건을 무마해주겠다고 했습니다. 그는 우리 회사 기사들이 저지르던 행위를 기록한 서류를 보여주면서 제가 돈을 주지 않으면 증거를 지방 검찰로 넘기겠다고 협박했습니다.

저는 물론 제가 걱정할 일이 하나도 없다는 것을 알고 있었습니다. 적어도 개인적으로는 말입니다. 하지만 법률에 따르면 회사는 종업원의 행위에 대한 책임을 져야 한다는 사실도 알고 있었습니다. 이보다 더 큰 문제는 이 문제가 법정으로 가서 신문에 실리는 날에는 사람들의 인식이 안 좋아져서 사업을 하는 데 큰 지장이 생긴다는 것이었습니다. 더구나 저는 제 사업에 자부심이 있었습니다. 이 사업은 아버지가 24년 전에 시작한 사업이었으니까요.

이 일로 걱정을 하다 보니 몸까지 아파졌습니다! 꼬박 사흘 밤낮을 먹지도 못하고 자지도 못했습니다. 저는 계속해서 미친놈처럼 서성대기만 했습니다. 5천 달러라는 돈을 줘야 하나, 아니면 고발을 하든 말든 어디 맘대로 해보라고 이야기해야 하나? 어느 쪽으로든 결정을 내리려고 해보았지만, 언제나 악몽으로 끝날 뿐이었습니다.

그러던 어느 일요일 밤 저는 우연히 대중 연설에 관한 카네기 강좌에 참석했다가 거기서 받은 『행복의 비결』이라는 소책자를 집어 들었습니다. 그 책을 읽다가 어느 순간 윌리스 H. 캐리어가 한 말을 접하게 되었습니다. 거기에는 '최악의 상황에 직면하라.'라고 되어 있었습니다. 그래서 저 스스로에게 물어보았습니다. '내가 돈을 주지 않아서 협박하던 놈이 기록을 지방 검사에게 넘기면 최악의 경우 어떤 일이 생길까?'

이 질문에 대한 답은 이랬습니다. '사업이 망한다, 이것이 일어날 수 있는 최악이다. 감옥에 갈 리는 없다. 일어날 수 있는 일은 인식이 나빠져서 망한다는 것이다.'

그러고는 저 자신에게 이렇게 말했습니다. '그래 좋다, 사업이 망한다. 정신적으로 그것을 인정하자. 그다음엔 어떻게 되지?' 그러고는 계속해서 이렇게 생각했습니다.

'사업이 망하고 나면 아마도 새로운 일을 찾아야 하겠지. 그것도 그리 나쁘진 않아. 나는 석유에 대해 잘 아니까 기꺼이 나를 고용하려는 회사들이 꽤 있을 거야 …….' 그러자 기분이 조금씩 나아지기 시작했습니다. 사흘 밤낮 저를 우울하게 하던 두려움이 조금씩 수그러들기 시작했습니다. 감정도 가라앉았습니다. 그러자 놀랍게도 생각을 할 수 있게 되었습니다.

이제 저는 윌리스 H. 캐리어가 개발한 걱정 대처 방법 중 제3단계, 즉 최악을 개선하는 단계에 이를 정도로 마음이 홀가분해졌습니다. 해결책에 대해 생각하다 보니 완전히 새로운 시각이 저절로 드러났습니다. 만일 제가 변호사에게 이 모든 상황을 이야기하면 그는 제가 생각하지 못한 방법을 찾아낼지도 모른다는 생각이었습니다. 그전에는 이런 생각이 나지 않았다고 말하면 바보 같은 말처럼 들리리라는 것을 저도 압니다. 하지만 전에는 생각이란 것을 전혀 못 하고 걱정만 했을 뿐이었습니다! 저는 다음 날 아침 일찍 변호사를 만나기로 마음먹고는 침대에 드러누워 시체처럼 잠을 잤습니다.

어떻게 끝났냐고요? 이튿날 아침 변호사를 만났더니 그는 저보고 지방 검사를 만나서 사실대로 털어놓으라고 이야기하더군요. 저는 시킨 대로 했습니다. 이야기를 마치고 나서 저는 검사로부터 깜짝 놀랄 만한 이야기를 들었습니다. 이런 식으로 협박을 해서 돈을 뜯어내는 일이 몇 달째 연속해서 일어나고 있다는 것이었습니다. 그 '정부 조사관'이라는 남자는 경찰이 수배 중인 범인이었습니다. 이 전문 사기꾼에게 5천 달러를 건네느냐 마느냐를 가지고 사흘 밤낮을 번민하다가 이런 이야기를 들었으니 얼마나 안도가 되었겠습니까!

이 경험으로 저는 소중한 교훈을 얻었습니다. 지금은 어떤 문제가 생겨서 걱정하지 않을 수 없는 상황에 직면할 때면 제가 '윌리스 H. 캐리어 공식'이라고 부르는 것을 사용합니다.

윌리스 H. 캐리어가 어려움을 겪었구나라고 생각한다면, 잠깐만 생각을 멈추고 들어보라. 그건 문젯거리도 아니다. 여기 매사추세츠주 윈체스터 웨지미어 애비뉴 52번지에 사는 얼 P. 헤이니의 이야기를 들어보아야 한다. 다음은 1948년 11월 17일, 보스턴에 있는 스태틀러 호텔에서 헤이니 본인이 내게 털어놓은 사연이다.

지난 1920년대에 어찌나 노심초사했던지 궤양이 위벽을 갉아 먹는 지경에 이른 적이 있습니다. 어느 날 밤 설사가 무척 심해서 저는 시카고에 있는 노스웨스턴 의대와 제휴가 되어 있는 병원으로 달려갔습니다. 체중은 80kg에서 40kg으로 반이나 감소했습니다. 병세가 너무 심해서 팔 한쪽도 들어 올리지 말고 꼼짝 말라는 지시를 받았습니다. 저명한 궤양 전문의를 포함한 세 명의 의사가 제 병은 '치료 불가능'하다는 진단을 내렸습니다. 저는 매시간 알칼리성 분말과 함께 우유와 크림을 반반씩 섞어 만든 하프 앤 하프 한 수저를 먹으며 삶을 이어갔습니다. 간호사가 매일 저녁과 아침에 제 위아래 쪽에 고무 튜브를 넣어서 내용물을 끄집어냈습니다. 이렇게 수개월이 흘렀습니다. 그러다 마침내 저는 저 자신에게 이렇게 말했습니다.

'이봐, 얼 헤이니, 만일 이제 아무런 희망도 없이 죽을 날만 기다린다면 말이야, 그나마 남은 날이라도 최대한 잘살아 봐야 하지 않겠어? 너는 언제나 죽기 전에 세계 여행을 하고 싶어 했잖아. 만일 여행을 가겠다면 갈 기회는 지금뿐이야.'

담당 의사에게 저는 지금 세계 여행을 떠날 것이고 하루에 두 번씩 저 스스로 위의 내용물을 끄집어내겠다고 했더니 의사들은 이만저만 놀라지 않았습니다. "불가능해요!" 그들은 여태껏 이런 이야기를 들어본 적이 없다고 했습니다. 그들은 내가 만일 세계 여행을 강행한다면 이역만리에서 죽어 수장될 것이라고 경고했습니다. 그 말에 저는 이렇게 대답했죠. "그렇게 되지는 않을 것입니다. 나는 친척들에게 네브래스카주 브로큰보에 있는 가족 공동묘지에 묻힐 것이라고 약속해놓았습니다. 그래서 관을 가지고 다닐 생각입니다."

저는 관을 하나 사서 배에 싣고는 여객선 회사에 만일 제가 죽으면 저를 관에 넣어서 고향으로 돌아올 때까지 냉동 보관해달라고 요청했습니다. 저는 오래전 오마르 하이얌이 지은 다음과 같은 시구에 나오는 기분을 맛보며 여행을 떠났습니다.

아, 아직 쓸 게 남아 있다면, 지금 아낌없이 쓰라,
우리 역시 곧 먼지 속으로 내려가기 전에.
먼지에서 먼지로 돌아가 먼지 아래에 누울지니
술도 없이, 노래도 없이, 가수도 없이, 그리고 끝도 없이!

로스앤젤레스에서 아시아로 가는 SS 프레지던트 애덤스 호에 승선하는 순간 기분이 좋아졌습니다. 저는 차츰 알칼리성 분말과 위 세척기를 멀리하기 시작했습니다. 얼마 안 지나 저는 먹으면 죽는다고 하는 모든 종류의 이상한 토착 음식들과 혼합 음료수들을 마시고 있었습니다. 그렇게 몇 주가 지나고 나서는 검고 기다란 시가를 피우기도 하고 위스키로 하이볼을 만들어 마시기도 했습니다. 여태껏 살아온 그 어떤 때보다도 더 즐거움을 만끽하고 있었습니다. 또한 몬순과 태풍으로 들어가기도 했는데, 전 같으면 그 두려움만으로도 죽을 노릇이었겠지만 그런 모험에서 저는 짜릿한 즐거움을 느끼고 있었습니다.

저는 배 안에서 게임을 하고 노래를 부르고 친구를 사귀며 밤늦게까지 놀았습니다. 중국과 인도에 갔을 때 저는 전에 고국에서 고민하던 사업상의 문제들이 그곳의 가난과 굶주림에 비하면 천국이었음을 깨달았습니다. 저의 어리석은 고민이 모두 사라지면서 마음이 편안해졌습니다.

페르시아의 수학자, 천문학자, 철학자, 시인인 오마르 하이얌 기념비

미국으로 돌아왔을 때 제 몸무게는 40kg이나 불어나 있었습니다. 제가 위궤양을 앓고 있었다는 사실은 거의 잊어버릴 정도였습니다. 그때처럼 기분이 좋은 적이 평생 한 번도 없었습니다. 저는 관을 장의사에게 도로 팔고서 사업으로 복귀했습니다. 그 이후 하루도 아파본 적이 없습니다.

얼 P. 헤이니는 자신도 모르게 윌리스 H. 캐리어가 걱정을 극복하기 위해 사용하던 방법과 똑같은 방법을 사용하고 있지 않았나 하는 생각이 든다고 털어놓았다.

우선, 저는 스스로 이렇게 물어보았습니다. '일어날 수 있는 최악의 상황이 무엇인가?' 그 대답은 죽음이었습니다.

둘째로, 저는 죽음을 받아들일 마음의 준비를 했습니다. 그렇게 하지 않을 방법이 없었죠. 선택의 여지가 없었습니다. 의사가 제 병은 가망이 없다고 했으니까요.

셋째로, 내게 남겨진 짧은 생애 동안이라도 최대한 즐김으로써 상황을 낫게 만들려고 노력했습니다. 만일 배에 오르고서도 계속 걱정하고 있었더라면 두말할 나위도 없이 저는 돌아오는 여정에서 그 관 속에 누워 있었을 것입니다. 하지만 저는 마음을 편안하게 했고, 모든 걸 잊어버렸습니다. 이런 마음의 안정으로 인해 새로이 솟구친 에너지야말로 제 생명을 구해주었습니다.

그러므로, 걱정되는 문제가 있다면 윌리스 H. 캐리어의 마법의 공식에 나온 대로 다음의 3단계를 실행하라.

걱정에 대해 알아야 할 기본 사실 2

- 자신에게 '일어날 수 있는 최악은 어떤 것인가?' 하고 물어보라.

  Ask yourself, 'What is the worst that can possibly happen?'

- 필요한 경우 최악을 받아들일 준비를 해라.

  Prepare to accept it if you have to.

- 침착하게 최악의 상황을 개선하기 위해 노력하라.

  Then calmly proceed to improve on the worst.

Ⅲ

걱정이 미치는 효과

WHAT WORRY MAY DO TO YOU

걱정에 대처할 줄 모르는 사업가는 오래 살지 못한다.
Businessmen who do not know how to fight worry die young.

알렉시 카렐(Alexis Carrel)
프랑스의 외과 의사, 생물학자로, 1912년에 노벨 생리학·의학상을 받았다.

얼마 전의 일이다. 이웃에 사는 어떤 사람이 우리 집 현관 초인종을 누르더니 천연두를 예방하기 위해 나를 비롯해 온 식구들이 예방 주사를 맞는 게 어떠냐고 권했다. 그 사람은 집집마다 찾아다니며 초인종을 누르는 자원봉사자 중 한 사람일 뿐이었다. 뉴욕 전체로 보아 이와 같은 사람은 수천 명이나 되었다. 겁에 질린 사람들이 예방 주사를 맞겠다고 한꺼번에 몰려서 몇 시간씩이나 줄을 섰다. 모든 병원뿐 아니라 소방서와 경찰서를 비롯해 심지어는 대형 공장에까지 예방 접종소가 설치되었다.

2천 명이 넘는 의사와 간호사들이 밀려드는 군중들에게 예방 주사를 놓기 위해 밤낮없이 열심히 일했다. 이렇게 야단법석을 떤 이유가 무엇이었을까? 뉴욕 시민 여덟 명이 천연두에 걸렸고, 그중에 두 명이 사망한 일이 있었다. 거의 8백만 명이나 되는 인구 가운데 2명이 죽은 게 원인이었다.

지금까지 37년 이상을 뉴욕에서 살았지만 나는 여태껏 걱정이라는 감정적 질병에 대해 경고하기 위해 우리 집 초인종을 누르는 사람을 본 적이 없다. 이 질병이 지난 37년간 천연두보다 만 배나 큰 피해를 입혔는데도 말이다.

지금 미국에 사는 사람 열 명 가운데 한 명은 신경쇠약에 걸릴 것이다. 걱정과 감정적인 갈등이 주요 원인이지만 이를 경고하기 위해 우리 집에 찾아오는 사람은 한 사람도 없었다. 그러므로 여러분 집의 초인종을 눌러서 경고하기 위해 나는 이 장을 쓰고 있다.

노벨 의학상을 받은 위대한 박사 알렉시 카렐은 이렇게 말했다. "걱정에 대처할 줄 모르는 사업가는 일찍 죽는다." 그리고 이건 가정주부나 수의사나 벽돌공도 모두 마찬가지이다.

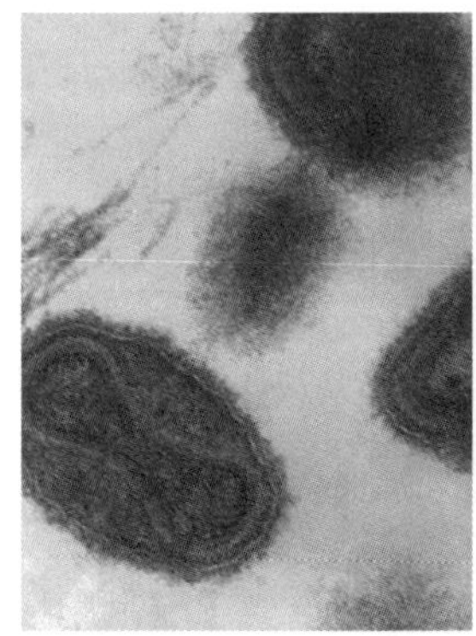

천연두 바이러스(왼쪽), 천연두 예방 접종을 받는 아이들(오른쪽)

몇 년 전 휴가 때 나는 산타페 철도 회사의 보건 담당 임원인 O. F. 고버 박사와 함께 텍사스와 뉴멕시코 지역을 차로 돌아다녔다. 그의 정확한 직함은 걸프 콜로라도 앤 산타페 병원 협회의 수석 내과의였다. 이야기를 나누던 중 화제가 걱정의 영향에 관한 것에 이르자 그는 내과에 찾아오는 환자의 70%는 자신들이 가진 두려움과 걱정만 없애면 병이 저절로 낫는다고 이야기했다. "그 사람들의 병이 상상 속의 것이란 이야기는 결코 아닙니다. 그들의 병은 욱신거리는 치통이나 마찬가지로 현실적이며 때로는 그보다 백 배 이상 심각하기도 합니다. 내가 말씀드리는 건 신경성 소화불량, 몇 종류의 위궤양, 심장 이상, 불면증, 여러 가지 두통, 특정한 종류의 마비와 같은 질병들입니다."

고버 박사는 계속해서 이렇게 말했다. "이런 질병들은 허구가 아닙니다. 지금 말하는 것에 대해선 나도 잘 알고 있습니다. 왜냐하면 나 자신이 12년간이나 위궤양을 앓은 적이 있기 때문입니다. 두려움은 걱정을 낳습니다. 걱정은 사람들을 긴장시키고 예민하게 만들며 위 신경에 영향을 미쳐서 실제로 위의 소화액이 정상에서 비정상으로 바뀌도록 만드는데, 이렇게 되면 위궤양에 걸리는 경우가 많습니다."

『신경성 위 질환』이란 책을 지은 조셉 F. 몬태규 박사도 이와 거의 비슷한 이야기를 했다. "위궤양은 여러분이 먹는 것 때문이 아니라, 여러분을 먹고 있는 것 때문에 걸린다."

메이오 클리닉의 W. C. 앨버레즈 박사는 이렇게 말했다. "궤양은 감정적 스트레스의 기복에 따라 악화하였다 완화되었다 하는 경우가 많다."

메이오 클리닉에서 위 질환으로 치료를 받은 1만 5천 명의 환자에 관한 연구가 이 말을 뒷받침하고 있다. 다섯 명의 환자 가운데 네 명은 위 질환을 앓아야 할 신체적 요인이 전혀 없었다. 두려움이나 걱정, 증오, 극도의 이기심, 현실 생활 부적응과 같은 것들이 환자 대부분이 위 질환이나 위궤양을 앓는 주요한 이유였다. 위궤양은 환자를 사망에 이르게 하는 질병이다. 『라이프』 지에 의하면 위궤양은 현대의 치명적 질병 목록에서도 상위 열 번째에 올라와 있는 질병이다.

최근 나는 메이오 클리닉에 근무하는 해럴드 C. 하베인 박사와 편지를 주고받았다. 그는 전미 개업의 협회 정기총회에서 기업체 임원 176명을 조사한 결과를 담은 논문을 발표했다. 조사 대상 임원들의 평균 연령은 44.3세였다. 그 논문에 의하면 이 임원들 가운데 3분의 1을 조금 넘는 사람들이 초긴장 상태의 생활에서 독특하게 발생하는 3대 질병, 즉 심장 질환, 소화기관 궤양, 고혈압을 앓고 있었다. 생각해 보라. 임원들 가운데 3분의 1 이상이 45세가 되기도 전에 심장 질환이나 궤양, 고혈압 등으로 몸을 망치고 있다. 성공을 위해 얼마나 비싼 대가를 치르고 있는가!

더구나 이 사람들은 성공했다고 할 수도 없다! 사업이 잘되게 하려면 위궤양이나 심장 질환과 같은 대가를 치르는 사람이 어떻게 성공했다고 할 수 있겠는가? 온 세상을 다 얻고도 건강을 잃는다면 그게 무슨 소용이 있는가? 온 세상을 소유한다고 해도 그가 누워 잘 수 있는 건 단 하나의 침대일 뿐이고, 하루에 먹을 수 있는 건 삼시 세끼뿐이다. 막노동을 하는 사람도 이 정도는 한다. 아니 오히려 높은 자리에 앉은 임원보다 더 푹 자고, 더 맛있게 먹는다. 솔직히 나라면 철도나 담배 회사를 경영하느라 나이 마흔다섯에 건강을 망치느니 차라리 앨라배마 촌구석에서 밴조를 껴안고 노래를 흥얼거리며 사는 소작농이 되는 편을 택하겠다.

담배 이야기가 나왔으니 말인데, 세계에서 가장 유명한 담배 회사 사장이 최근 가볍게 휴식을 취하기 위해 캐나다에 있는 숲으로 갔다가 심장마비에 걸려 갑작스럽게 죽고 말았다. 그는 수백만 달러를 벌었지만 예순한 살의 나이로 세상을 뜨고 말았다. 그도 아마 이른바 '사업상의 성공'을 위해 수명을 줄이는 일을 했을 것이다.

내 아버지는 미주리에서 농사를 지으시다가 89세를 일기로 돌아가시면서 돈 한 푼 남기시지 않으셨다. 그렇긴 해도 수백만 달러를 벌어들인 담배 회사 사장이 거둔 성공은 내 아버지가 거둔 성공에 비해 절반도 되지 않는다고 생각한다.

유명한 메이오 형제는 병원 침상의 반 이상을 신경 질환을 앓는 사람들이 차지하고 있다고 말했다. 하지만 부검을 통해 이 환자들의 신경을 최첨단 현미경으로 들여다보면 그 신경들이 대부분 잭 뎀프시의 신경만큼이나 건강하다는 게 분명히 드러난다. 그들의 '신경 질환'은 신경이 물리적으로 나빠져서 발생하는 게 아니라 허무감이나 좌절감, 염려, 걱정, 두려움, 패배감, 절망감 등의 감정에 의해 발생한다. 플라톤은 다음과 같이 말했다.

의사들이 저지르는 가장 큰 잘못은 정신을 고치려 하지 않고 육체를 고치려 하는 것이다. 정신과 육체는 하나이며 별개로 취급해서는 안 된다!

플라톤(Platon)
고대 그리스의 철학자이자 사상가로, 이데아론, 철인 정치론 등을 주장하였다.

메이오 형제를 묘사한 우표(왼쪽)와 20세기 미국의 프로 권투 선수 잭 뎀프시(오른쪽)

의학이 이런 위대한 진실을 이해하기까지 2,300년이 걸렸다. 우리는 이제 막 이른바 정신 신체 의학이라는 새로운 분야에 속하는 의학의 싹을 틔우고 있다. 이는 정신과 육체를 동시에 취급하는 의학이다. 이런 일을 하기에는 지금이 꼭 알맞을 때다. 지금까지는 천연두나 콜레라, 황열병 그리고 수십 가지의 별의별 질병들이 수백 수천만의 사람들에게 때아닌 죽음을 안겼지만, 지금은 의학이 물리적인 병원균에 의해 생기는 그런 무서운 질병들을 대부분 극복했기 때문이다. 하지만 의학은 병원균이 아니라 감정들, 즉 걱정이나 두려움, 증오, 좌절감, 절망감 등에 의해 생기는 정신적·육체적 질환에 대해서는 적절히 대처하지 못했다. 이런 감정적 질병의 희생자가 재앙이라고 불러야 할 정도로 급속하게 증가하고 있으며 또 널리 퍼지고 있다.

박사들에 의하면 현재 살아 있는 미국인 스무 명 가운데 한 명은 앞으로 정신병을 치료하는 기관에서 어느 정도의 시간을 보낼 것이라고 한다. 제2차 세계 대전이 일어났을 때 소집된 젊은이들 여섯 명 중 한 명은 정신적으로 질환이 있거나 문제가 있어서 입대를 거부당했다.

정신병의 원인은 무엇일까? 아무도 그 이유를 다 알지는 못한다. 하지만 많은 경우 두려움과 걱정이 발병 요인이라는 점은 거의 확실하다. 현실이라는 각박한 세상에 제대로 대처하지 못하고 걱정에 시달리며 노심초사하는 사람은 주위 환경과의 모든 관계를 단절하고 스스로 만들어낸 자신만의 꿈의 세계로 숨어버림으로써 걱정이라는 자신의 문제를 해결한다.

지금 이 글을 쓰고 있는 내 책상 위에는 에드워드 포돌스키 박사가 지은 『걱정을 멈추면 병이 낫는다』라는 책이 놓여 있다. 이 책의 제목을 몇 개 추려보면 다음과 같다.

걱정이 심장에 미치는 영향

고혈압은 걱정을 먹고 자란다

걱정은 류머티즘을 일으킬 수 있다

위를 위해서는 걱정을 줄여라

걱정하면 감기에 걸릴 수 있다

걱정과 갑상선

걱정하는 당뇨병 환자

걱정에 관한 통찰력을 보여주는 또 한 권의 책은 '정신병 치료의 메이오 형제'라고 불리는 칼 메닝거 박사가 지은 『내 안의 적』이다. 메닝거 박사의 책은 걱정을 피하는 방법을 제시해주지 않는다. 다만 걱정이나 좌절, 증오, 원한, 반감, 두려움 등으로 인해 우리 자신의 몸과 마음이 어떻게 파괴되는지를 생생하게 보여준다.

걱정은 가장 무딘 신경을 가진 사람조차도 병들게 만들 수 있다. 그랜트 장군은 남북 전쟁 말기 이런 사실을 깨달았다. 이야기의 자초지종은 이렇다.

그랜트 장군은 리 장군 부대가 있는 리치몬드를 9개월째 포위하고 있었다. 보급 부족과 기아에 시달리던 리 장군의 부대는 패잔병이나 다름없었다. 연대가 한꺼번에 탈영하기도 했다. 다른 병사들은 자신들의 텐트에서 기도회를 열고는 소리 지르고, 흐느끼며, 환상을 보기까지 했다. 종말이 다가오고 있었다. 리의 병사들은 리치몬드에 있는 목화와 담배 저장고에 불을 지르고 무기고를 태우고는 어두운 밤하늘에 화염이 넘실거리는 가운데 도시 밖으로 달아났다. 그랜트가 바짝 뒤를 쫓으며 남군의 양옆과 뒤쪽에서 총을 쏘아댔고, 셰리든이 거느린 기병대는 적군의 퇴로를 막아선 채 철로를 뜯어내고 보급품을 실은 기차를 가로챘다.

거의 눈을 뜨지 못할 정도로 극심한 편두통에 시달리던 그랜트는 부대를 쫓아가지 못하고 한 농가에 머물렀다. 그는 『회고록』에서 이렇게

미국 남북 전쟁 당시 북부군의 사령관이자 미국의 제18대 대통령인 율리시스 S. 그랜트(왼쪽), 북부군의 장군이었던 필립 셰리든(가운데), 남부군의 총사령관이었던 로버트 E. 리(오른쪽)

적고 있다. "나는 밤새 겨자를 푼 뜨거운 물에 발을 담그고 겨자씨로 만든 반죽을 손목과 목 뒤편에 붙인 채 아침까지는 나아지기를 고대하고 있었다."

다음 날 아침 그의 편두통은 순식간에 씻은 듯이 사라졌다. 하지만 그를 고친 것은 겨자 반죽이 아니라 항복의 의사가 담긴 리의 편지를 가지고 말을 타고 온 병사였다.

그랜트는 이렇게 적고 있다. "장교 한 사람이 편지를 가지고 도착할 때까지도 나는 편두통에 시달리고 있었다. 하지만 편지의 내용을 보자마자 고통은 씻은 듯이 사라졌다."

그랜트를 아프게 한 것은 분명 그의 걱정과 긴장, 그리고 감정들이었다. 그의 감정이 확신, 성취감, 성공의 분위기로 변하자마자 병은 바로 나았다.

그로부터 70년 후, 프랭클린 D. 루스벨트 내각에서 재무 장관을 맡고 있던 헨리 모건도 2세는 걱정을 하면 너무나 고통스러워서 어지러울 수도 있다는 사실을 알게 되었다. 그가 쓴 일기에 의하면 그는 대통령이 호밀 값을 끌어올리기 위해 하루에 440만 부셸이나 호밀을 사들인 일을 크게 걱정했다. 그는 일기에서 이렇게 말하고 있다. "그 일을 집행하는 도중 나는 말 그대로 머리가 어지러웠다. 나는 점심을 먹은 뒤 집으로 돌아가서 두 시간 동안 침대에 누워 있었다."

만일 걱정이 사람들에게 미치는 영향에 대해 알고 싶다면, 나는 도서관이나 의사에게 갈 필요조차 없다. 지금 이 책을 쓰고 있는 내 집 창밖을 내다보는 걸로 충분하다. 한 블록 내에서도 어떤 집에는 걱정으로 신경쇠약에 걸린 사람이 있고, 어떤 집에는 걱정으로 당뇨에 걸린 사람이 있는 것을 볼 수 있다. 주식 시장이 폐장하면 그 사람의 혈액과 소변

내에 당(糖)이 증가한다.

프랑스의 유명한 철학자 몽테뉴가 자신이 살던 지역인 보르도의 시장으로 선출되었을 때 그는 동료 시민들에게 이렇게 말했다. "저는 공공의 임무를 제 손으로 감당할 준비가 되어 있습니다. 하지만 내 간과 폐로 감당하지는 않겠습니다."

내 이웃 사람들은 주식 시장의 일을 자신의 혈관으로 받아들임으로써 자신을 거의 죽음에 이르게 하고 있다.

걱정을 하면 여러분은 류머티즘이나 관절염에 걸려서 휠체어 신세를 지게 될 수도 있다. 세계적으로 유명한 관절염 분야의 권위자인 코넬 대학교 의과 대학의 러셀 L. 세실 박사는 다음의 네 가지가 관절염을 일으키는 가장 흔한 조건이라고 말했다.

1. 불행한 결혼 생활
2. 재정적 난관이나 고민
3. 외로움과 걱정
4. 오래 묵은 원한

물론 이 네 가지의 감정적 상황이 관절염을 유발하는 모든 요인이라는 것은 결코 아니다. 관절염에는 다양한 종류가 있고 다양한 원인이 있다. 하지만 다시 말하건대, 관절염을 일으키는 가장 흔한 조건은 러셀 L. 세실 박사가 열거한 네 가지이다.

예를 들어보자. 내 친구 가운데 한 명은 불황기에 상당한 궁지에 몰린 적이 있었다. 가스 회사는 가스 공급을 중단하고 은행은 저당으로 잡고 있던 집을 유질(流質) 처분하겠다고 통보할 정도였다. 그러자 그 친구의 부인에게 갑자기 통증이 심한 관절염이 발생했다. 온갖 약을 쓰고 식이요법을 해보아도 낫지를 않았다. 그러나 경제적 상황이 좋아지면서 증세도 동시에 호전되었다.

걱정하면 심지어는 충치까지 생길 수도 있다. 윌리엄 I. L. 맥고니글 박사는 미국 치과의 협회에서 연설하면서 "걱정이나 두려움, 잔소리 등에 의해 생긴 불쾌한 감정은 신체의 칼슘 균형을 무너뜨려서 충치를 유발할 수 있다."라고 말했다.

맥고니글 박사는 자신의 환자 한 사람에 대해 이야기해주었다. 그 환자의 부인에게 갑자기 병이 생겼는데 그 이전에는 그 환자의 이가 아주 완벽했지만, 부인이 3주 동안 입원해 있는 사이에 충치가 9개나 생겼다는 것이다. 모두 걱정으로 인해 생긴 충치였다.

여러분은 급성 과활동성 갑상선을 가진 사람을 본 적이 있는가? 나는 본 적이 있다. 그런 증세가 있는 사람들은 몸을 떤다. 몸을 흔든다. 그들은 거의 겁에 질려 죽어가는 사람들처럼 보인다. 그리고 실제로 거의 죽어가고 있기도 하다. 신체를 조절하는 분비 기관인 갑상선이 악화한 상태이다. 그러면 심장 박동이 빨라지고 모든 신체 기관이 통풍구를 모두 열어젖힌 용광로처럼 전력을 다해서 그르렁거리며 작동한다. 수술이나 처치를 통해 이런 움직임을 제어하지 못하면 가엾게도 환자는 '자신을 소진하고' 죽음에 이르게 될 것이다.

얼마 전에 나는 이런 병을 앓고 있는 친구와 함께 필라델피아에 갔다. 이런 종류의 질병을 다룬 지 38년이나 되고 이 분야의 전문가라고 알려진 의사에게 상담을 받기 위해서였다. 그의 응접실 벽에는 커다란 나무

액자가 있었는데, 그 액자에는 모든 환자에게 주는 충고가 적혀 있었다. 거기서 기다리는 동안 나는 봉투 뒤편에 그 구절을 적어 왔는데, 내용은 다음과 같다.

편안함과 활력

가장 큰 편안함과 활력을 주는 힘은
건강한 종교, 수면, 음악, 웃음.
하느님을 믿고, 잘 자는 법을 익히고,
좋은 음악을 사랑하고, 삶의 재미있는 면을 보라.
그러면 건강과 행복이 네 것이 되리라.

그 박사가 내 친구에게 맨 처음 한 질문은 이것이었다. "어떤 감정의 혼란 때문에 이런 증세가 발생했습니까?" 그는 내 친구에게 만일 걱정하는 것을 멈추지 않으면 심장 질환이나 위궤양, 당뇨 같은 다른 합병증이 올 수도 있다고 경고했다. 그러면서 그 저명한 의사는 이렇게 말했다. "이 질병들은 모두가 사촌 간인데 그중에서도 친사촌 간입니다." 맞는 말이다! 이 질병들은 다 친사촌들이다. 모두 걱정이 유발하는 질병들이다.

언젠가 메를 오베론과 대화를 나누었는데, 그녀는 걱정하지 않는다고 말했다. 걱정하면 영화배우로서 자신이 가진 최대 자산, 즉 자신의 아름다운 외모가 망가지기 때문이라는 것이다. 그녀는 내게 이렇게 말했다.

처음 영화계에 발을 들여놓으려고 했을 때 걱정되기도 하고 두렵기도 했죠. 런던에서 일자리를 구하려 했지만 나는 막 인도에서 온 처지라 아는 사람이 하나도 없었어요. 제작자 몇 사람을 만나 보았지만 아무도 나를 기용하려고 하지 않았죠. 게다가 갖고 있던 약간의 돈마저 바닥이 나고 있었어요. 2주 동안 크래커하고 물 말고는 아무것도 먹지 않고 버텼습니다. 이제 문제는 걱정만이 아니었어요. 배까지 고파왔으니까요. 나는 나 자신에게 이렇게 말했습니다. "어쩌면 넌 바보인지도 몰라. 어쩌면 영화계에는 절대로 들어가지 못할지도 모르고. 생각해봐. 넌 한 번도 무대에 선 적이 없고, 경험도 없잖아. 네가 내놓을 수 있는 거라곤 조금 예쁜 얼굴밖에 더 있니?"

나는 거울로 갔습니다. 거울을 들여다보고서는 걱정으로 인해 내 얼굴이 어떻게 변하고 있는가를 알게 되었습니다. 걱정으로 인해 주름살이 생기고 있는 것을 보았습니다. 근심스러운 표정도 보았습니다. 그래서 나는 자신에게 이렇게 말했습니다. '너, 이런 짓은 당장 그만둬야 해! 걱정할 수 있는 형편이 아니야. 네가 내세울 수 있는 거라곤 네 외모뿐인데 걱정이 외모를 온통 망쳐놓고 있잖아!'

걱정만큼 빨리 여인을 나이 들고 심술궂어 보이게 만들며, 또 그 외모를 망치게 만드는 것은 찾아보기 힘들다. 걱정하면 표정이 딱딱해진다. 걱정은 이를 악물게 하고 얼굴에 주름이 생기게 한다. 걱정하면 얼굴에 찌푸린 표정이 생긴 후 사라지지 않는다. 머리가 하얘지고 때로는 머리카락이 빠지기도 한다. 걱정은 얼굴 피부를 망가뜨린다. 여러 가지 피부 발진이나 뾰루지, 여드름이 생기게 한다.

심장병은 오늘날 미국에서 가장 치명적인 질병이다. 제2차 세계 대전이 벌어지는 동안 33만 명 정도가 전투에서 희생되었다. 하지만 같은 기간에 심장병으로 죽은 사람은 2백만 명이나 되며, 그 사망자 가운데 1백만 명은 걱정이나 초긴장 상태의 생활로 야기되는 심장병으로 죽었다. 그렇다. 심장병은 알렉시 카렐 박사가 "걱정에 대처할 줄 모르는 사업가는 오래 살지 못한다."라고 말한 가장 중요한 이유 가운데 하나이다.

남부 여러 주에 사는 흑인들이나 중국인들 가운데는 걱정 때문에 야기되는 이런 종류의 심장병을 일으키는 사람이 드물다. 왜냐하면 그들은 세상일을 차분히 받아들이기 때문이다. 의사들이 심장병으로 죽는 경우는 농장 일꾼들의 경우보다 스무 배나 많다. 의사들은 긴장된 삶을 살고, 그 대가를 낸다.

윌리엄 제임스가 말한 대로, '하느님은 우리 죄를 사해주실지 모르지만, 신경 체계는 절대 용서하는 법이 없다'.

매우 놀라워서 거의 믿을 수 없을 만한 사실 하나를 제시해보겠다. 매년 미국에서는 가장 전염성이 강한 질병 다섯 종류로 인한 사망자보다 더 많은 사람이 자살로 생을 마치고 있다. 이유가 무엇일까? 그 원인은 대부분 '걱정'이다.

옛날 중국에서는 잔인한 군주가 포로를 고문할 때 포로의 손발을 묶어 물통 아래에 놓고 물이 한 방울씩 똑, 똑, 똑, 밤낮으로 계속 떨어지도록 했다. 머리에 끊임없이 떨어지는 이 물방울들은 결국엔 망치 소리처럼 들리게 되었고, 포로들을 미치게 했다. 이와 똑같은 고문 방법이 스페인 종교 재판과 히틀러 치하 독일의 강제 수용소에서 사용되었다.

걱정은 끊임없이 '똑, 똑, 똑' 떨어지는 물방울과 같다. 끊임없이 '똑, 똑, 똑' 떨어지는 걱정은 종종 사람을 미치게도 하고 자살하게도 만든다.

내가 미주리 촌구석의 어린아이였을 때, 하루는 빌리 선데이가 사후 세계에 있는 지옥의 불길을 묘사하는 걸 듣고는 너무나 무서워 죽는 줄 알았다. 하지만 그는 바로 지금 걱정에 사로잡힌 사람들이 받을 수 있는 육체적 고통이라는 지옥의 불길에 대해서는 한 번도 언급한 적이 없다. 예를 들어 만일 여러분이 고질적으로 걱정을 하는 사람이라면, 여러분은 언젠가 사람이 겪을 수 있는 가장 극심한 고통을 겪게 될지도 모른다. 그것은 바로 협심증(狹心症)이다.

단언컨대, 만일 그 병에 걸리게 된다면 여러분은 고통의 비명을 지르게 될 것이다. 여러분이 지르는 그 비명에 비하면 단테의 『신곡』 지옥 편에서 나오는 소리는 『장난감 나라의 아기들』에서 나오는 우스운 비명 정도로밖에 들리지 않을지도 모른다. 그러면 여러분은 자신에게 이렇게 말하게 된다. "오, 하느님. 오, 하느님. 제발 이 병만 낫게 해주세요. 그러면 다시는 어떤 일이 생겨도 절대 걱정하지 않겠습니다." 내 말이 너무 과장되었다고 생각되면 여러분의 주치의에게 물어보기를 바란다.

야구 선수이자 미국 기독교 전도사인 빌리 선데이(왼쪽), 국립 초상화 갤러리에서 공개한 빌리 선데이의 설교 장면 삽화(오른쪽)

여러분은 삶을 사랑하는가? 건강하게 오래 살고 싶은가? 그렇게 할 수 있는 비결을 알려주겠다. 알렉시 카렐 박사의 말을 인용하겠다. 그는 이렇게 말했다.

현대 도시의 혼란 속에서도 자기 내면세계의 평정을 유지할 수 있는 사람은 신경 질환에 걸리지 않는다.

여러분은 현대 도시의 혼란 속에서도 자기 내면세계의 평정을 유지할 수 있는가? 일반적으로 사람들은 "할 수 있다."라고 대답할 것이다. "물론이고 말고요."라고 할지도 모른다. 대부분 사람은 자신이 생각하는 것보다 더 강하다. 우리에게는 여태껏 한 번도 사용하지 않은 내적인 능력들이 있다. 데이비드 소로는 그가 지은 불멸의 저서 『월든』에서 이렇게 말했다.

"사람에게 의식적인 노력을 통하여 자신의 삶을 고양하려는 능력이 확실하게 존재한다는 사실보다 더 위안이 되는 것을 나는 알지 못한다. …… 만일 자신의 꿈을 이루는 방향으로 확신하고 나간다면, 그리고 자신이 그리던 삶을 살기 위해 노력한다면, 그는 평소에 기대할 수 없는 성공을 거두게 될 것이다."

이 책을 읽는 독자 여러분에게도 올가 K. 자비가 가졌던 것과 같은 정도의 의지력과 많은 내적인 능력들이 있을 것이다. 그녀는 가장 비극적인 상황에 놓여 있다 하더라도 걱정을 물리치는 게 가능하다는 사실을 깨달았다. 우리가 이 책에서 다루고 있는 매우 오래된 지혜를 적용하기만 하면 여러분이나 나도 그렇게 할 수 있다고 나는 확고하게 믿는다. 내게 보낸 편지에서 올가 K. 자비는 이렇게 말하고 있다.

8년 반 전 저는 사망 선고를 받았습니다. 암이라는 느리면서도 고통스러운 죽음이었죠. 미국 최고의 의학 권위자인 '메이오 형제'를 찾아갔지만 같은 진단을 내렸습니다. 저는 막다른 골목 끝에 서 있었고 더는 갈 곳이 없었습니다. 저는 젊었습니다. 결코 죽고 싶지 않았습니다! 절망적인 심정으로 저는 켈로그에 있는 제 주치의에게 전화해서 제 가슴속의 절망감을 털어놓았습니다. 말이 채 끝나기도 전에 그가 저를 꾸짖더군요. "왜 그래, 올가. 투지가 다 사라져버렸어요? 그래, 그렇게 울기만 하면 분명 죽겠지. 맞아, 올가에게 최악의 상황이 닥쳤어요. 좋아요, 사실을 똑바로 봐요! 이제 걱정일랑 집어치우고 해결하기 위한 행동을 해야 하지 않겠어요?" 그래서 전 바로 그 자리에서 맹세했습니다. 그 맹세가 어찌나 엄숙했던지 못이 살 속 깊숙이 파고들고 냉기가 척추를 타고 찌르르 흐르는 것 같았지요. '이제 더는 걱정하지 않겠다! 이제 더는 울지 않겠다! 이거 하나만 생각하겠다. 나는 이길 수 있다! 나는 살 수 있다!'

암이 라듐을 처방할 수 없을 정도로 진행되었을 경우, 통상적으로 하루에 10분 30초씩 30일간 방사선 치료를 합니다. 제 경우에는 하루에 14분 30초씩 49일간 방사선 치료를 했습니다. 마치 황량한 언덕 위에 솟은 바위처럼 야윈 몸에서 뼈들이 툭툭 불거져 나오고 발은 납덩이처럼 변했습니다. 하지만 저는 걱정하지 않았습니다! 한 번도 울지 않았습니다! 저는 웃음을 띠었습니다! 정말 그랬습니다. 실제로 억지로라도 웃으려고 애썼으니까요.

저도 웃는 것만으로 암이 고쳐진다고 믿을 정도로 어리석지는 않습니다. 하지만 저는 즐거운 마음을 가지면 신체가 질병과 싸우는 데 도움이 된다고 믿습니다. 어쨌든 저는 암을 물리치는 기적과도 같은 일을 경험했습니다. 지난 몇 년 동안 저는 전보다 훨씬 건강한 삶을 살았습니다. 다매캐프리 박사가 해준 도전적이면서 용기를 주는 말 덕분입니다. "사실을 직시해라. 걱정을 집어치워라. 해결하기 위해 행동하라."

Part 1을 마치면서 알렉시 카렐 박사가 한 말을 다시 한번 반복하고자 한다. "걱정에 대처할 줄 모르는 사업가는 오래 살지 못한다."

예언자 모하메드를 광적으로 추종하는 자들은 종종 코란의 구절을 가슴에 문신처럼 새겨놓곤 했다. 나는 이 책을 읽는 모든 독자가 가슴에 Part 1의 제목을 새겨두기를 권한다. "걱정에 대처할 줄 모르는 사업가는 오래 살지 못한다."

카렐 박사가 여러분 이야기를 하고 있었던 것일까?

그럴지도 모른다.

걱정에 대해 알아야 할 3가지 기본 사실

1 걱정을 피하고 싶다면, 윌리엄 오슬러 경이 말한 것처럼 이렇게 하라. '오늘에 충실하게' 생활하라. 미래의 일로 조바심 내지 말라. 잠들기 전까지의 그날 하루만 살아라.

2 큰 걱정거리가 여러분을 쫓아와서 궁지로 몰아넣으면 윌리스 H. 캐리어의 마법의 공식을 적용해보라.

제1단계 스스로 이렇게 물어보라. '내가 이 문제를 해결하지 못하면 생길 수 있는 최악의 상황은 무엇인가?'

제2단계 필요하다면 최악을 받아들일 마음의 준비를 해라.

제3단계 이미 받아들이려고 마음먹은 최악의 상황을 개선하기 위해서 침착하게 노력하라.

3 걱정을 하면 얼마나 엄청난 건강상의 대가를 치러야 하는지 기억하라. '걱정에 대처할 줄 모르는 사업가는 오래 살지 못한다.'

PART 2

걱정 분석의 기본 테크닉

Basic Techniques In Analyzing Worry

I

걱정거리를 분석하고 해결하는 방법

HOW TO ANALYZE AND
SOLVE WORRY PROBLEMS

나는 충실한 하인 여섯을 거느리고 있네.
(내가 배운 건 모두 그들이 가르쳐 주었네.)
그들의 이름은 다음과 같다네.
언제, 어디서, 누가, 무엇을, 어떻게, 왜.

- 러디어드 키플링

Part 1의 제2장에는 윌리스 H. 캐리어의 마법의 공식이 묘사되어 있다. 그런데 그 공식을 이용하면 모든 걱정거리를 해결할 수 있을까? 물론, 그렇지는 않다. 그렇다면 해답은 무엇일까? 해답은 우리가 문제 분석의 기본 3단계를 익혀서 다양한 종류의 걱정에 대처하는 법을 알고 있어야 한다는 것이다. 기본 3단계는 다음과 같다.

1. 사실을 확인하라.

2. 사실을 분석하라.

3. 결론을 내리고, 그 결론에 따라 행동하라.

너무 뻔한 이야기인가? 맞다. 아리스토텔레스도 이 방법을 가르쳤고 또 이 방법을 사용했다. 우리를 괴롭히고 또 밤이고 낮이고 할 것 없이 모두 다 그야말로 지옥처럼 만들어버리는 문제들을 해결하고자 한다면, 여러분과 나 또한 이 방법을 사용해야 한다.

제1 규칙은 이것이다. 사실을 확인하라. 사실을 확인하는 것이 왜 중요한가? 정확한 사실을 알지 못하면 문제를 슬기롭게 해결하려는 시도조차 할 수 없기 때문이다. 사실 없이는 우리가 할 수 있는 일이라곤 조바심을 내며 발을 동동 구르는 것뿐이다. 내 생각이냐고? 아니다. 이것은 지금은 작고했지만 컬럼비아 단과대 학장으로 22년간 재직한 허버트 E. 호크스의 생각이다. 그는 일찍이 학생 22만 명의 걱정거리를 해결하도록 도와주었다. 호크스가 내게 이야기한 바에 따르면 '혼란이 걱정의 중요한 원인'이다. 그의 말을 들어보자.

세상 걱정 가운데 절반은 무엇을 근거로 결정을 내려야 할지 충분히 알지도 못한 채 결정을 내리려고 하는 사람들에게 생긴 것입니다. 예를 들어 다음 주 화요일 어떤 문제를 풀어야 한다고 생각해 보죠. 그럴 때 나는 다음 주 화요일이 오기 전에는 그 문제에 관해 결정을 내리려는 어떤 시도도 하지 않습니다. 그사이에 나는 그 문제와 관련된 모든 사실을 확인하는 데 집중합니다. 걱정하지도 않고 그 문제 때문에 고민하지도 않습니다. 잠을 설치는 법도 없습니다. 다만 사실을 확인하는 데에만 집중합니다. 그렇게 다음 화요일이 다가올 즈음이 되고 만일 내가 사실을 다 확인했다면, 문제는 대개 저절로 해결됩니다!

나는 호크스 학장에게 걱정을 완전히 극복했다는 뜻이냐고 물어보았다. 그러자 그는 이렇게 대답했다. "그렇습니다. 내 삶에서 걱정은 거의 완벽히 사라졌다고 이야기해도 과언이 아닙니다." 그러고는 이렇게 덧붙였다. "누구든 공정하고 객관적인 눈으로 사실을 확인하는 데 시간을 들인다면, 그의 걱정은 대개 이해라는 빛을 받고 증발해버립니다."

다시 한번 적어 보겠다. **"누구든 공정하고 객관적인 눈으로 사실을 확인하는 데 시간을 들인다면, 그의 걱정은 대개 이해라는 빛을 받고 증발해버립니다."**

하지만 우리 대부분은 어떻게 하고 있는가? 가령 우리가 사실에 신경을 쓴다고 해보자. 비록 토머스 에디슨이 "생각하는 수고를 덜 수 있다면 사람들은 어떤 수단이라도 사용할 것이다."라고 하긴 했지만, 그래도 우리가 사실에 신경을 쓴다고 해보자. 그렇게 한다고 해도 우리는 기존 생각을 뒷받침해주는 사실들만 눈에 불을 켜고 찾을 뿐, 다른 모든 사실은 무시해버린다. 우리는 오로지 우리의 행동을 정당화해 줄 사실들, 우리가 바라는 생각과 잘 들어맞으면서 우리가 이미 가진 선입견을 정당화해 주는 그런 사실들만 원할 뿐이다.

앙드레 모루아의 표현대로, "우리의 개인적 욕망과 합치하는 모든 것은 진실해 보인다. 그렇지 않은 모든 것은 우리를 화나게 한다."

이 말을 듣고도 우리가 우리의 문제에 대한 해답을 구하는 일을 무척

미국의 발명가 토머스 에디슨(왼쪽), 프랑스의 작가 앙드레 모루아(오른쪽)

어려워하는 게 놀랄 만한 일로 여겨지는가? 가령 우리가 2 더하기 2는 5라고 믿으면서 초급 수학 문제를 풀려고 하면 이와 똑같은 문제가 생기지 않겠는가? 그런데도 세상에는 2 더하기 2는 5라고, 아니 때로는 500이라고 우기면서 자신과 주변 사람들의 인생을 지옥으로 만드는 사람들이 많이 있다. 그러면 우리는 어떻게 해야 할까? 우리의 감정을 우리의 사고로부터 분리해 놓아야 한다. 호크스 학장이 말하듯, 사실을 '공정하고, 객관적인' 방식으로 확인해야 한다.

걱정하고 있을 때는 그렇게 하는 게 쉽지 않다. 걱정할 때면 감정이 주도권을 쥐기 때문이다. 하지만 내가 내 문제로부터 한 발짝 비켜서서 사실을 분명하고 객관적으로 보고자 할 때 도움이 된다고 생각하는 방법 두 가지를 제시해보겠다.

1. 사실을 확인하려고 노력할 때 나는 나 자신을 위해서가 아니라 다른 누군가를 위해서 정보를 수집하고 있는 척 행동한다. 이것은 내가 증거에 대해 냉정하고 편파적이지 않은 시각을 가질 수 있도록 도와준다.
2. 나를 걱정시키는 문제와 관련된 사실을 모으려고 노력할 때 가끔 나와 반대되는 태도를 변론하는 변호사인 것처럼 행동한다. 다시 말해 내 생각과 다른 모든 사실, 내 기대와 어긋나는 모든 사실, 내가 보고 싶지 않은 모든 사실을 모으려고 노력한다.

그런 다음 내 입장과 반대편 입장 둘 다 기록한다. 이렇게 해보면 진실은 그 양쪽 극단의 중간 어딘가에 있다는 것을 발견하게 된다.

내가 말하려고 하는 요지는 이것이다. 여러분이나 나 자신, 아니면 아인슈타인이건 미국 대법원이건 간에 사실을 확인하지 않고 현명한 결정을 내릴 정도로 뛰어난 사람은 결코 있을 수 없다는 것이다. 토머스 에디슨은 이런 사실을 알고 있었다. 그가 세상을 떴을 때 그가 직접 겪었던 문제와 관련된 사실들을 기록한 공책이 무려 2,500권에 달했다. 그러므로 문제를 해결하는 제1 규칙은 '사실을 확인하라'. 호크스 학장이 하던 대로 우선 공정한 방식으로 모든 사실을 모을 때까지는 문제를 해결하려는 시도조차 하지 말라.

내가 값비싼 경험을 통해 발견한 바에 따르면, 사실을 기록하면 문제를 분석하기가 훨씬 쉬워진다. 실제로 사실을 종이에 기록하고 당면한 문제를 명확하게 진술하는 것만으로도 현명한 결론을 내리는 데 큰 도움이 된다. 찰스 케터링은 다음과 같이 말했다.

찰스 케터링(Charles Franklin Kettering)
미국의 엔지니어, 과학자, 발명가로, 미국에서 300개 이상의 특허를 취득하기도 하였다.

이 말들이 현실에서 어떻게 적용되는가를 보여주겠다. 그림 한 장이 만 마디 말보다 낫다는 중국 격언도 있으니, 내가 여러분에게 지금까지 이야기하던 것을 구체적인 행동으로 옮기는 한 사람의 그림을 보여준다고 생각하자.

지금 드는 예는 내가 몇 년 전부터 알고 지내는 갈렌 리치필드라는 사람의 이야기이다. 그는 미국 동부지역에서 가장 성공한 사업가 가운데 한 사람이다. 리치필드 씨는 일본이 상하이를 침공하던 1942년에 중국에 있었다. 다음은 그가 우리 집에 손님으로 왔을 때 해준 이야기이다. 갈렌 리치필드는 이렇게 말을 시작했다.

일본 놈들은 진주만을 공격하고 나서 얼마 지나지 않아 이번에는 상하이로 밀고 들어왔습니다. 저는 당시 아시아 생명보험 상하이지사에서 관리직을 맡고 있었습니다. 일본군은 우리 회사에 '군 청산인'을 보냈는데, 그는 해군 장성이었습니다. 그 사람은 저보고 우리 지사 자산을 청산하는 데 협조하라는 명령을 내리더군요. 저에게는 선택의 여지가 없었습니다. 협조하거나 아니면 다른 어떤 것이었는데, 그 '다른 어떤 것'이란 두말할 필요도 없이 죽음이었습니다.

저는 시키는 대로 하는 척할 수밖에 없었습니다. 다른 대안이 없었으니까요. 하지만 저는 75만 달러의 가치가 있는 유가증권 한 묶음을 그 해군 장성에게 준 목록에 넣지 않고 빼돌렸습니다. 유가증권 묶음을 누락시킨 것은 그게 우리 회사의 홍콩지사에 속한 것이어서 상하이지사의 자산과는 아무런 관계가 없었기 때문이었습니다. 그래도 혹시 일본 놈들이 제가 한 일을 알게 되면 저를 끓는 물에 빠뜨려 죽이지 않을까 걱정이 되긴 했죠. 아니나 다를까, 그들이 알아채고 말았습니다.

그들이 그 사실을 발견했을 때 사무실에는 제가 아니라 제 상사인 경리과 부장이 있었습니다. 상사가 전해주기를, 일본 장성이 책상을 탕탕 치고 불같이 화를 내며 갖은 욕을 퍼부으면서 저를 도둑놈이니 반역자니 하고 있다는 게 아니겠습니까! 저는 일본군에게 공공연하게 반항했던 셈이지요. 그게 무얼 뜻하는지 물론 알고 있었죠. 저를 브리지하우스에 처넣을 게 분명했습니다.

브리지하우스! 일본의 게슈타포들이 운영하는 고문실! 제가 아는 사람 중에는 그 감옥으로 끌려가느니 차라리 죽겠다며 스스로 목숨을 끊은 친구들도 있고, 거기서 열흘간이나 심문과 고문을 받다가 죽은 친구들도 있었습니다. 그런데 제가 그 브리지하우스에 끌려가게 될 처지에 놓였습니다!

제가 어떻게 했느냐고요? 제가 그 소식을 들은 건 일요일 오후였습니다. 지금 생각해도 당시 저는 당연히 벌벌 떨고 있었어야 합니다. 실제로 제 나름대로 문제 대처 방식이 없었더라면 겁에 질려 있었을 게 틀림없었을 것입니다. 오랜 세월 동안 저는 걱정스러운 일이 생기면 언제나 타자기 앞에 앉아서 다음과 같은 두 가지 질문을 치고, 또 그 질문에 대한 답을 쳤습니다.

1. 내가 걱정하는 것은 무엇인가?

2. 그에 대해 내가 할 수 있는 일은 무엇인가?

전에는 이 두 가지 질문을 쓰지 않은 상태에서 답을 하려고 했습니다. 하지만 몇 년 전부터는 그러지 않았습니다. 두 가지 질문과 그 답을 적는 것이 생각을 명료하게 만들어 준다는 것을 깨달았기 때문입니다.

그래서 일요일 오후 곧장 상하이 YMCA에 있는 제 방으로 가서 타자기를 꺼냈습니다. 그리고 이렇게 적었습니다.

1. 내가 걱정하는 것은 무엇인가?

   내일 아침 브리지하우스로 끌려갈지도 모른다는 사실을 걱정하고 있다.

2. 그에 대해 내가 할 수 있는 일은 무엇인가?

   저는 몇 시간 동안이나 자리에 앉아서 생각을 거듭한 끝에 내가 취할 수 있는 네 가지 대응 방법과 각각의 대응이 가져올 수 있는 결과를 적어 보았습니다.

첫째, 일본 장성에게 설명한다. 하지만 그는 영어를 하지 못한다. 통역을 통해 설명하려고 하면 다시 한번 그의 성질을 돋우게 될 것이다. 그러면 바로 죽음이다. 일본 장성은 잔인한 성격이라 왈가왈부하느니 나를 브리지하우스에 처넣는 걸로 끝내려 할지도 모른다.

둘째, 도망친다. 불가능. 그들은 언제나 나를 감시하고 있다. YMCA에 있는 내 방에 드나들 때도 항상 신고해야 한다. 도망치려고 하면 아마 바로 체포되어 총살될 것이다.

셋째, 여기 이 방에서 머물며 사무실 근처에는 얼씬도 하지 않는다. 그렇게 하면 일본 장성이 나를 의심해서 군인들을 보내 나를 잡아다가 변명할 기회도 주지 않고 브리지하우스에 집어넣고 말 것이다.

넷째, 월요일 아침 평소와 다름없이 사무실로 출근한다. 이 경우 일본 장성이 너무 바빠 내가 한 일을 잊어버릴 가능성이 있다. 생각이 난다 해도 이제는 어느 정도 진정이 되어 트집을 잡지 않을지도 모른다. 그렇게 되면 모든 문제가 해결된다. 트집을 잡더라도 그에게 설명할 기회가 생긴다. 그러므로 월요일 아침 평소와 다름없이 사무실로 출근해서 아무 일도 없다는 듯 행동하면 브리지하우스 행을 피할 수 있는 두 가지 가능성을 엿볼 수 있다.

이런 생각을 마치고 네 번째 계획대로 월요일 아침에 평소와 다름없이 사무실로 출근하기로 마음먹고 나자 마음이 편안해졌습니다.

다음 날 아침 제가 사무실에 들어서자 일본 장성은 입에 담배를 꼬나 물고 앉아 있었습니다. 그는 언제나 그랬듯이 저를 쳐다보았습니다. 그러고는 아무 말도 없었습니다. 6주가 지나자 다행히 그는 도쿄로 돌아갔고 제 걱정은 끝이 났습니다.

이미 말씀드렸듯이 일요일 오후에 자리에 앉아 제가 취할 수 있는 다양한 행동들과 그 각각의 결과를 적고서 침착하게 결론을 내린 것이 어쩌면 제 목숨을 구했다고 할 수 있습니다. 그렇게 하지 않았더라면 갈피를 못 잡고 허둥대다가 순간적인 충동으로 잘못된 행동을 했을 것입니다. 제게 닥친 문제가 무엇인지 깊이 생각하고 결론에 도달하지 못했더라면 걱정에 사로잡힌 나머지 일요일 오후 내내 미쳐 날뛰었을 것이고 그날 밤 잠을 이루지도 못했을 것입니다. 그러고는 월요일 아침 지치고 근심스러운 표정으로 사무실로 출근했을 것이고, 그러면 그것만으로도 일본 장성은 수상하다고 생각하고 어떤 조치를 했을 게 분명합니다.

경험은 저에게 결론을 내리는 것의 중요성을 가르쳐주었습니다. 확고한 결정을 내려서 미친놈 맴돌 듯 끊임없이 서성대는 것을 멈추어야 하는데 그러지 못하기 때문에 사람들은 신경쇠약에 걸리거나 고통스러운 시간을 보내게 됩니다. 제가 보기에는 명쾌하고 분명한 결정을 내리기만 하면 그것만으로도 걱정의 50%는 사라집니다. 그리고 결정을 실행에 옮기기 시작하기만 하면 다시 40%의 걱정이 사라집니다.

결국 다음과 같은 4단계 조처를 하면 걱정이 90%는 사라지는 것이지요.

1. 내가 걱정하고 있는 것을 정확하게 적는다.
2. 그것에 대해 내가 할 수 있는 것을 적는다.
3. 어떻게 할지 결정한다.
4. 결정을 즉각적으로 실행에 옮긴다.

갈렌 리치필드는 현재 뉴욕 존 스트리트에 본사를 두고 있는 스타 파크 앤 프리먼 사(社)의 동아시아 지역 담당 임원으로 재직 중이며 대형 보험과 금융 관련 일을 맡고 있다.

이미 말한 바 있지만 갈렌 리치필드는 오늘날 아시아에서 활동하는 가장 영향력 있는 미국인 사업가로 꼽히고 있다. 그가 털어놓은 바에 의하면, 이렇게 성공한 데는 걱정을 분석하고 정면으로 맞부딪치는 방법이 커다란 이바지를 했다고 한다.

그의 방법이 그토록 뛰어난 이유는 무엇일까? 그의 방법은 효율적이고 구체적이며 문제의 본질에 곧장 접근하기 때문이다. 여기에 세 번째 규칙이자 필수적인 규칙으로서 '해결하기 위해 행동하라.'라는 규칙을 갖고 있다는 점에서 그의 방법은 뛰어나다. 행동하지 않으면 사실을 확인하고 분석하는 모든 과정은 말짱 도루묵이다. 아무런 결실이 없는 정력 낭비에 불과하다.

윌리엄 제임스는 이렇게 말했다.

일단 결정을 내리고 실행할 일만 남아 있다면, 결과에 대한 책임감과 관심은 조금도 남김없이 잊어버려라.

(여기에서 윌리엄 제임스는 명백하게 관심이라는 말을 걱정이라는 말과 동의어로 사용하고 있다)

제임스가 한 말의 의미는 일단 사실에 근거해서 신중한 결정을 내린 다음에 행동하라는 것이다. 다시 생각하기 위해 멈춰 서지 말라. 머뭇거리거나 걱정하거나 이미 거친 과정을 다시 밟기 시작해서는 안 된다. 자기 자신에 대한 믿음을 잃어버려서는 안 된다. 그러면 다른 회의(懷疑)들이 생기기 시작한다. 자꾸 뒤를 돌아보려고 해서는 안 된다.

나는 언젠가 오클라호마에서 가장 유명한 석유 사업가인 웨이트 필립스에게 결정을 어떻게 실행에 옮기느냐고 물어본 적이 있다. 그는 이렇게 대답했다. "저는 우리에게 닥친 문제를 정도 이상으로 자꾸 생각하다 보면 반드시 혼란과 걱정이 생긴다고 봅니다. 조사나 생각을 계속하면 해가 되는 어떤 순간이 있습니다. 결정을 내린 다음 뒤돌아보지 말고 행동해야 하는 순간이 있습니다."

여러분이 지금 가진 걱정을 해결하기 위해 갈렌 리치필드의 방법을 써보는 것이 어떻겠는가? (질문의 아래 공란에 여러분이 생각하는 답을 적어보기를 바란다.)

질문 1. 내가 걱정하는 것은 무엇인가?

질문 2. 내가 할 수 있는 일은 무엇인가?

질문 3. 나는 앞으로 이렇게 하겠다.

질문 4. 언제부터 시작할 것인가?

II

사업상의 걱정을 절반으로 줄이는 방법

HOW TO ELIMINATE FIFTY PERCENT OF YOUR BUSINESS WORRIES

여러분이 사업을 하는 사람이라면 아마 지금쯤 이렇게 생각하고 있을지도 모르겠다. '이 장의 제목은 좀 웃기는군. 나도 사업을 시작한 지 19년째 되는 사람이야. 다른 사람들이 아는 정도는 나도 알아. 내 사업상의 걱정을 절반으로 줄이는 방법을 다른 사람이 이야기해주려고 하다니, 말도 안 되는 소리지!'

지당한 말씀이다. 몇 년 전에 이 장의 제목을 봤다면 나 자신도 이와 똑같은 생각을 했을 것이다. 이 제목은 많은 것을 주겠다고 약속하고 있지만, 약속만큼 값싼 것도 없으니 무슨 약속인들 못 하랴.

솔직하게 이야기해 보자. 어쩌면 나는 여러분이 사업상 가지고 있는 걱정거리를 절반으로 줄여주지 못할 수도 있다. 결국 그렇게 할 수 있는 사람은 여러분 자신밖에 없다. 그러나 내가 할 수 있는 일이 있기는 하다.

다른 사람들은 어떻게 하고 있는지를 여러분에게 보여주고 나머지는 여러분에게 맡기는 것이다.

여러분은 이 책에서 세계적으로 유명한 알렉시 카렐 박사의 다음과 같은 말을 인용했다는 것을 기억할 것이다. "걱정에 대처할 줄 모르는 사업가는 오래 살지 못한다."

걱정이란 이렇게 심각한 문제다. 만일 내가 여러분을 도와서 걱정을 10%만 줄여 주어도 여러분은 만족스러워하지 않을까? …… 맞다고 생각하는가? …… 그럼, 좋다. 지금부터 한 사업가에 관한 이야기를 여러분에게 들려주겠다. 이 사람은 걱정의 50%를 제거한 게 아니라 사업상의 문제를 해결하기 위해 회의에 들이던 시간의 70%를 줄였다. 게다가 내가 이야기하려고 하는 것은 '홍길동'이나 'X 씨' 혹은 '오하이오주에 사는 어떤 사람'에 관한, 여러분이 확인할 수 없는 모호한 이야기가 아니다.

이 이야기는 리언 심킨이라는 실존 인물에 관한 이야기이다. 그는 미국 최대의 출판사 가운데 하나인 사이먼 앤 슈스터에서 파트너 겸 총괄 책임자로 일하고 있다. 이 출판사는 뉴욕주, 뉴욕 가 20번지, 록펠러 센터에 있다.

리언 심킨은 자신의 경험을 다음과 같이 이야기했다.

15년 동안 저는 업무 시간의 거의 절반가량을 문제 해결을 위한 회의를 하며 보냈습니다. 이렇게 해야 할까, 저렇게 해야 할까? 아니면 아무것도 하지 말아야 할까? 우리는 신경이 곤두서서 의자에서 몸을 비틀어야 했습니다. 회의실 안을 이리저리 거닐었습니다. 토론하고 거닐기를 반복했습니다. 저녁이 되면 저는 녹초가 될 지경이었습니다. 남은 생애도 이런 식으로 일을 해야 할 것이라는 생각이 들었습니다. 15년 동안이나 이렇게 일해왔고, 더 잘할 방법이 있으리라고는 생각지도 못했으니까요. 만일 누군가 제게 그렇게 심각하게 회의하면서 보내는 시간과 거기서 오는 심적인 부담감의 4분의 3을 줄일 수 있다고 이야기했다면, 저는 그 사람을 의욕은 넘치지만 세상 물정 모르고 탁상공론이나 할 줄 아는 낙관주의자라고 여겼을 것입니다.

그런데 제가 그렇게 할 수 있는 방법을 찾아냈습니다. 저는 지금까지 8년째 이 방법을 사용하고 있습니다. 그 방법을 사용하면서부터 일의 효율성이 좋아졌을 뿐만 아니라 개인적으로도 훨씬 더 행복하고 건강한 삶을 누리게 되었습니다.

마치 마술을 부리는 것처럼 들리겠지만 모든 마술이 그렇듯 이 방법 또한 그 내막을 알고 보면 무척 단순합니다. 비밀은 이렇습니다. 우선 저는 15년 동안 사용해오던 회의 방식을 일시에 중단시켰습니다. 문제가 생긴 동료들이 문제를 하나하나 구체적으로 설명하고 마지막에 "이제 어떻게 할까요?"라고 묻는 것으로 시작하던 방식이었습니다. 두 번째로, 저는 새로운 규칙을 만들어 냈습니다. 누구든 제게 문제를 제시하고 싶은 사람은 먼저 다음과 같은 4개의 질문에 대한 답을 생각해 내서 기록해와야 한다는 규칙이었습니다.

질문 1. 문제는 무엇인가?

(과거에는 걱정스럽게 회의하며 한 시간이 지나고 두 시간이 지나도 진짜 문제가 무엇인지 구체적이고 명확하게 알고 있는 사람이 없는 경우가 많았습니다. 그리고 열을 내며 토론을 하면서도 문제가 무엇인지 구체적으로 기록하려고 노력하지 않았습니다.)

질문 2. 문제가 발생한 원인은 무엇인가?

(예전 업무처리 방식을 돌아보면서, 문제의 근원을 명확히 확인하려는 노력도 없이 걱정스러운 회의만 하면서 쓸데없이 날려버린 시간을 생각하면 식은땀이 날 정도입니다.)

질문 3. 문제를 해결하기 위해 가능한 모든 방법은 무엇인가?

(예전에는 회의에 참석한 어떤 사람이 한 가지 해결안을 제시하면 다른 사람이 반박해서 서로 화를 내곤 했습니다. 때로는 주제를 완전히 잊어버리기도 했는데, 회의가 끝나고 나면 문제 해결을 위해 우리가 할 수 있는 다양한 방법들을 기록한 사람이 아무도 없었습니다.)

질문 4. 문제 해결을 위한 제안은 무엇인가?

(예전에 회의에 들어오는 사람들은 몇 시간씩이나 상황에 대해 고민을 하면서 이리저리 서성거리다가 올 뿐이었습니다. 가능한 모든 방법을 모색해 보고 나서 '제가 제안하는 방법은 이것입니다.' 하고 기록해서 오는 사람은 한 명도 없었습니다.)

이제는 회사에서 자신들의 문제를 가지고 나를 찾아오는 사람이 거의 없습니다. 왜냐고요? 앞의 4가지 질문에 대답하기 위해서는 우선 모든 사실을 확인해야 할 뿐만 아니라 문제를 철저히 검토해야 한다는 것을 깨달았기 때문이지요.

그렇게 하고 나면 4번 가운데 3번은 저와 상의할 필요가 전혀 없다는 것을 알게 됩니다. 마치 전기 토스터에서 빵이 튀어 오르듯이 적절한 해결책이 저절로 나오기 때문입니다. 상의가 필요한 경우라 해도 토론에 드는 시간이 전과 비교해 3분의 1로 줄어들었습니다. 체계적이고 논리적인 과정을 거쳐 합리적인 결론에 이를 수 있기 때문입니다.

이제 사이먼 앤 슈스터 사에서는 걱정을 하고 문제점을 상의하며 보내는 시간이 엄청나게 줄어들었습니다. 그 대신 문제를 해결하기 위한 행동은 훨씬 더 많아졌지요.

내 친구 중 미국 최고의 보험 판매원으로 꼽히는 프랭크 베트거는 이와 비슷한 방법을 썼더니 사업상의 문제가 줄어들었을 뿐만 아니라 수입이 2배로 늘었다고 이야기해주었다. 그는 다음과 같이 말했다.

몇 년 전, 내가 막 보험을 팔기 시작했을 때 나는 내 직업에 대한 무한한 열정과 애정으로 가득 차 있었지. 그러던 중 문제가 생겼다네. 너무 실망이 커지니까 일이 경멸스럽게 보이고 그만둘까 하는 생각마저 하게 된 것이지. 돌이켜보면 만일 어느 토요일 아침 이런 생각, 그러니까 조용히 앉아서 '내가 걱정하는 진짜 이유가 무엇인지 점검해 봐야 하겠다.'라는 생각을 하지 못했다면 나는 아마 그만두었을 거야.

1. 나는 자신에게 이런 질문을 했네. '도대체 문제가 무엇인가?' 문제는 내가 까무러칠 정도로 많은 고객을 방문하지만, 수입은 생각만큼 많지 않다는 데 있었다네. 고객을 끌어들이는 데까지는 상당히 잘하는데, 마지막 계약 단계에 가면 문제가 생기곤 했지. 고객들은 이렇게 말하곤 했다네. "네, 생각해 보겠습니다, 베트거 씨. 다음에 다시 한번 들러주시죠." 내가 스트레스를 받는 건 이렇게 다시 들르는 데 너무나 많은 시간이 들고 있기 때문이었지.

2. 또 이런 질문을 해보았네. '어떤 해결책들이 가능한가?' 이 질문에 대답하기 위해서는 사실을 살펴보아야만 했지. 나는 지난 12개월 동안의 기록을 꺼내서 숫자를 살펴보았네.

그러자 놀라운 사실을 알게 되었다네! 내 실적 가운데 70%는 첫 만남에서 계약이 이루어졌다는 사실을 발견한 것이지! 23%의 경우는 두 번째 만남에서 계약이 이루어졌고! 세 번째, 네 번째, 다섯 번째 등 다른 모든 경우에 이루어진 계약은 단 7%에 불과했다네. 7%의 경우가 내 시간을 잡아먹고 나를 기진맥진하게 만들고 있었던 것인데 말이야. 달리 말하면 내 전체 판매 실적의 7%밖에 되지 않는 일에 내 업무 시간의 절반을 꼬박 갖다 바치고 있었던 셈이지.

3. '해답은 무엇인가?' 해답은 명백했지. 나는 즉각적으로 두 번 이상 방문하는 일을 그만두고는 나머지 시간을 새로운 고객을 발굴하는 데 투자했다네. 결과는 믿을 수 없을 정도였지. 단시간 내에 한 번의 방문으로 생기는 평균 현금 가치가 2.80달러에서 4.27달러로 증가했다네.

이미 말한 대로 프랭크 베트거는 미국에서 가장 유명한 생명보험 판매원으로 꼽히고 있다. 그는 필라델피아주에 있는 피델러티 뮤추얼에서 일하고 있으며 보험으로 한 해에 백만 달러 이상의 계약고를 올리고 있다.

하지만 그에게도 거의 포기할 뻔한 순간이 있었다. 실패를 인정하고 거의 주저앉을 뻔한 순간이 있었다. 하지만 그는 문제를 분석함으로써 힘차게 성공 가도를 달릴 수 있게 되었다.

여러분이 가지고 있는 사업상의 문제에 같은 질문을 적용할 수 있겠는가? 다시 한번 내 포부를 피력해 본다면, 그 질문들은 여러분이 가진 고민을 절반으로 줄여줄 수 있다. 다시 한번 질문을 적어 보겠다.

1. 문제는 무엇인가?

2. 문제의 원인은 무엇인가?

3. 문제를 해결하기 위한 가능한 모든 방법은 무엇인가?

4. 문제 해결을 위한 제안은 무엇인가?

PART 2

걱정 분석의 기본 테크닉

1 사실을 확인하라. 컬럼비아 대학교 호크스 학장의 이야기를 기억하라. "세상 걱정 가운데 절반은 무엇을 근거로 결정을 내려야 할지 충분히 알지도 못한 채 결정을 내리려고 하는 사람들이 만든 것이다."

2 신중하게 사실을 확인한 후에 결정을 내려라.

3 신중하게 결정을 내린 후에는 행동하라! 결정을 실행으로 옮기기 위해 열심히 노력하라. 결과에 대한 모든 불안감을 떨쳐 버려라.

4 여러분이나 여러분의 동료가 문제에 대해 걱정하는 마음이 들면 다음 질문에 대한 답을 적어 보라.

① 무엇이 문제인가?
② 문제의 원인은 무엇인가?
③ 문제를 해결하기 위한 가능한 모든 방법은 무엇인가?
④ 최선의 해결책은 무엇인가?

PART 3

걱정하는 습관을 없애는 방법

How To Break The Worry Habit Before It Breaks You

I

머릿속에서 걱정을 몰아내는 방법

HOW TO CROWD WORRY
OUT OF YOUR MIND

몇 년 전 매리언 J. 더글러스가 내 강좌를 수강하러 온 밤을 아마 나는 영원히 잊지 못할 것이다. 여기서는 그의 실명을 밝히지 않겠다. 그가 개인적인 이유로 자신의 신분을 밝히지 말아 달라고 요청했기 때문이다. 하지만 지금부터 내가 전하는 이야기는 그가 우리 성인 교육 강좌 수강생들 앞에서 한 이야기 그대로이다. 더글라스는 우리에게 자신의 가정에 어떤 불행이 닥쳤는지, 그것도 두 번이나 닥친 불행에 대해 말해주었다.

첫 번째 불행은 그가 너무나 사랑하는 자신의 다섯 살 난 딸을 잃은 것이다. 부부는 첫 번째 상실로 인한 슬픔을 이기지 못할 것으로 생각했다. 하지만 그는 "10개월 후 하느님이 저희에게 다시 한 명의 딸을 주었지만, 그 딸도 태어난 지 5일 만에 죽고 말았습니다."라고 이야기했다.

잇따른 상실은 견디기에는 너무나 큰 아픔이었다. 이 아버지는 우리에게 이렇게 말했다.

"저는 도저히 받아들일 수 없었습니다. 잠을 잘 수도 없고, 먹을 수도 없고, 휴식을 취할 수도 없고, 편한 마음을 가질 수도 없었습니다. 신경은 산산조각이 나 있었으며 의지할 것이라곤 하나도 없었습니다."

마침내 그는 의사를 찾아갔다. 어떤 의사는 수면제를 처방했고, 어떤 의사는 여행을 권했다. 두 가지를 다 해보았지만 어떤 처방도 도움이 되지 않았다. 그는 이렇게 말했다. "제 몸이 마치 바이스에 끼워져 있고, 바이스 양쪽 물음 쇠가 점점 더 강하게 조여오는 것만 같았습니다." 심신을 팽팽히 잡아당기며 절대 놓아주지 않는 비통함! 슬픔으로 인해 한 번이라도 마비된 적이 있는 사람이라면 이 말이 무슨 의미인지 알 수 있을 것이다.

하지만 다행스럽게도 제게는 아이가 하나 남아 있었습니다. 4살 난 아들이었죠. 그 녀석이 제 문제에 대한 해답을 제시해 주었습니다. 어느 날 오후인가 신세를 한탄하며 앉아 있었는데 그 녀석이 이렇게 말하더군요. "아빠, 배 하나만 만들어주세요." 저는 배를 만들 기분이 아니었습니다. 사실 그 어떤 것도 할 기분이 아니었죠. 그런데 제 아들놈은 어찌나 끈질긴지 말도 못 할 정도였습니다! 결국 제가 지고 말았죠.

장난감 배를 만드는 데 거의 세 시간이나 걸렸습니다. 일이 끝날 때쯤 되었을 때, 저는 그 배를 만들며 보낸 세 시간이 몇 달 만에 처음으로 편안함과 평화를 맛본 시간이라는 것을 깨달았습니다.

이 깨달음이 준 충격으로 저는 무기력 상태에서 벗어나 조금씩 생각을 하게 되었습니다. 몇 달 사이 처음 해보는 진짜 생각이었습니다. 사람이 계획과 사고를 요구하는 어떤 일을 하느라 바쁠 때는 걱정을 하기가 어렵다는 것을 깨달았습니다. 제 경우에는 배를 만드는 일이 걱정을 완전히 때려눕힌 셈이죠. 그래서 바쁜 생활을 해야겠다고 마음먹었습니다.

다음 날 밤, 저는 집 안 구석구석을 돌아다니며 해야 할 목록을 작성했습니다. 책장, 계단, 덧창, 블라인드, 손잡이, 자물쇠, 물이 새는 수도꼭지 등 고쳐야 할 게 수십 가지나 되었습니다. 2주에 걸쳐서 손볼 항목을 정리했더니 놀랍게도 무려 242가지나 되었습니다.

지난 2년 사이 그 대부분을 수선했습니다. 덧붙여서 집사람에게도 기운이 솟을 만한 역할을 맡겼죠. 저는 1주에 두 번 성인 교육 강좌를 수강하러 뉴욕으로 옵니다. 제 지역 자치단체 활동도 열심히 해서 지금은 교육위원회 위원장을 맡고 있습니다. 참석하는 모임도 수십 개나 됩니다. 적십자나 다른 활동들을 위한 기금 모금에도 참여합니다. 지금은 너무 바빠서 걱정할 만한 시간적 여유가 없습니다.

걱정할 만한 시간적 여유가 없다! 윈스턴 처칠이 전쟁이 한창이라 하루에 18시간씩 일하던 때 한 말이 정확히 이 말이다. 누군가 그에게 엄청난 책임감 때문에 걱정스럽지 않냐고 묻자 이렇게 대답했다. "나는 너무 바쁩니다. 걱정할 만한 시간적 여유가 없습니다."

찰스 케터링이 자동차에 장착할 자동 시동기 개발을 시작했을 때, 이와 똑같은 곤경을 겪었다. 케터링 씨는 최근 은퇴할 때까지 GM 사의 부사장으로 있으면서 세계적으로 유명한 GM 연구소를 맡고 있었다. 하지만 예전에는 너무나 가난해서 헛간 건초 쌓는 곳을 연구실로 삼았을 정도였다. 음식 만들 재료를 사기 위해서 아내가 피아노 교습을 통해 번 돈 1,500달러를 사용해야 했고, 나중에는 보험사로부터 자신의 생명보험을 담보로 5백 달러를 대출받아야 했을 정도였다. 나는 그의 부인에게 걱정되지 않았느냐고 물어보았다. “왜 안 그랬겠어요.” 부인이 대답했다. “어찌나 걱정되는지 잠을 이루지 못할 정도였어요. 근데 남편은 안 그랬죠. 일을 하는 데 너무 열중해서 걱정할 틈이 없었어요.”

위대한 과학자 파스퇴르의 말 중에 이런 말이 있다. ‘도서관과 연구실에서 발견하는 평화.’ 평화가 왜 그런 곳에서 발견될까? 그것은 도서관이나 연구실에 있는 사람은 대개 일에 파묻힌 나머지 자신을 걱정할 여유가 없기 때문이다. 연구원들이 신경쇠약에 걸리는 일은 거의 없다. 그들에게는 그런 사치를 부릴 여유가 없다.

바쁜 일에 매달리는 것과 같은 단순한 일이 걱정을 몰아내는 데 도움이 되는 것일까? 여기에는 심리학이 알아낸 가장 근본적인 법칙 가운데 하나가 있다. 그 법칙은 아무리 똑똑한 사람이라도 한순간에 한 가지 이상의 생각을 하는 것은 불가능하다는 것이다. 믿기지 않는가? 그럴 수도 있다. 그렇다면 한 가지 실험을 해보기로 하자. 자, 뒤로 편안히 누워서 눈을 감고 자유의 여신상과 여러분이 내일 아침 해야 할 일을 동시에 생각한다고 가정해 보자. 실제로 한번 해보기를 바란다.

아마 여러분은 두 가지를 하나씩 생각할 수는 있지만, 두 가지를 한꺼번에 생각하는 것은 불가능하다는 것을 알게 되었을 것이다. 그렇지 않은가? 그렇다. 감정의 영역에서도 똑같은 일이 벌어진다. 뭔가 재미있는 일을 신나게, 열심히 하면서 동시에 걱정으로 축 늘어져 있는 것은 불가능하다. 한쪽 감정이 다른 감정을 몰아낸다. 제1차 세계 대전 당시 정신치료를 담당한 군의관들이 기적이나 다름없는 놀라운 결과를 낼 수 있었던 것은 이런 단순한 발견 덕분이었다.

끔찍한 경험으로 충격을 받은 나머지 후방으로 이송된 이른바 ‘노이로제' 병사들이 오면, 군의관들은 '정신없이 바쁘게 만들라.'라는 처방을 내렸다.

정신적인 충격을 받은 병사들은 한순간도 쉴 새 없이 활동해야 했다. 대개는 낚시나 사냥, 구기 시합, 골프, 사진 찍기, 정원 다듬기, 무도회 같은 야외 활동이었다. 그들에게는 끔찍한 경험을 반추할 만큼 여유로운 시간이 주어지지 않았다.

'작업 요법'이라고 하는 것은 요즘 정신병학에서 활동을 마치 약처럼 처방할 때 사용하는 용어이다. 이건 새로운 것이 아니다. 기원전 5세기라는 그 옛날에 이미 그리스의 의사들은 이런 방법을 권장하고 있었다!

벤저민 프랭클린이 활동하던 시기에 필라델피아의 퀘이커 교도들도 이 방법을 사용했다. 1774년 한 사람이 퀘이커교에서 운영하는 요양소를 방문했다. 그런데 그는 정신적인 문제를 안고 있는 환자들이 리넨을 짜느라 바쁜 것을 보고는 깜짝 놀라고 말았다. 그 사람은 불쌍한 환자들이 착취당하고 있다고 생각했다. 그 사람에게 퀘이커 교도들이 환자들에게 약간의 노동을 시키면 실제로 증세가 호전되는 것을 발견했다고 설명해주고 나서야 오해가 풀렸다. 노동은 신경을 안정시키는 역할을 하고 있었다.

어떤 정신과 의사든 활동, 즉 바쁘게 움직이는 것이 신경 질환에 가장 잘 듣는 마취제 가운데 하나라고 말할 것이다. 헨리 W. 롱펠로도 나이 어린 부인과 사별하고서 이런 사실을 체험으로 깨달았다. 하루는 그의 부인이 봉인용 밀랍을 촛불에 녹이던 중 옷에 불이 옮겨붙었다. 롱펠로가 부인의 비명을 듣고 구하기 위해 달려갔지만, 부인은 죽고 말았다. 한참 동안 끔찍한 경험에 관한 기억 때문에 너무나 괴로운 나머지 롱펠로는 거의 미칠 지경이었다.

운이 좋게도 그에게는 돌봐주어야 할 세 명의 자녀가 있었다. 애통한 마음에도 불구하고 그는 아이들의 아빠, 엄마 역할을 해냈다. 아이들을 데리고 산책하러 가고, 아이들에게 이야기를 들려주고, 아이들과 함께 놀이하고, 거기서 갖게 된 끈끈한 정을 '아이들의 시간'이라는 시를 지어 영원히 기념했다. 또한 단테의 작품을 번역했다. 이 모든 역할을 감당하느라 너무 바쁜 나머지 그는 자신을 완전히 잊어버리고 마음의 평화를 갖게 되었다. 테니슨이 자신과 가장 가까운 친구 아서 할람을 잃고 나서 말했듯이, '절망의 늪에 빠지지 않으려면 행동에 몰두해야만 한다'.

대부분의 사람에게 열심히 일하고 있을 때나 그날 해야 할 일을 하고 있을 때는 '행동하는 데 몰두하는 것'이 그다지 어려운 일이 아니다. 그러나 일과 이후의 시간, 바로 이 시간이 위험하다. 여가를 즐겨도 될 만한 시간, 가장 행복해야 할 바로 그 시간에 걱정이라는 음울한 악마가 우리를 공격한다. 우리가 제대로 하는 건지, 다람쥐 쳇바퀴 돌 듯 사는 건 아닌지, 오늘 상사가 한 말에 어떤 '의도'가 담겨 있는 것은 아닌지, 심지어 대머리가 되어가는 건 아닌지 고민하게 되는 게 바로 이 시간이다.

바쁜 일이 없을 때 우리의 정신은 진공에 가까운 상태가 되는 경향이 있다. 물리학을 배운 학생이라면 누구나 '자연은 진공을 싫어한다.'라는 말을 알고 있다. 여러분이나 내가 볼 수 있는 것으로 진공에 가장 가까운 것은 백열전구의 내부 정도일 것이다. 전구를 부숴보라. 그러면 자연은 이론적으로 비어 있는 공간을 채우기 위해 공기를 밀어 넣을 것이다.

이와 마찬가지로 자연은 진공의 정신을 채우기 위해 밀려 들어온다. 무엇으로 채울까? 대개는 감정이다. 왜? 걱정이나 두려움, 증오, 질투,

부러움 등의 감정은 정글에서 나오는 듯한 원시적인 활력과 역동적인 에너지에 의해 움직이기 때문이다. 이런 감정들은 너무 격렬하므로 우리의 정신으로부터 평화롭고 한가로운 생각과 감정을 몰아내는 경향이 있다.

컬럼비아 대학에서 교육학을 가르치는 제임스 L. 머셀 교수가 다음과 같이 잘 정리해 주었다.

걱정이 여러분을 몰아붙여 지쳐 쓰러지게 하기 가장 좋을 때는 여러분이 일하고 있을 때가 아니라 일과가 끝났을 때이다. 그때가 되면 여러분의 상상력은 미친 듯 날뛰면서 갖가지 우스꽝스러운 가능성을 불러일으키고 조그만 실수 하나하나를 과장한다. 이럴 때면 여러분의 정신은 아무런 부하도 걸리지 않은 채 작동하는 모터와 같다. 무작정 회전하며 베어링을 몽땅 태워버리거나 심지어는 산산이 부서질 것 같은 상황에 이른다. 걱정에 대한 치료법은 건설적인 일을 하는 데 철저히 몰두하는 것이다.

이런 진실을 깨닫고 또 실천에 옮기기 위해서 여러분이 대학교수가 되어야 할 필요는 없다. 세계 대전이 한창이던 시기에 나는 한 가정주부를 만난 적이 있다. 시카고에 사는 그 주부는 내게 자신이 '걱정에 대한 치료법은 건설적인 일을 하는 데 완전히 몰두하는 것'이라는 점을 깨닫게 되었는지 이야기해 주었다. 내가 그 주부와 그녀의 남편을 만난 것은 미주리 고향 집에 가기 위해 타고 있던 기차의 식당 칸에서였다. 사례를 이야기할 때 나는 언제나 이름과 주소, 즉 이야기에 진실성을 담보해 주는 구체적인 사실을 제시하려고 하는데, 유감스럽게도 이 부부의 이름은 알아놓지 못했다.

부부는 일본이 진주만을 공격한 다음 날 자신들의 아들이 입대했다고 말했다. 부인은 하나밖에 없는 아들 걱정으로 거의 앓아누울 정도였다고 했다. 어디에 있는 걸까? 무사한 걸까? 혹시 작전에라도 참여했나? 다친 것은 아닐까? 혹시 전사라도?

내가 그녀에게 어떻게 걱정을 극복했냐고 묻자 이렇게 대답했다. "바쁘게 지냈습니다." 처음에는 하녀를 내보내고 모든 집안일을 직접 함으로써 바쁘게 지내려 했다고 한다. 하지만 그것은 그다지 큰 도움이 되지 않았다. 그녀는 이렇게 말했다.

문제는 집안일이 정신을 쓰지 않고도 거의 기계적으로 할 수 있다는 데 있었습니다. 그러니 걱정은 계속되었죠. 잠자리를 준비하고 설거지를 하면서 낮 동안 한순간도 쉬지 않고 나를 정신적으로, 육체적으로 바쁘게 만들 수 있는 새로운 종류의 일이 필요하다는 것을 깨달았습니다. 그래서 대형 백화점의 판매 사원으로 들어갔습니다. 그게 효과가 있었습니다. 어느 순간 정신을 차려보니 나는 숨 가쁘게 돌아가는 일 속에 파묻혀 있었습니다. 내 주변으로 고객들이 몰려들어서 가격과 치수, 색상에 관해 물어보았습니다. 당장 해야 할 일 외에 다른 생각을 할 여지는 1초도 없었습니다. 그러다 밤이 오면 아픈 다리를 풀어주는 것밖에는 아무런 생각도 들지 않았습니다. 저녁을 먹자마자 침대에 누우면 곧장 곯아떨어지고 말았죠. 걱정할 시간도, 기력도 없었습니다.

그녀는 자신의 체험을 통해 존 쿠퍼 포이스가 『불쾌한 일을 잊는 기술』이라는 책에서 말한 것을 깨달았다. 그는 이렇게 말했다. "주어진 과제 수행에 몰두하는 동안에는 일종의 안락함 또는 깊은 내적인 평화, 어떤 편안한 무감각 상태가 인간이란 동물의 신경을 안정시켜준다."

이것은 얼마나 큰 축복인가! 세계에서 가장 유명한 여성 탐험가 오사 존슨은 걱정이나 애통함을 벗어나는 자신의 방법을 말해주었다. 여러분도 아마 그녀의 삶에 관한 이야기를 들어보았을 것이다. 그녀의 이야기는 『나는 모험과 결혼했다』라는 제목의 책으로 출간되었다. 이 세상에 모험과 결혼한 여성이 있다면 바로 그녀일 것이다. 열여섯 살에 마틴 존슨과 결혼한 그녀는 남편을 따라 캔자스주 차누테를 떠나 보르네오의 거친 정글 속으로 거처를 옮겼다. 25년 동안 캔자스 출신 부부는 전 세계를 돌아다니면서 아시아와 아프리카의 멸종 위기 야생 동물에 관한 영화를 찍었다. 수년 전 미국으로 돌아온 부부는 강연 여행을 다니면서 자신들이 찍은 유명한 영상을 보여주었다. 그들은 덴버에서 해안으로 가는 비행기를 탔는데 그만 비행기가 산으로 추락하고 말았다. 남편 마틴 존슨은 즉사했다. 의사들은 오사에게 다시는 침대에서 일어나지 못할 것이라고 말했다. 하지만 의사들은 오사 존슨이 어떤 사람인지 알지 못했다. 3개월이 지났을 때 그녀는 휠체어를 타고 많은 청중 앞에서 강연하고 있었다. 좀 더 자세히 말하자면 그녀가 그 시즌에 청중들 앞에 선 건 백 번 이상이었다. 그것도 매번 휠체어에 탄 채였다. 내가 왜 그렇게 했느냐고 묻자 그녀는 이렇게 대답했다. "그렇게 하면 슬픔이나 걱정에 빠질 시간을 없앨 수 있으니까요."

오사 존슨이 발견한 것은 테니슨이 1백 년 전에 노래한 바로 그 진리였다. "절망의 늪에 빠지지 않으려면 나는 행동에 몰두해야만 한다."

버드 제독은 5개월 동안 완전히 고립되어 지낼 때 이와 똑같은 진리를 깨달았다. 그가 있던 오두막은 남극을 온통 뒤덮고 있던 만년빙 속에 말

그대로 파묻혀 있었다. 자연의 가장 태곳적 비밀을 간직하고 있으며 미국과 유럽을 합한 것보다 더 큰 미지의 대륙을 덮고 있는 만년빙이었다. 버드 제독은 그곳에서 5개월 동안 홀로 지냈다. 반경 1백 마일 이내에 생명체라고는 그 어떤 것도 존재하지 않았다. 어찌나 지독하게 추운지 숨을 내쉬면 귓가를 스쳐 간 바람이 입김을 얼리고 결정(結晶)화시키는 소리가 들리는 듯했다. 버드 제독은 자신이 지은 책 『홀로』에서 막막하면서 영혼을 갉아먹는 듯한 암흑 속에서 보낸 5개월의 세월을 말하고 있다. 낮도 밤과 마찬가지로 깜깜했다. 그는 제정신을 유지하기 위해 바삐 움직여야 했다.

그는 이렇게 말하고 있다. "나는 밤이 되어 등불을 끌 때가 되면 습관적으로 내일 할 일에 대한 대강의 계획을 세웠다. 예를 들어 이렇게 하는 것이었다. 탈출 터널을 만드는 데 한 시간, 쌓인 눈을 고르는 데 30분, 연료통을 평평하게 만드는 데 한 시간, 식량 터널 벽에 선반을 만드는 데 한 시간, 썰매의 부서진 브리지를 수선하는 데 두 시간…….

이런 식으로 시간을 조금씩 배분할 수 있다는 것은 정말 멋진 일이었다. 그렇게 함으로써 나에 대한 통제력이 크게 신장하였다."

그러면서 이렇게 덧붙였다. "그 일, 혹은 그와 유사한 일을 하지 않았더라면 하루하루 아무런 목적이 없었을 테고, 목적이 없는 하루하루는 무의미한 나날이 되고 말았을 것이다. 목적이 없는 날들이 언제나 그렇듯이 말이다." 마지막에 한 말을 다시 한번 눈여겨보라. "목적이 없는 하루하루는 무의미한 나날이 되고 말았을 것이다. 목적이 없는 날들이 언제나 그렇듯이 말이다."

만일 여러분이나 내가 걱정을 할 때는 예전부터 사용되던 멋진 처방인 일을 활용할 수 있음을 기억하자. 이런 주장을 한 사람은 하버드 대학교 임상의학 교수를 역임한 최고의 권위자인 리처드 C. 캐벗 박사이다. 캐벗 박사는 자신의 저서 『사람은 무엇으로 사는가』에서 이렇게 말한다. "나는 의혹이나 머뭇거림, 우유부단, 두려움 등을 떨치지 못하는 데서 유발되는 영혼의 중풍을 겪고 있는 사람들이 일을 통해서 낫는 경우를 많이 보았다. 의사로서 이런 일을 보는 건 기쁨이었다. …… 일을 통해 얻게 되는 용기는 에머슨이 그토록 칭송해 마지않던 자기 신뢰와 같다고 할 수 있다."

만일 여러분과 내가 바쁘게 움직이지 않고 자리에 앉아서 빈둥거리며 상념에 빠진다면, 우리는 아마 찰스 다윈이 '위버 기버'라고 말하던 것을 수도 없이 만들어낼 것이다. 이 '위버 기버'들은 옛날이야기에 나오는 '그렘린', 그러니까 우리를 허망하게 만들고 우리의 행동력과 우리의 의지력을 파괴하는 작은 악마에 불과하다.

나는 조바심을 내거나 속을 끓일 시간이 없을 정도로 자신을 바쁘게 함으로써 이 '위버 기버'를 이겨낸 뉴욕 출신의 한 사업가를 알고 있다. 그의 이름은 트렘퍼 롱맨이며 사무실은 월스트리트 40번지에 있다. 롱맨은 내가 진행하는 성인 교육 강좌를 들으러 온 수강생이었다. 그가 발표한 걱정 극복의 방법이 너무나 흥미롭고 인상적이었기에 수업이 끝난 후 나는 그를 초대해 저녁 식사를 함께했다. 그리고 우리는 자정이 훨씬 넘도록 레스토랑에 앉아서 그의 경험에 관해 이야기를 나눴다. 그가 내게 한 이야기는 다음과 같다.

18년 전 나는 걱정으로 인해 불면증에 걸린 적이 있습니다. 나는 항상 긴장한 상태에 있었고, 짜증을 잘 내며, 신경과민이 되어 있었습니다. 이러다 신경쇠약에 걸리겠다는 생각이 들었습니다.

내게는 걱정할 만한 일이 있었습니다. 나는 뉴욕 웨스트브로드웨이 418번지에 있던 크라운 청과 음료 회사의 회계 담당자였습니다. 우리 회사는 갤런 크기의 통으로 포장된 딸기에 백만 달러를 투자해놓고 있었습니다. 20년 동안 우리는 이런 갤런 크기 통에 담겨 있는 딸기를 아이스크림 제조업자들에게 판매해왔습니다. 그러던 중 갑자기 매출이 급감했습니다. 내셔널 데어리나 보든스 같은 대형 아이스크림 제조업자들이 생산량을 급격히 확대하면서 배럴 단위로 포장된 딸기를 구매해서 시간과 경비를 절약했기 때문입니다.

우리 회사는 이제 팔지 못하는 딸기에 50만 달러가 잠겨 있을 뿐 아니라, 향후 12개월 동안 백만 달러어치에 달하는 딸기를 구매하겠다는 계약을 맺어놓은 상태였습니다. 이미 은행에서 대출받은 금액도 35만 달러에 달했습니다. 이 대출금을 상환하거나 연장할 방법이 없었습니다. 내가 걱정할 만하지 않습니까!

나는 캘리포니아주 왓슨빌에 있는 우리 회사 공장으로 달려갔습니다. 그리고 사장님에게 상황이 바뀌었고 이대로 가다간 파멸이라고 설득했습니다. 사장님은 믿으려 하지 않더군요. 사장님은 문제를 전부 뉴욕 지점 탓으로 돌렸습니다. 판매 능력이 부족해서 생긴 것이라고요.

사장님에게 며칠간이나 매달린 끝에 나는 마침내 딸기를 포장하는 것을 거기서 멈추게 했습니다. 그리고 샌프란시스코에 있는 청과시장에 상품 공급을 개시하겠다는 승낙을 받아냈습니다. 그럼으로써 문제는 거의 해결되었던 셈입니다. 여기서 걱정을 멈출 수 있어야만 했습니다. 하지만 그럴 수 없었습니다. 걱정은 버릇입니다. 나에게 그런 버릇이 생겨버린 거죠.

뉴욕으로 돌아오고서 나는 이탈리아에서 구매하는 체리, 하와이에서 구매하는 파인애플 등 모든 것에 대해 걱정하기 시작했습니다. 나는 항상 긴장했고, 신경이 예민해져 있었습니다. 잠도 오지 않았습니다. 그리고 전에 말한 것처럼 신경쇠약에 걸리는 것은 시간문제였지요.

절망 속에서 나는 새로운 생활 방식을 채택했는데, 그 방식으로 인해 불면증도 사라지고 걱정도 멈출 수 있게 되었습니다. 그건 바로 바쁘게 움직이는 것이었습니다. 내 모든 능력을 써야 하는 문제들이 쉴 새 없이 생겼기에 걱정할 여유는 조금도 없었습니다. 전에는 하루에 7시간 일했지만, 이제는 하루에 15~16시간을 일하기 시작했습니다. 나는 매일 아침 8시면 사무실에 도착해서 거의 자정이 될 때까지 거기 머물렀습니다. 새로운 역할과 새로운 책임들을 떠맡았습니다. 한밤중에 집에 돌아와서 침대에 누울 때면 어찌나 피곤한지 눈 깜짝할 사이에 곯아떨어질 정도였습니다.

이런 식으로 3개월을 생활했습니다. 그때쯤 이르자 걱정하는 버릇이 사라지더군요. 그래서 다시 하루에 7~8시간 일하는 예전 방식으로 돌아갔습니다. 이런 일이 있었던 건 18년 전입니다. 그 이후 한 번도 불면증이나 걱정으로 신경을 쓴 적이 없습니다.

조지 버나드 쇼의 말이 맞았다. 그는 다음과 같은 말로 정리했다.

비참해지는 비결은 자신이 행복한지 아닌지 고민할 여유를 가지는 것이다.
The secret of being miserable is to have the leisure to bother about whether you are happy or not.

조지 버나드 쇼(George Bernard Shaw)
아일랜드의 극작가, 소설가, 수필가로, 1925년에 노벨 문학상을 받았다.

하려고 애쓰지 말라! 팔 걷어붙이고 부지런히 움직여라. 피가 온몸에 박동치고 머리가 핑핑 돌아가기 시작할 것이다. 그러면 머지않아 여러분 육체에 치솟는 긍정적인 활력이 여러분 마음속에 있는 걱정을 몰아낼 것이다. 바쁘게 움직여라. 계속 바쁜 상태를 유지하라. 이것은 세상에서 가장 저렴한 처방이지만 동시에 가장 뛰어난 처방이기도 하다.

걱정하는 습관을 없애려면 다음과 같은 방법을 따르라.

걱정하는 습관을 없애는 방법 1

- **바쁘게 움직여라. 걱정하는 사람이 절망의 늪에 빠지지 않으려면 행동에 몰두해야만 한다.**
  Keep busy. The worried person must lose himself in action, lest he wither in despair.

II

딱정벌레가 여러분을 쓰러뜨리도록 놔두지 말라

DON'T LET THE BEETLES GET YOU DOWN

내가 평생 잊지 못할 아주 극적인 이야기가 하나 있다. 뉴저지주 메이플우드 하이랜드 애비뉴 14번지에 사는 로버트 무어라는 사람이 해준 이야기이다. 그가 한 이야기는 다음과 같다.

내가 내 인생 최고의 교훈을 얻은 건 1945년 3월, 인도차이나 해안에서 수심 80m 깊이 바닷속에 있을 때의 일이었습니다. 나는 잠수함 바야 S.S. 318호에 탑승한 승무원 88명 가운데 한 명이었습니다. 작은 일본 호위선 한 척이 우리 항로에 들어오는 것이 레이더에 잡혔습니다. 날이 밝아오고 있었으므로 우리는 공격을 위해 잠항해 들어갔습니다. 나는 잠망경을 통해 일본 호위 구축함과 유조선, 기뢰 부설함을 확인했습니다. 호위 구축함에 어뢰 세 발을 발사했지만 빗나갔습니다. 어뢰에 장착된 기계장치에 뭔가 이상이 생긴 것이었습니다. 아직 공격하는 것을 알지 못한 호위 구축함은 항해를 계속했습니다. 우리는 마지막 배인 기뢰 부설함을 공격할 준비를 하고 있었는데 갑자기 그 배가 방향을 바꾸더니 곧장 우리를 향해 다가왔습니다. 일본군 비행기가 수심 18m에 있던 우리 잠수함을 발견하고는 기뢰 부설함에 무선으로 알려준 것이었습니다. 우리는 탐지되는 것을 피하려고 수심 45m 깊이로 내려가서는 잠수함용 폭뢰에 대비했습니다. 해치에는 추가로 잠금장치를 하고, 잠수함에서 어떤 소리도 새 나가지 않게 하려고 선풍기와 냉각장치 등 모든 전기장치를 멈췄습니다.

3분이 지나자 지옥 같은 상황이 벌어졌습니다. 주위에 폭뢰 6발이 터지면서 잠수함을 80m 깊이의 바다 밑바닥으로 밀어붙였던 것입니다. 우리는 공포에 사로잡혔습니다. 수심 300m 이내에서 공격당하는 것은 위험합니다. 150m 이내라면 거의 예외 없이 치명적이죠. 그런데 우리는 150m의 절반이 조금 넘는 깊이에서 공격당하고 있었습니다. 안전도 측면으로 보자면 간신히 무릎 정도일 뿐인 깊이였습니다. 열다섯 시간 동안 그 일본 기뢰 부설함은 폭뢰를 투하했습니다.

제2차 세계 대전에 사용된 발라오급 잠수함 바야 S.S.318호

폭뢰가 잠수함으로부터 반경 5m 이내에서 터지면 그 충격으로 잠수함에는 구멍이 생깁니다. 이런 폭뢰 수십 발이 우리 잠수함으로부터 15m 이내에서 폭발했습니다. 승무원들에게는 '시큐어', 즉 각자의 침상에 조용히 누워서 침착하게 대기하라는 명령이 하달되어 있었습니다. 나는 너무 겁이 나서 숨을 쉴 수가 없을 정도였습니다. '이젠 끝장이야.' 나는 속으로 말하고 또 말했습니다. '이젠 끝장이야. …… 이젠 끝장이야!' 선풍기와 냉각장치를 꺼놓았기 때문에 잠수함 내의 공기는 섭씨 40도에 가까울 정도로 무더웠습니다. 하지만 두려움에 오들오들 떨던 나는 너무나 추워서 스웨터를 걸치고도 모자라 털이 달린 재킷을 꺼내 입었습니다. 하지만 여전히 추위로 오들오들 떨었습니다. 이가 딱딱 부딪쳤습니다. 차갑고 끈적끈적한 땀이 솟아났습니다. 공격은 열다섯 시간 동안 계속되었습니다. 그러다 갑자기 멈추었습니다. 일본 기뢰 부설함이 가지고 있던 폭뢰를 다 소진하고 멀어져 간 것이 분명했습니다.

그 열다섯 시간은 마치 1,500만 년 같았습니다. 지난 모든 일이 마치 영화를 보듯이 눈앞을 스치고 지나갔습니다. 내가 저질렀던 모든 잘못과 내가 걱정하던 모든 사소하고 터무니없는 일들이 생생히 떠올랐습니다. 해군에 입대하기 전 나는 은행원이었습니다. 나는 긴 근무 시간과 많지 않은 보수, 그리고 승진할 가망이 없다는 이유로 고민했습니다. 내 집을 갖지 못해서 걱정했고, 차를 새로 장만하지 못해 고민했으며, 아내에게 멋진 옷을 사주지 못해 속상했습니다. 쉴 새 없이 잔소리하고 야단치는 직장 상사는 또 얼마나 밉던지! 밤이면 화가 잔뜩 나서 투덜거리며 집으로 돌아와서는 별일 아닌 것을 두고 아내와 다투곤 하던 것도 기억이 났습니다. 이마에 나 있던 흉터 때문에 고민하기도 했습니다. 자동차 사고로 생긴 기분 나쁜 흔적이었죠. 몇 년 전만 해도 이런 것들이 너무나 큰 고민이었는데! 하지만 연달아 터지는 폭뢰의 위협 속에서 죽음을 목전에 두고 있으니 그 고민이 어찌나 하찮아 보이는지, …… 그 순간 그 자리에서 나는 다짐했습니다. 만일 내가 살아서 해와 별을 다시 보게 된다면 결코, 결코 다시는 걱정을 하지 않겠다. 결코! 결코! 절대로 걱정하지 않겠다! 잠수함 속에서 공포에 떨던 그 열다섯 시간 동안 나는 시러큐스 대학에서 4년 동안 책을 통해 배운 것보다 더 많은 삶의 지혜를 배웠습니다.

우리는 종종 인생의 커다란 재난은 용감하게 맞서면서도 사소한 것들, 이를테면 목덜미에 난 종기 같은 것에 굴복하고 만다. 예를 들어 런던에서 해리 베인 경이 참수당하는 광경을 목격한 일을 적고 있는 새뮤얼 피프스의 『일기』에 따르면, 해리 경은 처형대에 올랐을 때 목숨을 애걸하지 않았다고 한다. 다만 사형 집행인에게 목에 난 종기를 건드려서 아프게 하지 말아 달라고 부탁했을 뿐이었다!

이것은 또한 버드 제독이 남극대륙의 혹독한 추위와 암흑의 밤을 보내며 발견한 사실이기도 하다. 제독의 부하들은 커다란 일보다는 당장에 느껴지는 불편함에 더 난리를 쳤다. 그들은 갖은 위험과 역경, 그리고 종종 영하 60도까지 내려가는 추위까지도 불평 한마디 없이 잘 참아냈다. 버드 제독이 말했다.

하지만 한 침상을 사용하는 두 사람이 상대방 침구가 조금씩 자신의 영역을 침범하고 있다는 생각 때문에 서로 말을 안 하게 된 경우가 있었다. 또한 음식을 삼키기 전에 반드시 스물여덟 번 씹어야 한다고 주장하는 감식주의자(Fletcherist)가 있었는데, 이 사람이 보이지 않는 장소를 찾을 때까지 식사하지 못하는 친구도 있었다. 극 지대의 캠프에서는 이처럼 사소한 일들조차 정규 훈련을 받은 사람들까지도 거의 광적인 상태로 만들어버릴 정도의 힘을 지니고 있었다.

그리고 여러분은 버드 제독의 말에 다음과 같은 말을 덧붙일 수도 있을 것이다. 결혼 생활에서도 '사소한 일들'이 사람들을 거의 광적인 상태로 만들어버리며 '이 세상에서 가슴 아픈 사연의 절반'을 만들어내고 있다고 말이다.

적어도 이 분야에 권위 있는 사람들은 바로 이렇게 이야기하고 있다. 예를 들어 시카고의 조지프 새바스 판사는 적어도 4만 건 이상의 이혼 사건 중재인으로 활동하고 나서 이렇게 단언했다. "이혼 사건 밑바탕에는 대부분 사소한 일이 있다." 뉴욕 카운티의 프랭크 S. 호건 지방 검사는 이렇게 말한다.

우리 지역 형사사건의 거의 절반은 사소한 이유로 발생한다. 술집에서 허세 부리기, 가족 간의 말다툼, 모욕적인 언행, 비방하는 말, 예의 없는 행동, 이런 것들이 폭행이나 살인으로 이끄는 사소한 이유다. 누군가 우리에게 잔인한 짓을 하거나 진짜 중대한 잘못을 저질러서 문제가 생기는 경우는 거의 없다. 이 세상에서 가슴 아픈 사연의 절반을 만들어내는 것은 우리의 자존심이 약간 타격을 입거나, 당황스럽게 되거나, 허영심이 약간 상처를 입는 것과 같은 사소한 일들이다.

결혼하고 얼마 되지 않았을 때 일리노어 루스벨트는 요리를 잘 못 하는 요리사 때문에 '며칠씩이나 고민했다'. 그녀는 이렇게 말했다. "만일 지금이라면 어깨를 으쓱하고 잊어버렸을 텐데 말이에요." 바로 이것이다. 이런 것이 감정적으로 성숙한 사람의 행동이다. 절대적인 독재 군주였던 예카테리나 여제조차도 요리사가 요리를 잘 못 했을 때 웃어넘기곤 했다지 않은가.

어느 날 우리 부부는 시카고에 사는 친구네 집에서 식사를 하였다. 고기를 썰다가 친구가 뭔가 잘못했던 모양이다. 나는 눈치채지도 못했고 알았더라도 신경 쓰지 않았을 것이다. 하지만 내 친구의 부인은 그걸 보고 우리가 있는 자리에서 친구에게 면박을 주었다. "여보!" 그녀가 소리 질렀다. "그게 무슨 짓이에요! 음식 좀 제대로 내지 못하겠어요?"

그러고는 우리를 보고 이렇게 말했다. "우리 남편은 언제나 저렇게 실수한답니다. 도대체 노력하려고 하지를 않네요." 내 친구가 음식을 제대로 내지 못했는지도 모르겠다. 하지만 20년 동안이나 그런 부인과 살아온 것에 대해서는 감탄하지 않을 수 없다. 솔직히 그녀의 잔소리를 들으면서 북경 오리나 상어 지느러미 요리를 먹을 바에는 마음 편한 분위기에서 겨자 넣은 핫도그나 두어 개 먹는 게 훨씬 낫지 않을까 여겨진다.

그런 일이 있고 나서 얼마 지나지 않아 우리 부부가 몇몇 친구들을 집으로 초대해 식사하게 되었다. 손님들이 도착할 무렵이 다 되었을 때 아내는 냅킨 중에 세 장이 식탁보와 어울리지 않는 것을 발견했다. 나중에 아내는 내게 이렇게 이야기해주었다.

요리사에게 달려가 보았더니 나머지 냅킨 세 장이 세탁소에 가 있다더군요. 손님은 이미 문간에 와 있고요. 바꿀 만한 시간적 여유가 없었어요. 눈물이 왈칵 솟구치지 뭐예요! 머릿속에는 '어쩌다가 이런 바보 같은 실수를 해서 저녁 시간을 온통 망치는 거지?' 하는 생각뿐이었지요. 그러다가 '아니야, 그럴 필요가 없지!' 하는 생각이 들었어요. 나는 즐겁게 지내리라 마음먹고 저녁을 먹으러 갔죠. 그리고 실제로 즐겁게 보냈고요. 친구들이 나를 신경질적이고 뚱한 사람으로 보기보다는 집안일에 서툰 사람으로 보는 편이 훨씬 나을 것 같더라고요. 어찌 되었건, 내가 보기엔 냅킨을 알아차린 사람이 한 사람도 없었지 뭐예요!

잘 알려진 법률 격언에 이런 말이 있다. "법은 사소한 일에 관여하지 않는다(De minimis non curat lex)." 걱정을 하는 사람도 이래야 한다. 마음의 평화를 원한다면 말이다.

대부분은 사소한 일로 신경이 쓰이는 것을 극복하고 싶다면, 시각을 바꾼 것처럼, 그러니까 마음속에 새롭고 즐거운 시점을 갖게 된 것처럼 행동하기만 하면 된다. 『그들은 파리로 갔다』를 비롯해 수십 권의 책을 낸 내 친구 호머 크로이는 어떻게 이럴 수 있는지 아주 놀라운 사례를 제공한다. 책을 집필하고 있을 때 그가 살고 있던 뉴욕 아파트 라디에이터에서 시끄러운 소리가 들려오면 그는 거의 미칠 지경에 이르렀다. 스팀이 땅땅거리는 소리에 이어 '치~' 하는 소리를 내면 책상에 앉아 있는 그의 머리에서도 화가 부글부글 끓어올랐다.

호머 크로이는 이렇게 말했다.

그래서 나는 친구들과 함께 캠프 여행을 떠났네. 활활 타오르는 불 속에서 나뭇가지들이 탁탁 타는 소리를 듣고 있자니 그 소리가 라디에이터 소리와 참 닮았다는 생각이 들더군. 내가 하나는 좋아하면서 다른 하나는 싫어할 이유가 어디 있지? 집으로 돌아와서 나는 이렇게 생각했어. '불길에 타는 나뭇가지 소리는 참 듣기 좋았어. 라디에이터 소리도 그 소리랑 비슷하네. …… 소음에 대해서는 신경 쓰지 말고 잠이나 자러 가야겠다.' 그리고 실제로 그렇게 했지. 그 후 사나흘 동안은 라디에이터가 귀에 들어오더니 그 이후에는 아무런 신경도 쓰이지 않게 되었다네.

다른 많은 사소한 걱정들도 이와 마찬가지라네. 우리가 그것들을 싫어하면서 속을 끓이는 건 오로지 우리가 그 중요성을 너무 과장해서 생각하기 때문이지.

디즈레일리의 말 중에 이런 게 있다.

> 인생은 사소한 일에 신경 쓰기에는 너무 짧다.
> Life is too short to be little.

벤저민 디즈레일리(Benjamin Disraeli)
영국의 정치인, 작가이다. 영국의 총리를 역임하였으며 보수당의 정치인으로 활동하였다.

앙드레 모루아는 이 말과 관련해 <디스 위크>라는 잡지에서 이렇게 말했다.

이 말이 수많은 고통스러운 경험을 극복하는 데 큰 도움이 되었습니다. 종종 우리는 무시하고 잊어버릴 정도로 사소한 일에 화를 내게 되는 경우가 있습니다. …… 우리가 이 세상에 살아 있을 시간은 몇십 년 남지 않았습니다. 그런데도 우리는 일 년 안에 우리도 잊고 다른 사람들도 잊어버릴 불만을 곱씹으면서 돌이킬 수 없는 시간을 너무나 많이 낭비합니다. 그래서는 안 됩니다. 우리는 우리의 삶을 가치 있는 행동과 감정, 원대한 사고, 진실한 애정과 지속적인 과업에 바쳐야 합니다. 인생은 사소한 일에 신경 쓰기에는 너무 짧기 때문입니다.

러디어드 키플링 같은 유명인조차도 때로는 "인생은 사소한 일에 신경 쓰기에는 너무 짧다."라는 사실을 잊어버리곤 했다. 어떤 결과가 나왔을까? 그는 처남과 버몬트 역사상 가장 유명한 법정 싸움을 벌였다. 이 싸움은 『러디어드 키플링-버몬트의 불화』라는 제목으로 책이 나올 정도로 유명해졌다.

이 이야기의 진행은 다음과 같다. 키플링은 버몬트 출신의 여성인 캐롤라인 발레스티어와 결혼하고 버몬트 브래틀버로에 예쁜 집을 짓고는 거기 정착해서 여생을 보낼 생각을 하고 있었다. 처남 비티 발레스티어와는 금세 절친한 사이가 되었다. 이 두 사람은 일도 같이하고 취미 생활도 함께 즐겼다.

그러던 중 키플링이 처남에게서 땅을 샀다. 다만 해마다 때가 되면 처남이 건초를 베어가도 좋다는 단서가 달려 있었다. 어느 날 처남은 키플링이 이 건초용 풀밭에 화원을 만들 계획을 세우고 있다는 사실을 알게 되었다. 처남은 화가 머리끝까지 치솟았다. 그는 분을 참지 못하고 길길이 날뛰었다. 그러자 키플링도 바로 되받아쳤다. 버몬트의 그린 산맥에는 팽팽한 긴장이 감돌았다!

며칠 후 키플링이 자전거를 타고 길을 가고 있는데 몇 마리의 말이 끄는 짐마차를 몰고 오던 처남이 갑자기 길을 가로지르는 바람에 키플링은 자전거에서 고꾸라져 떨어지고 말았다. 그러자 키플링이, "당신 주위의 모든 사람이 판단력을 잃고 당신 탓을 할 때, 당신이라도 제정신을 유지한다면"이라고 말하던 그 키플링 본인이 판단력을 잃고 처남을 감방에 처넣고 말겠다고 욕설을 퍼부어댔다! 세간의 이목을 끄는 송사가 일어났다. 대도시 언론의 취재기자들이 물밀듯 마을로 쏟아져 들어왔다.

이 소식은 삽시간에 전 세계로 퍼져나갔다. 어떤 타협도 이루어지지 않았다. 이 다툼으로 인해 키플링 부부는 자신들이 살던 곳을 떠나 영원히 돌아가지 못하는 신세가 되고 말았다. 이 모든 걱정과 쓰라림을 일으킨 건 어처구니없게도 하잘것없는 한 더미의 건초였을 뿐이다!

2,400년 전 아테네의 페리클레스는 이렇게 말했다.

> 보시오, 여러분. 우리는 사소한 일에 너무 많은 시간을 들이고 있소.
> Come, gentlemen, we sit too long on trifles.

페리클레스(Pericles)
고대 그리스의 정치가, 웅변가로, 아테네 민주주의의 절정기를 이끈 인물이다.

맞다! 우리가 바로 그렇게 하고 있다.

해리 에머슨 포스딕 박사가 들려준 이야기 중에 가장 재미있는 이야기를 소개하겠다. 숲의 거인이 이기고 진 싸움에 관한 이야기이다.

콜로라도의 롱스 피크 경사면에는 거대한 나무의 잔해가 놓여 있다. 식물학자들이 말하는 바에 의하면 그 나무는 거의 4백 년 동안 서 있었다고 한다. 그 나무는 콜럼버스가 산살바도르에 상륙했을 때는 어린나무에 불과했고, 영국 청교도들이 미국으로 건너와 플리머스에 정착했을 때는 반 정도 자라 있었다. 긴 생애를 보내는 사이 그 나무가 벼락을 맞은 것만 해도 열네 번이나 되고, 4백 년 동안 할퀴고 지나간 산사태와 폭풍우는 이루 셀 수도 없을 정도였다. 그 나무는 그 모든 것을 견뎌냈다.

하지만 어느 날 딱정벌레 무리가 나무를 공격하자 나무는 쓰러지고 말았다. 그 곤충들은 껍질을 타고 올라가며 나무를 갉아 먹었고, 이런 약하지만 끊이지 않는 공격이 나무의 내적인 견고함을 차츰차츰 파괴했다. 세월이 시들게 하지도 못하고, 벼락이 태우지도 못하고, 폭풍우도 꺾지 못한 숲의 거인이 어떤 사람이든 손가락으로 간단히 죽일 수 있을 정도로 아주 작은 딱정벌레에 의해 쓰러진 것이다.

우리가 모두 저 숲에서 전투를 벌이는 거인과 같지 아니한가? 우리는 '인간'에게 닥쳐오는 보기 드물 정도로 심한 폭풍우나 눈사태, 혹은 번개와 같은 재해를 잘 견뎌내고도 조그만 딱정벌레, 손가락으로도 간단히 죽일 수 있을 정도로 아주 조그만 '걱정'이라는 딱정벌레에 우리의 마음을 잠식당하고 있지 않은가?

수년 전, 나는 와이오밍주 고속도로 순찰대에 근무하는 찰스 세이프레드와 그의 몇몇 친구들과 함께 와이오밍주에 있는 티턴 국립공원을 여행했다. 우리는 공원 내에 있는 존 D. 록펠러의 저택을 방문하러 가고 있었다. 그런데 내가 타고 있던 차가 길을 잘못 들어 헤매는 바람에 다른 차들이 다 들어가고도 한 시간이 지난 다음에야 저택 입구에 다다를 수 있었다. 세이프레드 씨가 그 사유지로 나 있는 문 열쇠를 가지고 있었기에 그는 우리가 도착할 때까지 그 덥고 모기가 우글거리는 숲속에서 한 시간 동안 기다리고 있어야만 했다. 모기들은 성인이라 할지라도 미치게 할 정도로 극성맞았다. 하지만 모기들도 찰스 세이프레드를 이기지는 못했다. 우리를 기다리면서 그는 포플러 가지를 꺾어 피리를 만들었다. 우리가 도착했을 때 그는 모기 때문에 투덜거리고 있었을까? 전혀 그렇지 않았다. 그는 자신이 만든 피리를 불고 있었다. 나는 사소한 일은

티턴 국립공원

거들떠보지도 않는 법을 아는 사람에 대한 기념의 의미로 아직도 그 피리를 보관하고 있다.

걱정하는 습관이 여러분을 삼켜버리기 전에 걱정하는 습관을 버리고 싶다면, 다음의 방법을 따르라.

걱정하는 습관을 없애는 방법 2

- **우리가 무시하고 잊어버려야 할 만한 사소한 일이 우리 속을 뒤집어놓도록 놔두지 말라. 이 말을 기억하라. "인생은 사소한 일에 신경 쓰기에는 너무나 짧다."**
  Let's not allow ourselves to be upset by small things we should despise and forget. Remember "Life is too short to be little."

III

대부분의 걱정보다 더 강력한 법칙

A LAW THAT WILL OUTLAW MANY OF YOUR WORRIES

나는 어려서 미주리주 농가에서 자랐다. 하루는 어머니를 도와 버찌 열매의 씨를 빼고 있다가 갑자기 울기 시작했다. 어머니께서 물으셨다. "아니, 데일아, 도대체 왜 우는 거니?" 내가 울먹거리며 대답했다. "산 채로 땅속에 묻힐까 봐 무서워요!"

나는 그 당시 걱정할 일이 너무나 많았다. 비바람이 몰아치고 번개가 번쩍거리면 벼락에 맞아 죽지 않을까 걱정했고, 집안 형편이 안 좋아지면, 먹을 게 떨어지면 어떡하나 걱정했다. 죽은 뒤 지옥에 가면 어떡하나 걱정했으며, 내 귀를 자르겠다고 나를 겁주던 샘 화이트라는 동네 형이 진짜로 내 귀를 잘라버리면 어떡하나 걱정했다. 내가 모자에 손을 얹어 인사를 하면 여자애들이 나를 보고 웃지나 않을까 걱정했고, 나와 결혼하겠다는 여자가 하나도 없지 않을까 걱정했다. 또 나는 한적한 시골 교회에서 결혼식을 올린 후 술로 꾹대기를 장식한 4륜 마차를 타고 농장으로 돌아오고 싶은데, 농장으로 돌아올 때 무슨 이야기를 하면서 와야 할지 걱정했다. 어떻게 하지? 어떻게 해야 하나? 나는 밭둑길을 몇 시간씩이나 서성대며 이런 '중차대한' 문제에 대해 고민했다.

세월이 흐르면서 나는 내가 걱정하던 일의 99%는 실제로 일어나지 않는다는 걸 알게 되었다. 예를 들자면 앞에서 이야기한 대로 예전에 나는 벼락을 맞을까 봐 걱정했지만, 국가 안전 위원회에 따르면 내가 어느 한 해에 벼락에 맞아 죽을 가능성은 35만분의 1에 불과하다. 산 채로 땅속에 묻히면 어떡하나 하는 걱정은 더욱 쓸데없는 걱정이었다. 산 채로 땅에 묻히는 사람은 천만 명 가운데 한 사람도 되지 않으리라고 생각한다. 하지만 예전에는 그럴까 봐 두려워서 울 정도였다.

여덟 사람 가운데 한 사람이 암으로 죽고 있다. 내가 만일 뭔가 걱정해야 한다면 벼락 맞아 죽거나 산 채로 땅에 묻히는 게 아니라 암을 걱정했어야 한다. 물론 내가 지금 말하고 있는 건 어렸을 때, 젊었을 때 하던 걱정이다. 그러나 성인들의 걱정에도 이와 흡사하게 쓸데없는 걱정이 너무나 많다. **만일 어느 정도 긴 시간에 걸쳐 조바심을 버리고 평균의 법칙으로 보았을 때 우리가 걱정하는 게 과연 근거가 있는지 알아보기만 한다면, 아마도 우리가 가진 걱정 가운데 90%는 제거할 수 있을 것이다.**

지구상의 보험사 중에 가장 유명한 런던의 로이즈 보험사는 사람들에게는 거의 일어나지 않는 일에 대해 걱정하는 경향이 있다는 사실을 이용해서 셀 수 없이 많은 돈을 벌었다. 로이즈는 사람들이 걱정하는 일이 절대 일어나지 않는다는 쪽에 내기를 건다. 하지만 이걸 내기라고 부르지는 않는다. 그들은 이것을 보험이라고 부른다. 하지만 이것은 분명 평균의 법칙에 근거한 내기이다. 이 거대한 보험사는 2백 년이 넘도록 성장세를 유지하고 있다. 그리고 인간 본성이 바뀌지 않는 한 이 회사는 앞으로도 5천 년간은 성장세를 유지할 것이다. 사람들은 계속 재난에 대비해서 신발이나 배나 봉랍(封蠟, sealing wax)에 보험을 들겠지만, 평균의 법칙상 재난은 사람들이 생각하는 것만큼 자주 일어나지 않기 때문이다.

평균의 법칙을 살피다 보면 새롭게 드러나는 사실을 보고 종종 깜짝 놀라게 된다. 예를 들어 내가 내년부터 5년 동안 게티즈버그 전투만큼이나 치열한 전투를 치러야 한다는 사실을 알게 된다면 나는 너무나 두려울 것이다. 생명보험이라는 생명보험은 다 들어놓을 것이다. 유언장을 작성하고 재산목록도 정리할 것이다. 그리고 아마 이렇게 말할 것이다. "이번 전투에서 살아남지 못할지도 모르니까 남은 몇 년이라도 최선을 다해 살아야겠다." 그런데 평균의 법칙을 살펴보면 전시(戰時)가 아니더라도 50~55세까지 사는 일은 게티즈버그 전투를 치르는 것만큼이나 위험하고, 그만큼 치명적이라는 것을 알 수 있다. 내가 지금 말하고자 하는 요지는 다음과 같다. 평화로운 시기에 50~55세 사이의 천 명당 사망자 수와 16만 3천 명의 병사가 싸운 게티즈버그 전투의 천 명당 사망자 수는 같다.

나는 이 책 가운데 서너 장을 제임스 심슨이 갖고 있던 '넘티가 로지'라고 하는 오두막에서 집필했는데, 그 오두막이 있던 곳은 캐나디안 로키에 있는 보호(湖) 기슭이었다. 여름 한 철을 거기 머무는 중에 나는 샌프란시스코주 퍼시픽가 2298번지에 사는 허버트 H. 샐린저 씨와 그 부인을 만났다. 침착하고 조용한 여성인 샐린저 부인은 지금까지 한 번도 걱정해본 적이 없는 사람인 듯한 느낌을 주었다. 어느 날 저녁 모닥불 앞에 앉아서 그녀에게 혹시 한 번이라도 걱정으로 고생해본 적이 있느냐고 물어보았다. 그녀는 다음과 같이 대답했다.

고생해본 적이라고요? 거의 인생을 망칠 뻔했었죠. 걱정을 극복하는 법을 배우기 전까지 저는 제가 만든 지옥에서 11년간이나 지냈습니다. 저는 쉽게 화를 내고 성질이 급한 편이었죠. 언제나 극심한 긴장 속에서 생활했습니다. 매주 저는 우리 집이 있는 샌머테이오에서 버스를 타고 샌프란시스코로 쇼핑을 나갔습니다. 하지만 쇼핑하면서도 언제나 마음을 졸이고 있었습니다. 다리미를 다리미판 위에 그냥 두고 나왔으면 어쩌나, 집에 불이 났으면 어쩌나, 하녀가 아이들을 집 안에 두고 혼자만 도망갔으면 어쩌나, 아이들이 혹시 길에서 자전거를 타고 놀다가 차에 치여 죽었으면 어쩌나 하고 말이에요. 쇼핑하다가도 걱정으로 식은땀이 나면 얼른 뛰어나가 버스를 타고 집으로 달려가서 아무 일 없나 살펴보곤 했습니다. 제 첫 번째 결혼이 파경을 맞은 것도 무리는 아니었죠.

제 두 번째 남편은 변호사입니다. 조용하고 분석적인 사람이고 어떤 일에도 걱정을 하지 않는 사람이죠. 제가 긴장하고 걱정을 할 때면 남편은 이렇게 말하곤 했습니다. "긴장 풀어. 자, 한번 생각해 봅시다. …… 당신이 정말로 걱정하는 게 뭐지? 평균의 법칙을 사용해서 그게 진짜로 일어날 가능성이 있는지 한 번 따져볼까?"

예를 들자면, 뉴멕시코의 앨버커키에서 칼스배드 동굴 국립공원으로 가기 위해 비포장도로를 달리던 중 심한 폭풍우를 만났던 때가 생각이 나는군요.

차가 이리저리 미끄러져서 통제할 수가 없었어요. 분명 미끄러져서 길옆 도랑에 처박히고 말리라는 생각이 들었지요. 하지만 남편은 계속 이렇게 말해주었습니다. "지금 아주 천천히 운전하고 있으니까 아무 일도 없을 거야. 그리고 혹시라도 차가 미끄러져서 도랑에 들어간다 해도 평균의 법칙으로 보면 우린 조금도 다치지 않을 거야." 남편의 이런 침착함과 확신이 저를 진정시켜주었습니다.

어느 여름인가 캐나디안 로키에 있는 투캥 계곡으로 캠핑 여행을 갔을 때의 일입니다. 하루는 해발 2천 미터나 되는 곳에서 캠프를 치고 잠을 자게 되었는데 바람이 어찌나 심하게 부는지 텐트가 찢어질 것만 같았습니다. 저희 텐트는 나무로 된 텐트 받침대에 받침 줄을 이용해 묶어놓은 상태였습니다. 2중으로 되어 있는 저희 텐트의 바깥 텐트가 바람을 맞아 펄럭거리고 떨리면서 날카로운 비명소리를 냈습니다. 저는 끊임없이 이제 곧 저희 텐트가 바람에 날려 하늘을 날아갈 것이라는 생각을 했습니다. 너무나 두려웠습니다! 하지만 남편은 계속 이렇게 말해주었습니다. "괜찮아, 여보. 우리는 지금 브루스터스사 가이드와 함께 여행 중이야. 브루스터스 사람들은 다 전문가들이야. 그 사람들은 60년이나 이 산에서 텐트를 쳐왔어. 이 텐트도 오랫동안 이 자리에 있었고 말이야. 이 텐트는 지금까지도 멀쩡하고, 또 평균의 법칙으로 보자면 오늘 밤에 날아가는 일 따위는 생기지도 않을 거야. 만일 날아간다 해도 다른 텐트에서 자면 되지 않겠어? 그러니, 걱정하지 마." 저는 남편 말대로 마음을 편히 먹고 남은 밤을 곤히 자면서 보낼 수 있었습니다.

수년 전 저희가 사는 캘리포니아 지역에 소아마비 전염병이 창궐한 적이 있습니다. 예전 같았으면 신경이 날카로워졌겠지요. 하지만 남편이 침착하게 행동하라며 저를 달래주었습니다. 저희는 가능한 모든 예방 조치를 취했죠. 사람들 모이는 곳은 피하고, 아이들을 학교에도 보내지 않고, 극장에 데려가지도 않았습니다. 위생국에 문의한 결과 캘리포니아 역사상 소아마비 전염병이 가장 심했을 때도 주 전역을 통틀어 전염병에 걸린 아이는 1,835명에 불과했었다는 것과 일반적으로는 200~300명 정도였다는 사실을 알게 되었습니다. 그 숫자도 작은 숫자는 아니라서 가슴이 아프긴 했지만 평균의 법칙에 따르면 한 아이가 병에 걸릴 가능성은 매우 희박하다는 생각이 들더군요.

'평균의 법칙에 의하면 그런 일은 일어나지 않을 거야.' 이 말이 제 걱정의 90%를 날려버렸습니다. 그 말로 인해 지난 20년의 인생을 생각지도 못할 정도로 아름답고 평화롭게 살 수 있었습니다.

미국 역사상 인디언과의 싸움에서 가장 큰 공을 세운 것으로 기록되는 조지 크룩 장군은 『자서전』에서 인디언들이 갖고 있던 "걱정과 불행은 거의 현실이 아니라 그들의 상상에서 비롯되었다."라고 말했다.

지난 수십 년을 돌이켜보면 대부분의 내 걱정도 같은 곳에서 나왔음을 확인할 수 있다. 짐 그랜트는 자신의 경험 역시 그러했다고 말했다. 그는 뉴욕시 프랭클린가 204번지에 있는 제임스 A. 그랜트 디스트리뷰팅 컴퍼니를 소유하고 있고, 플로리다산 오렌지와 자몽을 한 번에 화차 열 대에서 열다섯 대 분량을 주문한다. 그랜트는 전에 다음과 같은 생각들을 하면서 자신을 괴롭혔다고 털어놓았다. '열차 사고가 나면 어떻게 하지? 내 과일이 어딘지도 모를 벽지(僻地) 길바닥에 온통 흩뿌려지면 어떻게 하지? 우리 과일을 실은 기차가 지나고 있는데 다리가 무너지면 어떡하지?' 물론 과일은 보험에 들어놓았다. 하지만 그는 만일 제시간에 과일을 공급하지 못하면 시장을 잃을 수도 있다는 점을 염려했다. 그는 너무나 걱정이 심해서 혹시 위궤양에 걸린 게 아닌가 염려되어 병원에 가보았다. 의사는 그에게 신경이 너무 과민한 점을 제외하고는 아무런 이상도 없다고 이야기했다. 그는 이렇게 말했다.

그제야 퍼뜩 정신이 들었습니다. 그리고 자신에게 이렇게 물어보았습니다. '어디 보자, 짐 그랜트. 한 해에 얼마나 많은 과일 수송 화차가 움직이고 있지?' 답은 이랬지요. '대략 2만 5천 대.' 그러고는 또 이렇게 물어보았습니다. '그중에 사고가 생긴 화차가 몇 대나 되지?' 여기에 대한 답은 '음, 대략 5대'였습니다. 그러고 나서 자신에게 이렇게 말했습니다. '2만 5천 대 가운데 단지 5대? 이 말이 무슨 뜻인지 알기는 아나? 확률이 5천분의 1이야. 달리 말하자면 경험에 근거한 평균의 법칙으로 볼 때 자네 화차 가운데 어떤 한 화차에 사고가 생길 확률은 5천분의 1에 불과하다는 것이지. 그런데도 무얼 걱정하고 있는 건가?'

그러고 나서 또 이렇게 말했습니다. '다리가 무너지는 일이 있을 수도 있지!' 그러고는 이렇게 물어보았습니다. '다리가 무너지는 바람에 떨어진 화차가 몇 대나 되지?' 답은 '한 대도 없다.'였습니다. 그래서 저 자신에게 이렇게 말했습니다. '지금까지 한 번도 무너진 적이 없는 다리와 일어날 확률이 5천분의 1에 불과한 기차 사고 때문에 걱정을 하느라 위궤양에 걸린다면 말이야, 자네 너무 바보 같지 않나?'이런 식으로 생각을 하자, 제가 너무 어리석었음을 알았습니다. 저는 바로 그 자리에서 평균의 법칙에 모든 것을 맡기고 모든 걱정을 그만두기로 했습니다. 그리고 그 이후 '위궤양' 걱정은 한 번도 하지 않게 되었습니다.

앨 스미스가 뉴욕 주지사였을 적에 정적들이 그를 공격하면 그는 몇 번이고 "기록을 살펴보도록 하지요. …… 기록을 살펴보도록 하지요." 하고 대답하는 것을 본 적이 있다. 그러고 나서 그는 사실을 제시했다. 만일 여러분이나 내가 어떤 일이 일어날까 봐 걱정하게 되면 현명한 앨 스미스에게서 교훈을 얻도록 하자. 기록을 살펴보고, 끊임없이 우리를 괴롭히는 걱정에 혹시 근거는 있는지, 있다면 어떤 근거인지를 살펴보도록 하자. 프레더릭 J. 말슈테트가 혹시 자신이 죽어가는 게 아닌가 걱정했을 적에 했던 것도 정확히 이것이었다. 그가 뉴욕에서 진행된 내 성인 교육 강좌에서 털어놓은 이야기를 들어보기로 하자.

1944년 6월 초, 나는 오마하 해변 근처의 개인 참호에 엎드려 있었습니다. 나는 999 통신공병대 소속으로서 우리 부대는 그때 막 노르망디에 상륙해 '개인 참호'를 구축한 상태였습니다. 땅바닥에 네모난 구멍 하나를 파놓은 것에 불과한 개인 참호 주변을 둘러보니까 이런 생각이 들더군요. '이건 무덤이랑 똑같아 보이는군.' 그 안에 드러누워서 잠을 자려니 마치 무덤 안에 있는 것 같았습니다. '어쩌면 이게 내 무덤일지도 몰라.' 이런 생각이 드는 걸 막을 수가 없었습니다. 오전 11시경 독일 폭격기가 날아와서 폭격을 시작하자 내 몸은 두려움으로 뻣뻣하게 굳어버렸습니다. 첫 2, 3일간은 밤에 조금도 잠을 이룰 수가 없었습니다. 4, 5일째가 되자 거의 신경쇠약에 걸릴 정도였습니다. 어떤 조처를 하지 않는다면 정말로 미쳐버릴 것이라는 생각이 들었습니다. 그래서 이미 5일 밤이 지났는데도 나는 아직 살아 있고, 다른 부대원들도 전부 그렇다고 생각했습니다. 단 두 명만이 다쳤을 뿐인데, 그것도 독일군의 폭격으로 다친 게 아니라 우리 고사포에서 발사된 유탄이 떨어질 때 다친 것이었습니다. 나는 건설적인 일을 함으로써 걱정을 없애야겠다고 마음먹었습니다. 그래서 떨어지는 유탄을 막기 위해 내 개인 참호 위에 나무로 두껍게 지붕을 만들었습니다. 나는 내 부대가 펼쳐져 있는 지역이 얼마나 넓은지를 생각했습니다. 그리고 이처럼 깊고 좁은 개인 참호에 들어가 있는 내가 죽는 경우는 폭탄이 정통으로 떨어지는 경우뿐인데, 계산해보면 그럴 가능성은 만분의 1도 되지 않는다고 생각했습니다. 이런 식으로 생각을 바꾸고 나서 하루 이틀 밤이 지나자 나는 마음을 가라앉히고 공습이 이루어지는 중에도 잠을 이룰 수가 있었습니다.

미 해군은 장병들의 사기를 고양하기 위해서 평균의 법칙으로 나온 통계치를 활용했다. 전에 해군에 근무했던 한 남자는 자신이 같은 배의 동료들과 함께 고 옥탄가 유조선에 배치되자 걱정이 되어서 몸이 뻣뻣하게 굳어오더라는 이야기를 해주었다. 그들은 하나같이 고 옥탄가 휘발유를 싣고 가는 유조선이 어뢰에 맞으면 폭발하게 되고, 그러면 거기 타고 있던 사람들은 모두 저세상 사람이 될 거라고 믿고 있었다.

노르망디 상륙 작전 당시 5개의 상륙 목표 해변 중 암호명 '오마하'로 불린 곳에 제1보병 사단이 상륙하는 현장을 촬영한 사진(촬영자: 로버트 F. 사전트(Robert F. Sargent), 제목: '죽음의 턱 속으로(Into the Jaws of Death)')

하지만 미 해군은 그렇지 않다는 것을 알고 있었다. 그래서 해군은 정확한 숫자를 발표했다. 유조선 100척이 어뢰에 맞았다고 할 때 60척은 침몰하지 않았다. 침몰한 유조선 가운데 5척만이 10분 이내에 침몰했다. 이것은 배에서 탈출할 시간이 있음을 의미했다. 또한 사상자가 극소수임을 의미하기도 했다. 이렇게 해서 과연 사기가 올라갔을까? "평균의 법칙을 알고 나니까 불안감이 깨끗이 사라졌습니다." 이 이야기를 해준 클라이드 W. 마스(미네소타주, 세인트폴, 월넛 스트리트, 1969번지 거주)의 말이다. "모든 승무원의 불안감이 줄어들었습니다. 우리에게는 기회가 있을 것이고, 평균의 법칙으로 보았을 때 전사하지 않을 것임을 알았습니다."

걱정이 여러분을 쓰러뜨리기도 전에 걱정하는 습관을 버리고 싶다면, 다음의 방법을 따르라.

걱정하는 습관을 없애는 방법 3

- **"기록을 살펴보도록 하자." 자신에게 이렇게 물어보자. "평균의 법칙으로 보았을 때 내가 걱정하고 있는 일이 실제로 일어날 가능성은 얼마나 되는가?"**
  "Let's examine the record." Let's ask ourselves : "What are the chances, according to the law of averages, that this event I am worrying about will ever occur?"

IV

피할 수 없다면 받아들여라

CO-OPERATE WITH THE INEVITABLE

내가 아주 어렸을 때의 일이다. 나는 미주리 북서부에 있던 낡고 버려진 오두막집 다락방에서 친구들과 함께 놀고 있었다. 다락방에서 내려오려고 창턱에 잠깐 발을 디뎠다가 뛰어내렸다. 그때 나는 왼손 집게손가락에 반지를 끼고 있었는데, 뛰어내릴 때 반지가 못에 걸려서 손가락이 절단되고 말았다.

나는 비명을 질렀다. 나는 겁에 질렸다. 틀림없이 죽게 될 것이라는 생각이 들었다. 하지만 손을 치료하고 나서는 단 한 순간도 그 일로 걱정해본 적이 없다. 걱정한들 무슨 소용이 있겠는가? …… 나는 피할 수 없는 결과를 받아들였다.

지금은 몇 달씩이나 내 왼손에 손가락이 네 개뿐이라는 사실을 잊고 지낼 때가 많다.

몇 년 전인가 뉴욕 도심에 있는 업무용 빌딩에 사무실을 차려놓고 화물용 엘리베이터 사업을 하는 사람을 만난 적이 있다. 그의 왼손이 손목에서부터 잘려 나가고 없다는 사실이 눈에 들어왔다. 나는 그에게 한쪽 손이 없어서 속상하지 않으냐고 물어보았다. 그는 이렇게 대답했다. "아뇨, 손이 없다는 생각이 들지도 않는걸요. 전 아직 독신입니다. 그래서 유일하게 손에 대해 아쉬움이 생기는 건 바늘에 실을 꿸 때뿐입니다."

우리는 우리가 어쩔 수 없는 상황은 그게 어떤 상황이든 너무나 놀라울 정도로 재빨리 받아들여서 적응한다. 그러고 나서는 그런 사실이 있다는 것조차 잊어버린다.

나는 종종 네덜란드 암스테르담에 있는 15세기에 건축된 성당의 폐허에 새겨져 있는 글귀를 떠올리곤 한다. 플랑드르어로 되어 있는 그 글귀의 뜻은 다음과 같다.

"이미 그러하니, 그러지 않을 수 없다."

It is so. It cannot be otherwise.

여러분이나 나나 앞으로 수십 년을 살다 보면 불쾌하다고 밖에 할 수 없는 상황을 수도 없이 만나게 될 것이다. 그렇지 않다고 할 수는 없다. 하지만 우리는 선택할 수 있다. 그 상황이 불가피하다고 받아들이고 적응하든가, 아니면 반발함으로써 우리들의 삶을 엉망으로 만들고 결국은 신경쇠약으로 끝을 맺는 것이다.

내가 좋아하는 철학자들 가운데 윌리엄 제임스가 있는데, 그는 다음과 같은 현명한 충고를 주었다.

있는 그대로 받아들이려고 노력하라. 어떤 불행이 닥치든 일어난 일을 받아들이는 것이야말로 그 결과를 극복하기 위한 첫걸음이다.

오리건주 포틀랜드 북동부 49번가 2840번지에 사는 엘리자베스 콘리는 쓰라린 체험을 통해서 이런 사실을 직접 깨달아야만 했다. 최근 그녀가 보낸 편지를 소개하겠다.

미국이 북부 아프리카에서 거둔 전투의 승리를 경축하고 있던 바로 그날, 나는 국방성으로부터 한 장의 전보를 받았습니다. 내가 세상에서 가장 소중하게 여기는 내 조카가 작전 중 실종되었다는 내용이었습니다. 얼마 지나지 않아 조카가 전사했다는 내용의 전보가 왔습니다.

나는 애통함을 금할 수가 없어서 쓰러지고 말았습니다. 그전까지만 해도 인생은 너무 아름다워 보였습니다. 나는 마음에 드는 직업을 가지고 있었습니다. 나는 그 조카를 키우는 데 도움을 주었습니다. 조카는 내게 멋지고 훌륭한 청년 그 자체였습니다. 나는 마치 물 위에 빵 조각을 뿌렸을 뿐인데 그게 전부 케이크가 되어 되돌아오는 듯한 그런 느낌을 받고 있었습니다! 그런데 이런 전보가 온 것입니다. 온 세상이 무너져 내렸습니다. 살아야 할 의미가 하나도 없는 것 같았습니다. 일에도 신경을 안 쓰게 되고 친구들과도 소원해졌습니다. 만사가 귀찮을 뿐이었습니다. 너무나 가슴이 아프고 화가 났습니다. 무슨 이유로 내가 아끼는 조카가 지금 죽어야 하는가? 그렇게 착하고 앞길이 창창한 젊은 녀석이 죽어야 할 이유가 어디 있는가? 나는 도저히 사실을 받아들일 수가 없었습니다. 너무나 비통한 나머지 나는 일을 그만두고 어디론가 멀리 떠나서 눈물과 슬픔 속에서 숨어 지내려고 마음먹었습니다.

일을 그만둘 준비를 하면서 책상을 정리하는 중에 잊고 있던 편지 한 통을 발견했습니다. 얼마 전에 전사한 조카가 몇 년 전 내 어머니가 돌아가셨을 때 보낸 편지였습니다. 편지에는 이렇게 쓰여 있었습니다. "물론 우리는 돌아가신 분을 그리워할 거예요. 특히 이모님께서는 더욱 그러실 테고요. 하지만 잘 견뎌 나가시리라 믿어요. 이모님은 뚜렷한 철학을 갖고 계시니 틀림없이 그러실 수 있을 거예요. 저는 이모님이 가르쳐주신 너무나 아름다운 진실을 결코 잊지 못할 거예요. 제가 어디에 있든, 우리가 얼마나 멀리 떨어져 있든, 이모님이 '언제나 웃어라, 그리고 무슨 일이든 남자답게 받아들여라.' 하고 가르쳐주신 일을 항상 기억하고 있겠습니다."

나는 그 편지를 읽고 또 읽었습니다. 마치 조카가 내 옆에서 말을 하는 것 같았습니다. '제게 이렇게 가르쳐주셨잖아요. 무슨 일이 생기건, 견뎌라. 개인적인 슬픔을 미소로 감추고 견뎌내라. 왜 가르쳐주신 대로 안 하세요?'

나는 다시 일터로 복귀했습니다. 슬퍼하고 반발하는 것을 그만두었습니다. 나는 끊임없이 되뇌었습니다. '이미 일어난 일이다. 내가 바꿀 수 없다. 하지만 나는 그 녀석이 바라는 대로 견딜 수 있고, 또 견뎌 나가고야 말겠다.' 나는 내 모든 정신과 기력을 일에 쏟아부었습니다. 나는 장병들에게, 다른 사람들의 아이들에게 편지를 보냈습니다. 새로운 관심거리를 찾아내고 새로운 사람들을 만나기 위해서 야간 성인 교육 강좌에 참가했습니다. 그로 인한 변화는 정말 나 자신도 믿기 힘들 정도입니다. 이제 영원히 가고 돌아오지 않을 과거 때문에 슬퍼하는 것을 그만두었습니다. 지금은 하루하루를 즐겁게 살고 있습니다. 내 조카 녀석도 내가 그러기를 원했을 것입니다. 나는 인생과 화해했습니다. 운명을 받아들였습니다. 나는 그 어느 때보다도 더 풍부하고, 더 완전한 삶을 살고 있습니다.

오리건주 포틀랜드에 사는 엘리자베스 콘리는 우리 모두가 조만간 배워야 할 것을 배웠다. 즉 피할 수 없는 것을 받아들이고 협력하라는 것이다. "이미 그러하니, 그러지 않을 수가 없다." 이것은 깨닫기 쉬운 교훈이 아니다. 권좌에 앉은 왕들이라 하더라도 이 교훈을 잊지 않기 위해서는 수시로 다시 익혀야만 한다. 조지 5세는 다음 구절을 액자로 만들어 버킹엄 궁전에 있는 자신의 서재 벽에 걸어두었다. "달을 따달라고 울지도 않고, 쏟아진 우유가 아까워서 울지도 않게 가르쳐주소서." 쇼펜하우어는 같은 생각을 다음과 같이 표현했다.

인생이란 항해를 떠나는 데 있어 가장 중요한 준비는 어떤 어려움이든 감수하겠다는 마음가짐이다.
A good supply of resignation is of the first importance in providing for the journey of life.

아르투어 쇼펜하우어(Arthur Schopenhauer)
독일의 철학자로, 서양에서 최초로 동양 철학의 세련된 점을 알렸고, 서양 철학과 동양 철학의 유사성을 말하였다.

분명한 건 단지 환경 그 자체가 우리를 행복하게 하거나 불행하게 하지 않는다는 것이다. 우리의 감정을 결정하는 것은 환경에 반응하는 우리의 태도이다. 예수는 하늘나라가 우리 안에 있다고 말했다. 지옥이 있는 곳도 마찬가지이다.

해야만 한다고 생각하면 우리는 누구든지 재난과 불행을 견뎌내고 승리를 거둘 수 있다. 할 수 있다는 생각이 들지 않을 수도 있다. 하지만 우리에게는 우리가 사용하기만 하면 우리를 끝까지 지켜줄 놀라울 정도로 강한 내적 자원이 있다. 우리는 우리가 생각하는 것보다 더 강하다.

부스 타킹턴은 언제나 이렇게 말했다. "나는 인생이 내게 어떤 역경을 강요하더라도 다 견딜 수 있다. 다만 앞이 안 보이는 것, 그것만은 예외다. 나는 그것만은 결코 견디지 못할 것 같다."

그런데 60대에 접어든 어느 날, 타킹턴이 바닥에 깔린 카펫을 보았는데 색이 뿌옇게 보였다. 무늬를 알아볼 수 없었다. 전문의를 찾아간 그는 가슴 아픈 사실을 알게 되었다. 그는 시력을 상실하고 있었다. 한쪽 눈은 거의 시력을 잃었고 다른 눈도 악화되고 있었다. 그가 가장 두려워하던 일이 발생했다.

그러면 타킹턴은 이 '최악의 재난'에 어떻게 반응했을까? '이젠 끝이야. 내 인생은 이제 끝장났어.' 이렇게 생각했을까? 아니었다. 그 자신도 놀랄 정도로 그는 상당히 쾌활했다. 심지어는 익살스러운 말로 표현하기까지 했다. 그를 성가시게 하는 것들은 '작은 반점들'이었다. 그것들은 눈 속에서 이리저리 헤엄쳐 다니다가 때로는 눈을 전혀 안 보이게 만들기도 했다. 하지만 이런 작은 반점들 가운데 아주 큰 게 떠다니다가 눈을 가로막으면 그는 이렇게 이야기했다. "이런, 이런! 할아버지께서 또 오셨네! 이렇게 좋은 날 아침에 어딜 가시려는 걸까!"

이런 영혼을 운명이 꺾을 수 있었겠는가? 대답하자면 운명은 절대 그를 꺾지 못했다. 눈이 완전히 안 보이게 되자 타킹턴은 이렇게 말했다. "사람이 다른 것들을 받아들이듯 나도 내가 시력을 잃었다는 사실을 받아들일 수 있다는 것을 알았다. 오감을 다 잃어버린다 해도 내 마음 속에서 나는 계속 살아갈 수 있다는 것을 안다. 우리가 알든 모르든 우리는 마음으로 보고 마음으로 살고 있다."

시력을 회복할 수도 있다는 희망으로 타킹턴은 한 해 동안 열두 번이 넘는 수술을 받아야만 했다. 그것도 부분 마취를 하고! 그래서 그가 분통을 터뜨렸을까? 그는 그 일이 해야만 하는 일이란 걸 알고 있었다. 피할 도리가 없다는 걸 알고 있었으므로, 괴로움을 줄이는 유일한 방법은 품위 있게 받아들이는 길뿐이었다. 그는 개인 병실을 거부하고 병동으로 들어가서 그와 마찬가지로 질병을 앓고 있는 다른 사람들과 함께 지냈다. 그는 그들을 유쾌하게 만들어주려고 노력했다. 그리고 반복되는 수술, 그것도 자신의 눈에 어떤 일을 하는지 또렷하게 의식할 수 있는 가운데 하는 수술을 받아야만 했을 때, 그는 자신이 얼마나 운이 좋은 사람인지를 기억해내려고 노력했다. 그는 이렇게 말했다. "정말 놀랍군! 정말 놀라워! 과학이 이제는 사람의 눈처럼 복잡한 것도 수술할 수 있을 정도의 기술을 갖고 있다니 말이야!"

보통 사람이라면 열두 번이 넘는 수술을 받고 시력을 잃는다면 신경쇠약에 걸리고도 남았을 것이다. 하지만 타킹턴은 이렇게 말했다. "내 경험을 더 행복한 경험과 바꾸지 않겠다." 그의 경험은 그에게 받아들이는 법을 가르쳐주었다. 그의 경험은 '인생을 살면서 그 어떤 일이 생기더라도 그가 견디지 못할 것은 없다.'라는 것을 깨우쳐주었다. 그의 경험으로 인해 타킹턴은 존 밀턴이 발견한 것처럼 다음과 같은 사실을 깨달았다. "앞이 안 보인다는 것, 그것은 비참한 게 아니다. 앞이 안 보이는 것을 견디지 못하는 것, 그것만이 비참하다."

뉴잉글랜드의 유명한 여권주의자 마거릿 풀러는 언젠가 자신의 신조를 이렇게 밝혔다. “나는 우주를 받아들인다!”

영국에 있던 나이 들고 심술궂은 토마스 칼라일은 이 이야기를 듣자 콧방귀를 뀌며 말했다. “물론, 그러셔야 하겠지!” 그렇다. 물론 여러분이나 나도 피할 수 없는 것을 받아들이는 편이 낫다.

우리가 불가피한 것을 받아들이지 못하고 불평하고 반감을 품게 되면 우리는 그것을 바꾸지 못한다. 대신에 우리 자신을 바꾸어버리고 만다. 나는 이것을 자신 있게 말할 수 있다. 이미 겪어보았기 때문이다.

예전에 나도 내게 닥친 어쩔 수 없는 상황을 받아들이지 않으려고 한 적이 있다. 나는 미련하게도 불평하고 반발했다. 나는 매일 밤을 불면의 지옥으로 만들었다. 나는 자신에게 원치 않던 온갖 안 좋은 것들을 안겼다. 나는 처음부터 바꿀 수 없다는 것을 알고 있었지만 1년가량 자신을 괴롭힌 후에야 받아들였다.

나는 오래전에 그 옛날 월터 휘트먼처럼 이렇게 소리쳤어야만 했다.

아, 마치 나무나 짐승들이 맞이하듯
밤, 폭풍우, 굶주림, 조롱, 사고, 냉대를
나도 그렇게 맞이할 수 있기를.

나는 12년 동안 소 떼를 돌보는 일을 했다. 하지만 나는 내가 돌보던 뉴저지 소 중에 가뭄으로 목초지가 바싹 말랐다거나, 춥고 진눈깨비가 내린다거나, 아니면 남자 친구가 다른 암소에게 한눈을 판다고 해서 열이 오르는 소는 한 번도 본 적이 없다. 짐승들은 밤이건, 폭풍우건, 굶주림이건 태연하게 맞이한다. 그러니 신경쇠약이나 위궤양에 걸릴 일이 없다. 그리고 결코 정신이상이 되지도 않는다.

내가 지금 우리에게 어떤 역경이 다가오든 굴복하면 그만이라는 이야기를 하는 것으로 보이는가? 그렇게 생각한다면 빗나가도 한참을 빗나갔다. 그것은 패배주의일 뿐이다. 사태를 수습할 여지가 있다면 최선을 다해야 한다. 하지만 상식적으로 생각해 보아 '이미 그러해서 다른 여지가 없는' 상황이라면 냉정한 마음으로 하지 못 할 일을 갈망하면서 이 궁리 저 궁리 하는 짓은 그만두어야 한다.

컬럼비아 대학 학장을 지낸 호크스는 영국의 전래 동요인 '엄마 거위의 노래' 중 일부를 자신의 신조로 삼았다고 말한 적이 있다.

해 아래 모든 아픔에는
치료법이 있거나 없다네.
있다면, 찾으려고 애를 쓰고
없다면, 신경 쓰지 말아야지.

이 책을 쓰는 중에도 나는 성공한 미국 사업가들과 많은 면담을 했다. 그러면서 나는 그들이 어쩔 수 없는 것과 협력함으로써 걱정으로부터 매우 자유로운 삶을 살고 있다는 사실에 큰 감명을 받았다. 그렇게 하지 않았더라면 그들은 긴장감을 이기지 못하고 무너졌을 것이다. 내가 무슨 말을 하는지 보여줄 만한 몇 가지 사례를 제시하겠다.

전국적인 체인망을 가진 페니 스토어의 설립자인 J. C. 페니는 이렇게 말했다. "내 재산을 다 잃는다고 해도 난 걱정하지 않을 겁니다. 왜냐하면 걱정해도 얻을 게 없다는 것을 알고 있기 때문이지요. 나는 내가 할 수 있을 만한 것을 최선을 다해서 하고, 결과는 신의 뜻에 맡깁니다."

헨리 포드도 이와 유사한 이야기를 했다. "내가 일을 조종하지 못할 때는 일이 저절로 굴러가게 놔둡니다."

크라이슬러의 사장인 K. T. 텔러에게 걱정이 생길 때 어떻게 하냐고 물었더니 그는 이렇게 대답했다. "힘든 상황에 부닥쳤을 때 내가 할 수 있는 일이 있으면 그 일을 합니다. 할 수 없으면 그냥 잊어버리고 맙니다. 나는 절대로 미래의 일을 걱정하지 않습니다. 이 세상 사람 중에 미래에 일어날 일을 예측할 수 있는 사람은 하나도 없다는 걸 알고 있기 때문입니다. 미래에 영향을 미치는 요인은 너무나 많습니다! 그런 요인이 어떻게 발생하는지 알거나, 혹은 이해할 수 있는 사람은 없습니다. 그러니 걱정을 할 이유가 어디 있나요?" K. T. 텔러에게 "당신은 철학자요." 하고 이야기한다면 그는 당황할 것이다. 그는 다만 뛰어난 사업가일 뿐이니까 말이다. 하지만 그의 생각은 우연히도 에픽테토스가 19세기 전 로마에서 가르치던 철학과 일치한다. 에픽테토스는 로마인들에게 이렇게 가르쳤다.

행복에 이르는 길은 단 하나 있으니, 그것은 우리의 의지력을 넘어서는 일에 대해 걱정하지 않는 것이다.
There is only one way to happiness, and that is to cease worrying about things which are beyond the power of our will.

에픽테토스(Epictetus)
그대 그리스의 스토아학파 철학자로, 특히 실천적인 면을 강조하였다.

'성스러운 사라'로 알려진 사라 베르나르는 어쩔 수 없는 것과 협력하는 방법을 안다는 것이 어떤 것인지를 보여주는 매우 뛰어난 사례라 할 수 있다. 반백 년 동안 그녀는 지구상에서 가장 사랑받는 여배우이자, 네 개 대륙의 무대를 지배하는 여왕이었다. 그러던 그녀가 일흔한 살이 되어 파산하고 전 재산을 날렸을 때 파리에 있던 그녀의 주치의 포치 교수는 그녀의 다리를 절단해야 한다고 말했다. 대서양을 건너던 중 폭풍우로 인해 갑판에서 넘어지는 바람에 다리에 심각한 상처가 생겼다. 정맥염이었다. 고통이 너무 심해서 의사는 그녀의 다리를 잘라내야 한다고 생각했다. 그는 불같은 성질의 '성스러운 사라'에게 앞으로 해야 할 일을 말하는 것이 두려웠을 정도였다. 이 끔찍한 소식을 들으면 그녀의 히스테리가 발작을 일으킬 것이라고 믿어 의심치 않았다. 하지만 그의 예측은 빗나갔다. 사라는 그를 잠시 쳐다보고는 조용히 말했다. "그렇게 해야 한다면, 해야지요." 그것은 운명이었다.

그녀가 침대에 실려 수술실로 가는 동안 그녀의 아들은 울고 있었다. 그녀는 아들에게 밝게 손짓을 하며 경쾌하게 말했다. "어디 가지 마라. 금방 돌아올 테니까."

수술실로 들어가면서 그녀는 자신이 했던 연극 한 장면을 재연했다. 누군가 그녀에게 기운을 내기 위해서 그러는 거냐고 묻자 그녀는 대답했다. "아니에요. 의사와 간호사들의 기운을 북돋우기 위해서예요. 그 사람들 긴장할 테니까요."

수술에서 회복하고 난 후에 사라 베르나르는 7년이나 더 세계를 돌아다니며 관객의 마음을 사로잡았다.

엘시 매코믹은 <리더스 다이제스트>에 쓴 글에서 이렇게 말했다.

"어쩔 수 없는 것과 싸우는 것을 그만둘 때 비로소 더 풍요로운 삶을 살 수 있는 에너지가 해방됩니다."

어쩔 수 없는 것과 싸우면서도 동시에 새로운 삶을 창조해나갈 수 있을 정도로 감정과 활력이 넘치는 사람은 없다. 어느 쪽이든 하나를 선택해야 한다. 여러분은 어찌할 수 없는 인생의 진눈깨비 속에서 휘어질 수도 있고, 아니면 뻣뻣이 버티다 부러질 수도 있다.

나는 미주리에 있는 내 소유의 농장에서도 이런 일을 보았다. 나는 그 농장에 수십 그루의 나무를 심었다. 처음에 그 나무들은 놀라울 정도로 빠르게 자라났다. 그러다 진눈깨비가 내려서 나뭇가지마다 얼음이 두껍게 덮였다. 무게에 눌려 우아하게 휘어지는 대신에 그 나무들은 당당히 버티더니 결국은 무게를 버티지 못하고 꺾어지거나 찢어지고 말았다. 나는 그 나무들을 베어내야 했다. 그 나무들은 북부에 있는 숲들이 가진 지혜를 깨닫지 못했다. 나는 캐나다에 있는 상록 침엽수림을 엄청나게 많이 돌아다녔지만, 진눈깨비나 얼음으로 부러진 전나무나 소나무는 한 번도 본 적이 없다. 그곳의 상록수들은 구부러지는 법, 가지를 휘는 법, 어쩔 수 없는 것과 협력하는 법을 안다.

유술(柔術) 사범들은 수련생들에게 '버드나무처럼 휘어져라. 참나무처럼 버티지 말라.'라고 가르친다.

여러분은 여러분의 자동차 타이어가 길 위에서 그렇게 큰 충격을 견디는 이유가 무엇이라고 생각하는가? 처음에 타이어 제조업자들은 길바닥에서 오는 충격에 저항하는 타이어를 만들려고 했다. 그 타이어는 곧 갈기갈기 찢어지고 말았다. 그러고 나자 그들은 길에서 오는 충격을 흡수하는 타이어를 만들었다. 그 타이어는 '견뎌냈다'. 인생의 울퉁불퉁한

역정에서 오는 충격과 흔들림을 흡수하는 법을 배워야 우리는 더 오래 견디고, 더 편안한 여행을 즐길 수 있다.

여러분이나 내가 인생의 충격을 흡수하는 게 아니라 저항한다면 어떻게 될까? '버드나무처럼 휘어지기'를 거부하고 참나무처럼 버티려고만 한다면 어떤 일이 일어날까? 대답은 쉽게 나온다. 우리는 수많은 내적 갈등을 일으키게 될 것이다. 걱정하고, 긴장하고, 압박에 시달리고, 노이로제에 걸릴 것이다.

이보다 더 나아가서 험한 현실 세계를 거부하고 자신이 만든 몽상의 세계로 도피하는 순간, 우리는 정신이상에 걸리게 되는 것이다.

제2차 세계 대전이 진행되는 동안 두려움에 사로잡힌 수백만의 병사들은 어쩔 수 없는 현실을 받아들이든가 아니면 압박감에 무너지든가 해야만 했다. 예를 들어 윌리엄 H. 캐설리어스(뉴욕주 글렌데일 67번가 7126번지 거주)의 경우를 보자. 그는 뉴욕에서 진행된 성인 교육 강좌에서 다음과 같은 발표를 해서 우수상을 받았다.

연안경비대에 입대하고서 얼마 지나지 않아 나는 대서양 연안에서 가장 분쟁이 심한 지역에 배치되었습니다. 내게는 폭발물을 관리하는 임무가 부여되었습니다. 생각해 보십시오. 내가! 크래커 판매원인 내가 폭발물 관리자가 되다니! 수천 톤이나 되는 T.N.T 위에 자신이 서 있다는 생각만으로도 크래커 판매원은 뼛골까지 서늘해지지 않을 수 없었습니다. 내게는 딱 이틀간의 교육이 주어졌습니다. 그리고 거기서 배운 것은 나를 더 두렵게 만들 뿐이었습니다. 내가 처음으로 현장에 출동하던 날을 결코 잊지 못할 것입니다. 안개가 껴서 어둡고 춥던 어느 날, 내게 뉴저지주 베이언에 있는 캐번곶의 오픈형 부두로 출동하라는 명령이 떨어졌습니다.

나는 우리 배의 5번 화물창에 배치되었습니다. 인부 다섯을 데리고 그 화물창에 내려가서 일해야 했습니다. 그들은 억센 친구들이었지만 폭발물에 대해서는 일체 아는 게 없었습니다. 그들이 싣고 있던 건 하나에 1t이 넘는 T.N.T가 들어 있는 초대형 폭탄들이었습니다. 그 낡은 배를 산산조각 내버리기에 충분한 폭발물이었죠. 이 초대형 폭탄들은 두 개의 케이블에 묶여서 내려오고 있었습니다. 나는 속으로 끊임없이 생각했습니다. '케이블 중 하나라도 미끄러지면, 아니면 끊어진다면! 오, 세상에나!' 나는 너무나 무서웠습니다. 몸이 덜덜 떨렸습니다. 입술이 바짝바짝 말랐습니다. 무릎이 휘청거렸습니다. 심장이 쿵쾅쿵쾅 뛰었습니다. 하지만 달아날 수 없었습니다. 그랬다간 탈영이 되었을 것입니다. 내 불명예가 되고, 부모님의 불명예가 되고, 어쩌면 탈영으로 총살당할지도 모르는 문제였으니까요. 나는 달아날 수 없었습니다. 자리를 지켜야만 했습니다. 나는 인부들이 조심성 없이 그 초대형 폭탄들을 다루는 것을 지켜보았습니다. 배는 아무 때라도 폭발할 것만 같았습니다. 이렇게 등골 시린 공포 속에서 한 시간 이상을 보내고 난 뒤 나는 약간의 상식을 발휘하기 시작했습니다. 나는 나 자신을 꾸짖었습니다. '생각해봐. 폭발이 일어났다고 해보자고. 그래서 어떻다는 거지? 너에겐 아무런 차이도 없잖아! 그렇게 깔끔하게 죽는 것도 괜찮은 방법이야. 암으로 죽는 것보다야 백 배 낫지. 바보처럼 굴지 말아. 영원히 살 수 있는 것도 아니잖아. 너는 이 일을 해야 해. 아니면 총살을 당하든가. 그러니 차라리 이 일을 좋아하는 게 더 낫지 않겠어?'

나는 몇 시간 동안 자신에게 이런 이야기를 했습니다. 그러고 나자 기분이 나아지더군요. 어쩔 수 없는 상황을 받아들이기로 마음먹자 걱정과 두려움을 극복할 수 있었습니다.

나는 결코 그때 배운 교훈을 잊지 못할 것입니다. 내가 변화시킬 수 있을 것 같지 않은 일로 걱정하려고 할 때면 나는 어깨를 으쓱하며 이렇게 말합니다. '잊어버리자고.' 이건 효과가 있습니다. 크래커 판매원에게도 말입니다.

대단하지 않은가! 우리 모두 피너포어 출신의 이 크래커 판매원에게 힘찬 박수를 거듭해 보내자.

십자가에 못 박힌 예수의 죽음 외에 역사상 가장 유명한 죽음이 소크라테스의 죽음이다. 지금부터 만 년이 지난 후에도 사람들은 여전히 그가 죽는 장면에 대한 플라톤의 빛나는 묘사를 읽고 또 아낄 것이다. 이는 모든 문학을 통틀어 가장 감동적이고 아름다운 구절에 해당할 것이다. 나이 든 맨발의 소크라테스를 부러워하고 질투하던 아테네의 몇몇 사람들이 그를 무고함으로써 그는 재판을 받고 사형을 선고받았다. 친절한 간수는 소크라테스에게 독이 든 사발을 건네며 마시라고 하면서 이렇게 말했다. "어쩔 수 없는 일이라면 담담히 견디도록 하게나." 소크라테스는 그렇게 했다. 그가 죽음을 맞이하던 때의 침착함과 체념은 거의 신성에 근접할 정도였다.

"어쩔 수 없는 일이라면 담담히 견디자." 이 말이 나온 건 기원전 399년의 일이다. 하지만 아직도 걱정을 하는 이 세상은 예전 그 어느 때보다도 더 그 말이 필요하다. "어쩔 수 없는 일이라면 담담히 견디자."

지난 8년 동안 나는 걱정을 없애는 법을 조금이라도 다루는 책이나 글을 실제로 하나도 빠짐없이 읽었다. 이런 독서의 결과로 내가 발견한 걱정에 관한 충고 중에 최고의 충고가 어떤 것인지 알고 싶은가? 알고 싶다면 여기에 그 글귀를 제시해주겠다. 여러분이나 내가 세수를 할 때마다 쳐다보면서 우리 마음속의 걱정도 씻어 내릴 수 있도록, 이 글귀를 세면대 앞 거울에 붙여놓길 바란다. 이 빛나는 기도문을 쓴 사람은 라인홀트 니부어 박사로서 뉴욕 브로드웨이 120번가에 있는 유니언 신학교의 응용신학 교수이다.

주여, 제게 허락하여 주소서.
바꾸지 못할 것을 받아들이는 평정(平靜)과
바꿀 수 있는 것을 바꾸는 용기,
그리고 이 둘을 분별할 수 있는 지혜를
허락하여 주소서.

걱정이 여러분을 쓰러뜨리기 전에 걱정하는 습관을 버리고 싶다면, 다음의 방법을 기억하라.

걱정하는 습관을 없애는 방법 4

- **어쩔 수 없는 것과는 협력하라.**
  Co-operate with the inevitable.

V

여러분의 걱정에 '손절매' 주문을 내라

PUT A "STOP-LOSS" ORDER ON YOUR WORRIES

월 스트리트에서 큰돈을 버는 방법을 알고 싶은가? 아마 이걸 알고 싶은 사람은 수도 없이 많을 것이다. 그리고 만일 내가 그 해답을 알고 있다면 이 책을 권당 천만 원씩 받고 팔 수도 있을 것이다. 하지만 몇몇 성공적인 중개인들이 사용하는 괜찮은 방법은 있다. 이 이야기는 뉴욕, 동부 42번가, 17번지에 사무실을 가진 찰스 로버츠라는 투자 상담사가 말해준 것이다. 그는 다음과 같이 이야기했다.

내가 맨 처음 텍사스를 떠나 뉴욕으로 왔을 때 내 수중에는 친구들이 주식에 투자하라고 모아준 돈 2만 달러가 있었습니다. 나는 주식시장을 잘 알고 있다고 생각하고 있었습니다. 하지만 그 돈을 한 푼도 남김없이 날리고 말았습니다. 가끔은 큰 수익을 내기도 했지만 결국에는 몽땅 잃는 것으로 끝나고 말았죠.

내 돈을 잃은 거야 그리 문제 될 게 아니지만, 친구들 돈까지 잃게 되니까 너무나 걱정스러웠습니다. 비록 친구들이 그 정도야 감당할 정도였지만 말입니다. 나는 투자가 완전 실패로 판가름 난 뒤에 친구들을 다시 대하는 게 두려웠습니다. 하지만 놀랍게도 친구들은 그 일을 전혀 개의치 않을 뿐 아니라 대단히 낙관적인 생각을 하고 있었습니다.

나는 내가 대부분 운과 다른 사람들의 의견에 의존하는 주먹구구식 투자를 해왔다는 것을 알고 있었습니다. H. I. 필립스가 말한 대로 나는 '귀로 주식투자를 한' 셈입니다.

나는 내가 어떤 실수를 했는지 검토하기 시작했고, 원인이 무엇인지 철저히 분석하기 전에는 주식시장으로 돌아가지 않겠다고 결심했습니다. 그래서 수소문한 결과 사상 최고의 성공적인 주식 투자자 가운데 한 사람으로 꼽히는 버튼 S. 캐슬즈를 알게 되었습니다. 그는 해를 거듭하며 오랫동안 성공적인 투자를 하는 것으로 명성을 누리고 있었습니다. 나는 그런 경력이 단지 재수나 운의 결과로는 되지 않는다는 것을 알고 있었기에 그로부터 많은 것을 배울 수 있으리라고 믿었습니다.

캐슬즈는 내가 전에 어떤 식으로 거래를 해왔는지에 대해 몇 마디 물어보더니, 거래의 가장 중요한 원칙을 말해주었습니다. 그는 이렇게 말했습니다. "나는 모든 주식 거래 약정에 손절매(損切賣) 주문을 달아놓습니다. 가령 내가 주당 50달러에 주식을 산다고 하면, 나는 45달러가 되면 즉시 손절하라는 주문을 넣어놓습니다." 이 말은 주가가 매입가로부터 5포인트 하락하면, 그 순간 그 주식을 자동으로 매도함으로써 손실을 5포인트로 제한한다는 의미입니다.

그 나이 든 고수는 계속해서 이렇게 말했습니다. "살 때 괜찮게 샀다면, 당신의 수익은 평균적으로 10포인트, 25포인트, 때로는 50포인트에 달할 것입니다. 그러므로 손실을 5포인트로 묶어놓는다면 당신은 반수 이상 잘못 짚고도 많은 돈을 벌 수 있지 않겠어요?"

나는 즉각 이 원칙을 채택해서 그 후로 계속 사용하고 있습니다. 이 원칙은 나와 내 고객들에게 정말 큰돈을 벌어주었습니다.

시간이 흐르면서 나는 이 손절매 원칙을 주식시장이 아닌 다른 곳에서도 사용할 수 있다는 것을 깨달았습니다. 나는 성가신 일이나 화나는 일이 생길 때마다 손절매 주문을 하기 시작했습니다. 그것은 마법과도 같은 효과가 있었습니다.

예를 들면 나는 종종 제시간에 오는 법이 없는 한 친구와 점심 식사를 같이합니다. 예전에 그는 점심 식사 시간이 절반이나 지나갈 때까지도 나타나지 않아서 내 속을 끓게 했습니다. 결국 나는 그 친구에게 내 걱정에 대해 손절매 주문을 하기로 했다고 말했습니다. 나는 이렇게 말했습니다. "빌, 자네를 기다리는 일에 대한 손절매 기준은 정확히 10분일세. 10분 이상 늦게 온다면 우리 점심 약속은 없던 일로 하고 나는 가버리겠네."

아, 아쉬워라! 오래전에 내가 이런 것을 알았다면, 다시 말해 내 조급함과 노여움, 자기 정당화의 욕구, 후회, 그리고 온갖 정신적·감정적 부담감을 손절매할 생각을 가질 수 있었다면 얼마나 좋았을까! 왜 나는 내 마음의 평화를 깨뜨리겠다고 위협하는 모든 상황에 적정량을 할당하고 나서 이렇게 말할 생각을 하지 못했을까? '이봐, 데일 카네기. 지금 상황은 딱 이 정도 신경 쓸 일이야. 더는 안 돼.' 왜 이러지 못했을까?

하지만 적어도 한 가지 경우에 대해서는 나 자신에게 참 잘했다고 인정할 수 있다. 더구나 그것은 상당히 심각했던 순간의 일이었다. 내 꿈과 내 장래 계획과 수년 동안의 노고가 일순간에 물거품이 될지도 모르는, 일생일대의 위기가 왔을 때의 일이었다. 일의 내막은 다음과 같다.

30대 초반 시절, 나는 소설을 쓰면서 살아가기로 마음먹었다. 즉 제2의 프랭크 노리스나 잭 런던, 아니면 토머스 하디가 되기로 했다. 얼마나 진지했던지 유럽에서 2년을 보낼 정도였는데, 당시는 제1차 세계 대전 종전 후 미국에서 마구잡이로 달러를 찍어대던 시절이라 돈을 구하는 일은 그리 어렵지 않았다. 나는 유럽에서 2년을 보내면서 내 일생의 역작을 써냈다. 나는 그 책 제목을 『눈보라』라고 지었다.

그 제목은 아주 적합했다. 왜냐하면 출판사들은 그 책에 대해 다코타의 대평원을 가로지르며 몰아치는 그 어떤 눈보라보다도 더 차가운 반응을 보였기 때문이다. 내 책의 출판을 대행해주던 사람이 나에게 소설 쪽으로는 재질이나 재능이 없는 것 같다고 이야기했을 때, 나는 숨이 멎는 것만 같았다. 나는 멍한 상태로 그의 사무실을 나섰다. 그가 몽둥이로 내 머리를 쳤어도 이 정도로 정신이 나갈 것 같지는 않았다. 정신이 멍해서 아무런 생각도 들지 않았다. 나는 내가 인생의 갈림길에 서 있으며 중대한 결단을 내려야 한다는 사실을 깨달았다. 어떻게 해야 할까? 어느 쪽으로 가야 하나? 내가 멍한 상태를 벗어나기까지 몇 주가 흘렀다. 당시에는 "당신의 걱정에 손절매 주문을 내라."라는 이야기를 한 번도 들은 적이 없었다. 하지만 돌이켜보면 내가 정확히 그렇게 했다는 걸 발견하게 된다. 나는 땀 흘려 소설을 쓰던 그 2년에 정확히 그만큼의 가치, 그러니까 소중한 경험으로 가치가 있었음을 인정하고는 거기서부터 앞으로 나갔다. 나는 다시 성인 교육 강좌를 개발하고 진행하는 일로 돌아왔으며, 그러는 가운데 틈틈이 시간을 내어 전기를 썼다. 그렇게 쓴 전기와 자기 계발서 가운데 한 권을 여러분이 지금 읽고 있다.

나는 지금 그렇게 결정한 것을 기쁘게 생각하고 있을까? 기쁘다고?

그때를 돌이켜 생각할 때마다 나는 길거리에 나가 환희의 춤이라도 추고 싶은 심정이다. 거짓말 한 점 보태지 않고, 그 이후로 내가 제2의 토머스 하디가 되지 못한 것을 두고 후회한 적은 단 하루, 단 한 시간도 없다.

백여 년 전, 숲속에서 스크리치 부엉이가 날카로운 울음소리를 내던 월든 호숫가에서 헨리 소로는 집에서 만든 잉크로 깃펜을 적시며 이렇게 일기를 적었다. "어떤 일의 비용은 짧게든 길게든 그 일과 교환해야 하는 인생이라고 일컫는 것의 양이다." 이 말을 다른 식으로 이야기하면, 어떤 일에 대해 과다하게 우리의 인생을 지불하면 미련한 사람이라는 말이다.

길버트와 설리반이 했던 게 정확하게 그런 짓이었다. 그들은 유쾌한 대사와 유쾌한 음악을 만들 줄은 알았지만, 자신들의 삶에서 유쾌함을 창조해내는 요령은 너무나 부족했다. 그들은 '인내심', '군함 피너포어', '미카도'와 같은 아름다운 희가극을 만들어 청중들의 눈과 귀를 즐겁게 만들었다. 하지만 그들은 자신의 감정을 조절하는 데는 실패했다. 그들이 자신들의 삶을 쓰라리게 만든 것은 카펫 가격에 대한 다툼에 불과했다! 설리번은 그들이 매입한 극장에 깔 카펫을 새로 주문했다. 청구서가 도착했을 때 길버트는 화가 나서 길길이 날뛰었다. 그들은 이 일을 법정에서 다투었고 그 후로는 영원히 서로 얼굴을 대하지 않았다. 새로운 작품에 대한 곡을 쓰면 설리번은 그 곡을 편지로 길버트에게 보냈다. 길버트는 곡에 가사를 붙이고 나서 다시 설리번에게 편지로 보냈다. 한번은 두 사람이 같이 무대에서 청중들의 환호에 답례 인사를 하게 되었다. 하지만 두 사람은 각자 무대 다른 편에서 나와 서로 외면하며 인사를 함으로써 서로의 얼굴을 보지 않았다. 그들은 링컨과는 달리 자신의 분노에 손절매 주문을 내는 현명함을 갖고 있지 못했다.

남북전쟁이 한창이던 어느 날 링컨의 친구들이 링컨을 신랄하게 공격하는 정적을 비난하는 이야기를 하자 링컨은 이렇게 말했다. "자네들이 나보다 더 개인적으로 분개하는 것 같군. 어쩌면 내가 너무 분개하지 않는 것인지도 모르겠고. 하지만 나는 그게 절대 도움이 된다고 생각지 않네. 다투는 일에 인생의 절반을 낭비할 정도로 시간이 많은 사람은 없다네. 누구든 일단 나에 대한 공격을 그만두면 나는 그 사람과의 지난 일은 절대 기억하지 않는다네."

내가 에디스 숙모라고 부르는 늙으신 내 숙모도 링컨이 보여주던 이런 용서의 정신을 가졌더라면 얼마나 좋았을까. 프랭크 삼촌과 에디스 숙모가 살던 농장은 저당이 잡혀 있었으며, 온통 도꼬마리 풀투성이인 데다 땅은 척박하고 물도 부족했다. 두 분은 어려운 시절을 보내야 했다. 한 푼이라도 아껴 써야 했다.

하지만 에디스 숙모는 세간이 거의 없어 썰렁해 보이는 집안을 밝게 꾸미기 위해 커튼 따위를 사는 것을 좋아했다. 숙모는 이런 작은 사치품들을 미주리 메리빌에 있던 댄 에버솔 포목점에서 외상으로 사 왔다. 프랭크 삼촌은 빚에 대해 걱정했다.

삼촌은 여느 농부들처럼 빚이 늘어나는 것을 두려워해서 몰래 포목점 주인에게 앞으로는 숙모에게 외상으로 물건을 주지 말라고 부탁했다. 숙모는 이 사실을 알고 화를 참을 수가 없어서 분통을 터뜨렸다. 그리고 그 일이 있은 지 50년이 다 되어가는 지금도 화를 풀지 않고 있다. 숙모가 그 말을 하는 것을 내가 들은 것만도 한두 번이 아니다. 마지막으로 내가 숙모를 뵈었을 때 숙모는 이미 70을 넘긴 나이였다. 나는 숙모에게 이렇게 말했다. "에디스 숙모, 프랭크 삼촌이 숙모님 체면을 깎은 건 잘못하신 일이죠. 하지만 솔직히 그 후 거의 50년 동안이나 그 일로 불평을 하시는 건 삼촌보다 훨씬 더 나쁜 행동이라고 생각지 않으세요?"

에디스 숙모는 오래 간직해온 감정의 응어리 때문에 비싼 대가를 치러야 했다. 마음의 평화를 대가로 냈다.

벤저민 프랭클린은 일곱 살에 한 가지 실수를 하고 그 후로 칠십 년 간이나 그 실수를 기억했다. 일곱 살 꼬마였을 때 그는 피리를 무척이나 좋아했다. 피리를 어찌나 좋아했던지 그는 완구점에 가서 갖고 있던 동전을 다 쏟아붓고는 가격도 묻지 않고 피리를 하나 달라고 했다. 칠십 년이 흐른 뒤 그는 친구에게 보내는 편지에 이렇게 썼다. "그런 뒤 난 집으로 와서 피리를 산 기쁨에 겨워 집안 곳곳을 돌아다니며 피리를 불어댔지." 하지만 그의 형들과 누나들은 그가 피리를 사면서 내야 할 돈보다 훨씬 많이 냈다는 사실을 알고는 배꼽을 잡고 웃어댔다. 그는 이렇게 말했다. "나는 속이 상해서 그만 울고 말았다네."

오랜 세월이 흐르고 그가 세계적으로 유명한 인물이 되어 프랑스 대사로 임명되었을 때도, 프랭클린은 피리값을 너무 많이 치렀다는 사실, 즉 '피리가 즐거움보다 더 큰 슬픔'을 안겨주었다는 사실을 여전히 기억하고 있었다.

하지만 프랭클린이 그로 인해 얻은 교훈은 결과적으로 싸게 얻은 셈이었다. 그는 이렇게 말했다. "자란 후 세상에 뛰어들어 사람들의 행동을 관찰하면서 나는 피리 값을 너무 많이 치르는 사람들을 많이, 그것도 아주 많이 만나게 된다고 생각했다. 간단히 말하자면 내가 보기에는 사람들이 겪는 대부분의 불행은 자신들의 '피리'의 가치를 잘못 평가하고, 그 '피리'에 너무 많은 대가를 내는 데서 발생한다."

길버트와 설리번도 자신들의 피리에 너무 많은 대가를 냈다. 에디스 숙모도 그랬고, 나 자신도 그런 경우가 상당히 많다. 세계 최고의 소설 『전쟁과 평화』, 『안나 카레니나』를 지은 불멸의 작가 레오 톨스토이도 마찬가지이다. 『브리태니커 백과사전』에 의하면 레오 톨스토이는 그의 생애 중 마지막 20년은 '아마 세상에서 가장 존경받은 사람이었을 것이다'.

그가 죽기 전 이십 년, 그러니까 1890년에서 1910년까지 그의 얼굴이라도 한번 보고자, 그의 목소리라도 한 번 듣고자, 심지어는 그의 옷자락이라도 한 번 만져보고자 그의 집으로 순례를 오는 경배자들이 끊임없었다. 그의 입에서 나오는 모든 말은 마치 '신성한 계시'라도 되는 듯 기록되었다. 하지만 삶의 관점에서, 행복한 삶의 관점에서 보자면 톨스토이는 일곱 살 적 프랭클린보다도 더 분별력이 부족했다. 아니 분별력이 전혀 없었다. 이 말의 의미는 다음과 같다.

톨스토이는 자신이 무척 사랑하는 여자와 결혼했다. 사실 그들은 너무나 행복한 결혼 생활을 영위했기에 그토록 순수한 지고의 행복이 앞으로도 영원하기를 하느님 앞에 무릎 꿇고 기도할 정도였다.

하지만 톨스토이가 결혼한 여성은 천성적으로 질투심이 강한 사람이었다. 그녀는 어떤 경우에는 농부 차림을 하고 그를 미행했는데, 때로는 숲속까지 따라다녔다. 그들은 심하게 말다툼했다. 그녀는 자신의 자녀들까지도 질투한 나머지 총으로 딸의 사진에 구멍을 낼 정도였다. 심하면 아편 병을 입에 물고 바닥에 뒹굴면서 죽어버리겠다는 협박을 하기도 했다. 그러면 아이들은 방구석에 웅크리고는 두려움으로 비명을 질렀다.

그러면 톨스토이는 어떻게 했을까? 만일 화를 내며 일어나 집 안 가구를 부쉈다면 그를 탓하지 않겠다. 당연히 그럴 만했으니까 말이다. 하지만 톨스토이는 그보다 훨씬 심한 짓을 했다. 그는 자신의 일기에 적어 놓았다! 맞다. 일기를 썼다. 그는 거기에 부인에 대한 온갖 비난을 적었다. 이것이 그의 '피리'였다! 그는 앞으로 오는 세대가 자신에게는 면죄부를 주고, 모든 비난을 부인에게 퍼붓도록 만들 생각을 하고 있었다.

그럼 부인은 이에 대한 대응을 어떻게 했을까? 물론 그녀는 그가 적은 일기 가운데 일부를 찢어내어 불에 태워버렸다. 그리고 자신만의 일기를 적기 시작했다. 물론 거기서는 톨스토이가 나쁜 놈이었다. 더 나아가서 그녀는 『누구의 잘못인가』라는 소설을 통해 톨스토이는 가정의 폭군으로, 자신은 순교자로 그려놓기까지 했다.

무엇을 위해서 이 모든 일이 일어났을까? 왜 이 두 사람은 자신들의 유일한 보금자리를 톨스토이의 표현대로 '정신병원'으로 만들어버렸을까? 여기에는 분명히 몇 가지 원인이 있었는데, 그 원인 가운데 한 가지는 그들이 여러분이나 내게 좋은 인상을 남기려는 강한 욕구가 있었다는 점이다. 맞다. 그들이 자신들을 어떻게 생각할까 염려하던 그 후손들이 바로 우리다! 우리가 그들 중 누가 잘못했는지 조금이라도 생각하는가? 아니다. 우리는 우리 자신의 문제를 생각하느라 바쁜 까닭에 톨스토이의 문제를 생각하면서 낭비할 시간이 전혀 없다.

이 불쌍한 부부가 자신들의 피리에 지급한 대가가 얼마나 엄청난가! 두 사람 가운데 아무도 "이제 그만!"하고 외칠 분별력이 없었다는 이유만으로 오십 년 동안을 말 그대로 지옥 같은 생활을 한다니! "자, 이제 이 문제에 대해 지금 당장 손절매 주문을 냅시다. 우리는 우리의 인생을 탕진하고 있어요. 자, 우리 '이제 그만!'이라고 지금 당장 말합시다." 이렇게 말할 정도의 가치 판단력이 두 사람 중 누구에게도 없었다는 이유 하나 때문이었다.

그렇다. 적절한 가치 판단력, 이것이야말로 진정한 마음의 평화를 이루는 가장 큰 비밀 가운데 하나라고 믿어 의심치 않는다. 그리고 나는 우리가 일종의 개인적인 황금률을 개발한다면, 즉 우리의 인생이란 관점에서 보았을 때 무엇이 우리에게 소중한 것인지에 대한 황금률을 개발한다면, 우리의 모든 걱정 가운데 절반은 사라질 것이라고 믿는다.

그러므로 걱정이 여러분을 쓰러뜨리기 전에 걱정하는 습관을 없애고 싶다면, 다음 방법을 따르라.

걱정하는 습관을 없애는 방법 5

- **인생을 살면서 이미 저지른 잘못으로 인해 더 큰 잘못을 저지르고 싶은 생각이 들 때면 다음의 세 가지 질문을 자신에게 물어보라.**

  Whenever we are tempted to throw good money after bad in terms of human living, let's stop and ask ourselves these three Questions.

❶ 지금 걱정하고 있는 이 일은 실제로 내게 얼마나 중요한가?
How much does this thing I am worrying about really matter to me?

❷ 어느 정도에서 이 걱정을 '손절매'하고 잊어버릴 것인가?
At what point shall I set a "stop-loss" order on this worry and forget it?

❸ 이 피리에 정확히 얼마나 대가를 낼 것인가? 이미 너무 많이 낸 것은 아닌가?
Exactly how much shall I pay for this whistle? Have I already paid more than it is worth?

VI

톱밥을 다시 켜려 하지 마라

DON'T TRY TO SAW SAWDUST

이 글을 쓰고 있는 지금 내 방의 창밖을 내다보면 정원에 공룡 발자국 몇 개가 있는 게 눈에 들어온다. 셰일(Shale)과 돌로 이루어진 지층 속에 묻혀 있던 발자국이다. 나는 이 발자국을 예일대 피바디 박물관에서 샀다. 피바디 박물관 관장은 내게 보낸 편지에서 그 발자국들이 1억 8,000만 년 전에 만들어진 것이라고 알려주었다. 다운증후군 환자라 하더라도 그 발자국을 바꾸기 위해 1억 8,000만 년을 거꾸로 거슬러 올라가겠다는 허튼 망상은 하지 않을 것이다. 그런데 이런 생각과 꼭 마찬가지로 바보스러운 짓이 180초 전으로 돌아가서 그때 일어난 일을 바꿀 수 없기 때문에 고민하는 것이다. 많은 사람이 바로 이런 고민을 하고 있다. 우리는 분명 180초 전에 일어난 일의 결과를 바꾸기 위해 뭔가를 할 수는 있다. 하지만 이미 일어난 일을 바꿀 수는 없다.

미국 그랜드 캐니언 인근에 전시된 퇴적암 셰일(왼쪽), 1890년대 피바디 자연사 박물관(오른쪽)

과거가 건설적일 수 있는 길은 이 세상에 단 하나밖에 없다. 그것은 과거의 실수를 조용히 살펴보고 거기서 깨우침을 얻은 다음 잊어버리는 것이다.

나는 이 말이 진실임을 안다. 하지만 내가 항상 이것을 실천할 수 있는 용기와 분별력을 가졌을까? 이 질문에 대답하기 위해 내가 오래전에 겪은 놀라운 경험 한 가지를 말하고자 한다. 30만 달러 이상이 손아귀에 들어왔으나 한 푼도 건지지 못하고 다 날려버린 일이다. 이 일의 경과는 다음과 같다. 나는 성인 교육 사업을 대규모로 시작해서 여러 도시에 지점도 열었고 돈을 간접비와 홍보에 아낌없이 투자했다. 나는 강의에 여념이 없었기 때문에 재정 문제를 돌아볼 시간적·정신적 여유가 전혀 없었다. 나는 내게 경비를 통제할 유능한 관리자가 필요하다는 사실을 깨닫기에는 너무 순진했다.

1년이 지난 후에야 나는 마침내 정신을 번쩍 들게 하는 놀라운 사실을 알게 되었다. 엄청난 수입을 거두었음에도 순이익은 전혀 발생하지 않았다는 점이다. 그 사실을 알고 난 다음 나는 두 가지 조처를 해야 했다.

하나는 분별력을 발휘해서 흑인 과학자 조지 워싱턴 카버가 은행 부도로 평생 모은 돈 4만 달러를 날렸을 때 했던 일을 했어야만 했다. 누군가 그에게 은행이 망했다는 이야기를 들었느냐고 묻자, 그는 "들었습니다."라고 대답하고는 전과 다름없이 교육에 몰두했다. 그는 그 일로 인한 손실을 마음속에서 완전히 지워버리고 다시는 그 일을 언급하지 않았다.

두 번째로 내가 해야 했던 일은 내가 저지른 실수를 분석해서 깊은 교훈을 얻었어야만 했다는 것이다.

하지만 솔직히 말해 나는 이 두 가지 가운데 어느 하나도 하지 않았다. 대신에 나는 완전히 의욕을 잃어버렸다. 몇 달 동안이나 정신을 차리지 못했다. 잠도 자지 못했고 살도 빠졌다. 그렇게 커다란 실수에서 교훈을 얻지 못해 잘못을 고치지 못하고, 나는 조금 작은 규모이긴 했지만 한 번 더 똑같은 실수를 저질렀다!

미국의 식물학자 조지 워싱턴 카버(왼쪽), 미국 앨라배마주에 있는 조지 워싱턴 카버 박물관(오른쪽)

이렇게나 어리석었음을 인정해야 하는 것은 난감한 일이다. 하지만 나는 오래전에 '20명에게 해야 할 바를 가르치는 것이, 그 해야 할 바를 실천하는 20명 중의 한 사람이 되기보다 훨씬 쉽다.'라는 사실을 깨달았다.

나도 여기 뉴욕에서 조지 워싱턴 고등학교에 다니면서 폴 브랜드와인 박사님 밑에서 공부하는 특권을 누릴 수 있었다면 얼마나 좋았을까 하는 생각이 든다. 뉴욕 브롱크스 우디크레스트 939번지에 사는 앨런 손더스를 가르친 선생님이 바로 이 박사님이다.

손더스 씨는 위생학 과목을 담당하던 폴 브랜드와인 박사가 평생 잊지 못할 소중한 교훈을 가르쳐주었다고 이야기했다. 앨런 손더스는 내게 다음과 같이 말했다.

당시 나는 십 대에 불과했지만, 그때 이미 걱정하는 습관이 배어 있었습니다. 나는 내가 저지른 실수 때문에 속을 끓이며 안절부절못하곤 했습니다. 시험 답안지를 제출하고 온 날이면 밤새 잠 못 이루고 낙제하면 어쩌나 걱정하곤 했죠. 항상 내가 이미 한 일을 곱씹어보며 저렇게 했으면 좋았을 걸 하는 생각을 하고, 내가 한 말을 되짚어보며 더 멋지게 말했으면 좋았을 텐데 하고 바랐습니다.

어느 날 아침 우리 반이 과학 실험실로 갔더니 거기에 담당 선생님인 폴 브랜드와인 박사님이 계셨습니다. 그런데 책상 모서리에 놓여 있는 우유 한 병이 유별나게 눈길을 끌었습니다. 우리는 모두 자리에 앉아 우유를 쳐다보면서 도대체 우유가 선생님이 맡은 위생학 과목과 무슨 관계가 있는 것일까 궁금해하고 있었죠. 갑자기 폴 브랜드와인 박사님이 자리에서 벌떡 일어나면서 우유병을 개수대에 처넣어 깨뜨리시더니 이렇게 외쳤습니다. "쏟아진 우유 때문에 울지 마라!"

박사님은 우리 모두를 개수대로 오게 해서 깨진 우유병을 보게 했습니다. 그러고는 이렇게 이야기했습니다. “잘 보아두어라. 지금의 교훈을 여러분이 평생 기억하기를 바란다. 우유는 사라졌다. 여러분이 보다시피 하수도 구멍으로 들어가 버렸다. 여러분이 아무리 야단법석을 부리고 머리를 쥐어뜯어도 우유는 한 방울도 돌아오지 않는다. 조금만 주의를 기울이고 조심했더라면 우유를 쏟지 않았을지도 모른다. 하지만 이제는 너무 늦었다. 우리가 할 수 있는 것은 손실로 처리하고 잊어버린 후 다음 일로 넘어가는 것이다.”

이 짧은 시범은 내가 입체 기하학이나 라틴어를 다 잊은 오랜 뒤에도 잊히지 않았습니다. 사실 나는 고등학교 4년 동안 배운 그 무엇에서보다도 그 시범에서 실제적인 삶에 대해 더 많이 배웠습니다. 그 시범은 내게 가능하면 우유를 쏟지 않도록 조심할 것, 그리고 일단 우유가 쏟아져서 하수구 구멍으로 사라지고 나면 완전히 잊어버려야 한다는 것을 가르쳐 주었습니다.

어떤 독자들은 ‘쏟아진 우유 때문에 울지 마라.’와 같은 낡아 빠진 격언 하나를 가지고 왜 이렇게 난리냐며 콧방귀를 뀔지도 모르겠다. 나도 이 말이 진부하고 누구나 아는 상투어임을 알고 있다. 여러분이 이미 수천 번 들었다는 것도 알고 있다. 하지만 나는 또한 이런 진부한 격언에 오랜 세월을 거치며 걸러진 지혜의 정수가 담겨 있음도 알고 있다. 이 말들은 인간 종족의 치열한 경험의 산출이며 무수한 세대를 거치며 후대로 전수되었다. 여러분이 역사상 최고의 학자들이 걱정에 관해 쓴 모든 것을 읽는다고 해도 ‘다리에 이르기 전에 미리 다리를 건너지 마라.’ 혹은 ‘쏟아진 우유 때문에 울지 마라.’와 같은 낡아 빠진 격언보다 더 근본적이며 더 심오한 말은 만나지 못할 것이다. 이 격언을 보고 콧방귀를 뀔 게 아니라 이 격언이 시키는 대로 실천했더라면 지금 여러분이 보고 있는 책 따위는 전혀 필요치 않을 것이다. 실제로 우리가 오래된 격언들 대부분을 적용한다면 우리는 거의 완벽한 삶을 영위할 것이다. 하지만 지식은 활용하기 전에는 힘이 되지 않는다. 그리고 이 책은 여러분에게 뭔가 새로운 것을 말하려 하고 있지 않다. 이 책의 목적은 여러분이 이미 알고 있는 것을 다시 상기해주고 여러분의 정강이를 걷어차면서 실천하기 위해 노력하라고 여러분을 고무시키는 데 있다

나는 작고한 프레드 풀러 셰드 같은 이에게 늘 감탄을 금치 못했다. 오래된 진리를 새롭게, 생생하게 눈앞에 그려 보이는 능력을 갖추고 있었기 때문이다. 〈필라델피아 불리틴〉의 편집장이던 그는 어느 날 대학 졸업반 학생들에게 이런 질문을 던졌다. “톱으로 나무 켜본 사람 있나요? 있으면 손들어보세요.” 몇 명이 손을 들었다. “그러면 톱으로 톱밥을 켜본 사람도 있나요?” 아무도 손을 들지 않았다.

“물론 톱으로 톱밥을 켤 수야 없지요!” 셰드 씨가 소리쳤다. “이미 톱으로 켠 거니까! 과거도 마찬가지입니다. 이미 끝나고 지나버린 일에 대해 걱정을 하는 것은 톱밥을 다시 켜려는 것과 똑같습니다.”

나는 당시 여든한 살이던 야구계의 전설 코니 맥에게 진 경기 때문에 속상한 적이 있느냐고 물어보았다. 그러자 코니 맥은 이렇게 대답했다.

물론 있었지요. 하지만 오래전에 그런 바보스러운 짓을 그만두었습니다. 그래 봐야 아무런 소용이 없다는 것을 깨달았기 때문이죠. 이미 흘러가 버린 냇물로 물레방아를 돌릴 수는 없지 않겠어요?

그렇다. 이미 흘러가 버린 냇물로는 물레방아를 돌릴 수도 없고, 나무를 켤 수도 없다. 하지만 얼굴에 생긴 주름이나 위에 생긴 궤양은 없앨 방법이 있다.

지난 추수감사절에 나는 잭 뎀프시와 함께 저녁 식사를 했다. 칠면조 요리에 크랜베리 소스를 발라 먹으면서 그는 터니에게 져서 헤비급 챔피언 타이틀을 빼앗긴 경기에 관해 이야기했다. 당연히 그 패배는 그의 자존심에 큰 충격이었다. 그는 이렇게 말했다.

시합하고 있는데 갑자기 아, 내가 늙었다는 생각이 들더군. 10라운드가 끝났을 때 나는 쓰러지지는 않았지만, 얼굴이 부풀어 오르고 찢겨 있었지. 눈도 거의 감긴 상태였고. 심판이 진 터니의 손을 들어 승리를 발표하는 것이 보이더군. 세계 챔피언은 더 이상 내가 아니었네. 나는 비를 맞으며 사람들 사이를 뚫고 선수 대기실로 돌아왔네. 내가 지나가는데 어떤 사람들은 내 손을 잡으려 하고, 어떤 사람들은 눈물을 글썽이더군.

몇 년 뒤 나는 진 터니와 재대결을 벌였지. 하지만 소용이 없었어. 나의 시대는 영원히 가버렸던 거야. 이 모든 일에 걱정하지 않는다는 것은 어려운 일이었지만, 나는 이렇게 생각했네. '나는 과거 속에서 살아가거나 쏟아진 우유 때문에 울지는 않겠다. 턱에 한 방 맞기는 했지만, 이 정도로 쓰러지지는 않겠다.'

그리고 잭 뎀프시는 정확히 그렇게 했다. 어떻게 했을까? 속으로 쉴 새 없이 '과거의 일로 걱정하지 않겠다.' 다짐했을까? 아니다. 그러는 건 오히려 자신의 옛 걱정들을 생각하게 했을 것이다. 그는 자신의 패배를 깨끗이 인정하고 마음에서 지워버린 뒤 미래를 위한 계획을 수립하는

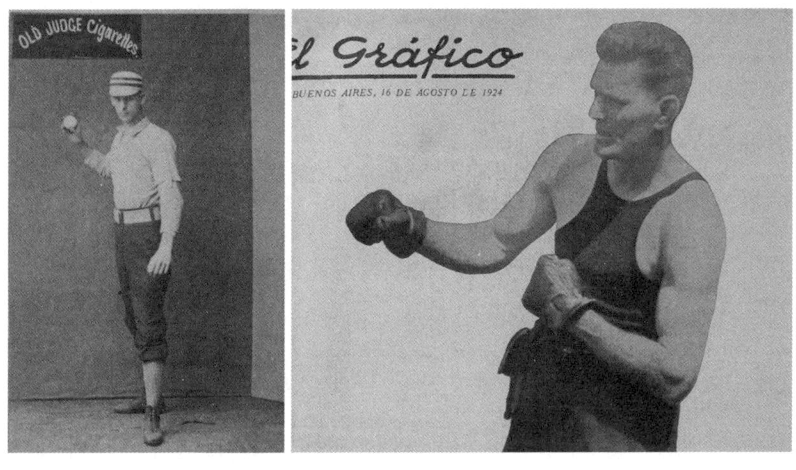

1887년 미국의 야구 선수 코니 맥의 사진으로 제작된 야구 카드(왼쪽), 20세기 미국의 프로 권투 선수 진 터니(오른쪽)

데 집중했다. 그는 브로드웨이와 57번가에 있는 그레이트 노던 호텔에 잭 뎀프시 레스토랑을 열었다. 프로 권투 경기를 개최하고 권투 전시회를 열었다. 그는 자신을 무척 바쁘게 만들어서 과거에 관한 걱정을 하는 시간도, 마음도 생기지 않게 만들었다. 잭 뎀프시는 이렇게 말했다. "최근 십 년이 챔피언으로 있던 때보다 더 좋았다네."

뎀프시 씨는 책을 많이 읽지 못했다고 말했다. 하지만 그는 자신도 모르는 사이에 아래와 같은 셰익스피어의 충고를 따르고 있었다.

현명한 사람은 손해를 보면 자리에 앉아 한탄만 하지 않고 그 결과를 바로잡기 위해 즐겁게 노력한다.
Wise men ne'er sit and wail their loss, but cheerily seek how to redress their harms.

윌리엄 셰익스피어(William Shakespeare)

영국의 극작가, 시인이다. 〈햄릿〉 등 뛰어난 고전을 남겨 역사상 가장 영향력 있는 극작가로 손꼽힌다.

역사와 전기를 읽거나 곤경에 처한 사람들을 지켜보면서, 나는 자신들의 걱정이나 비극적 상황을 깨끗이 잊어버리고 무척 행복한 삶을 살아가는 능력을 갖춘 사람들을 보고는 늘 깜짝 놀라고 힘을 얻는다.

언젠가 싱싱 교도소를 찾아갔을 때 나를 가장 놀라게 한 것은 거기 있던 죄수들이 밖에 있는 보통 사람과 마찬가지로 행복해 보인다는 점이었다. 나는 당시 교도소 소장이던 루이스 E. 로스에게 이런 견해를 밝혔다. 그랬더니 그는 처음 교도소에 올 때 범죄자들은 대개 억울해하며 세상을 원망하는 게 일반적이라고 이야기해 주었다. 하지만 서너 달이 지나면 생각이 있는 대다수 죄수는 자신의 비참함을 묻어버리고 수형 생활을 조용히 받아들이기로 마음을 먹고는 가능하면 편안히 지내려고 한다고 했다. 로스 소장은 '싱싱 교도소 수형자 가운데 전직 정원사가 한 사람 있었는데, 그는 교도소 담장 안에서 채소와 꽃을 키우며 노래를 불렀다.'라는 이야기를 해주었다.

싱싱 교도소 안에서 꽃을 키우며 노래하던 그 죄수는 우리 대다수보다 훨씬 더 분별력이 있는 사람이었다. 그는 알고 있었다.

움직이는 손이 글을 쓰고,
다 쓰고 나서는 다시 움직여가니,
너의 신심과 너의 지혜를 다해도
그 손을 다시 불러 반 줄도 지우게 하지 못하며,
네가 흘리는 그 모든 눈물로도
그 가운데 한 자도 지우지 못하리라.

이러한데, 쓸데없이 눈물을 흘릴 이유가 어디에 있겠는가?

우리는 당연히 실수도 저지르고 어리석은 짓도 저지른다. 그러니 어떻다는 말인가? 그러지 않는 사람이 어디 있는가? 나폴레옹조차 그가 싸운 중요한 전투에서 세 번 가운데 한 번은 패배했다. 우리의 승률이 나폴레옹보다도 더 나을지도 모른다. 누가 알겠는가?

어찌 되었건, '왕이 거느린 모든 병마와 군사'로도 과거의 어느 한순간조차 되돌리지 못한다. 그러니 다음의 방법을 꼭 기억하자.

걱정하는 습관을 없애는 방법 6

- **톱으로 톱밥을 다시 켜려 하지 말라.**
  Don't try to saw sawdust.

PART 3

걱정이 여러분을 쓰러뜨리기 전에 걱정하는 습관을 없애는 방법

1 바쁘게 움직여라. 그러면 마음속에서 걱정을 몰아낼 수 있다. '생각의 병'을 고치는 가장 좋은 방법은 활동을 많이 하는 것이다.

2 사소한 일에 과잉 반응하지 말라. 손톱만 한 가치도 없는 하찮은 일로 자신의 행복을 망치지 말라.

3 평균의 법칙을 사용해서 쓸데없는 걱정을 물리쳐라. 자신에게 이렇게 물어보라. '평균의 법칙으로 보았을 때 내가 걱정하고 있는 일이 실제로 일어날 가능성은 얼마나 되는가?'

4 피할 수 없는 것과 협력하라. 여러분이 변화시키거나 개선할 수 없는 상황이라는 판단이 서면 자신에게 이렇게 이야기하라. '이게 현실이다. 달라지지 않는다.'

5 걱정에 '손절매' 주문을 내라. 한 가지 일에 어느 정도 걱정을 해야 하는지 결정하고, 그 이상 걱정하지 말라.

6 과거가 죽은 자를 묻게 하라. 톱으로 톱밥을 다시 켜려 하지 말라.

PART 4 평화와 행복을 부르는 정신 자세를 갖추는 7가지 방법

Seven Ways To Cultivate A Mental Attitude That Will Bring You Peace And Happiness

I

인생을 바꿔놓을 한 문장

EIGHT WORDS
THAT CAN TRANSFORM YOUR LIFE

몇 해 전 어느 라디오 프로그램에 출연했다가 다음과 같은 질문에 대답해달라는 요청을 받았다. "당신이 깨달은 가장 큰 교훈은 무엇입니까?"

나는 쉽게 대답할 수 있었다. 내가 배운 그 무엇과도 비교할 수 없을 정도로 커다란 교훈은 우리 생각의 중요성이다. 여러분이 어떤 생각을 하는지 알기만 하면 여러분이 어떤 사람인지 알 수 있다. 우리의 생각이 우리를 만든다. 우리의 정신 자세가 우리의 운명을 결정짓는 엑스(X) 함수이다. 에머슨은 이렇게 말했다.

온종일 생각하는 모든 것, 그것이 바로 그 사람이다.
A man is what he thinks about all day long.

랠프 왈도 에머슨(Ralph Waldo Emerson)
미국의 학자, 시인으로, 자연·신·인간이 합일하는 범신론적인 초월주의 철학을 주도하였다.

이것밖에 달리 무엇이 될 수 있겠는가?

요즘에 와서 나는 여러분과 내가 해결해야 하는 가장 큰 문제, 사실 어찌 보면 우리가 해결해야 하는 유일한 문제는 어떻게 올바른 생각을 선택하느냐 하는 것이라고 믿어 의심치 않는다. 그렇게 할 수만 있다면 우리는 우리의 문제 해결에 이르는 탄탄대로를 달리게 될 것이다. 로마 제국을 통치하던 위대한 철학자 마르쿠스 아우렐리우스는 이것을 한 문장으로 간결하게 정리했다. 여러분의 운명을 결정지을 수도 있는 그 한 문장은 다음과 같다.

우리의 인생은 우리가 생각하는 대로 만들어진다.
Our life is what our thoughts make it.

마르쿠스 아우렐리우스 안토니누스(Marcus Aurelius Antoninus)
로마 제국의 황제이자 스토아학파 철학자이다. 오현제로 알려진 통치자 중 마지막 인물이다.

그렇다. 행복한 생각을 하면 우리는 행복해진다. 비참한 생각을 하면 우리는 비참해진다. 두려운 생각을 가지면 우리는 두려워진다. 병을 근심하는 생각을 하면 우리는 병에 걸릴지도 모른다. 실패한다고 생각하면 우리는 틀림없이 실패한다. 우리가 자기 연민에 빠져 있으면 모든 사람이 우리를 외면하고 피하려 할 것이다. 노먼 빈센트 필은 이렇게 말했다.

당신은 당신이 생각하는 당신이 아니다. 당신의 생각, 그게 당신이다.
You are not what you think you are; but what you think, you are.

노먼 빈센트 필(Norman Vincent Peale)
미국의 개신교 성직자, 작가로, 긍정적인 생각의 개념을 대중화하였다.

내가 지금 우리의 모든 문제에 대해 만사를 낙천적으로만 바라보던 폴리앤나와 같은 태도를 보여야 한다고 말하고 있는 것 같은가? 그렇지 않다. 불행히도 인생은 그 정도로 단순하지 않다. 다만 나는 부정적인 태도 대신에 긍정적인 태도를 보여야 한다고 주장하고 있을 뿐이다. 달리 말하자면, 우리는 우리의 문제에 관해 관심을 가져야지 걱정을 해서는 안 된다. 관심과 걱정의 차이는 무엇일까? 예를 들어보겠다. 교통 복잡한

미국 작가 엘리너 포터가 매우 낙관적인 소녀 폴리앤나를 주인공으로 쓴 아동 소설 『폴리앤나』의 표지(왼쪽), 1920년대 영화 <폴리앤나>의 광고(오른쪽)

뉴욕 거리를 건널 때마다 나는 내 행동에 관심을 가지지만 걱정을 하지는 않는다. 관심이란 문제가 어떤 것인지 이해하고, 조용히 그 문제에 대처하기 위한 조처를 하는 것이다. 걱정이란 미친 듯 쓸데없이 제자리를 빙글빙글 맴도는 것이다.

관심을 두는 사람은 심각한 문제가 있더라도 가슴에 카네이션을 꽂고 고개를 들고 걸어갈 수 있다. 나는 로웰 토마스가 꼭 그렇게 하는 것을 보았다. 전에 나는 영광스럽게도 로웰 토마스가 제1차 세계 대전에서 활약하던 앨런비와 로렌스에 관한 유명한 영화를 상영하는 일에 참여한 적이 있다. 그와 그의 동료들은 수많은 전투 현장에서 전쟁의 모습을 사진으로 담았다. 그들이 가지고 있는 기록 중에서도 T. E. 로렌스와 그가 이끄는 아라비아 군대의 화려한 모습을 찍은 사진들과 앨런비가 팔레스타인을 탈환하는 모습을 담은 영화는 무척 멋있었다. 그는 '팔레스타인의 앨런비와 아라비아의 로렌스'라는 제목의 강연을 열어 풍부한 사진과 영화를 보여주었는데, 그의 강연은 런던뿐 아니라 전 세계에 커다란 반향을 불러일으켰다. 그가 코벤트 가든 로열 오페라 하우스에서 자신이 겪은 놀라운 경험을 들려주고 사진을 보여주는 일을 계속할 수 있도록 런던의 오페라 시즌이 6주씩이나 미뤄지기도 했다. 런던에서 놀라운 성공을 거둔 후 그는 수많은 나라를 돌며 성공적인 강연을 했다. 그런 후 그는 인도와 아프가니스탄에서 사람들이 사는 모습을 영화로 만들기 위해 2년을 보냈다. 하지만 믿을 수 없을 정도로 불운이 계속되더니, 마침내는 있을 수 없는 일이 일어나고 말았다. 그가 런던에서 파산하고 말았다. 바로 그때 나는 그와 함께 있었다.

나는 우리가 라이언스 코너 하우스 식당에서 싸구려 음식을 먹어야 했던 일을 기억한다. 만일 토마스 씨가 스코틀랜드 출신의 유명한 예술가 제임스 맥베이에게 돈을 꾸지 못했더라면 거기서 식사하는 것도 어려웠을 것이다. 내가 이야기하려는 요지는 이것이다. 즉, 엄청난 빚을 지고 이루 말할 수 없을 정도로 실망을 했지만, 로웰 토마스는 생각했지 걱정하지는 않았다. 만일 역경이 그를 쓰러뜨린다면 그는 채권자를 포함해 모든 사람에게 가치 없는 사람이 되리라는 것을 알고 있었다. 그래서 매일 아침 집을 나서기 전에 꽃을 사서 단추 구멍에 꽂은 다음 고개를 들고 활기찬 걸음걸이로 옥스퍼드 거리를 활보했다. 그는 긍정적이고 용감한 생각을 가지고서 패배가 자신을 쓰러뜨리지 못하도록 했다. 그에게 역경이란 게임의 일부이며, 정상에 오르고 싶은 사람이면 누구나 겪어야 할 유용한 훈련일 뿐이었다.

심지어 우리의 정신 자세는 육체적인 힘에 대해서도 거의 믿기지 않을 정도의 영향력을 가지고 있다. 영국의 유명한 정신병학자 J. A. 해드필드는 『힘의 심리학』이라는 소책자를 펴냈는데, 54페이지에 불과하면서도 아주 뛰어난 이 소책자에는 앞의 사실에 대한 놀라운 사례가 들어 있다. 그는 이렇게 적고 있다. "나는 3명의 남성에게 정신적 암시가 근력에 미치는 영향력을 실험해볼 수 있게 해달라고 요청했다." 해드필드는 실험에 참여한 사람들에게 악력계를 최대한 힘껏 쥐라고 말했다. 그는 그들에게 세 가지의 다른 조건에서 실험에 임하도록 했다.

정상적으로 깨어 있는 상황에서 실험했을 때 그들의 평균 악력은 45kg이었다. 이런 그들에게 '당신들은 아주 약하다.'라는 최면을 건 뒤 실험을 했더니, 악력은 13kg에 불과해서 정상적인 근력의 삼 분의 일에도 미치지 못했다. (실험에 참여한 사람 가운데는 격투기 우승자도 있었다. 그에게 '당

신은 약하다.'라는 최면을 걸었더니, 그는 자신의 팔이 '아기 팔처럼 조그맣게' 여겨진다고 이야기했다)

해드필드가 이 사람들에게 당신은 아주 힘이 세다는 최면을 걸고 3번째 실험을 하자, 그들의 평균 악력은 64kg에 달했다. 그들의 정신이 힘에 관한 긍정적인 생각으로 채워지자 그들의 육체적인 힘은 실제로 5배에 가깝게 증가했다. 우리의 정신 자세는 이렇게 믿기지 않을 정도의 힘을 갖고 있다.

생각이 가진 놀라운 힘을 보여주기 위해 미국 역사상 가장 놀라운 이야기 가운데 하나를 들려드리겠다. 이에 대해서는 책을 한 권 써야 할 정도이지만, 여기서는 짧게 이야기하겠다. 남북전쟁이 끝나고 얼마 지나지 않은 10월의 어느 추운 밤, 집도 없고, 가진 돈도 없어서 세상을 정처 없이 떠도는 방랑자라고밖에 할 수 없는 한 여인이 매사추세츠주, 에임즈베리에 살고 있던 퇴역 해군 장성의 부인인 '마더' 웹스터의 집 문을 두드렸다.

문을 연 '마더' 웹스터는 '뼈와 가죽만 남았을 정도로 삐쩍 말라 45kg이 채 나갈까 말까 한 겁에 질린' 작은 누군가가 서 있는 것을 보았다. 글로버 부인이라고 밝힌 그 낯선 여인은 밤낮없이 자신을 괴롭히는 문제의 해결책을 마련하기 위해 머물 곳을 찾고 있다고 말했다.

웹스터 부인은 이렇게 대답했다. "여기 머물지 그래요? 이렇게 커다란 집에 나 혼자 있거든요."

만일 '마더' 웹스터의 사위인 빌 엘리스가 휴가차 뉴욕에서 찾아오지 않았더라면 글로버 부인은 그 집에서 영원토록 머무를 수도 있었을 것이다. 빌은 글로버 부인이 있는 것을 보고 이렇게 소리 질렀다. "이 집에 부랑자를 들일 수는 없습니다." 그러고는 이 갈 곳 없는 여인을 문밖으로 쫓아냈다. 비바람이 몰아치고 있었다. 여인은 빗속에서 몇 분간 떨며 서 있더니 쉴 곳을 찾아 길을 떠나갔다.

이 이야기의 놀라운 부분은 지금부터이다. 빌 엘리스가 집에서 쫓아낸 그 '부랑자'는 지금까지 존재했던 그 어떤 여성보다도 인류의 사고에 더 큰 영향력을 끼칠 운명을 지니고 있었다. 지금 그녀는 수백만 명의 추종자들에게 메리 베이커 에디라는 이름으로 알려져 있다. 크리스천 사이언스의 창시자가 바로 그녀이다.

하지만 바로 그때까지만 하더라도 그녀의 인생에는 질병과 슬픔과 비극만이 가득 차 있었다. 그녀의 첫 번째 남편은 결혼한 지 얼마 안 되어 죽고 말았다. 그녀의 두 번째 남편은 그녀를 버리고 다른 유부녀와 도망가 버렸다. 그녀에게는 아들 하나뿐이었는데, 가난과 질병, 질투 등으로 네 살밖에 안 된 그 아들도 빼앗겨야만 했다. 그녀는 아이에 대한 소식을 전혀 듣지 못했으며 31년간이나 한 번도 아들의 얼굴을 볼 수 없었다.

몸이 안 좋았던 까닭에 에디 여사는 오랫동안 그녀의 표현을 따르면 '정신 치유의 과학'에 관심을 두고 있었다. 그러던 중 매사추세츠주 린에서 그녀의 인생에서 극적인 전환점이 되는 사건이 일어났다. 어느 추운 날 거리를 걸어가다가 그녀는 미끄러져 넘어지면서 차가운 바닥에 부딪혀 정신을 잃고 말았다. 척추를 심하게 다친 그녀는 간헐적인 경련을 일으켰다. 의사조차 그녀가 살아나지 못할 것으로 생각했다. 기적적으로 살아난다 해도 다시는 걸어 다니지 못할 거라고 단언했다.

침대에 누워 다가오는 죽음을 기다리면서 메리 베이커 에디는 성경을 펼쳤고, 그녀의 주장에 따르면, 성령의 인도로 마태복음에 나오는 다음 구절을 읽게 되었다. "침상에 누운 중풍 병자를 사람들이 데리고 오거늘 예수께서 …… 중풍 병자에게 이르시되 소자야 안심하라. 네 죄 사함을 받았느니라. …… 일어나 네 침상을 가지고 집으로 가라 하시니 그가 일어나 집으로 돌아가더라(마태복음 9장 2절~7절)."

그녀의 말에 따르면 예수의 이 말씀으로 그녀 안에 엄청난 힘과 믿음, 커다란 파도와도 같은 엄청난 치유력이 생기더니 그녀는 '즉시 자리에서 일어나 걸었다'.

에디 여사는 이렇게 단언했다. "그 경험은 뉴턴의 사과처럼 내가 스스로 평안해지고, 남들도 평안하게 만드는 방법을 깨닫게 해주었다. …… 나는 모든 원인은 마음이며, 모든 결과는 정신적 현상이라는 과학적 확신을 갖게 되었다."

이렇게 해서 메리 베이커 에디는 지구 곳곳으로 퍼져나간 새로운 종교이며, 여성에 의해 창설된 종교 가운데 가장 위대한 종교인 크리스천

메리 베이커 에디(왼쪽), 크리스천 사이언스 성당(오른쪽)

사이언스의 창설자이자 교주가 되었다.

독자 여러분은 지금쯤 속으로 이렇게 생각하고 있을 것이다. '카네기 이 사람, 크리스천 사이언스 전파에 나섰구먼.' 아니다. 여러분은 틀렸다. 나는 크리스천 사이언스 신도가 아니다. 다만 세월이 흐를수록 생각이 가진 엄청난 힘에 대해 더 깊은 확신을 하게 되었을 뿐이다. 성인들을 가르치면서 35년을 보낸 결과, 나는 사람들이 생각을 바꿈으로써 걱정이나 두려움, 온갖 종류의 질병을 몰아낼 수 있을 뿐 아니라, 자신들의 인생을 변화시킬 수 있음을 알게 되었다. 나는 안다! 정말로 나는 안다!! 정말로, 정말로, 정말로 나는 안다!!! 나는 정말 믿기 어려운 변화가 일어나는 것을 수백 번이나 봤다. 너무나 자주 보아서 이제는 그런 변화가 일어나도 조금도 놀라지 않는다.

예를 들면 내 강좌를 수강하던 한 사람에게 생각의 힘을 잘 보여주는 놀라운 변화가 일어났다. 그는 신경쇠약에 걸려 있었다. 걸린 이유? 걱정이었다. 그 수강생은 내게 이렇게 털어놓았다.

나는 모든 일을 걱정했습니다. 내가 너무 말라서 걱정이었고, 머리카락이 빠지고 있다는 생각이 들어서 걱정이었고, 결혼에 필요한 돈을 마련하지 못할 것 같아서 걱정이었고, 결코 좋은 아빠가 되지 못할 것 같아서 걱정이었고, 결혼하고 싶은 여자를 놓치고 있는 것 같아서 걱정이었고, 제대로 살고 있지 않은 것 같아서 걱정이었습니다. 그리고 다른 사람에게 어떤 인상을 주고 있을까 걱정했습니다. 또 내게 위궤양이 생긴 건 아닐까 하고도 걱정했습니다.

더는 일을 할 수가 없어서 직장에 사표를 냈습니다. 내 안에 긴장이 쌓이고 쌓여서 마치 내가 안전밸브가 없는 보일러가 된 듯했습니다. 압력이 견딜 수 없을 정도로 높아져서 어딘가는 터져야 했는데, 결국 터지더군요. 만일 신경쇠약에 걸려본 적이 없다면, 하느님께 제발 걸리지 않게 해달라고 비십시오. 그 어떤 육체적인 통증도 번민하는 정신이 겪는 참을 수 없는 고통보다 심하지는 않으니까요.

신경쇠약이 너무 심해서 심지어는 가족에게 말을 하기도 힘들었습니다. 내 생각은 전혀 통제되지 않았습니다. 나는 두려움으로 가득 차 있었습니다. 바늘 떨어지는 소리만 나도 흠칫 놀라곤 했습니다. 나는 모든 사람을 피했습니다. 아무 이유도 없이 울음을 터뜨리고는 했습니다.

하루하루가 고통에 찬 날들이었습니다. 모든 사람이, 심지어는 하느님까지도 나를 버렸다고 여겨지더군요. 강물에 뛰어들어 모든 것을 끝내고 싶은 유혹에 빠지기도 했습니다.

나는 그러는 대신 혹시 새로운 풍경을 보면 나아질까 해서 플로리다로 여행을 가기로 마음먹었습니다. 기차에 오르는데 아버지가 편지를 건네주시면서 플로리다에 도착할 때까지 열어보지 말라고 하시더군요. 내가 플로리다에 간 때는 관광객이 한창 몰리는 시기였습니다. 호텔 방을 잡을 수가 없어서 차고에 있는 방 하나를 빌려서 잠을 잤습니다. 나는 마이애미에서 출발하는 화물선 선원이 되려고 했으나 그리 운이 좋지 않았습니다. 그래서 해변에서 시간을 보냈죠. 집에 있을 때보다도 플로리다에서 더 비참했습니다. 그래서 아버지가 뭐라고 썼는지 보려고 편지를 열어보았습니다. 편지에는 이렇게 쓰여 있었습니다.

"아들아, 지금 너는 집에서 1,500마일이나 떨어진 곳에 있지만 네 상태는 조금도 달라지지 않았을 것이다. 그렇지 않니? 아빠가 이렇게 생각하는 건 네가 네 모든 문제의 근원을 너와 함께 데리고 갔기 때문이다. 그리고 그건 바로 너 자신이다. 네 정신이나 네 육체에는 아무런 이상도 없다. 너를 내동댕이친 건 네 주변 상황이 아니다. 네가 그 상황을 어떻게 생각하느냐가 그런 것이다. '사람이 마음속으로 생각하는 것, 그것이 바로 그 사람이다.' 이걸 깨닫게 되면, 아들아, 집으로 돌아오너라. 너는 다 나았을 테니까 말이다."

아버지의 편지를 읽고 화가 났습니다. 나는 훈계가 아니라 동정을 바라고 있었습니다. 너무너무 화가 나서 그 자리에서 다시는 집에 돌아가지 않겠다고 다짐했습니다. 그날 밤 마이애미 뒷골목을 걸어가다가 어떤 교회 앞을 지나게 되었는데 안에서는 예배를 드리고 있었습니다. 마땅히 갈 곳도 없던 차라 교회로 들어갔는데, 목사님이 이런 구절을 가지고 설교를 하고 있었습니다. '자기의 마음을 다스릴 줄 아는 사람은 성을 빼앗는 사람보다 낫다.' 하느님 성전 안에 앉아서 아버지가 편지에 쓰신 것과 똑같은 생각을 들었습니다. …… 이런 게 합쳐져서 내 머릿속에 쌓여 있던 쓰레기를 깨끗이 쓸어버렸습니다. 난생처음 나는 명확하고 분별력 있게 생각할 수 있었습니다. 내가 얼마나 바보 같았는지 깨달았습니다. 나 자신을 있는 그대로 바라보고 깜짝 놀랐습니다. 나는 온 세상과 모든 사람을 바꾸기를 원하고 있었습니다. 유일하게 바꿔야 하는 건 카메라 렌즈의 초점, 바로 나 자기 생각일 뿐인 데도 말입니다.

다음 날 아침 짐을 싸서 집을 향해 출발했습니다. 일주일 후 나는 다시 직장에서 일하고 있었습니다. 그리고 4개월이 지난 후 내가 잃을지도 모른다고 두려워하던 아가씨와 결혼했습니다. 우리는 다섯 아이를 둔 행복한 가정을 이루었습니다. 하느님께서는 물질적으로, 정신적으로 나를 축복해주셨습니다. 신경쇠약에 걸렸을 때 나는 작은 백화점의 야간 파트 조장으로, 내 밑에는 열여덟 명의 사람이 있었습니다. 지금은 종이상자 제조회사의 공장장으로 사백오십 명이나 되는 직원들을 감독하고 있습니다. 삶은 더 충만하고 더 호의적입니다. 이제는 삶의 진정한 가치를 잘 알고 있다고 생각합니다. 누구에게나 그럴 때가 있겠지만 불안감이 스며

들려고 할 때면 나는 나 자신에게 카메라 초점을 다시 맞추라고 말합니다. 그러면 모든 게 정상으로 돌아옵니다.

내가 신경쇠약에 걸렸던 게 다행이라고 정말 솔직하게 말할 수 있습니다. 그 쓰라린 경험을 통해 생각이 우리의 정신과 육체에 어떤 영향력을 미치는지 알게 되었기 때문입니다. 지금은 내 생각이 나를 해치는 게 아니라 나를 위해 일하도록 만들 수 있습니다. 또한 '외부의 상황이 아니라 그 상황에 대한 내 생각이 내게 온갖 고통을 안겨주고 있다.'라고 말씀해주신 아버지가 옳았다는 것을 분명히 압니다. 그리고 그 사실을 깨닫자마자 나는 치유되었고, 다시는 그 고통에 빠지지 않았습니다.

그 수강생의 경험은 그러했다. **나는 우리 마음의 평화와 삶에서 느끼는 즐거움이 우리가 어디에 있으며, 우리가 무엇을 하고, 우리가 누구인가에 달려 있지 않고 오로지 우리의 정신 자세에 달려 있다고 굳게 믿는다. 외부 조건은 거의 아무런 상관도 없다.**

예를 들어 하퍼스 페리에 있던 미국 병기고를 약탈하고 노예들에게 반란을 사주한 죄로 교수형에 처한 존 브라운의 경우를 보자. 그는 자신의 관 위에 앉은 채 교수대로 실려 갔다. 그의 옆에 앉아서 가던 간수는 긴장하고 걱정하는 기색이 역력했다. 하지만 존 브라운은 조용하고 침착했다. 그는 버지니아의 블루리지산맥을 바라보며 이렇게 감탄했다. "이 얼마나 아름다운 나라인가! 전에는 이 나라를 진정으로 볼 만한 기회가 없었구나."

아니면 남극에 도착한 최초의 영국인인 로버트 팰콘 스코트와 그의 동료들의 경우를 보자. 그들의 귀환 여정은 아마 인류 역사상 가장 잔인했던 여정이었을 것이다. 식량도 떨어졌고, 연료도 떨어졌다. 열하루

동안 밤낮으로 지면을 강타하는 눈보라로 인해 그들은 더는 전진할 수 없었다. 바람은 어찌나 강하고 날카로운지 남극의 얼음 표면에 골을 만들 정도였다. 스코트와 동료들은 자신들이 죽어가고 있다는 것을 알고 있었다. 그리고 그들은 이런 위기에 대비해 상당량의 아편을 소지하고 있었다. 일정량 이상을 피우기만 하면, 그들 모두는 드러누워 행복한 꿈속으로 빠져들어서는 다시는 깨어나지 않을 것이었다. 하지만 그들은 아편을 사용하지 않았다. 그러고는 '기운을 북돋우는 노래를 힘차게 부르며' 죽어갔다. 이런 사실은 8개월이 지난 후 수색대가 그들의 꽁꽁 언 시체를 발견했을 때 함께 발견한 작별의 편지로 알려졌다. 그렇다. 우리가 용기와 침착함이라는 창조적인 생각을 품는다면 우리를 담을 관 위에 앉아 교수대로 가면서도 풍경을 즐길 수 있다. 굶주림과 추위로 죽어가면서도 '기운을 북돋우는 힘찬 노랫소리'로 우리의 텐트를 채울 수 있다.

3백 년 전 밀턴은 눈이 멀고 나서 이와 똑같은 진리를 깨달았다.

정신은 그 자체가 세계이니,
그 안에서 천국을 지옥으로 만들기도 하고,
지옥을 천국으로 만들기도 한다.

나폴레옹과 헬렌 켈러는 밀턴의 진술을 입증하는 완벽한 사례이다. 나폴레옹은 영광, 명예, 부 등 인간이 대개 갈망하는 모든 것을 가졌다. 하지만 그는 세인트헬레나에서 이렇게 말했다. "내 평생 행복했던 날은 단 6일도 되지 않는다." 반면에 앞도 보이지 않고, 귀도 들리지 않으며, 말도 못 한 헬렌 켈러는 이렇게 말했다. "삶이 너무 아름답다는 걸 알게

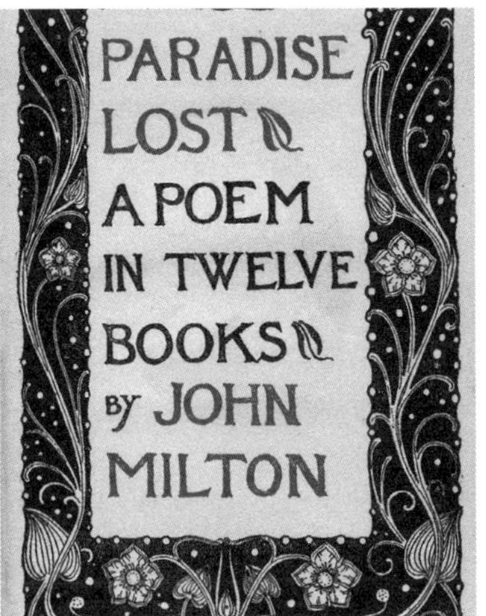

존 밴더구트가 그린 영국의 시인 · 청교도 사상가 존 밀턴(왼쪽), 존 밀턴이 지은 서사시 『실낙원』(오른쪽)

되었습니다."

내가 반백 년 살아온 인생이 조금이라도 가르쳐준 게 있다면 바로 이것이다. '자신에게 평화를 가져올 수 있는 것은 자기 자신뿐이다.'

내가 지금 전하려고 애쓰고 있는 말은 에머슨이 '자립'이라는 글을 맺으며 잘 정리한 것을 반복하는 것에 불과하다. "정치적인 승리나 임대료의 인상, 건강을 회복하는 일, 떠났던 친구가 다시 돌아오는 일 혹은 그밖의 여러 가지 외부 사건이 여러분을 신이 나게 하고 앞으로는 좋은 일만 생기리라고 기대하게 만든다. 그런 것을 믿지 말라. 결코 그런 식으로 되는 게 아니다. 자신의 평화를 가져올 수 있는 것은 자기 자신뿐이다."

위대한 금욕주의 철학자 에픽테토스는 '신체의 종기와 종양'을 제거하기보다 마음에서 잘못된 생각을 몰아내는 데 더 관심을 가져야 한다고 경고했다.

에픽테토스가 이 말을 한 것은 1,900년 전이지만 그의 말은 현대 의학에 의해서도 뒷받침되고 있다. G. 캔비 로빈슨 박사가 말한 바에 의하면 존스 홉킨스 병원에 입원한 환자들 5명 가운데 4명은 어느 정도는 감정적인 긴장감과 압박감에 의해 발생하는 증세로 인해 고통받고 있다고 한다. 기질성(器質性) 교란과 같은 증세도 같은 이유로 발생하는 경우가 적지 않다. 그는 이렇게 말했다. "이런 증세들은 결국 인생과 인생의 문제들에 대한 부적응에 기원하고 있습니다."

프랑스의 위대한 철학자 몽테뉴는 다음과 같은 말을 인생의 신조로 삼았다.

인간은 일어나는 일이 아니라 일어나는 일에 대한 자신의 의견에 따라서 더 큰 상처를 입는다.
A man is not hurt so much by what happens, as by his opinion of what happens.

미셸 드 몽테뉴(Michel Eyquem de Montaigne)
프랑스의 철학자, 사상가, 수필가이다. 대표작으로 『수상록』이 있다.

그리고 일어나는 일에 대한 우리의 의견은 전적으로 우리에게 달려 있다.

내 말의 의미가 무엇인가? 여러분 앞에서, 즉 문제에 치여 쓰러지고 신경이란 신경은 다 바짝 곤두서 있는 데다가 가시처럼 날카로워져 있는 여러분 앞에서, 그런 상황이라 하더라도 의지를 갖추고 노력하기만 하면 여러분의 정신 자세를 바꿀 수 있다고 하는 엄청난 주장을 하는 것일까? 바로 그렇다! 내 말은 정확히 그런 의미이다. 하지만 그게 전부가 아니다. 나는 여러분에게 어떻게 그렇게 할 수 있는지를 보여주겠다. 그렇게 하는 것은 약간의 노력이 필요할 뿐 복잡한 비밀이 숨어 있지는 않다.

실용 심리학에서 최고 권위자로 인정받는 윌리엄 제임스는 언젠가 이런 발언을 했다. "행동이 감정을 따라오는 것 같지만, 실제로 행동과 감정은 동시에 일어난다. 그러므로 더 직접적으로 의지의 통제를 받는 행동을 조절하면 의지의 통제에서 먼 감정을 간접적으로 조절할 수 있다."

달리 말하자면 윌리엄 제임스는 '제정신을 차리는 것'만으로 즉시 우리의 감정을 변화시킬 수는 없지만 우리의 행동을 바꿀 수 있고, 우리의 행동을 바꿈으로써 자동으로 우리의 느낌을 변화시킬 수 있다고 말하고 있다. 그는 이렇게 설명한다. "그러므로 유쾌함이 사라졌을 때 유쾌해지기 위한 최고의 자발적인 방법은 유쾌한 마음을 갖고 이미 유쾌한 것처럼 행동하고 이야기하는 것이다."

이렇게 간단한 방법이 실제로 효과가 있을까? 여러분이 직접 체험해 보기를 바란다. 얼굴에 커다랗고 시원한, 진심에서 우러나오는 미소를 지어보라. 어깨를 뒤로 젖혀라. 숨을 한껏 깊이 들이마셔라. 그리고 노래라도 한 소절 흥얼거려라. 노래를 못하면 휘파람이라도 불어라. 휘파람이 안 되면 콧노래도 좋다. 여러분은 곧 윌리엄 제임스가 한 말의 의미가 무엇인지 깨닫게 될 것이다. 여러분이 정말 행복할 때 나오는 현상들을 몸으로 보이는 동안은 우울하거나 풀이 죽어 있는 것이 물리적으로 불가능하다는 것을 깨닫게 될 것이다.

이것은 우리의 일상생활에서 쉽게 기적을 만들어내는 자연의 작은 기본적 진리 가운데 하나이다. 나는 캘리포니아에 사는 어떤 여성분을 알고 있다. (이름은 거론치 않겠다) 그녀도 이 비밀을 알기만 하면 24시간 안에 그녀가 안고 있는 모든 비참함을 깨끗이 씻을 수 있을 것이다. 그녀는 나이 든 과부다. 슬픈 일임을 인정한다. 하지만 그녀는 행복하게 살려고 노력할까? 아니다. 여러분이 만일 그녀에게 지금 느낌이 어떠냐고 묻는다면, 그녀는 이렇게 대답할 것이다. "좋아요." 하지만 그녀의 표정과 가련한 목소리는 이렇게 말하고 있다. "묻지 마세요. 당신은 제가 어떤 고생을 했는지 결코 모르실 거예요." 그녀는 그녀 앞에서 어떻게 그렇게 행복한 표정을 지을 수 있냐고 질책하는 것처럼 보인다.

그녀보다 불행한 여인은 수도 없이 많다. 그녀의 남편은 그녀가 여생을 편히 살 수 있도록 꽤 많은 보험금을 남겼다. 그녀는 결혼한 자녀들과 함께 살고 있다. 하지만 나는 그녀의 미소를 본 적이 거의 없다. 그녀는 한 번에 몇 달씩 자녀들 집에서 손님으로 머무르면서도 항상 자신의 사위 셋은 모두 인색하고 이기적이라고 불평한다. '노후에 대비해서' 자신의 돈을 꼭꼭 숨겨놓고 있으면서도 딸들이 자신에게 선물을 주지 않는다고 불평한다. 그녀는 자기 자신에게뿐만 아니라 그녀의 불쌍한 가족에게도 고통의 근원이 되고 있다! 그런데 그래야 할 이유가 있을까? 안타까운 점은 바로 여기에 있다. 변하려는 의지만 있다면 그녀는 언제든지 불쌍하고 세상을 원망하는 불행한 여인이 아니라 품위 있고 사랑받는 가족 구성원이 될 수 있다. 그리고 이런 변화를 이루기 위해 그녀가 해야 하는 일은 유쾌하게 행동하는 것뿐이다. 자신의 불행하고 고통스러운 자아에만 사랑을 다 쏟아붓는 대신에 다른 사람에게도 사랑을 나누어줄 수 있는 것처럼 행동하는 것뿐이다.

나는 인디애나주 텔시 11번가 1335번지에 사는 H. J. 잉글러트라는 사람을 알고 있는데, 그는 이 비밀을 발견한 덕에 10년 전 성홍열에 걸렸지만 지금까지 살아 있다. 그리고 거기서 회복되자 이번에는 자신이 신장

관련 질병인 신염에 걸렸음을 알게 되었다. 그가 내게 말한 바에 따르면 그는 '돌팔이들'을 포함해 온갖 의사들을 찾아다녔다고 한다. 하지만 아무도 그를 고치지 못했다.

그러던 중 바로 얼마 전에 그에게 다른 합병증이 찾아왔다. 혈압이 높이 오른 것이다. 병원에 갔더니 의사는 수축기 혈압이 최고 214에 달한다고 말하면서 지금 상황은 치명적인 상황이고, 병세가 진행성이어서 주변 정리를 하는 게 좋겠다고 권했다. 그는 이렇게 말했다.

나는 보험료를 다 내었는지 확인하고 신에게 내 잘못에 대한 용서를 구한 후 우울한 생각에 잠겼습니다. 나는 모든 사람을 불행하게 만들었습니다. 아내와 가족들의 얼굴에서 웃음이 사라졌고, 나는 깊은 우울 속으로 빠져들어 갔습니다. 그렇게 일주일을 자기 연민에 빠져서 허우적거리다 보니 이런 생각이 들었습니다. '너 참 바보처럼 굴고 있구나! 앞으로도 일 년은 더 살 텐데, 왜 그 시간만이라도 즐겁게 보내지 못하는 거지?'

나는 가슴을 펴고 얼굴에 미소를 지었습니다. 그리고 아무 일도 없는 듯 행동하기로 했습니다. 처음에는 그러기 위해 애를 써야 했다는 걸 인정합니다. 하지만 나는 억지로라도 나 자신을 즐겁고 유쾌하게 만들었습니다. 이것은 내 가족에게 도움이 되었을 뿐만 아니라 나 자신에게도 도움이 되었습니다.

다른 무엇보다도 기분이 좋아진다는 게 느껴졌습니다. 마치 내가 거짓으로 기분이 좋은 척하는 꼭 그 정도로 기분이 좋아졌습니다. 모든 게 점점 좋아져 갔습니다. 그리고 지금, 내가 무덤에 들어가 있어야 하는 날을 몇 달이나 넘긴 오늘도 나는 행복하고 건강하게 살고 있을 뿐 아니라 혈압도 내려갔습니다! 나는 이거 하나만은 분명히 압니다. 만일 내가 '죽는다는'

패배감에 젖은 생각을 계속하고 있었다면 분명 의사의 예언대로 되었을 것입니다. 하지만 나는 내 육체에 스스로 치유할 기회를 주었습니다. 이 세상 그 무엇도 아닌, 정신 자세를 변화시키는 것만으로 말입니다!

한 가지 질문을 하겠다. 단지 유쾌하게 행동하고 건강과 용기라는 긍정적인 생각을 하는 것만으로도 이 사람은 목숨을 건질 수 있었다. 그렇다면 여러분이나 내가 1분이라도 사소한 우울과 근심으로 힘들어해야 할 이유가 무엇인가? 우리는 유쾌하게 행동하는 것만으로도 행복해질 수 있는데, 왜 우리 자신과 주변 사람들을 불행하고 우울하게 만들어야 하는가?

오래전 나는 내 삶에 깊고도 지워지지 않는 영향을 끼친 책 한 권을 읽었다. 제임스 레인 앨런이 지은 『인간은 생각한다』라는 책에 이런 구절이 있었다.

우리가 주변 사물과 사람들에 관한 생각을 바꾸면 우리를 둘러싼 주변 사물과 사람들이 변한다는 사실을 알 수 있다. …… 생각을 근본적으로 바꾸기만 하면 그로 인해 주변의 현실적인 상황들이 너무나 놀라울 정도로 빠르게 변화한다. 사람들은 자신들이 원하는 것을 끌어당기지 않는다. 오로지 자기 자신을 끌어당긴다. …… 우리의 목적에 형상을 부여하는 신성은 우리 안에 있다. 그것은 바로 우리 자신이다. …… 인간이 성취하는 모든 것은 자기 생각의 직접적인 결과이다. …… 자기 생각을 고양한 자만이 일어나서 정복하고 성취한다. 자기 생각을 고양하기를 거부하는 사람은 약하고 무시 받는 불쌍한 사람이 될 뿐이다.

창세기에는 하느님이 인간에게 온 땅을 지배하도록 만들었다고 기록되어 있다. 정말 엄청난 선물이다. 하지만 나는 이런 초특급 특권에는 별 흥미가 없다. 나는 나 자신을 지배하고 싶을 뿐이다. 내 생각을 지배하고, 내 두려움을 지배하며, 내 정신과 영혼을 지배할 수 있기를 바랄 뿐이다. 그리고 놀랍게도 내 행동을 통제하는 것만으로 내가 원하는 언제든지 이런 지배력을 상당히 확보할 수 있다는 것을 알고 있다. 행동을 통제하는 것이 다시 내 반응을 통제하기 때문이다.

그러니 우리는 윌리엄 제임스가 한 다음과 같은 말을 기억하도록 하자.

> 우리가 악이라고 부르는 것 가운데는 당사자가 기운을 내고 정신을 차리게 만들어주는 선으로 바뀔 수 있는 것들이 종종 있다. 다만 그렇게 바꾸려면 당사자가 마음가짐을 두려움에서 투지로 바꾸어야 한다.

우리의 행복을 위해서 투쟁하자! 생각이 즐겁고 건설적인 방향으로 유도하는 하루 단위의 프로그램을 시행함으로써 우리의 행복을 위해서 투쟁하자. 프로그램명은 '오늘 하루만은'이며 그 내용은 다음과 같다. 이 프로그램은 커다란 깨우침을 준다고 여겨졌기에 나는 수백 명의 지인에게 이 프로그램을 나누어주었다. 이것은 시빌 F. 파트리지가 36년 전에 쓴 글이다. 여러분과 내가 이 프로그램을 시행한다면 우리는 걱정 대부분을 없앨 수 있을 것이다. 그리고 프랑스인들이 말하는 'la joie de vivre', 즉 '삶의 기쁨'을 풍족하게 누릴 수 있을 것이다.

오늘 하루만은

1. 오늘 하루만은 나는 행복한 마음을 갖겠다. 이 말은 에이브러햄 링컨이 말한 대로 "대다수 사람은 자신이 행복하여지고자 하는 만큼 행복하다."라는 것을 인정함을 의미한다. 행복은 안에서 나온다. 외부 환경의 문제가 아니다.
2. 오늘 하루만은 현실의 모든 것을 내 기대에 맞추려고 하지 않고, 나 자신을 현실에 맞추려고 노력하겠다. 내 가족과 내 사업, 내 운을 있는 그대로 받아들이고 나를 거기에 맞추겠다.
3. 오늘 하루만은 내 몸을 돌보겠다. 몸을 함부로 굴리거나 내버려 두지 않고 운동을 시키고 세심히 살피며, 영양을 보충해서 내가 시키는 대로 움직이는 완벽한 기계가 되도록 만들겠다.
4. 오늘 하루만은 내 정신을 강화하겠다. 뭐든지 유익한 것을 배우겠다. 정신적인 게으름뱅이가 되지 않겠다. 노력하고 생각하고 집중해야 읽을 수 있는 글을 읽겠다.
5. 오늘 하루만은 내 영혼에 세 가지 훈련을 시키겠다. 다른 사람 몰래 친절을 베풀겠다. 훈련을 위해 윌리엄 제임스가 제안한 대로 원치 않는 일을 적어도 두 가지 하겠다.
6. 오늘 하루만은 유쾌한 사람이 되겠다. 얼굴에 화색을 띠고, 최대한 멋지게 차려입고, 조용조용 이야기하며, 정중하게 행동하고, 많이 칭찬하겠다. 절대로 남을 비판하거나, 다른 사람의 잘못을 꼬집거나, 그 사람을 바로잡으려 하거나 개선하려고 하지 않겠다.

7. 오늘 하루만은 인생의 모든 문제를 한꺼번에 풀려고 덤비지 않고, 오늘 하루를 충실하게 보내려고 노력하겠다. 평생 하라면 도저히 못 할 것 같은 일도 열두 시간 동안이라면 할 수 있다.
8. 오늘 하루만은 프로그램을 짜서 움직이겠다. 매시간 내가 해야 할 일을 적어놓겠다. 정확히 계획대로 못할지도 모르지만, 그래도 계획을 세우겠다. 그러면 서두름과 주저함이라는 두 가지 골칫거리가 사라진다.
9. 오늘 하루만은 30분 정도 혼자만 조용히 쉬는 시간을 가지겠다. 그 30분 동안 내 인생에 대한 통찰력을 높이기 위해 신에 대해 생각하겠다.
10. 오늘 하루만은 두려워하지 않겠다. 특히 행복을 느끼는데, 아름다운 것을 즐기는데, 사랑하는데, 내가 사랑하는 사람들이 나를 사랑한다고 믿는 데 두려움을 가지지 않겠다.

우리에게 평화와 행복을 불러오는 정신 자세를 갖추고 싶다면, 다음의 방법을 꼭 기억하라.

평화와 행복을 부르는 정신 자세를 갖추는 7가지 방법 1

- **유쾌하게 생각하고 행동하라. 그러면 유쾌해진다.**
  Think and act cheerfully, and you will feel cheerful.

II

앙갚음은 비용이 많이 든다

THE HIGH COST OF GETTING EVEN

오래전 어느 날 밤 옐로스톤 국립공원을 여행할 때의 일이다. 나는 다른 관광객들과 함께 소나무와 전나무가 빽빽하게 서 있는 숲을 마주하고 설치되어 있는 관람석에 앉아 있었다. 우리는 숲의 공포인 회색곰을 보기 위해 기다리고 있었다. 얼마 기다리지 않았는데 회색곰이 환한 조명 속으로 걸어 나왔다. 그러고는 공원 내 호텔 주방에서 갖다 놓은 음식 찌꺼기를 먹어 치우기 시작했다. 관광객들은 흥분을 감추지 못했고, 삼림경비대원인 마틴데일 대령은 말 잔등에 앉은 채 곰에 관해 설명했다. 그는 우리에게 회색곰은 버팔로나 코디액 불곰 정도를 제외하고는 서구 세계에 존재하는 어떤 동물들도 이길 수 있다고 말했다. 하지만 그날 밤 나는 회색곰이 숲속에서 나와서 환한 조명을 받으며 자기와 함께 음식을 먹도록 허락한 동물이 하나, 단 하나 있다는 것을 발견했다. 바로 스컹크였다. 자신의 강한 발로 한 대 치기만 하면 스컹크 정도는 단숨에 죽일 수 있다는 것을 회색곰은 알고 있었다. 그런데 왜 그러지 않았던 것일까? 왜냐하면 회색곰은 그러는 게 득이 아니라는 것을 경험해 알고 있었기 때문이다.

나도 그런 사실을 알고 있었다. 꼬마 시절 농장에서 자란 나는 일렬로 죽 늘어선 미주리의 관목들 사이에 덫을 놓아 다리 넷 달린 스컹크를 잡았다. 그리고 어른이 되었을 때 나는 뉴욕의 골목길에서 다리 둘 달린 스컹크를 만나곤 했다. 나는 쓰라린 경험을 통해 어느 쪽이건 자극해서 좋을 게 없다는 것을 깨달았다.

적을 증오할 때 우리는 적에게 우리를 지배하는 힘을 부여한다. 우리의 잠, 식욕, 혈압, 건강, 행복을 지배하는 힘을 부여한다. 그들이 우리를 얼마나 걱정하게 하고 괴롭히며, 우리에게 앙갚음하게 만드는지 알기만 한다면 우리의 적들은 기뻐 춤추리라! 우리의 증오는 그들을 조금도 해치지 못한다. 우리의 증오는 오히려 우리의 낮과 밤을 지옥 같은 수렁으로 만들고 있다.

다음과 같은 말을 한 사람이 누구인가 생각해 보라. "이기적인 사람들이 당신을 이용해 득을 보려고 하더라도, 무시해버리고 똑같이 갚아주려고 노력하지 말라. 똑같이 갚아주려고 하는 순간, 당신은 다른 사람이 아니라 자기 자신을 더 해치게 되기 때문이다." 이 말은 눈을 반짝거리는 이상주의자의 입에서나 나옴 직한 말로 들릴지도 모르겠다. 하지만 그렇지 않다. 이 말은 밀워키 경찰청에서 발행한 회보에 나오는 말이다.

앙갚음하려고 애쓰면 여러분에게 어떤 해가 미칠까? 여러 가지 측면이 있다. 잡지 〈라이프〉에 의하면 그럴 경우 건강을 잃을 수도 있다고 한다.

〈라이프〉에는 이런 글이 실려 있다. "고혈압에 걸린 사람들의 가장 큰 성격적 특징은 분노이다. 분노가 만성화되면 만성적인 고혈압과 심장 질환이 뒤따라 발생한다."

그러므로 예수가 "원수를 사랑하라."라고 말했을 때, 그는 단지 건전한 윤리를 설파하고 있던 것만은 아니었다. 그는 동시에 20세기의 의학을 설파하고 있었다. "일곱 번씩 일흔 번까지라도 용서하라." 하고 이야기할 때, 예수는 여러분과 내게 고혈압과 심장 질환, 위궤양, 그리고 그 밖에도 다른 많은 질병을 피할 방법을 알려주고 있었다.

내 친구 한 명이 최근 심각한 심장 발작을 일으켰다. 의사는 그 친구를 침대에 눕게 하고는 아무리 화나는 일이 생기더라도 절대 화를 내지 말라고 지시했다. 의사들은 심장이 약한 사람은 화를 벌컥 내는 것만으로도 죽을 수도 있다는 것을 알고 있다. 내가 지금 '죽을 수도 있다.'라고 말했는가? 몇 해 전 워싱턴 주, 스포캔에서 레스토랑을 경영하던 어떤 사람은 화를 낸 것으로 인해 죽고 말았다. 지금 내 앞에는 워싱턴주, 스포캔 경찰청장인 제리 스워타웃에게서 온 편지가 놓여 있는데, 거기에는 이렇게 적혀 있다. "몇 해 전 여기 스포캔에서 카페를 경영하고 있던 68세의 윌리엄 폴커버는 요리사가 커피를 마실 때마다 자신의 커피잔 받침을 사용하자 화를 벌컥 냈다가 그만 숨지고 말았습니다. 그 카페 주인은 너무나 화가 나서 권총을 집어 들고 요리사를 쫓아가려다가 그만 심장 발작을 일으켜서 권총을 손에 꼭 쥔 채 숨을 거두고 말았습니다. 검시관의 보고서에는 화로 인해 심장 발작이 일어났다고 되어 있었습니다."

예수가 "원수를 사랑하라."라고 했을 때, 그는 어떻게 하면 더 좋은 외모를 가질 수 있는지도 말했다. 내가 아는 여성 가운데에는 증오심으로 인해 얼굴에 주름이 가득하고 표정도 굳어 있으며 화가 나서 우거지상을 하는 사람이 있다. 여러분이 아는 여성 가운데에도 그런 사람이 있을 것이다. 이 세상 어떤 피부 관리 기술도 용서와 친절, 사랑하는 마음이 주는 효과의 절반에도 미치지 못할 것이다.

증오는 심지어 음식을 맛있게 먹는 능력까지도 떨어뜨린다. 성경 〈잠언〉 15장 17절을 보면 이렇게 적혀 있다. "채소를 먹으며 서로 사랑하는 것이 살진 소를 먹으며 서로 미워하는 것보다 나으니라."

우리의 증오는 우리의 기력을 쇠진시키고, 우리를 지치고 신경질적이 되게 하며, 우리의 외모를 망치고, 우리에게 심장 질환을 일으키고, 아마도 우리의 수명을 단축하고 있을 것이다. 만일 우리의 적이 이런 사실을 안다면 그들은 손을 싹싹 비벼가며 즐거워하지 않을까?

우리의 원수까지 사랑하지는 못한다고 하더라도 적어도 우리 자신은 사랑하자. 우리 자신을 사랑함으로써 우리의 원수가 우리의 행복, 우리의 건강, 우리의 외모를 지배하지 못하도록 하자. 셰익스피어는 이렇게 표현했다.

적의를 너무 불태우지 말라.
네가 먼저 그을릴 테니.

예수가 우리에게 원수를 '일곱 번씩 일흔 번까지라도' 용서하라고 했을 때, 그는 또한 사업상의 교훈을 설파하고 있었다. 이 글을 쓰는 지금 내 앞에 놓여 있는 편지를 예로 들어보겠다. 스웨덴 웁살라 프라데가탄 24번지에 사는 조지 로나가 보낸 편지이다. 오랫동안 조지 로나는 빈에서 변호사로 일했다. 하지만 제2차 세계 대전이 일어나자 스웨덴으로 피신했다. 가진 돈이 하나도 없었기에 그에게는 일자리가 절실히 필요했다. 여러 외국어에 능통했던 그는 수출입과 관련된 사업을 하는 회사의 해외 연락 담당 자리를 구하고 있었다. 하지만 대부분의 회사는 전쟁으로 인해 그런 일자리가 없지만, 혹시 필요하면 연락하겠다는 식의 답변을 보내왔다. 하지만 한 사람은 조지 로나에게 이런 편지를 보내왔다. "당신은 제 사업에 대해 잘못 알고 있습니다. 잘 알지도 못할뿐더러 어리석기도 하군요. 나는 그런 연락 담당이 필요 없습니다. 필요하다고 해도 당신을 채용하지는 않겠습니다. 당신은 우리나라 말도 제대로 못 하니까요. 당신이 쓴 편지에는 맞춤법에 어긋난 곳이 엄청나게 많군요."

그 편지를 읽고 조지 로나는 도널드 덕이 화를 내듯 분통을 터뜨렸다. '나보고 스웨덴 말도 제대로 쓰지 못한다니, 이 사람 도대체 무슨 소리 하는 거야? 이 스웨덴 친구가 쓴 편지야말로 틀린 것 천지잖아!' 이렇게 생각한 조지 로나는 편지 보낸 사람이 화나지 않을 수 없게 만들 답장을 썼다. 그러다가 어느 순간 멈추고는 이런 생각을 했다. '잠깐만. 이 사람이 맞지 않다는 걸 어떻게 알지? 내가 스웨덴어를 공부하긴 했지만 내 모국어가 아니니까 나도 모르는 실수를 했을지도 모르지. 혹시라도 그렇고, 행여 어디 취직하고 싶으면 더 열심히 공부해야 하는 게 맞지. 이 사람은 본인이 의도하지 않았을지 모르지만 내게 도움을 준 것일지도 몰라. 이 사람 표현이 마음에 안 들긴 하지만, 단지 그 이유로 내가 그에게 빚을 졌다는 게 달라지진 않지. 그렇다면 이 사람에게 고맙다는 편지를 써야 하겠군.'

이래서 조지 로나는 자신이 이미 쓴 신랄한 편지를 찢어버리고 새로이 다음처럼 편지를 썼다.

연락 담당이 필요하지 않으신데도 제게 편지를 보내주시는 수고를 해 주셔서 감사합니다. 귀 회사에 대해 잘못 알고 있었던 점에 대해서는 양해를 구합니다. 제가 편지를 보낸 이유는 조사 결과 귀사의 사업 영역에서 귀사가 선도적인 회사라고 알려졌기 때문입니다. 제 편지에 문법적인 오류가 있었는지는 미처 알지 못했습니다. 부끄럽게 생각하고 있으며, 심심한 사과를 드립니다. 앞으로 스웨덴어 학습에 더욱 열심히 정진해서 잘못을 바로잡도록 하겠습니다. 자기 향상의 길에 매진할 수 있도록 도와주신 점에 대해 감사드립니다.

며칠 후 조지 로나는 그 사람에게서 자신을 만나러 와달라는 편지를 받았다. 그리고 그 만남에서 일자리를 얻었다. 조지 로나는 자신의 경험을 통해 "부드러운 대답이 분노를 가라앉힌다."라는 사실을 깨달았다.

성인(聖人)이 아닌 이상 우리의 원수를 사랑하는 것은 어려울지도 모른다. 하지만 우리 자신의 건강과 행복을 위한다면, 적어도 그들을 용서하고 잊어버리도록 하자. 그러는 게 현명하다. 공자는 이렇게 말했다.

악행을 당하거나 도둑질을 당하더라도 마음에 담아 두고 계속 생각하지만 않는다면 아무 일도 아니다.

공자(孔子)

고대 중국 춘추 시대의 정치가, 사상가, 교육자로, 유교의 시조이다.

언젠가 나는 아이젠하워 장군의 아들인 존 아이젠하워에게 부친이 마음에 분노를 담아두는 것을 본 적이 있느냐고 물어보았다. 그는 이렇게 대답했다. "없습니다. 아버지는 마음에 들지 않는 사람을 생각하면서 시간을 낭비하는 일이 결코 없었습니다."

오래된 격언에 다음과 같은 말이 있다. "미련한 사람은 화를 내지 못하지만 현명한 사람은 화를 내지 않는다."

뉴욕 시장을 역임한 윌리엄 J. 게이머의 정책이 바로 이러했다. 황색 신문에 의해 심한 비판을 받은 후 그는 어떤 미치광이가 쏜 총에 맞아 거의 죽을 뻔했다. 병원 침상에 누워 죽느냐 사느냐를 다투는 가운데서도 그는 이렇게 말했다. "매일 밤, 나는 모든 일과 모든 사람을 용서합니다." 너무 이상주의적인가? 너무 즐거운 시각인가? 만일 그렇게 여겨진다면 『염세주의 연구』라는 책을 쓴 독일의 위대한 철학자 쇼펜하우어의 이야기를 들어보자. 그는 삶은 무의미하고 고통스러운 모험이라고 생각했다. 그가 가는 곳마다 우울함이 뚝뚝 떨어져 내렸다. 하지만 이렇게 절망의 심연에 있던 쇼펜하우어조차 이렇게 외쳤다.

가능하다면 누구에게도 조금의 악의도 품어서는 안 된다.
If possible, no animosity should be felt for anyone.

버나드 바루크는 윌슨과 하딩, 쿨리지, 후버, 루스벨트, 트루먼 등 여섯 명의 대통령에게 신뢰받던 조언자였다. 나는 언젠가 그에게 정적의 공격으로 당황한 적이 있었느냐고 물어보았다. 그러자 그는 다음처럼 대답했다.

저를 모욕하거나 저를 당황하게 만들 수 있는 사람은 없습니다. 제가 그렇게 하도록 놔두지를 않으니까요.

버나드 맨스 바루크(Bernard Mannes Baruch)
미국의 자산가, 투자가, 정치인이다. 제1차 세계 대전 동안 전쟁 산업 위원회의 의장을 지냈다.

우리가 허용하지 않는 한 여러분이나 나를 모욕하거나 당황하게 만들 수 있는 사람 또한 없다.

막대기와 돌멩이로 내 뼈를 부러뜨릴 수는 있어도
말로는 결코 내게 상처를 주지 못하리라.

오랜 세월 동안 인류는 예수가 했던 것처럼 원수에게 원한을 품지 않는 사람들에게 촛불을 바쳐 기려왔다. 나는 종종 캐나다에 있는 재스퍼 국립공원에 가 서양에서 가장 아름다운 산으로 손꼽히는 에디스 카벨 산을 바라보고는 한다. 이 산의 이름은 1915년 10월 12일, 독일군 총살 집행대 앞에서 성인처럼 죽음을 맞은 영국인 간호사 에디스 카벨을 기념하여 지어졌다. 그녀의 죄명은 무엇이었을까? 그녀는 벨기에에 있던 자신의 집에 프랑스와 영국의 부상병들을 숨기고는 상처를 치료하고 양식을 제공했으며, 그들이 네덜란드로 도망칠 수 있게 도와주었다. 영국인 신부가 10월에 있던 사형 집행일 아침에 임종 미사를 위해 브뤼셀에 있는 군대 감옥으로 그녀를 찾아갔더니 에디스 카벨은 다음과 같은 말을 남겼다. "나는 애국심만으로는 충분치 않다는 것을 알고 있습니다.

에디스 카벨(왼쪽), 에디스 카벨산(오른쪽)

나는 결코 그 누구도 증오하거나 원망하지 않으려 합니다." 그녀가 한 이 말은 청동을 곁들인 화강암 석판에 새겨져 있다. 그로부터 4년 뒤 그녀의 시신은 영국으로 옮겨져서 기념식을 거쳐 웨스트민스터 사원에 묻혔다. 예전에 나는 런던에 1년가량 머물 기회가 있었다. 그때 종종 국립 초상화 전시실 맞은편에 있는 에디스 카벨의 동상 앞에 서서 화강암에 새겨져 있는 그녀의 말을 읽고는 했다. "나는 애국심만으로는 충분치 않다는 것을 알고 있습니다. 나는 결코 그 누구도 증오하거나 원망하지 않으려 합니다."

우리의 적을 용서하고 잊어버리기 위한 확실한 방법 가운데 하나는 우리 자신과는 비교도 할 수 없을 만큼 커다란 대의(大義)에 몰입하는 것이다. 그러면 우리의 대의 외에 모든 것을 가볍게 여길 수 있게 됨으로써 우리가 받은 모욕이나 그로 인한 원한을 가볍게 여길 수 있다. 그런 예로 지난 1918년 미시시피주의 소나무 숲에서 일어난, 뻔하지만 너무나 극적인 사건 하나를 들어보자. 그건 다름 아니라 폭력에 얽힌 사연이다!

교사이자 목사로 일하던 흑인 로렌스 존스가 막 폭력을 당할 상황에 놓여 있었다. 오래전에 나는 로렌스 존스가 세운 파이니 우즈 컨트리 스쿨을 방문해서 학생들 앞에서 연설한 적이 있다. 그 학교가 지금은 전국적으로 유명해졌지만 내가 말하려는 사건은 그보다 훨씬 전의 일이다. 그 사건은 제1차 세계 대전이 한창이라 사람들이 무척 감정적이던 시기에 일어났다. 중부 미시시피 지방에 독일군이 흑인들을 선동해서 폭동을 일으키려 한다는 소문이 돌았다. 지금 폭력의 위기에 몰려 있는 로렌스 존스는 이미 말했듯이 흑인이었으며, 자기 동족을 선동해 반란을 일으키려 한다는 의심을 받고 있었다. 한 떼의 백인들이 몰려와서 교회 밖에 서서 로렌스 존스가 회중에게 외치는 소리를 들었다. "인생이란 전투이므로 모든 흑인은 무장하여 생존하고 성공하기 위한 투쟁을 해야 합니다."

'투쟁!' '무장!' 이걸로 충분했다. 이 흥분한 백인 젊은이들은 말을 타고 밤길을 돌며 사람들을 불러 모아서는 교회로 다시 돌아와 목사를 밧줄로 꽁꽁 묶고는 1마일이나 떨어진 곳까지 질질 끌고 갔다. 그러고는 장작더미 위에 세우고는 성냥불을 켜고는 교수형과 동시에 화형에 처하려 했다. 바로 그때 누군가 소리쳤다. "불에 타 죽기 전에 저 검둥이에게 한마디 하게 해라. 연설! 연설!" 로렌스 존스는 장작더미 위에 서서 목에 밧줄을 건 채 자신의 인생과 자신의 대의에 관해 이야기했다.

그는 1907년 아이오와 대학을 졸업했다. 듬직한 성격에 학업에도 뛰어나고 음악적 재능도 있던 그는 학생과 교수들 양쪽에게 인기가 있었다. 졸업하면서 자신을 크게 키워주겠다는 호텔 경영자의 제안도 거절하고, 자기 돈을 들여 음악교육을 시켜주겠다는 부호의 제안도 거절했다. 왜 그런지 궁금한가? 불타는 사명감이 있었기 때문이었다. 부커 T. 워싱턴의 전기를 읽고서 그는 자신의 인생을 가난에 찌들고 글 읽는 법을 배우지도 못한 자신의 동족을 교육하는데 헌신하기로 마음먹었다. 그래서 그는 남부에서도 가장 뒤처진 지역으로 갔다. 그곳은 미시시피주 잭슨에서 남쪽으로 25마일 떨어진 곳이었다. 자신의 시계를 전당포에 맡기고 받은 1.65달러를 가지고 숲속 공터에서 그루터기를 책상 삼아 학교를 열었다. 로렌스 존스는 자신을 죽이기 위해 기다리고 있는 성난 사람들에게 못 배운 남녀 아이들을 가르치고, 그 아이들이 훌륭한 농부, 기술자, 요리사, 가정부가 될 수 있도록 만들기 위해 얼마나 많은 고초를 겪었는지 이야기했다. 그는 파이니 우즈 컨트리 스쿨을 세우는 데 도움을 준 백인들에 대해서도 이야기했다. 그들은 그가 교육 사업을 계속할 수 있도록 돕기 위해 땅을 주고, 장작을 주고, 돼지와 소 그리고 돈을 대주었다.

사람들이 로렌스 존스에게 자신을 질질 끌고 와서 목을 매달고 불에 태워 죽이려고 하는 사람들을 증오하지 않느냐고 묻자, 그는 자신의 대의를 이루기 위해 너무 바쁘고 자신보다 훨씬 큰 어떤 것에 몰두하고 있어서 증오할 여유가 없다고 대답했다. "나는 말다툼할 시간도 없고, 후회할 시간도 없습니다. 그리고 아무도 그 사람들을 미워할 만큼 나를 비천하게 만들지 못합니다."

로렌스 존스가 진지하면서도 감동적일 정도로 유창하게 그 자신이 아니라 자신의 대의에 대해서 연설을 하자 군중들의 마음이 누그러졌다. 마침내 사람들 틈에 있던 남부 퇴역 군인 한 사람이 입을 열었다. "이 친구는 진실을 말하는 것 같구먼. 이 친구가 언급한 그 백인들에 대해서는 나도 좀 알지. 이 친구는 좋은 일을 하고 있어. 우리가 실수했네. 이 친구 목을 매달 게 아니라 이 친구를 도와야 할 것 같네." 그 퇴역 군인은 모자를 벗어 사람들 사이를 돌렸고, 파이니 우즈 컨트리 스쿨의 설립자인 그를 목매달기 위해 모인 바로 그 사람들은 52.5달러라는 기금을 모아서 그에게 기증했다. 그가 한 말이 바로 이 말이었다. "나는 말다툼할 시간도 없고, 후회할 시간도 없습니다. 그리고 아무도 그 사람들을 미워할 만큼 나를 비천하게 만들지 못합니다."

19세기 전 에픽테토스는 "뿌린 대로 거둔다."라는 말, 즉 "운명은 거의 언제나 우리가 한 나쁜 짓에 대해 대가를 치르게 만든다."라는 말을 했다. 에픽테토스는 또 이렇게 말했다. "길게 보았을 때 모든 사람은 자신이 저지른 잘못에 대한 대가를 내게 되어 있다. 이 점을 기억하는 사람은 누구에게도 화내지 않을 것이고, 분개하지도 않을 것이며, 헐뜯지도 않을 것이고, 탓하지도 않을 것이며, 기분 나쁘게 만들지도 않을 것이고 증오하지도 않을 것이다."

미국 역사상 링컨처럼 다른 사람에게서 욕을 먹고, 비난을 받고, 배신을 당한 사람도 없을 것이다. 하지만 링컨 자서전의 고전이라고 할 만한 헌든의 자서전을 보면 링컨은 다음과 같은 인물이었다.

자신의 호불호(好不好)를 가지고 그 사람들을 평가하는 법이 없었다. 정해진 역할을 하는 일에 있어서는 그의 적이라 하더라도 다른 어떤 사람이나 마찬가지로 잘 수행할 수 있다는 것을 링컨은 이해하고 있었다. 자신을 헐뜯거나 냉대했던 사람이라 하더라도 어떤 자리에 가장 적합한 사람이라면 링컨은 자신의 친구에게 줄 때만큼이나 선뜻 그 자리를 그에게 주었다. …… 내가 알기로 그는 자신의 적이라는 이유로 혹은 자신을 싫어한다는 이유로 누군가를 물러나게 한 적은 한 번도 없다.

링컨은 자신이 고위직에 임명한 사람들, 예를 들면 매클렐런, 시워드, 스탠턴, 체이스 같은 사람들로부터 비난을 당하고 모욕을 받았다. 하지만 링컨의 법률적 동반자였던 헌든에 따르면 링컨은 "어떤 일을 했다고 칭송을 받거나, 어떤 일을 했다 또는 하지 않았다는 이유로 비난을 받아야 하는 사람은 하나도 없다."라고 믿었다. 왜냐하면 '모든 사람은 조건, 상황, 환경, 교육, 몸에 밴 습관, 유전이 만들어낸 아이들이며, 이런 것들이 사람의 현재와 미래를 결정하기 때문'이다.

링컨이 옳았던 것 같다. 여러분과 내가 우리의 적이 물려받은 것과 똑같은 육체적, 정신적, 감정적 특질을 물려받았다면, 그리고 우리의 인생이 그들과 똑같은 영향을 주었다면, 우리는 우리의 적들과 똑같이 행동할 것이다. 다르게 행동할 수 있는 여지는 없다. 수(Sioux)족 인디언들처럼 관대한 마음을 가지고 다음과 같이 기도하자. "오, 위대한 영혼이여, 제가 보름 동안 다른 사람의 입장이 되어 보기 전에는 그 사람을 판단하거나 비판하지 않도록 지켜주소서." 그러니 우리의 적을 증오하는 대신 그들을 불쌍히 여기고 우리의 모습이 그렇게 되지 않은 것에 대해 신께 감사드리자. 적들에게 저주와 복수를 퍼붓는 대신 그들을 이해하고, 공감하고, 도움을 주고, 용서하고, 그들을 위해 기도하자.

나는 저녁마다 성경에 나오는 사건에 대한 글을 읽거나 성경 일부분을 따라 읽고 나서 무릎을 꿇고 '가정 기도문'을 외우는 가정에서 자랐다. 내 귓가에는 아직도 쓸쓸한 미주리 농가 안에서 예수의 말씀을 들려주시던 아버지의 목소리가 들리는 듯하다. 예수가 하신 다음과 같은 말씀은 인간이 예수의 이상을 소중히 생각하는 한 영원히 반복될 것이다. "너희의 원수를 사랑하라. 너희를 저주하는 사람들을 축복하고, 너희를 미워하는 사람들에게 선행을 베풀고, 너희를 모욕하고 핍박하는 사람들을 위하여 기도하라."

내 아버지는 예수의 말씀대로 살고자 노력했다. 그리고 그럼으로써 세상의 제왕과 성주들이 그토록 갈구했으나 찾지 못하던 마음의 평화를 찾았다.

평화와 행복을 가져오는 정신 자세를 갖추고자 한다면, 다음의 방법을 꼭 기억하라.

평화와 행복을 부르는 정신 자세를 갖추는 7가지 방법 2

- **결코 원수에게 앙갚음하려고 하지 말라. 그것은 원수보다는 우리 자신을 더 해친다. 아이젠하워 장군이 했듯이 우리 마음에 들지 않는 사람들 생각으로 1분이라도 낭비하지 말자.**

  Let's never try to get even with our enemies, because if we do we will hurt ourselves far more than we hurt them. Let's do as General Eisenhower does: let's never waste a minute thinking about people we don't like.

III

감사의 표시를 받지 못해 화가 날 때

IF YOU DO THIS,
YOU WILL NEVER WORRY ABOUT INGRATITUDE

최근 텍사스에서 사업을 하는 사람을 만났는데, 화가 잔뜩 나 있었다. 그는 만난 지 15분 이내에 왜 자신이 화가 났는지에 관해 이야기를 꺼낼 것이라는 귀띔을 해주었는데, 실제로 그랬다. 그가 화를 내는 사건은 11개월 전에 일어난 일이었다. 하지만 그는 지금도 그 일로 화를 내고 있었다. 그는 그 일 말고는 다른 어떤 이야기도 할 수 없었다.

크리스마스 보너스로 종업원 34명에게 10,000달러, 그러니까 한 사람당 거의 300달러를 주었는데, 아무도 고맙다는 인사를 안 하더라는 것이었다. 그가 격하게 불평을 털어놓았다. "그 사람들에게 단돈 1센트라도 주었다는 게 너무 분합니다."

공자는 이렇게 말했다. "분노한 사람은 언제나 독으로 가득 차 있다." 이 사람은 너무나 독으로 가득 차 있어서 솔직히 불쌍히 여겨질 정도였다.

그의 나이는 대략 예순 정도였다. 오늘날 생명 보험사들은 평균적으로 우리가 지금으로부터 여든 살까지 남은 기간 가운데 3분의 2보다 조금 더 살 것이라고 계산한다. 그러므로 이 사람은 살날은 운이 좋아야 그로부터 14년에서 15년 정도 남아 있었다. 하지만 그는 이미 지나버린 일 때문에 화내고 속상해하면서 얼마 남지 않은 인생 가운데 거의 일 년을 낭비했다. 나는 그를 불쌍히 여기지 않을 수 없었다.

화를 내거나 신세 한탄을 하면서 괴로운 시간을 보내는 대신 자신이 왜 감사의 표시를 받지 못했는지 되돌아보는 편이 더 나았을 것이다. 어쩌면 그는 종업원들에게 보수는 조금 주면서 일은 과다하게 시켰는지도 모른다. 어쩌면 종업원들은 크리스마스 보너스를 선물이 아니라 자신들의 노동에 대한 정당한 대가라고 여겼는지도 모른다. 어쩌면 그가 너무 비판적이고 가까이하기 힘든 사람이라 아무도 그에게 감히 고맙다는 인사를 하지 못했는지도 모른다. 어쩌면 종업원들은 어차피 세금으로 나갈 이익이니 보너스를 주었다고 생각하고 있을지도 모른다.

하지만 이와 반대로 종업원들이 이기적이고, 천박하고, 경우 없는 사람들일지도 모른다. 이런 이유 때문일지도 모르고, 아니면 저런 이유 때문일지도 모른다. 나는 여러분과 마찬가지로 이 일의 내막을 알지 못한다. 하지만 새뮤얼 존슨 박사가 다음처럼 말했음을 나는 안다. "감사란 상당한 수양의 열매이다. 교양을 익히지 않은 사람들에게는 감사라는 열매가 맺히지 않는다."

내가 말하고자 하는 요지가 바로 이것이다. 이 사람은 인간적인 실수이긴 하지만 자신을 괴롭게 만드는 실수, 즉 감사를 기대하는 실수를 저질렀다. 그는 인간 본성을 몰랐다.

다른 사람의 목숨을 구해주면 그가 감사할 것으로 생각하는가? 그렇게 기대할 수도 있다. 형사 전문 변호사로 이름을 날리다가 나중에 판사가 된 새뮤얼 라이보비츠는 전기의자에서 죽음을 맞을 뻔한 사람 78명의 목숨을 구했다. 여러분 생각에는 그들 중 몇 사람이나 새뮤얼 라이보비츠에게 감사의 표시를 했을 것 같은가? 혹은 크리스마스카드라도 보낸 사람이 얼마나 될 것 같은가? 몇 명일 것 같은지 한번 생각해 보라. …… 맞다. 한 명도 없었다.

어느 날 오후 예수는 열 명의 나병 환자를 치료해주었다. 하지만 이들 중 몇 명이 감사의 표시를 하기 위해 예수를 찾았을까? 단 한 명이었다. 〈누가복음〉을 뒤져보라. 예수가 사도들을 돌아보며 "나머지 아홉은 어디에 있느냐?"라고 물었다. 이미 그들은 모두 도망가고 없었다. 감사하다는 말 한마디 없이 사라져버렸다. 여러분에게 한 가지 질문을 하겠다. 나나 여러분이, 아니면 이 텍사스 기업인이 조그만 선행을 했다고 해서 예수가 받은 것 이상으로 감사받을 것으로 기대할 이유가 있는가? 더군다나 돈 문제에 관해서인데! 이 경우에는 더욱 가망이 없다.

찰스 슈워브는 예전에 은행 소유의 펀드로 주식시장에서 투기한 은행원을 구해준 일에 관해 이야기해주었다. 그는 그 은행원이 감옥에 가는 것을 막기 위해서 그 돈을 대신 갚아주었다. 그 은행원이 고마워했을까? 물론이다. 잠깐 그랬다. 하지만 얼마 지나지 않아 그 사람은 슈워브에게 등을 돌리더니 그를 매도하고 비난했다. 자신을 감옥에 가지 않게 구해준 바로 그 사람을!

만일 여러분이 여러분 친척에게 100만 달러를 준다면, 그 사람이 여러분에게 고마워하리라 기대하는가? 앤드류 카네기의 경우가 딱 그랬다.

하지만 만일 앤드류 카네기가 얼마 후에 무덤에서 일어나 돌아와 보았다면, 그는 놀랍게도 그 친척이 자신을 비난하고 있음을 보게 되었을 것이다. 비난의 이유? 앤드류가 자선단체에는 3억 6,500만 달러나 기부하면서 자신에게는 그의 말대로 '기껏 100만 달러만 떼어주고' 갔기 때문이다.

이런 게 세상이다. 인간 본성은 언제나 그래 왔다. 그리고 여러분이 살아 있는 동안은 절대로 바뀌지 않을 것이다. 그러니 그대로 받아들이는 게 어떻겠는가? 로마 제국을 다스렸던 사람 중에 가장 현명하다고 하는 마르쿠스 아우렐리우스처럼 인간 본성에 대해 현실적으로 되는 게 어떻겠는가? 그는 자신의 일기 한 부분에 이렇게 썼다. "나는 오늘도 지나치게 말이 많은 사람들을 만날 것이다. 이기적이고, 자기중심적이고, 감사할 줄 모르는 사람들. 하지만 나는 조금도 놀라거나 마음 상하지 않을 것이다. 그런 사람들이 없는 세상은 상상할 수도 없기 때문이다."

현명한 생각이다. 그렇지 않은가? 만일 여러분과 내가 감사할 줄 모르는 사람들에 대해 불평을 하며 돌아다닌다면, 잘못은 어디에 있는 것일까? 인간 본성일까? 아니면 인간 본성에 대해 무지한 우리일까? 감사하기를 기대하지 말자. 이러면 누군가로부터 어쩌다가 감사의 표시를 받기라도 하면 너무나 즐거운 놀라움이 될 것이다. 감사의 표시를 받지 못하더라도, 마음 상하는 일은 없을 것이다.

바로 이 점이 내가 이번 장에서 말하고자 하는 요지이다. 감사함을 잊어버리는 것이 인간 본성이다. 그러므로 감사하기를 바라면서 살아간다면, 우리는 앞으로 너무나 많은 상심을 겪게 될 것이다.

나는 뉴욕에 사는 어떤 여성을 알고 있는데, 그녀는 언제나 자신이 외롭다고 불평을 한다. 그녀의 친척 가운데 그녀 가까이 가려는 사람이 한 명도 없다는 사실을 이해할 만도 하다. 그녀를 찾아가면 그녀는 몇 시간씩이나 자신이 조카들이 어렸을 때 그 아이들에게 얼마나 잘해주었는지에 관해 이야기한다. 그 애들이 홍역이며 볼거리며 백일해에 걸렸을 때 간호해주었고, 몇 년씩이나 집에서 재우고 먹였으며, 그 가운데 한 명이 경영대학원에 갔을 때는 보조해주기도 했고, 다른 애는 결혼할 때까지 데리고 살았다는 이야기를 늘어놓는다.

조카들이 그녀를 찾아왔을까? 물론 가끔 찾아왔다. 의무감에서였다. 하지만 그들은 방문할 때마다 맘이 불편했다. 그들은 몇 시간이나 꼼짝도 못 하고 앉아서 은근한 훈계를 듣고 있어야 한다는 걸 알고 있었다. 그들은 격하게 쏟아내는 불평과 자신의 처지를 한탄하며 내쉬는 한숨 소리를 한도 끝도 없이 듣고 있어야만 했을 것이다. 만일 야단을 치고, 호통치며, 괴롭혀도 조카들이 인사를 드리러 오지 않으면, 비장의 '마법'을 사용했다. 심장 발작을 일으켰다.

심장 발작이 실제일까? 물론 그렇다. 의사들은 그녀가 '신경 과민성 심장'을 갖고 있으며, 심계항진(心悸亢進)을 앓고 있다는 진단을 내렸다. 하지만 거기에 덧붙여서 의사들은 그녀에게 해줄 수 있는 것이 하나도 없다고 말했다. 그녀의 병은 감정에서 기인하는 것이었기 때문이다.

이 여성이 진짜로 원하는 것은 사랑과 관심이다. 하지만 그녀는 이것을 '감사'라고 부른다. 그런데 그녀는 결코 감사 혹은 사랑을 얻지 못할 것이다. 왜냐하면 그녀가 그것을 요구하기 때문이다. 그녀는 자신이 당연히 그것을 요구할 수 있다고 생각한다.

이 여성처럼 '감사할 줄 모르는 사람' 혹은 외로움, 외면 등으로 고통

받는 여성이 너무나 많다. 그들은 사랑받기를 원한다. 하지만 이 세상에서 그들이 사랑받기를 기대할 수 있는 유일한 방법은 사랑에 대해 요구하는 것을 멈추고 아무런 대가 없이 사랑을 베푸는 것이다.

이 말이 순진하고 비현실적이며 사변적인 이상주의로 들리는가? 그렇지 않다. 이것은 상식일 뿐이다. 우리가 바라는 행복을 얻기 위해 여러분과 내가 취할 수 있는 좋은 방법이다. 나는 확실히 알고 있다. 바로 내 가정에서 그런 일이 일어나는 것을 보았다.

내 부모님은 남을 돕는다는 즐거움 때문에 베풀고 살았다. 우리 가족은 가난했고, 언제나 빚에 쪼들리고 있었다. 비록 가난했지만, 부모님은 어떻게든 돈을 모아 해마다 고아원에 기부금을 보냈다. 아이오와주 카운실블러프스에 있는 크리스천 홈이 그곳이다. 어머니와 아버지는 한 번도 그곳을 찾아간 적이 없다. 아마 편지 말고는 아무도 그분들에게 고맙다는 인사를 한 적이 없을 것이다. 하지만 부모님은 풍족한 보상을 받았다. 대가로 감사의 표시를 바라거나 기대하지도 않고서 어린아이들을 돕는 즐거움을 누렸기 때문이다.

집을 떠난 후 크리스마스가 가까워져 오면 나는 언제나 부모님께 돈을 보내면서 부모님 자신을 위해 호사를 약간 누려보시는 게 어떠냐고 권한다. 하지만 부모님이 그러시는 경우는 거의 없었다. 크리스마스를 며칠 앞두고 집에 가면 아버지는 내게 동네에 '과부 가정'이 있는데 애들은 많고 음식과 연료를 살 만한 돈은 없어서 석탄과 식료품을 사주었다는 이야기를 들려주었다. 이런 선물로 부모님은 얼마나 큰 기쁨을 누렸겠는가! 그건 어떤 보답도 기대하지 않고 베푸는 기쁨이었다.

나는 아버지가 아리스토텔레스가 제시했던 이상적인 사람, 가장 행복할 만한 가치가 있는 사람에 해당한다고 믿는다. 아리스토텔레스는 이렇게 말했다.

> 이상적인 사람은 다른 사람을 돕는 데서 기쁨을 찾는다. 또한 다른 사람이 자신을 돕는 것을 부끄럽게 여긴다. 친절을 베푸는 것은 우월함의 상징이나 친절을 받는 것은 열등함의 상징이기 때문이다.

아리스토텔레스(Aristotle)

고대 그리스의 철학자로, 알렉산드로스 대왕의 스승이기도 하였다. 서양 철학의 근본을 이루는 데 이바지 하였다는 평가를 받는다.

내가 이 장에서 말하고자 하는 두 번째 요지는 이것이다. **행복을 느끼고자 한다면 고맙다는 인사를 하고 안 하는 것에 대해서는 신경 쓰지 말고 베푸는 데서 얻게 되는 내적 즐거움을 위해서 베풀라.**

지난 일만 년 동안 부모들은 한결같이 자식들이 감사할 줄 모른다면서 머리카락을 쥐어뜯어 왔다. 심지어 셰익스피어의 비극 『리어왕』의 주인공 리어왕은 이렇게 외친다. "감사할 줄 모르는 아이들을 갖는 것은 독사의 이빨보다도 더 날카롭구나!"

그런데 만일 어른들이 그렇게 하라고 시키지만 않으면 아이들이 감사해야 하는 이유가 어디에 있는가? 감사하지 않는 것은 마치 잡초처럼 자연스럽다. 감사란 마치 장미와 같다. 거름을 주고 물을 주고 가꾸고 사랑하고 보호해야 피어난다.

우리 자녀가 감사할 줄 모른다면 누구의 잘못일까? 그건 아마도 우리 자신일 것이다. 우리가 아이들을 다른 사람에게 감사하도록 교육하지

『리어왕』의 3막 4장을 표현한 판화(리어왕은 1막에서 효심 깊은 막내딸 코델리아를 내쫓고 아첨하는 장녀 고네릴과 차녀 리건에게 땅과 권력을 나누어 주지만 이후 두 딸에게 배신당해 황야를 떠돌게 됨)

않았는데 어떻게 우리에게 감사하기를 기대할 수 있겠는가?

내가 아는 사람 가운데 시카고에 사는 어떤 남자가 있다. 그는 자신의 의붓아들들에게 감사할 줄 모르는 아이들이라고 할 만한 충분한 이유가 있었다. 그는 상자공장에서 뼈 빠지게 일하고 있었다. 하지만 일주일에 40달러 이상을 받는 경우가 드물었다. 그는 한 과부와 결혼을 하였는데, 그녀는 그를 설득해서 돈을 대출받게 하고는 그 돈으로 이제 장성한 자신의 두 아들을 대학에 보냈다. 일주일에 40달러를 받으면서 그는 의식주에 들어가는 모든 돈뿐 아니라 대출받은 돈도 갚아나가야 했다. 4년 동안 아무런 불평도 하지 않고 마치 중국 출신 막노동자들인 쿨리들처럼 고되게 일을 해서 그 일을 해냈다.

그래서 고맙다는 인사를 받았을까? 아니었다. 그의 아내는 그것을 당연한 것으로 받아들였다. 아들들도 마찬가지였다. 그들은 의붓아버지에게 어떤 빚도 지고 있다고 생각하지 않았다. 심지어는 감사해야 한다는 생각조차 하지 않았다!

누구의 잘못이었을까? 아이들의 잘못이었을까? 물론 아이들에게도 잘못이 있었다. 하지만 어머니에게 더 큰 잘못이 있었다. 그녀는 이제 막 인생을 시작하는 자기 아들들에게 '채무 의식'이라는 부담을 지우는 것이 부끄러운 일이라고 생각했다. 그녀는 아이들이 '빚을 지고 시작하기를' 원치 않았다.

이런 그녀에게는 아이들에게 "너희들 대학 공부를 시켜주신 아버지는 천사 같은 분이다!" 하고 말하는 것은 꿈에도 생각지 못 할 일이었다. 그러기는커녕 그녀는 이런 태도를 보였다. "아버지가 최소한 이 정도는 해줘야 하지 않겠니?"

그녀는 자신이 아들들을 아낀다고 생각했겠지만 실제로는 아이들에게 세상이 그들을 먹여 살려야 한다는 위험한 생각을 가지고 삶의 현장으로 들어가게 만들고 있었다. 실제를 보더라도 그것은 위험한 생각이었다. 아들 가운데 한 명이 고용주에게서 자기 말로는 '돈을 빌리려고' 하다가 감옥에 가는 일이 일어났기 때문이다!

우리의 아이들은 우리가 교육하는 그대로 성장한다는 사실을 명심해야 한다. 실제 사례로 미니애폴리스주 웨스트 미네하하 파크웨이 144번지에 살고 계신 내 이모 비올라 알렉산더의 경우를 예로 들어보겠다. 이모는 '감사할 줄 모르는' 아이들이라고 불평할 이유가 전혀 없는 여성이 어떤 사람인지를 너무도 확실하게 보여준다.

내가 어렸을 때 비올라 이모는 자신의 친어머니, 그러니까 내 외할머니를 자신의 집으로 모시고 와서 애정을 쏟으며 돌보아드렸다. 그리고 시어머니도 집으로 모셔서 똑같이 해드렸다. 아직도 눈을 감으면 그 두 분이 비올라 이모가 사시던 농장 주택의 난롯가에 앉아 계시던 모습이 뚜렷이 떠오른다. 그분들이 비올라 이모의 '골칫거리'였을까? 가끔은 그랬을 것으로 생각한다.

하지만 이모의 태도에서는 전혀 그런 느낌을 찾아볼 수 없었다. 이모는 두 분을 사랑했다. 그래서 그분들이 하는 요구는 다 받아주시고, 어떤 행동을 해도 이해해주시면서 편안히 지내시도록 만들어드렸다. 더군다나 비올라 이모에게는 아이들이 여섯이나 있었다.

하지만 이모는 자신이 두 분을 집에서 모신다고 해서 특별히 고상한 일을 하고 있다고 생각지도 않으셨고 칭송받아야 한다고 생각지도 않으셨다. 이모에게 그 일은 자연스러운 일이었고, 당연히 해야 할 일이었으며, 또한 하고 싶은 일이었다.

지금 비올라 이모는 어떻게 지내실까? 이제 홀로 된 지 이십여 년이 지난 이모에게는 다섯의 장성한 아이들이 가정을 이루고 살고 있는데, 모두 이모를 자기 집에 모시고 가겠다고 성화를 부리고 있다! 이모의 자녀들은 이모를 너무나 좋아한다. 아무리 오랫동안 같이 있어도 더 있고 싶어 한다.

'감사'의 표시로? 말도 안 되는 소리! 사랑이다. 온전한 사랑이다. 이모의 자녀들은 자라는 동안 넘치는 온정과 인간적인 친절함을 호흡하고 살았다. 이제 상황이 바뀌었으니 이들이 사랑을 돌려주는 것은 조금도 놀라운 일이 아니지 않겠는가?

그러므로 감사하는 자녀들을 키우고자 한다면 우리가 먼저 감사할 줄 알아야 한다는 점을 기억하도록 하자. '애들은 귀가 밝다.'라는 점을 명심해서 말을 가려서 하도록 하자.

예를 들어 누군가의 친절을 깎아내리고 싶더라도 주위에 아이들이 있다면 일단 멈추자. "수 언니가 크리스마스 선물이라고 보낸 이 행주 좀 봐라. 언니가 직접 만든 행주잖니? 단돈 1센트도 쓰지 않으려고 한다니까!" 절대로 이런 식으로 이야기하지 말자. 우리가 보기에는 별것 아닌 이야기지만 아이들은 유심히 듣고 있다.

그러니 그보다는 이런 식으로 이야기하는 게 낫다. "수 언니가 크리스마스 선물로 이 행주를 만들려고 얼마나 많은 시간을 들였을까! 좋은 분 아니니? 지금 바로 고맙다고 편지를 써 보내자꾸나." 이러면 우리 자녀들은 자신도 모르게 감사하고 칭찬하는 습관을 익히게 된다.

감사의 표시를 받지 못해 화가 나거나 속이 상하고 싶지 않다면, 다음의 방법을 명심하라.

- 감사할 줄 모른다고 화를 내지 말고 아예 그런 기대를 하지 말라. 예수가 하루에 나병 환자 열 명을 고쳐주었으나 오직 한 명만이 감사했음을 기억하자. 우리가 예수보다 더 감사를 받아야 할 이유가 있는가?
  Instead of worrying about ingratitude, let's expect it. Let's remember that Jesus healed ten lepers in one day.and only one thanked Him. Why should we expect more gratitude than Jesus got?
- 행복을 찾는 유일한 길은 감사 받을 기대를 하는 것이 아니라 베푸는 데서 오는 즐거움 때문에 베푸는 것이다.
  Let's remember that the only way to find happiness is not to expect gratitude, but to give for the joy of giving.
- 감사는 '교육되는' 특성이라는 점을 기억하자. 그러므로 우리 자녀가 감사하는 사람이 되기를 바란다면, 그들에게 감사하는 법을 가르쳐야 한다.
  Let's remember that gratitude is a "cultivated" trait; so if we want our children to be grateful, we must train them to be grateful.

Ⅳ

10억을 준다면 지금 가진 것을 포기하겠는가?

WOULD YOU TAKE A MILLION DOLLARS FOR WHAT YOU HAVE?

내가 해럴드 애벗과 알게 된 건 오래전의 일이다. 미주리주, 웹시, 사우스매디슨 애비뉴 820번지에 사는 애벗은 예전에 내 강좌의 매니저 역할을 했었다. 하루는 캔자스시에서 그를 만났는데 그가 나를 미주리주 벨튼에 있는 내 농장까지 태워다 주었다. 차 안에서 나는 그에게 어떻게 걱정을 방지하느냐고 물어보았다. 그랬더니 그는 내가 영원히 잊지 못할 정도로 깊은 의미를 담고 있는 이야기를 들려주었다.

저는 걱정을 많이 하는 편이었습니다. 그런데 1934년 봄 어느 날이었습니다. 웹시에 있는 웨스트도허티 거리를 걷다가 제 걱정을 싹 없애주는 광경을 보았습니다. 그 일은 단 10초 사이에 일어난 일이었습니다. 하지만 그 10초 사이에 저는 인생을 사는 방법에 대해 그 이전 10년 동안 배운 것보다 더 많이 배웠습니다. 저는 웹시에서 2년째 식료품 가게를 운영하고 있었습니다. 그런데 기존에 저축한 돈을 다 날렸을 뿐 아니라 새로 대출받은 돈을 앞으로 7년 동안 갚아야 했습니다. 바로 토요일에 저는 그 가게 문을 닫았습니다. 그러고는 캔자스시에 가서 일자리를 구하기 위해 상공인 은행에 돈을 빌리러 가던 길이었습니다. 저는 누구에게 얻어맞기라도 한 것처럼 걷고 있었습니다. 자신감과 의욕을 완전히 잃은 상태였습니다. 그런데 갑자기 길 저편에 다리가 없는 사람이 보였습니다. 그는 롤러스케이트 바퀴를 단 작은 나무판 위에 앉아서 양손에 쥔 나무막대로 땅을 밀어서 앞으로 나아가고 있었습니다. 제가 그 사람을 본 건 그 사람이 거리를 건너 인도와 보도 사이에 있는 얕은 턱을 넘기 위해 몸을 들려고 애를 쓰고 있는 순간이었습니다. 그가 자신의 나무판을 기울이는 순간 그의 눈과 내 눈이 마주쳤습니다. 그 사람은 커다랗게 미소를 지으며 인사했습니다. “안녕하세요? 날씨가 정말 좋죠?” 그가 활기 넘치게 말했습니다. 가만히 서서 그를 보는데 ‘나는 정말 부자구나.’ 하는 생각이 들었습니다. 저는 두 다리를 갖고 있습니다. 저는 걸어 다닐 수 있습니다. 자기연민에 빠져 있던 제가 부끄러웠습니다. 다리가 없는 저 사람도 이렇게 행복하고 즐겁고 자신감이 넘치는데, 다리도 있는 제가 그렇지 못할 이유가 어디 있는가 하는 생각이 들었습니다. 벌써 가슴이 부풀어 오르는 게 느껴졌습니다. 원래 상공인 은행에서 100달러만 대출을 받을 생각이었습니다. 하지만 이제는 200달러를 요청할 만한 용기가 생겼습니다. 원래는 혹시 일자리가 있을까 해서 캔자스시에 가보려 한다고 이야기할 생각이었지만 이제는 당당하게 캔자스시에 가서 일자리를 구하겠다고 밝힐 수 있었습니다. 저는 대출을 받았고, 일자리를 구했습니다.

요즘 나는 화장실 거울에 다음과 같은 구절을 붙여놓고 매일 아침 면도를 할 때마다 읽고 있습니다.

나는 울적했다네, 신발이 없어서.

거리에서 발 없는 사람을 만날 때까지.

언젠가 에디 리켄베커에게 태평양 망망대해에서 동료들과 함께 구명뗏목을 타고 21일 동안 아무 희망도 없이 떠다닐 때 배운 가장 커다란 교훈이 어떤 것이냐고 물어보았다. 그러자 그는 이렇게 말했다. "그 경험에서 내가 배운 가장 커다란 교훈은 목마르면 마실 수 있는 신선한 물이 있고, 배고프면 먹을 수 있는 식량이 있다면, 그 어떤 일로도 불평을 해선 안 된다는 것입니다."

〈타임〉 지에 과달카날섬에서 다친 하사관에 관한 기사가 실린 적이 있다. 폭탄 파편에 목을 다친 그 하사관은 수혈을 일곱 번이나 받았다. 그는 종이에 글을 써서 의사에게 보여주었다. "살아날 수 있나요?" 의사는 그렇다고 대답했다. 다시 그가 종이에 글을 써서 의사에게 보여주었다. "말할 수 있나요?" 의사가 다시 그렇다고 대답했다. 그러자 그가 다시 글을 썼다. "이거 도대체 걱정할 이유가 하나도 없잖아?"

여러분도 지금 당장 걱정을 멈추고 이런 질문을 해보라. "도대체 나는 왜 걱정하는 것일까?" 아마도 여러분은 그 이유가 그다지 중요하지 않은 사소한 것임을 깨닫게 될 것이다.

우리 인생을 살펴보면 아무런 문제가 없는 부분이 대략 90%고 그렇지 않은 부분은 10% 내외에 불과하다. 행복해지고 싶다면, 아무 문제가 없는 90%에 집중을 하고 그렇지 않은 10%는 무시하기만 하면 된다. 걱정하고 속상하면서 위궤양에 걸리고 싶다면 제대로 되어 있지 않은 10%에 집중하고 찬란하게 빛나는 90%를 무시해버리기만 하면 된다.

제2차 세계 대전 시기에 태평양 솔로몬 제도의 과날카날섬에서 일본 벙커를 확인하는 미국 해병대원

크롬웰 시대의 양식대로 단순함을 강조하는 영국 교회에는 다음과 같은 구절이 새겨져 있는 곳이 많다. "생각하라. 그리고 감사하라." 이 구절은 우리 가슴속에도 새겨놓아야 한다. "생각하라. 그리고 감사하라." 우리가 감사해야 하는 모든 것에 대해 생각하라. 그리고 우리가 받은 은혜에 하느님께 감사하라.

『걸리버 여행기』를 지은 조나단 스위프트는 영국 문학사상 가장 악명 높은 염세주의자였다. 그는 자신이 이 세상에 태어났다는 게 너무나 못마땅해서 생일이면 검은색 옷을 입고 아무것도 먹지 않았다. 이렇게 언제나 절망 속에서 살았지만, 이 영국 최고의 염세주의자이자 문학가조차도 유쾌함과 행복은 건강하게 만들어주는 위대한 능력을 갖추고 있다고 찬양했다. 그는 이렇게 단언했다.

세상에서 가장 뛰어난 의사는 식이요법 선생, 고요 선생, 그리고 즐거움 선생이다.

조나단 스위프트(Jonathan Swift)

영국의 풍자작가, 성직자로, 『걸리버 여행기』를 저술하였다.

우리는 그 옛날의 알리바바가 소유했던 것보다도 믿을 수 없을 정도로 더 많은 부를 소유하고 있다. 만일 여러분과 내가 이런 부에 우리의 관심을 집중하기만 한다면 우리는 매일매일 언제라도 '즐거움 선생'의 도움을 공짜로 받을 수 있다. 여러분은 천억을 준다면 여러분의 양쪽 눈을 팔겠는가? 두 다리에 대해서는 얼마를 받겠는가? 손에 대해서는? 귀에 대해서는? 여러분의 자녀에 대해서는? 여러분의 가족에 대해서는? 여러분이 가진 자산을 다 세어본다면, 여러분은 록펠러나 포드, 모건 가문이 쌓은 그 모든 부를 다 준다 해도 여러분이 가진 것과 바꿀 수 없음을 알게 될 것이다.

조나단 스위프트가 지은 풍자소설 『걸리버 여행기』(왼쪽), 도적들이 보물을 숨긴 동굴을 발견해서 부자가 되는 알리바바의 이야기인 『알리바바와 40인의 도적』의 한 장면을 그린 삽화(오른쪽)

그런데 우리는 이런 자산을 제대로 평가하고 있을까? 전혀 그렇지 않다. 쇼펜하우어는 이렇게 말했다.

우리는 우리가 가진 것에 대해서는 거의 생각하지 않지만, 가지지 못한 것에 대해서는 언제나 생각한다.
We seldom think of what we have but always of what we lack.

그렇다. '가진 것에 대해서는 거의 생각하지 않지만 가지지 못한 것에 대해서는 언제나 생각'하는 경향이야말로 인류 최대의 비극이다. 역사상 그 어떤 전쟁이나 재난도 이것만큼 커다란 재앙을 일으키지는 못했을 것이다.

존 파머가 '붙임성 있는 친구에서 불만투성이 노인네'로 변하고 인생이 거의 파탄에 이른 것도 바로 이것 때문이었다. 내가 이 일을 아는 것은 그가 이야기해주었기 때문이다. 파머 씨는 뉴저지주 페터슨 19번가 30번지에 산다. 그는 이렇게 말했다.

퇴역하고서 얼마 지나지 않아 개인 사업을 시작했습니다. 나는 밤낮 없이 열심히 일했습니다. 일도 잘되었죠. 그러다가 문제가 생기기 시작했습니다. 부품 조달이 잘 안 되기 시작했습니다. 사업을 그만둬야 하는 게 아닌가 하는 걱정이 들었습니다. 어찌나 걱정이 심했던지 예전에는 붙임성 있는 친구로 불렸는데 이제는 불만투성이 노인네가 되고 말았습니다. 당시는 몰랐지만 지금 와서 생각해 보면 걱정과 불만이 너무 많아서 행복했던 가정을 거의 망칠 뻔한 상태였습니다. 그러던 어느 날 나와 같이 일하던 그리 나이가 많지 않은 상이용사 한 사람이 이렇게 말하더군요.

"조니, 자네는 부끄러운 줄 알아야 하네. 마치 이 세상 고민은 자네 혼자에게만 있는 것처럼 굴고 있잖아. 가령 가게 문을 당분간 닫는다고 해보자고. 그게 뭐 큰일인가? 상황이 좋아지면 다시 시작할 수 있잖은가? 자네에게는 감사해야 할 게 너무나 많아. 그런데도 자넨 언제나 불평만 하고 있어. 내가 자네 처지라면 정말로 더 부러울 게 없겠네. 나를 보게. 팔은 하나밖에 없고, 얼굴 반쪽은 날아가 버렸다네. 하지만 내가 불평 한마디 하던가? 그렇게 매사에 투덜거리고 다니면 사업에서 망할 뿐 아니라 건강도 잃고, 가정도 잃고, 친구도 다 잃고 말 거야!"

그 말을 듣고 불평하던 버릇을 즉시 고쳤습니다. 그 말로 인해 나는 내가 얼마나 편히 살고 있는지 깨달았습니다. 바로 그 자리에서 지금의 모습을 버리고 예전 모습을 되찾겠다고 결심했고, 실제로 그렇게 했습니다.

루실 블레이크라는 내 친구도 갖지 못한 것 때문에 걱정하는 대신 가진 것에 만족하는 법을 배우기 전까지 거의 비극에 가까운 상황을 맞고 있었다. 나는 오래전 컬럼비아 대학교 언론대학원에서 단편 소설 작법을 배우는 중에 그녀를 만났다. 9년 전 그녀의 인생을 뒤흔든 충격적인 일이 생겼다. 당시 그녀는 애리조나주 투손에 살고 있었다. 이제부터 그녀가 들려준 이야기를 듣기로 하자.

나는 정신없이 바쁘게 살고 있었습니다. 애리조나 대학에서 정치조직에 관해 공부하고, 시내에서 대중 연설 지도 과정을 진행하며, 내가 머물고 있던 데저트 윌로 목장에서는 음악 감상 교실을 지도했습니다. 또 밤이 늦도록 파티나 무도회, 승마 모임에 참여했습니다. 그러던 어느 날 아침 나는 갑자기 쓰러지고 말았습니다. 심장이 문제였습니다. 의사는 '꼬박 1년 동안 입원해서 철저히 휴식을 취해야 한다.'라는 처방을 내리더군요. 그러면 다시 건강해진다는 언급도 없이 말이에요.

일 년 동안 입원하라니! 환자 신세가 될 뿐 아니라 어쩌면 죽을지도 모른다니! 나는 겁에 질렸습니다. '도대체 내게 왜 이런 일이 생기는 걸까?' 내가 무슨 일을 했기에 이런 벌을 받는 걸까? 나는 울고 또 울었습니다. 너무나 분해서 아무런 소리도 귀에 들어오지 않았지요. 그래도 나는 의사가 시키는 대로 입원했습니다. 그런데 이웃에 사는 예술가 루돌프 씨가 이렇게 말하더군요.

"지금부터 1년 동안 드러누워 있는 게 비극이 될 것으로 생각하고 있군요. 그런데 그렇지 않을 거예요. 당신은 생각을 정리하고 당신 자신을 더 잘 알게 되는 시간을 가지게 될 거예요. 당신이 살아온 모든 기간보다 앞으로 몇 달 동안 당신은 더 많은 정신적 성장을 하게 될 거예요."

나는 침착성을 되찾고 새로운 가치를 찾기 위해 노력했습니다. 영감을 주는 책들도 읽었습니다. 그러던 어느 날 라디오를 통해 시사 해설가 한 사람이 이런 말을 하는 걸 들었습니다. "여러분은 여러분 자신의 의식 안에 있는 것만 표현할 수 있습니다." 전에도 이와 비슷한 말을 들은 적이 여러 번 있었지만, 이번에는 내 안 깊숙이 들어와서 뿌리를 내렸습니다. 나는 내가 평생 간직하고 싶은 생각만 하기로 했습니다. 즐거움, 행복함, 건강 이런 것에 관한 생각들이죠. 아침에 눈을 뜨면 어김없이 내가 감사해야 하는 모든 일을 돌아보았습니다. 고통 없음, 사랑스러운 어린 딸, 시력, 청력, 라디오에서 나오는 기분 좋은 음악, 독서의 여유, 좋은 음식, 좋은 친구들. 나는 너무나 유쾌했고 방문객들도 너무 많아서 의사는 내게 한 번에 한 명의 방문객만, 그것도 정해진 시간에만 받을 수 있다는 지시를 내릴 정도였습니다.

그로부터 9년이 흐른 지금 나는 충만하고 활동적인 삶을 영위하고 있습니다. 돌이켜보면 입원해서 보낸 그 1년이 무척 고맙게 느껴집니다. 그 1년은 내가 애리조나주에서 생활한 시간 가운데 가장 소중하고 행복한 시간이었습니다. 나는 그때 매일 아침 내게 주어진 축복을 헤아려보는 습관을 갖게 되었고, 그 습관을 지금까지도 유지하고 있습니다. 그건 나의 가장 소중한 보물입니다. 내가 죽을지도 모른다는 걱정을 하기까지 제대로 사는 법을 익히지 못했었다고 생각하면 부끄러움을 금치 못하겠습니다.

내 친애하는 벗, 루실 블레이크는 아마 모르고 있겠지만 그녀가 깨달은 건 200년 전에 새뮤얼 존슨 박사가 깨달은 바로 그 교훈이다. 존슨 박사는 이렇게 말했다.

모든 사건의 가장 긍정적인 면을 보는 습관이 일 년에 수만 금을 버는 것보다도 더 가치 있다.
The habit of looking on the best side of every event is worth more than a thousand pounds a year.

새뮤얼 존슨(Samuel Johnson)
영국의 문학가, 평론가이다. 〈워싱턴 포스트〉에서 1,000년 동안 최고의 업적을 남긴 저자로 선정할 만큼 영문학에 뛰어난 사람으로 알려져 있다.

이 말을 한 사람은 자타가 공인하는 낙관주의자가 아니라 불안과 가난, 배고픔을 20년 동안이나 경험하고 마침내 당대 최고로 뛰어난 저술가이자, 모든 세대를 통틀어 가장 대화에 능한 사람으로 인정받은 사람이라는 점에 유념해주기를 바란다.

로건 피어설 스미스는 아주 커다란 지혜를 몇 마디 말로 압축해서 말했다. "인생을 살면서 목표로 해야 하는 게 두 가지 있다. 하나는 원하는 것을 얻는 것이고, 그다음은 그것을 즐기는 것이다. 가장 현명한 사람들만이 즐기는 데 성공한다."

혹시 여러분은 부엌에서 하는 설거지도 짜릿한 경험으로 바꾸는 방법을 알고 싶지 않은가? 만일 알고 싶다면, 보르그힐드 달이 지은 책 가운데 엄청난 용기를 주는 영감이 넘치는 책을 읽어보라. 책 제목은 『나는 보기를 원했다』이다. 이 책은 50년 동안 사실상 시각장애인의 삶을 산 여성이 썼다. 그녀는 이렇게 적고 있다. "나는 눈이 하나밖에 없었는데, 그 눈마저 심한 상처로 뒤덮여 있어서 눈 왼쪽 구석에 있는 작은 틈으로 보이는 게 내 시야의 전부였다. 책을 보기 위해서는 얼굴 가까이 책을 대고 눈을 최대한 왼쪽으로 돌려야만 했다."

하지만 그녀는 동정받기를 거부했으며 '다르게' 여겨지는 것도 거부했다. 어렸을 때 그녀는 다른 친구들과 함께 줄을 그어놓고 뛰어다니는 놀이가 하고 싶었으나 바닥에 그은 줄이 보이지 않았다. 그래서 다른 아이들이 모두 집으로 들어간 다음 그녀는 땅바닥에 엎드려서 눈을 줄 가까이 대고 기어 다녔다. 그녀는 자신이 친구들과 함께 노는 놀이터 구석구석을 남김없이 외웠고, 얼마 안 가 그녀는 뜀박질 놀이의 고수가 되었다. 그녀가 집에서 책을 읽을 때면 커다란 활자로 되어 있는 책을 눈에 어찌나 가까이 대었던지 속눈썹이 종이를 스칠 정도였다. 그녀는 두 개의 학위를 취득했다. 미네소타 대학의 학사 학위와 컬럼비아 대학의 석사 학위이다.

그녀는 미네소타주 트윈밸리에 있는 작은 마을의 교단에 서기 시작했고, 후에 사우스다코타주 수폴스에 있는 아우구스타나 대학의 언론학 및 문학 교수가 되었다. 그녀는 그곳에서 13년 동안 재직하면서 여성 클럽을 대상으로 강연을 하거나 라디오를 통해 책과 저자에 관한 대담을 진행했다. 그녀는 이렇게 적었다. "마음 한구석에는 언제나 완전히 시력을 상실할지 모른다는 두려움이 웅크리고 있었다. 이 두려움을 극복하기 위해서 나는 삶에 대해 거의 희극적으로 보일 정도의 유쾌한 태도를 유지했다."

그러던 1943년 그녀의 나이 52세였을 때 기적이 일어났다. 그 유명한 메이오 클리닉에서 수술하게 된 것이다. 그녀는 이제 예전 그 어느 때보다도 40배나 더 잘 보게 되었다.

사랑스러움으로 가득 차 있으면서도 새롭고 신나는 세상이 그녀의 눈앞에 펼쳐졌다. 이제는 부엌에서 설거지하는 것조차 그녀에게는 짜릿한 경험이었다. 그녀는 이렇게 적었다. "나는 개수통의 폭신폭신한 비누 거품과도 놀이를 시작한다. 나는 손가락을 그 안으로 집어넣어 작은 비누 거품 하나를 떼어낸다. 그걸 빛이 비치는 쪽으로 들어 올리면 그 하나하나 안에 화려한 빛깔의 작은 무지개가 떠 있는 걸 볼 수 있다."

부엌 창문 밖을 내다보면 그녀는 '두텁게 내리는 눈 사이로 날아다니는 참새들의 검은색과 회색 날개의 퍼덕거림을' 볼 수 있었다.

그녀는 그 비누 거품과 참새들을 보면서 너무나 큰 희열을 맛보았기에 자신의 책을 이렇게 끝맺고 있다. "나는 이렇게 속삭인다. '주여, 하늘에 계신 우리 아버지여, 감사합니다. 감사합니다.'"

생각해 보라! 설거지를 할 수 있고, 거품에서 무지개를 볼 수 있고, 눈 속에서 날아다니는 참새를 볼 수 있다는 이유로 신에게 감사하는 것을!

여러분과 나는 우리 자신에 대해 부끄러운 줄 알아야 한다. 우리는 삶의 나날을 아름다운 동화의 나라에서 살아왔다. 하지만 우리는 그것을 볼 수 있는 눈이 없었고, 그것을 즐기기에는 너무 만족해 있었다.

걱정을 멈추고 인생을 활기차게 살고자 한다면, 다음 방법을 꼭 기억하라.

평화와 행복을 부르는 정신 자세를 갖추는 7가지 방법 4

- **여러분이 안고 있는 문제를 헤아리지 말고, 여러분이 받는 축복을 헤아려보라.**

  Count your blessings-not your troubles!

V

자신을 알고 자신의 모습대로 살라

FIND YOURSELF AND BE YOURSELF: REMEMBER THERE IS NO ONE ELSE ON EARTH LIKE YOU

내 앞에는 지금 노스캐롤라이나주 마운트 에어리에 사는 에디스 올레드 여사가 보낸 편지가 놓여 있다. 그녀는 편지에서 이렇게 말하고 있다.

어렸을 때 나는 무척 민감하고 부끄러움을 많이 탔지요. 항상 몸무게가 많이 나가는 편이었는데, 뺨 때문에 실제보다 더 뚱뚱해 보였어요. 엄마는 옛날 사람이라 그런지 옷을 예쁘게 만드는 것은 미련한 짓이라고 생각하시는 분이셨죠. 언제나 이렇게 말했답니다. "큰 옷은 입어도 작은 옷은 못 입는다." 그리고 그 말대로 옷을 입혔죠. 나는 파티에 가본 적도 없고 즐겁게 놀아본 적도 없었어요. 학교에 가서도 다른 아이들과 밖에서 뛰어논 적이 한 번도 없었죠. 심지어 체육 시간에도 말이에요. 나는 거의 병적으로 부끄럼을 탔어요. 나는 내가 다른 사람들과 '다르며' 전혀 환영받지 못하는 사람이라고 여겼지요.

세월이 흘러 몇 살 연상의 남자와 결혼했어요. 하지만 나는 바뀌지 않았어요. 시댁 사람들은 모두 침착하고 자기 확신에 차 있는 사람들이었어요. 내가 되고자 하는, 그러면서도 나와는 전혀 다른 그런 모습이었죠. 나는 시댁 식구들을 닮으려고 최선을 다했으나 성공하지 못했어요. 그들이 나를 밖으로 끌어내려고 노력할수록 나는 점점 더 내 안으로 들어가 버렸죠. 나는 신경이 더 날카로워졌고 쉽게 화를 냈어요. 친구들과 만나는 것도 피했죠. 심할 때는 누가 현관 초인종을 누르기만 해도 깜짝 놀랄 정도였으니까요. 나는 완전 실패작이었어요. 나는 그것을 알고 있었고, 내 남편도 그것을 알게 될까 봐 두려웠죠. 그래서 다른 사람들과 함께 있을 때면 즐거운 척을 하려고 애썼고, 과장되게 행동했어요. 내가 과장된 행동을 하고 있다는 걸 알고 있었죠. 그러고 나면 며칠 동안 내가 너무나 비참하게 느껴지곤 했어요. 마침내 나는 너무 불행해져서 더는 살아야 할 이유를 찾을 수가 없었어요. 나는 자살에 대해 생각하기 시작했어요.

무슨 일이 이 불행한 여인의 삶을 바꾸어놓았는가? 우연한 한마디 말이었다.

우연히 들은 한마디 말이 내 모든 삶을 바꾸어놓았어요. 어느 날 시어머니가 아이들을 어떻게 키웠는지 이야기하다가 이런 말씀을 했습니다. "무슨 일이 있건, 나는 아이들에게 자기 모습대로 살라고 가르쳤지." …… '자기 모습대로 산다.' …… 바로 이 말이었습니다. 정신이 번쩍 들면서 내가 나와 잘 맞지 않는 방식에 나를 맞추려고 애쓰면서 나 스스로 불행을 자초했다는 사실을 깨달았죠.

하룻밤 사이에 나는 달라졌습니다! 나는 내 모습대로 살기 시작했어요. 우선 나 자신의 성격을 좀 더 알기 위해 노력했습니다. 내가 누구인지 알아내려고 노력했어요. 내 장점을 찾아냈습니다. 색깔과 스타일에 대해 열심히 연구하고 내게 어울린다고 생각되는 방식으로 옷을 입었습니다. 적극적으로 나서서 친구를 사귀었습니다. 모임에도 참가했고요. 처음에는 작은 모임이었죠. 그런데 거기서 내게 일을 맡기는 바람에 깜짝 놀랐어요. 하지만 한 번 두 번 이야기하면서 조금씩 자신감이 생겼습니다. 오랜 시간이 걸리긴 했지만, 지금은 내가 꿈꾸지도 못하던 정도로 행복합니다. 자식들을 키우면서 나는 항상 내가 그렇게나 고통스러운 경험을 하고 나서야 얻은 교훈을 아이들에게 가르칩니다. '무슨 일이 있건, 너 자신의 모습대로 살아라!'

자신의 모습대로 살고자 하는 이런 문제는 '역사만큼이나 오래되었고 인간의 삶만큼이나 보편적인' 문제라고 제임스 고든 길키 박사가 말했다. 이처럼 자신의 모습대로 살지 않으려고 하는 문제는 수많은 노이로제와 정신병, 콤플렉스 뒤에 있는 숨은 원인이다. 어린이 교육이라는 주제에 관해 13권의 책을 내고 신문과 잡지에 수천 건의 글을 쓴 안젤로 패트리는 이렇게 말했다. "정신적·육체적으로 자신이 아닌 다른 어떤 사람이 되기를 바라는 사람보다 불행한 사람은 없다."

자기 자신이 아닌 어떤 사람이 되고자 하는 이런 욕구는 특히나 할리우드에서 두드러지게 보인다. 할리우드에서 가장 유명한 감독으로 꼽히는 샘 우드는 의욕에 넘치는 젊은 연기자들의 가장 골치 아픈 문제가 그들 자신의 모습을 보이도록 하는 것이라고 말한다. 그들은 모두 이류의 라나 터너나 삼류의 클라크 게이블이 되려고 한다. 그래서 그는 항상 이렇게 말한다. "대중은 이미 그런 맛을 보았어. 이제는 다른 걸 원하고

샘 우드(왼쪽), 미국의 유명 배우 라나 터너(가운데), '할리우드의 제왕'으로 불린 미국의 유명 배우 클라크 게이블(오른쪽)

있다고."

〈굿바이 미스터 칩스〉나 〈누구를 위하여 종은 울리나〉와 같은 영화의 감독을 맡기 전에 샘 우드는 수년 동안 부동산업에 종사하면서 세일즈맨으로서의 개성을 계발했다. 그는 사업 세계에서도 영화계에서와 똑같은 원리가 작용한다고 단언한다. 남의 흉내를 내서는 어떤 것도 이루지 못한다. 앵무새가 되어서는 안 된다. 샘 우드는 이렇게 말한다. "나는 경험을 통해 자신이 아닌 어떤 모습이고자 하는 사람들은 가능한 한 빨리 제외하는 편이 낫다는 것을 배웠습니다."

나는 최근 소코니 배큐엄 석유회사의 인사 담당 임원인 폴 보인턴에게 구직자들이 저지르는 가장 큰 실수가 무엇이냐고 물어보았다. 그는 6만 명 이상 구직자들의 면접을 보고 『취업에 성공하는 6가지 방법』이라는 책을 쓰기도 했으니 이 질문에 대답할 수 있는 적임자였다. 그는 이렇게 대답했다. "구직 원서를 제출하는 사람들이 저지르는 가장 큰 잘못은 자신이 아닌 다른 어떤 모습인 척하는 것입니다. 마음을 열고 솔직하게 말하는 대신에 그들은 종종 상대가 원한다고 생각하는 대답을 내놓습니다." 하지만 이것은 통하지 않는다. 아무도 가짜를 원하지 않기 때문이다. 가짜 동전을 원하는 사람은 어디에도 없다.

한 시내 전차 기관사의 딸 캐스 데일리는 쓰라린 경험을 통해서 이 교훈을 깨달아야 했다. 그녀는 가수가 되기를 원했다. 하지만 얼굴이 받쳐주지 않아 고민이었다. 커다란 입에 뻐드렁니가 삐죽 튀어나와 있었다. 그녀가 맨 처음 대중 앞에서 노래를 부른 건 뉴저지에 있는 나이트클럽이었는데, 그때 그녀는 윗입술을 내려서 뻐드렁니를 가리려고 애썼다. 그녀는 '매혹적으로' 보이려고 애썼다. 결과는 어떻게 되었을까? 그녀는 웃음거리가 되고 말았다. 앞길에는 실패가 놓여 있을 뿐이었다.

하지만 그 나이트클럽에서 이 소녀가 노래를 부르는 것을 들은 한 남자는 그녀에게 재능이 있다고 판단했다. 그가 단도직입적으로 말했다. "이봐, 아가씨. 아가씨가 노래하는 거 봤는데, 무얼 숨기려고 하는지 다 알아. 뻐드렁니 때문에 부끄러워하더군." 소녀는 당황스러워 어찌할 바를 몰랐다. 그 남자는 계속해서 이야기했다. "그게 뭐 어때서 그러는 거야? 뻐드렁니가 무슨 죄라도 되는 거야? 그걸 숨기려고 애쓰지 마! 입을 벌려. 관객은 아가씨가 부끄러워하지 않는 걸 보면 아가씨를 좋아하게 될 거야. 게다가 아가씨가 숨기려고 하는 그 뻐드렁니 때문에 아가씨는 큰돈을 벌 거야!"

캐스 데일리는 그의 충고를 받아들여서 자신의 이에 대해서는 잊어버리기로 했다. 그때부터 그녀는 오로지 관객에 대해서만 생각했다. 그녀가 입을 벌리고 정말 열정적이면서도 즐겁게 노래했기에 그녀는 영화와 방송계의 톱스타가 되었다. 이제는 그녀를 흉내 내는 코미디언까지 나오고 있다!

누구에게나 알려진 윌리엄 제임스가 보통 사람은 자신의 잠재적인 정신 능력을 10%밖에 발휘하지 못한다고 말했을 때, 그는 자신이 누구인지 발견하지 못한 사람들에 대해 이야기를 하고 있었다. 그는 이렇게 썼다. "우리가 가진 잠재성에 비추어 볼 때 우리는 단지 절반 정도만 깨어 있다. 우리는 우리가 가진 육체적·정신적 자원의 일부만을 사용하고 있을 뿐이다. 이것을 일반화해 이야기해보자면 개개인의 인간은 그럼으로써 자신의 한계에 한참 못 미치는 삶을 영위하고 있다. 인간은 습관상 활용하지 못하고 있는 다양한 종류의 능력을 소유하고 있다."

여러분과 나는 이런 능력을 소유하고 있다. 그러니 우리가 다른 사람들을 닮지 않았다고 걱정하면서 1초의 시간이라도 허비하지 말자. 여러분은 이 세상에 존재하지 않던 새로운 무엇이다. 태고 이래로 여러분과 정확히 일치하는 사람은 한 명도 없었다. 그리고 앞으로 영원토록 여러분과 정확히 일치하는 사람은 다시 나오지 않을 것이다. 유전학이라는 새로운 과학에 따르면 우리가 현재의 모습을 갖게 된 것은 대부분 아버지에게서 물려받은 23개의 염색체와 어머니에게서 물려받은 23개의 염색체의 결과라고 한다. 이 46개의 염색체에 여러분이 물려받는 유전적 특질을 결정하는 모든 것이 들어 있다. 암란 샤인펠트의 말에 의하면 각각의 염색체에는 "수십 개에서 수백 개의 유전자가 들어 있는데, 하나의 유전자가 어떤 경우에는 개인의 인생을 완전히 바꿔놓을 수도 있다." 정말로 우리는 '무시무시하면서도 신기하게' 만들어졌다.

여러분의 어머니와 아버지가 만나서 결혼을 한 이후에도 특정한 여러분이라는 사람이 탄생할 가능성은 300조분의 1이다. 이것을 다르게 말하면, 만일 여러분이 300조 명의 형제자매를 갖고 있다 해도 그들 모두가 여러분과 달랐으리라는 것이다. 과학적인 근거가 없는 허튼소리 같은가? 그렇지 않다. 이것은 과학적인 사실이다.

나는 여러분 자신이 돼야 한다는 주제에 대해 확신을 두고 이야기할 수 있다. 왜냐하면 나 자신이 그 점을 절실하게 느끼고 있기 때문이다. 나는 내가 지금 하는 말의 의미가 무엇인지 너무나 잘 알고 있다. 상당히 비싸고 쓰라린 경험을 통해 깨달았기 때문이다. 실제 예를 들어 말하겠다. 미주리 촌구석을 떠나 뉴욕에 처음 도착했을 때 나는 미국 공연 예술 아카데미에 다니기 시작했다. 배우가 되는 것이 내 꿈이었다. 나는 성공으로 가는 빠르고도 간단한 길이 될 만한 뛰어난 아이디어가 있었다. 너무 단순하고 누구나 할 수 있는 아이디어라서 포부를 가진 수천 명의 사람이 왜 이미 이것을 발견하지 못했을까 하고 의아하게 여길 정도였다. 아이디어는 이랬다. 당대의 유명 배우들, 존 드루, 월터 햄던, 오티스 스키너 같은 배우들이 어떻게 해서 성공했는지를 연구한 다음, 그들이 가진 장점 가운데 최고의 것들만 모방해서 화려하고 찬란하게 섞여 있는 모습으로 나 자신을 만드는 것이었다. 얼마나 어리석고, 얼마나 무모한 생각이었는지! 나는 나 자신이어야 하지 다른 어떤 사람도 될 수 없다는 생각을 미주리 촌놈의 둔한 머리로 깨달을 때까지 수년이라는 인생을 허비해야 했다.

이런 가슴 아픈 경험을 겪었다면 영원토록 지워지지 않을 교훈을 얻어야 마땅했다. 하지만 실제는 그러지 않았다. 적어도 나는 교훈을 배우지 못했다. 나는 너무 둔했다. 같은 가르침을 다시 배우지 않으면 안 되었다. 그로부터 몇 년 뒤 비즈니스맨을 위한 대중 연설법이라는 주제로 책을 쓰면서 나는 지금까지 쓰인 그 어떤 책보다도 더 나은 책을 쓰겠다고 마음먹고 집필에 착수했다. 이 책을 쓰면서도 나는 전에 연기를 배우며 저질렀던 것과 똑같은 잘못된 생각을 하고 있었다. 수많은 다른 저자들의 생각을 모아서 하나의 책에 집어넣으면 모든 내용을 총망라한 책이 되리라는 생각을 하고 있었다. 그래서 대중 연설에 관한 책 수십 권을 사다가 그 안에 있는 생각을 내 글에 담기 위해 1년 동안 노력했다. 그러다 내가 또다시 바보 같은 짓을 하고 있다는 생각이 들기 시작했다. 다른 사람들의 생각이 뒤죽박죽 섞여 있는 이 책은 짜깁기라는 게 분명하고, 깊이가 없어서 비즈니스맨이라면 아무도 끝까지 읽으려 하지 않을 게 틀림없었다. 그래서 나는 1년 작업의 결과물을 쓰레기통에 집어넣고 처음부터 다시 시작했다.

이번에는 스스로 이렇게 다짐했다. "결점도 있고 한계도 있겠지만 너는 데일 카네기 자신이라야 해. 너는 다른 누구도 될 수 없어." 그래서 나는 다른 사람들의 총합이 되려던 것을 그만두고 팔을 걷어붙이고 애초에 내가 해야 했던 일을 시작했다. 즉, 연설하고 연설에 대해 가르치면서 얻은 나 자신의 경험과 관찰, 그리고 확신을 기초로 해서 대중 연설에 관한 교재를 써 내려갔던 것이다. 나는 월터 롤리 경이 깨달은 교훈을 배웠고, 이 교훈을 앞으로도 영원히 간직하게 되길 바라고 있다. 내가 말하는 월터 경은 여왕 폐하가 밟고 지나가도록 진흙탕에 자신의 겉옷을 깐 그 월터 경이 아니다. 1904년에 옥스퍼드 대학에서 영문학을 가르치던 교수 월터 롤리 경을 의미한다. 그는 이렇게 말했다. "나는 셰익스피어나 쓸 만한 책을 쓰지 못한다. 다만 나다운 책을 쓸 수 있을 뿐이다."

여러분 자신이 되어라. 어빙 베를린이 조지 거슈윈에게 했던 현명한 조언대로 행동하라. 베를린과 거슈윈이 처음 만났을 때 베를린은 유명인이었으나 거슈윈은 틴 팬 앨리에서 주급 35달러를 받으며 열심히 일하는 젊은 풋내기 작곡가에 불과했다. 거슈윈의 재능에 감명을 받은 베를린은 그에게 지금 받는 보수의 3배를 줄 테니 자신의 음악 조수로 일하지 않겠느냐고 제안했다. 그러면서 베를린은 이렇게 충고했다. "하지만 이 제안을 받아들이지 말게나. 만일 받아들이면 자네는 이류의 베를린이 될 수밖에 없어. 그렇지 않고 자네 자신의 모습을 지킨다면 언젠가 자네는 일류의 거슈윈이 될 거야."

거슈윈은 그 조언을 받아들여서 서서히 당대 미국에서 가장 뛰어난 작곡가로 변신해 나갔다.

찰리 채플린, 윌 로저스, 메리 마가렛 맥브라이드, 진 오트리, 이 외에도 수많은 사람이 내가 지금 이 장에서 끊임없이 강조하는 교훈을 깨달았다. 나와 꼭 마찬가지로 그들도 쓰라린 체험을 통해서 교훈을 얻었다.

찰리 채플린이 막 영화에 나오던 시절, 영화감독들은 그에게 당시 인기 있던 독일 코미디언의 흉내를 낼 것을 강요했다. 자신의 모습을 찾을 때까지 찰리 채플린은 전혀 두각을 드러내지 못했다. 밥 호프도 비슷한 경험을 했다. 노래와 춤을 내보이는 연극을 수년 동안 했지만, 전혀 빛을 보지 못하다가 재담을 하는 데서 자신의 모습을 찾고서야 비로소 인기를 얻었다. 윌 로저스는 오랫동안 버라이어티 쇼에서 한마디 말도 없이 밧줄만 돌리면서 수년을 보냈다. 그런 그가 인기를 얻게 된 것은 자신에게 유머 감각이 있음을 깨닫고 밧줄을 돌리면서 동시에 말을 한 다음의 일이었다.

메리 마가렛 맥브라이드가 처음 방송을 탔을 때, 그녀는 아일랜드 출신의 코미디언 흉내를 냈으나 전혀 인기를 끌지 못했다. 하지만 그녀가 자신의 본 모습, 즉 미주리 출신의 평범한 시골 처녀의 모습을 되찾자, 그녀는 뉴욕에서 가장 인기 있는 라디오 스타가 되었다.

진 오트리가 자신의 텍사스식 억양을 숨기려고 애쓰면서 도시 출신의 아이들처럼 차려입고서 자신이 뉴욕 출신이라고 주장했을 때, 사람들은 돌아서서 비웃을 뿐이었다. 하지만 그가 밴조를 튕기며 카우보이 노래를 부르기 시작하자, 그는 세계에서 가장 유명한 카우보이로 라디오와 영화계에서 우뚝 서게 되었다.

여러분은 이 세상에 없던 새로운 어떤 것이다. 그 점을 기뻐하라. 자연이 여러분에게 준 것을 최대한 활용하라. 최종적으로 보면 모든 예술은 자서전적이다. 여러분은 여러분 자신을 노래할 뿐이다. 여러분은 여러분 자신을 그려낼 뿐이다. 여러분은 여러분의 경험, 여러분의 환경, 여러분의 유전이 만들어낸 여러분일 수밖에 없다. 잘하건 못하건 간에 여러분은 여러분 자신의 작은 정원을 가꾸어야 한다. 잘하건 못하건 간에 여러분은 인생이라는 오케스트라에서 여러분 자신의 작은 악기를 연주해야만 한다.

조지 거슈윈(왼쪽), 영국 출신의 할리우드 유명 배우 찰리 채플린(오른쪽)

일찍이 에머슨은 '자립'이란 글에서 이렇게 말했다

교육을 하다 보면 누구에게나 어떤 확신, 즉 부러움은 무지이고, 모방은 자살이며, 좋건 싫건 자기 자신을 자신의 몫으로 인정해야 하며, 광활한 우주에는 좋은 것이 많이 있지만, 자신에게 주어진 경작지에 들인 노고가 없이는 옥수수 한 톨도 자신에게 오지 않는다는 확신에 도달하게 되는 때가 있다. 자신 안에 있는 능력은 자연에는 없던 것이다. 그러므로 자신이 무엇을 할 수 있는지는 자신만이 알 수 있으며, 시도해보기 전에는 그 자신도 알지 못한다.

작고한 시인 더글러스 맬럭은 이렇게 이야기했다.

언덕 꼭대기에 선 소나무가 되지 못한다면
골짜기의 관목이 되어라. 다만,
개울가 작은 관목 가운데 최고의 관목이 되어라.
나무가 되지 못한다면 덤불이 되어라.

덤불이 되지 못한다면 풀이 되어라.
풀이 되어 큰길을 기분 좋게 만들어라.
커다란 머스키가 되지 못한다면 차라리 배스가 되어라.
다만 연못에서 가장 힘차게 펄떡거리는 배스가 되어라.

모두 다 선장이 될 수 없으니 선원도 되어야 한다.
우리 누구에게나 해야 할 일이 있다.
큰일도 있고 작은 일도 있으나
우리가 해야 하는 일은 우리에게 주어진 일.

큰 길이 아니라면 오솔길이 되어라.

태양이 아니라면 별이 되어라.

이기고 지는 건 크기로 되지 않는 법.

무엇이 되든 최고가 되어라!

마음의 평화와 걱정으로부터의 자유를 가져다주는 정신 자세를 갖추고자 한다면, 다음의 방법을 꼭 기억하라.

평화와 행복을 부르는 정신 자세를 갖추는 7가지 방법 5

- **다른 사람을 모방하지 말라.**

  Let's not imitate others.

- **자신이 누구인지 알아내서 자신의 모습대로 살아라.**

  Let's find ourselves and be ourselves.

VI

레몬을 받으면 레모네이드를 만들어라

IF YOU HAVE A LEMON,
MAKE A LEMONADE

이 책을 쓰는 사이 시카고 대학을 방문할 일이 있어서 로버트 메이너드 허친스 학장에게 어떻게 걱정을 피하느냐고 물어보았다. 그는 이렇게 대답했다. "전에 시어스 로벅사의 사장이던 줄리어스 로즌월드가 이런 충고를 해준 적이 있습니다. '레몬을 받으면 레모네이드를 만들어라.' 나는 항상 그 충고를 따르려고 노력합니다."

위대한 교육자가 하는 방식은 이러하다. 하지만 바보는 정확히 그 반대로 한다. 인생을 살다가 레몬처럼 하찮은 결과가 생기면, 그는 낙담하면서 이렇게 말한다. "졌어. 운명이야. 기회가 없어." 그러고는 세상을 향해 울분을 토하면서 자기 연민의 늪에 빠져들어 간다. 하지만 현명한 사람은 레몬을 받으면 이렇게 말한다. **"이번 불운에서 나는 어떤 교훈을 얻어야 할까? 현 상황을 개선하려면 어떻게 해야 할까? 이 레몬을 어떻게 하면**

레모네이드로 만들 수 있을까?"

위대한 심리학자 알프레트 아들러는 사람들과 그들의 숨겨진 능력에 관해 연구하면서 평생을 보낸 후 인간이 가진 특성 가운데 정말로 놀라움을 금치 못하는 특성이 '마이너스를 플러스로 바꾸는 능력'이라고 단언했다.

정확히 이 말대로 행동한, 내가 아는 한 여성에 관한 재미있으면서도 교훈적인 이야기를 들려주겠다. 셀마 톰슨이라는 이름의 이 여성은 지금 뉴욕시 모닝사이드 드라이브 100번지에 살고 있다. 그녀는 다음과 같은 이야기를 들려주었다.

제1차 세계 대전 당시 남편은 뉴멕시코 지역 모하비 사막 근처에 있는 육군 신병 훈련소에서 근무했습니다. 나는 남편과 함께 지내려고 거기로 이사했습니다. 그곳은 정말 끔찍했습니다. 나는 그곳을 너무나 싫어했습니다. 평생 그때만큼 불행한 적이 한 번도 없었습니다. 남편이 모하비 사막으로 기동훈련을 하러 떠나면 오두막집에는 나 혼자만이 덩그러니 남았습니다. 선인장 그늘에서도 온도는 섭씨 50도 이상이라 견딜 수 없이 뜨거웠습니다. 사람이라고는 멕시코인과 인디언들뿐인데, 그들은 영어를 한마디도 못 해 대화를 나눌 수도 없었습니다. 바람이 쉴 새 없이 불어와 내가 먹는 음식이건 콧속으로 들어가는 공기건 간에 모래투성이였습니다! 모래, 모래, 모래!

너무나 비참하고 외로워서 부모님께 편지를 보냈습니다. 이제 그만 포기하고 집으로 돌아가겠다는 내용이었습니다. 단 1분도 견디지 못하겠다고 썼습니다. 차라리 감옥에 가는 게 낫겠다고 말이에요! 아버지가 답장을 보냈는데, 단 두 줄밖에 없었습니다. 그 두 줄이 내 인생을 완전히 바꾸어놓았고, 앞으로도 영원토록 내 기억 속에 자리 잡고 있을 것입니다.

두 사람이 감옥 창살 밖을 보았네.

한 사람은 진흙탕을 보고, 한 사람은 별을 보았다네.

나는 그 두 줄을 읽고 또 읽었습니다. 나 자신이 부끄러웠습니다. 지금 상황에서 뭔가 좋은 것을 찾아내겠다고 마음먹었습니다. 별을 찾아내겠다는 생각이었죠.

나는 그 지역 토착민들에게 다가갔습니다. 그랬더니 그들의 반응은 정말 놀라웠습니다. 내가 그 사람들이 하는 뜨개질과 그릇에 관심을 보이자 그들은 관광객들에게도 팔지 않고 아끼던 물건들을 내게 선물해주었습니다. 나는 선인장과 유카, 조슈아 트리가 보여주는 매혹적인 형태를 연구했습니다. 마멋의 일종인 프레리 도그에 관해 연구하고, 해 지는 사막의 경관을 지켜보았으며, 그 사막의 모래 구릉이 바다 밑이었던 수백만 년 전에 남겨진 조개껍데기를 찾아 헤맸습니다.

나를 이렇게 변화시킨 건 무엇이었을까요? 모하비 사막은 변하지 않았습니다. 인디언들도 변하지 않았습니다. 다만 내가 변했을 뿐입니다. 내 정신적 태도를 바꾼 것입니다. 그렇게 함으로써 나는 너무나 비참했던 경험을 내 생애 최고로 재미있는 모험으로 변모시켰습니다. 나는 너무나 즐거워서 그 경험에 관해 책을 썼습니다. 『빛나는 성벽』이라는 제목의 소설이었습니다. 나는 나 자신이 만들어낸 감옥 너머로 눈을 돌려서 별을 발견했습니다.

셀마 톰슨, 그녀가 발견한 건 기원전 5세기 그리스 사람들이 가르치던 오래된 진리였다. "가장 좋은 것은 가장 어려운 것이다."

해리 에머슨 포스딕은 20세기에 와서 그 말을 다시 한번 했다.

행복은 대개 즐거움이 아니다. 행복은 대개 승리감이다.
Happiness is not mostly pleasure; it is mostly victory.

해리 에머슨 포스딕(Harry Emerson Fosdick)
미국의 목사로, 많은 사람에게 위로와 희망을 주는 설교를 많이 했다.

그렇다. 성취감, 정복감, 레몬을 레모네이드로 바꾸어냈다는 생각에서 오는 승리감이다.

나는 플로리다에서 독이 든 레몬조차 레모네이드로 바꾸어낸 행복한 농부를 만난 적이 있다. 처음 자신의 농장을 마련했을 때 그는 실망했다. 토양이 어찌나 척박한지 과일 농사를 지을 수도 없고 돼지를 기를 수도 없었다. 어디를 둘러보나 참나뭇과의 작은 관목들과 방울뱀만이 눈에 들어올 뿐이었다. 이때 한 가지 좋은 생각이 떠올랐다. '지금의 불리한 상황을 자산으로 만들어보자. 이 방울뱀들을 최대한 활용해 보자.' 놀랍게도 그는 방울뱀 통조림을 만들기 시작했다. 몇 년 전 내가 그를 찾아갔을 때 그의 방울뱀 농장을 보기 위해 1년에 20,000명 이상의 관광객들이 밀려들고 있었다. 그의 사업은 성공 가도를 달리고 있었다. 나는 그가 기르는 방울뱀의 독니에서 나온 독이 독사용 해독제를 만들기 위해 연구소로 보내지는 것을 보았다. 방울뱀 가죽이 여성용 신발이나 핸드백을 만들기 위해 엄청난 가격에 팔리는 것을 보았다. 나는 방울뱀 통조림이 전 세계 고객들에게 팔려나가는 것을 보았다. 나는 그곳 풍경이 담긴 엽서를 한 장 사서 이제는 '플로리다주, 방울뱀 마을'이라고 지명을 바꾼 그 마을 우체국에 가서 부쳤다. 그 지명은 독이 든 레몬을 달콤한 레모네이드로 바꾸어낸 사람을 기념하기 위해 붙인 이름이었다.

미국 전역을 여러 차례 종횡무진 누비고 다니면서 나는 '마이너스를 플러스로 만드는 능력'을 과시한 많은 남성과 여성을 만나는 특권을 누렸다.

『신에 맞선 12인』의 저자 윌리엄 볼리도는 이렇게 표현했다. "인생에서 가장 중요한 일은 이익을 사용하는 것이 아니다. 아무리 바보라도 그런 건 할 수 있다. 진짜로 중요한 일은 손실을 이롭게 만드는 것이다. 이것이야말로 머리를 써야 하는 일이다. 그리고 현명한 사람과 미련한 사람은 바로 여기에서 차이가 난다."

볼리도가 이 말을 한 건 철도 사고로 한쪽 다리를 잃은 다음이다. 하지만 내가 아는 사람 중에는 양쪽 다리를 다 잃고서도 자신의 마이너스를 플러스로 바꾼 사람이 있다. 벤 포트슨이 바로 그 사람이다. 내가 그를 만난 것은 조지아주 애틀랜타에 있는 한 호텔 엘리베이터 안에서였다. 엘리베이터 안으로 들어서는데 한쪽 구석에 두 다리가 모두 없는 사람이 밝은 얼굴로 휠체어에 앉아 있는 게 눈에 들어왔다. 그가 내릴 층에 이르자 그는 밝은 목소리로 자신이 탄 휠체어가 쉽게 지나갈 수 있도록 한쪽 옆으로 비켜서 주겠느냐고 요청했다. "귀찮게 해서 정말 미안합니다." 하고 말하는 그의 얼굴에는 아주 환한, 보는 이의 가슴을 따뜻하게 만들어주는 미소가 피어올랐다.

엘리베이터에서 내려 내 방으로 가고 있는 사이에도 그 유쾌한 장애인 생각이 내 머리를 떠나지 않았다. 나는 수소문 끝에 그를 찾아가서 사연을 들려달라고 요청했다. 그는 미소를 띠며 말했다.

그 일이 일어난 건 1929년이었습니다. 저는 마당에 마련한 콩밭에 지지대로 사용할 나뭇가지를 꺾으러 갔습니다. 나뭇가지를 모아다가 제가 타고 갔던 포드 자동차에 싣고 집으로 향했습니다. 막 급커브를 틀려 하는데 막대기 하나가 떨어져서 차 밑으로 들어가더니 방향 조종 장치를 망가뜨리고 말았습니다. 차가 제방을 들이받으면서 제 몸은 차에서 튕겨 나가 나무에 부딪혔습니다. 등뼈가 무척 아팠습니다. 다리에는 아무런 감각도 없었습니다.

이 사고가 일어났을 때 저는 24살이었는데, 그 이후 한 걸음도 걷지 못하고 있습니다.

24살의 나이에 평생 휠체어를 타고 다녀야 한다는 선고를 받다니! 그에게 어떻게 그처럼 의연하게 대처할 수 있었느냐고 물었더니, 그는 이렇게 대답했다. "사실 그러지 못했습니다." 자신도 화가 나서 누구의 말도 들으려 하지 않았었다고 말했다. 그는 자신의 운명에 울분을 토했다. 하지만 세월이 흐르면서 자신이 반발해봤자 더 쓰라리기만 할 뿐 아무런 도움도 되지 않는다는 것을 알게 되었다. 그는 이렇게 말했다. "저는 마침내 다른 사람들이 저를 배려해주고 친절을 베풀고 있다는 사실을 깨달았습니다. 그래서 저 또한 적어도 다른 사람들을 배려하고 친절을 베풀려고 하고 있습니다."

나는 그에게 오랜 시간이 흐른 지금도 그때의 사고가 지독한 불운이었다고 생각하냐고 물어보았다. 그는 즉각 대답했다. "아닙니다." 그러면서 덧붙였다. "지금은 그 사고가 일어나서 기쁘다고 해야 할 정도입니다." 그는 그때의 충격과 비통함에서 벗어나고 나서는 전혀 다른 삶을 살게 되었다고 이야기했다. 그는 책을 읽기 시작했고 좋은 문학 작품에 대한 애정을 갖게 되었다. 그의 말에 따르면 지난 14년 동안 적어도 1,400권의 책을 읽었다. 그 책들은 그에게 새로운 지평을 제시해주었다. 그로 인해 그의 삶은 예전에는 생각하지도 못했을 정도로 풍부해졌다. 그는 좋은 음악을 감상하기 시작했다. 과거에는 지겨워했을 멋진 교향곡을 들으면서 가슴 찌릿한 감동을 할 수 있게 되었다. 하지만 그 무엇보다도 중요한 변화는 생각하는 시간을 가지게 되었다는 점이다. 그는 이렇게 말했다. "생전 처음으로 세상을 바라볼 수 있게 되었습니다. 참된 가치를 알아보게 되었지요. 전에 제가 그토록 갈망하던 것들 대부분이 전혀 가치 없는 것임을 알게 되었습니다."

독서를 시작하고 나서 정치학에 관심을 두게 된 그는 공공 문제에 관해 연구했다. 그리고 휠체어에 앉은 채 사람들 앞에서 연설도 하게 되었다! 그는 사람들을 알게 되었고, 사람들은 그를 알게 되었다. 그래서 여전히 휠체어를 타고 다녔지만, 그는 조지아주 국무장관이 되었다!

지난 35년 동안 나는 뉴욕시에서 성인 교육 과정을 진행했다. 그 과정에서 성인들 가운데 많은 사람이 대학에 가지 않은 것을 대단히 후회한다는 사실을 알게 되었다. 그들은 대학 교육을 받지 않았음을 커다란 단점으로 여기는 듯했다. 나는 그게 꼭 옳지만은 않다는 것을 알고 있다. 왜냐하면 나는 고등학교밖에 나오지 않고서도 성공한 수많은 사람을 알고 있기 때문이다. 그래서 종종 수강생들에게 내가 아는 사람 가운데 초등학교 졸업장도 없는 한 사람에 관한 이야기를 들려주곤 한다. 그 사람은 정말 찢어지게 가난한 환경에서 성장했다. 그의 아버지가 죽었을 때는 장례식에 사용할 관을 사기 위해 아버지 친구들이 조금씩 돈을 거둬야만 했을 정도였다. 아버지 장례를 치르고 나서 그의 어머니는 우산 공장에서 하루에 10시간씩 일했으며, 저녁이면 일감을 집으로 갖고 와서 밤 11시가 될 때까지 또 일했다.

이런 환경에서 성장한 후 그는 자신이 다니던 교회의 한 모임이 공연하는 아마추어 연극에 출연했다. 무대에 서면서 커다란 희열을 느낀 그는 대중 연설을 해야겠다고 마음먹었다. 이 결심은 그를 정치로 이끌었다. 30살이 되었을 때 뉴욕주 입법 의원으로 선출되었다. 하지만 그는 유감스럽게도 그런 책임을 맡을 준비가 전혀 되어 있지 않았다. 그가 내게 털어놓은 바에 의하면 사실 그 자리가 어떤 자리인지 알지도 못했다. 그는 자신이 입법 여부에 관한 투표를 해야 하는 길고 복잡한 법률에 대해 열심히 연구했다. 하지만 복잡한 법률들은 그가 전혀 알지 못하는 인디언 종족인 촉토족의 언어로 쓰인 것이나 마찬가지였다.

그가 한 위원회에 배정되었을 때 그는 걱정이 되어 어찌할 바를 알지 못했다. 마치 숲에 한 발도 들어가 보지 않았는데 숲에 관한 위원회 위원이 된 것 같았다. 그가 걱정하고 어찌할 바를 몰랐던 것은 여태껏 은행에 계좌 개설을 한 적도 없는데 주 금융 위원회 위원이 되었기 때문이었다. 그는 어머니에게 만일 패배를 인정하는 게 창피하게 느껴지지만 않았다면 심한 낙담으로 인해 의원직에서 사퇴했을지도 몰랐을 것이라고 털어놓았다. 절망 속에서 그는 하루에 16시간씩 연구에 전념해서 무지라는 레몬을 지식이라는 레모네이드로 바꾸어놓아야겠다고 결심했다. 이 일을 해냄으로써 그는 지역 정치인에서 전국적인 유명 인사가 되었고, 그의 눈부신 활약에 〈뉴욕 타임스〉는 그에게 '뉴욕에서 가장 사랑받는 시민'이라는 호칭을 붙여주었다.

이것은 앨 스미스에 관한 이야기이다.

정치적인 독학 프로그램에 착수한 지 10년이 지나자 앨 스미스는 뉴욕주 행정 기관에서 현존하는 사람들 가운데 가장 권위 있는 사람이 되었다. 그는 뉴욕 주지사를 4차례 연임했는데, 이것은 다른 누구도 이루지 못한 위업이었다. 1928년에는 민주당 대통령 후보가 되었다. 학교라고는 초등학교밖에 다니지 못한 이 사람에게 컬럼비아 대학과 하버드 대학을 비롯해 모두 6개의 대학에서 명예 학위를 수여했다.

앨 스미스 본인이 털어놓은 바에 의하면, 만일 자신이 마이너스를 플러스로 바꾸기 위해서 하루에 16시간씩 열심히 공부하지 않았다면 이런 일은 절대로 일어나지 않았을 것이라고 한다.

초인에 관한 니체의 공식은 '역경을 견딜 뿐 아니라 역경을 사랑할 것'이었다.

위업을 이룬 사람들의 인생에 관해 연구하면 할수록 나는 그들 중 많은 사람이 예상 밖으로 역경을 가지고 시작했기 때문에 성공했다고 굳게 믿게 되었다. 역경이 그들을 더 열심히 노력하게 만들고 더 큰 보상을 받도록 한 것이다. 윌리엄 제임스는 다음과 같이 말했다.

우리가 가진 약점 바로 그것이 뜻밖에 우리를 돕는다.
Our very infirmities help us unexpectedly.

맞는 말이다. 어쩌면 밀턴이 더 뛰어난 시를 쓰게 된 것은 눈이 멀었기 때문이고, 베토벤이 더 멋진 음악을 작곡하게 된 것은 귀가 먹었기 때문인지도 모른다. 헬렌 켈러가 그토록 빛나는 결과를 만들 수 있었던 것은 그녀가 앞도 보이지 않고 귀도 들리지 않았기 때문에 가능했다. 만일 차이콥스키가 자신의 불행한 결혼 생활에 좌절하고 거의 목숨을 끊을 상황에까지 몰리지 않았더라면, 만일 그 자신의 삶이 비감하지 않았더라면, 그는 어쩌면 불멸의 교향곡 '비창'을 작곡하지 못했을지도 모른다. 만일 도스토옙스키와 톨스토이가 고통스러운 삶을 살지 않았더라면, 그들은 아마 자신들이 지은 불멸의 소설을 쓰지 못했을 것이다.

지구상에 있는 생명에 관한 과학적인 인식을 바꾸어놓은 어떤 사람은 이렇게 말했다. "만일 내가 무척 심한 환자가 아니었다면, 만일 그랬다면, 나는 내가 해낸 정도로 많은 일을 해내지 못했을 것이다." 자신이 가진 약점이 뜻밖에도 자신을 도와주었다는 이 말은 찰스 다윈이 한 고백이다.

영국에서 다윈이 태어나던 바로 그날, 켄터키주 어느 숲속 오두막에서는 다른 아기가 태어났다. 그 또한 자신이 가진 약점의 도움을 받았다. 그 아기의 이름은 링컨, 에이브러햄 링컨이었다. 만일 그가 지체 높은 가문에서 자라고 하버드 법대를 졸업하고 행복한 결혼 생활을 했다면, 그는 아마 게티즈버그 연설과 같은 불멸의 구절이나 대통령에 재선된 후 취임사에 밝힌 것과 같은 신성한 시이자 그 어떤 통치자가 한 말보다도 더 아름답고 고귀한 말인 '누구에게도 악의를 품지 말고, 모든 사람에게 선의를 가지고'로 시작하는 말을 자신의 마음 깊은 곳으로부터 끄집어내지 못했을 것이다.

헤리 에머슨 포스딕은 그의 저서 『통찰력』에서 이렇게 말한다. "스칸디나비아에는 우리 중 일부가 생활의 표어로 삼을 만한 속담이 있다. '북풍이 바이킹을 만들었다.' 도대체 안전하고 즐겁게, 역경에 부닥치지 않고, 술술 풀리는 편안함 속에서 사는 것 그 자체가 사람들을 착하게 혹은 행복하게 만든다는 생각은 어디서 온 것일까? 자신을 연민하는 사람들은 상황이 좋아져도 자신을 계속 연민하는 법이지만, 역사상 높은 인품이나 행복을 가졌던 사람들은 상황이 좋고 나쁨에 상관없이 자신에게 주어진 개인적 책임을 감당하는 사람들이었다. 그러므로 북풍은 계속해서 바이킹을 만들어내고 있다."

가령 너무나 낙담한 나머지 우리에게 주어진 레몬을 레모네이드로 바꿀 가망성이 전혀 없다는 생각이 든다고 하자. 이렇다 해도 우리가 노력해야 하는 이유가 두 가지 있다. 그 이유를 살펴보면 그 노력이 득이 되면 되지 결코 해가 되지는 않을 것임을 알게 된다.

첫 번째 이유는 성공할지도 모른다는 것이다.

두 번째 이유는 성공하지 못한다 해도, 마이너스를 플러스로 바꾸려는 시도 그 자체가 우리에게 뒤를 돌아보지 않고 앞을 보게 만든다는 것이다. 부정적인 생각이 긍정적인 생각으로 바뀌게 된다. 창조적인 에너지가 발산되면서 우리가 분주히 움직이게 되므로 지나가 버린 일에 대해 슬퍼할 만한 시간도 생각도 생기지 않는다.

언젠가 세계적으로 유명한 바이올리니스트인 올레 불이 파리에서 공연하던 중 갑자기 바이올린 줄 가운데 하나가 끊어졌다. 하지만 올레 불은 세 개의 줄만으로 연주를 마쳤다. 헤리 에머슨 포스딕은 이렇게 말한다. "이런 게 인생이다. 줄 하나가 끊어지면 세 줄로 연주를 마쳐야 하는 게 인생이다."

이것은 단순히 인생이 아니다. 인생 그 이상이다. 이것은 찬란히 빛나는 인생이다!

만일 내가 할 수만 있다면 나는 윌리엄 볼리도가 한 다음과 같은 말을 동판으로 만들어 미국에 있는 모든 학교 벽에 걸어놓고 싶다.

인생에서 가장 중요한 일은 이익을 사용하는 것이 아니다. 아무리 바보라도 그건 할 수 있다. 진짜로 중요한 일은 손실을 이롭게 만드는 것이다. 이것이야말로 머리를 써야 하는 일이다. 그리고 현명한 사람과 미련한 사람은 바로 여기에서 차이가 난다.

그러므로 평화와 행복을 불러오는 정신 자세를 갖추고자 한다면, 다음의 방법을 꼭 기억하라.

평화와 행복을 부르는 정신 자세를 갖추는 7가지 방법 6

- **운명이 레몬을 건네면 레모네이드를 만들기 위해 노력하라.**
  When fate hands us a lemon, let's try to make a lemonade.

VII

2주 만에 우울증을 치료하는 방법

HOW TO CURE MELANCHOLY
IN FOURTEEN DAYS

나는 이 책을 쓰기 시작하면서 '나는 이렇게 걱정을 극복했다.'라는 주제를 가지고 가장 감명을 주면서도 실제로 도움이 되는 수기를 쓰는 사람에게 200달러를 주겠다는 현상금을 걸었다.

그리고 이 시합을 위해 이스턴 항공 에디 리켄베커 사장, 링컨 메모리얼 대학 총장인 스튜어트 W. 맥클레런드 박사, 라디오 뉴스 분석가인 H. V. 칼텐본을 심판관으로 초청했다. 그런데 수기 가운데 두 편이 어찌나 뛰어난지 심판관들은 우열을 가릴 수가 없었다. 그래서 우리는 상금을 둘로 나누었다. 지금부터 1등 상을 공동 수상한 C. R. 버튼의 수기를 들려주고자 한다. 버튼은 미주리주 스프링필드 커머셜가 1067번지에 살고 있으며, 미주리 휘저 자동차 판매 회사에 다니고 있다. 그가 보내온 수기는 다음과 같다.

나는 아홉 살에 어머니를 잃고 열두 살에 아버지를 잃었습니다. 아버지는 사고로 돌아가셨지만, 어머니는 19년 전 어느 날 그냥 집에서 나가시더니 그 후로 다시 뵐 수 없었습니다. 어머니가 같이 데리고 간 두 여동생도 다시 만나보지 못했습니다. 내게 편지를 보낸 것은 어머니가 집을 나가고 나서 7년이 지난 후였습니다.

어머니가 집을 나간 지 3년 만에 아버지는 사고로 세상을 떠났습니다. 아버지는 사업상 동료와 함께 미주리주에 있는 어느 조그만 마을에 카페를 마련했는데, 아버지가 출장을 가고 없는 사이 그 동료가 카페를 팔아서 현금을 챙겨 달아나버린 일이 생겼습니다. 친구 한 분이 아버지에게 빨리 돌아오라고 전보를 보냈는데, 아버지는 급히 돌아오던 중 캔자스주 살리나스에서 자동차 사고를 당해 돌아가시고 말았습니다.

나이가 많아서 몸도 안 좋은 데다가 가난한 고모님 두 분께서 어린 우리 가운데 셋을 거두어주었습니다. 나와 내 남동생을 원하는 사람은 아무도 없었습니다. 우리는 마을 사람들의 동정에 맡겨졌습니다. 우리는 사람들이 우리를 고아라고 부르고 고아 취급을 할지 모른다는 두려움에 사로잡혀 있었습니다. 그리고 우리의 두려움은 곧 현실이 되었습니다. 나는 잠깐 그 마을에 있는 한 가난한 가정에 기대어 살았는데, 시절이 어려웠을 뿐 아니라 그 집 가장이 실직하게 되자 더는 나를 먹여 살릴 형편이 되지 않았습니다.

그러자 마을에서 11마일 정도 떨어진 농장에 사는 로프틴 부부가 나를 데리고 갔습니다. 로프틴 씨는 나이가 일흔 살 정도 되었고 대상포진을 앓아서 침대에 누워 있었습니다. 그는 내게 '거짓말을 하지 않고, 훔치지 않고, 말을 잘 듣기만 하면' 언제까지나 함께 있어도 좋다고 말했습니다. 이 세 가지 규칙은 내게는 성경 말씀이었습니다. 나는 그 세 가지 규칙을 철저히 지켰습니다.

나는 학교에 다니게 되었습니다. 그런데 학교에 가는 첫째 주에 집으로 돌아와 아기처럼 엉엉 울었습니다. 다른 아이들이 나를 보고 코가 주먹만 하다, 벙어리다, '고아 녀석'이다 하고 놀리면서 괴롭혔기 때문이었습니다. 나는 무척 화가 나서 그 녀석들을 패주고 싶었습니다. 하지만 나를 거둬주신 로프틴 씨가 이렇게 말했습니다. "물러서지 않고 싸우는 것보다 물러설 수 있는 사람이 더 큰 사람임을 언제나 잊지 말아라." 나는 싸우지 않으려 했지만, 어느 날 한 녀석이 학교 마당에서 닭똥을 가져다 내 얼굴에 던졌을 때는 도저히 참을 수가 없었습니다. 나는 그 녀석을 흠씬 패주었습니다. 그러자 친구도 두어 명 생겼습니다. 친구들이 그 녀석은 맞아도 싸다고 하더군요.

나는 로프틴 부인이 사준 모자를 자랑스럽게 여기고 있었습니다. 그런데 어느 날 나이 많은 여자애 한 명이 내가 쓰고 있던 모자를 홱 잡아채서는 물을 부어서 못쓰게 만들고 말았습니다. 그 여자애는 내가 '너무 돌머리라서 좀 부드럽게 만들어주려고' 모자에 물을 부었다고 말했습니다.

나는 학교에서는 절대 울지 않았지만, 집에서는 엉엉 울 때가 있었습니다. 하루는 로프틴 부인이 충고 몇 마디를 해주었는데, 그로 인해 내 모든 문제와 고민은 사라졌고 내 적들이 친구로 변했습니다. 그녀는 이렇게 말했습니다. "랠프야, 그 애들에게 관심을 가지고 그 애들을 도울 수 있는 방법을 찾아보아라. 그러면 너를 다시는 괴롭히거나 고아 녀석이라고 부르지 않을 거다." 나는 부인의 충고대로 했습니다. 열심히 공부했고, 금세 반에서 가장 공부를 잘하는 학생이 되었습니다. 하지만 결코 시샘의 대상이 되지 않았습니다. 친구들을 돕는데 발 벗고 나섰기 때문입니다.

나는 남자애들이 발표문 쓰는 것을 도와주었습니다. 몇 명의 경우에는 아예 통째로 써주기도 했습니다. 어떤 아이는 내가 자기를 도와주고 있다는 사실을 식구들이 아는 것을 부끄럽게 여겼습니다. 그래서 그는 종종 그의 엄마에게 사냥하러 간다고 이야기하고는 했습니다. 그러고는 로프틴 씨의 농장으로 와서는 헛간에 개를 묶어놓고 내 도움을 받아 가며 공부를 하곤 했습니다. 어떤 친구에게는 독후감을 써주었고 며칠 밤 동안 여자애에게 수학을 가르쳐주기도 했습니다.

마을에 죽음이 찾아왔습니다. 나이 든 농부 두 사람이 죽고, 어떤 집은 남편이 부인을 버리고 도망가 버렸습니다. 나는 근처 네 가정에서 유일한 남자였습니다. 나는 이 과부들을 2년 동안 도와주었습니다. 학교를 오가는 길에 그 사람들의 농장에 들러서 장작을 패고 소젖을 짜고 가축에게 물과 모이를 주었습니다.

이제 사람들은 내 흉을 보는 대신 나를 칭찬하기 시작했습니다. 누구나 나를 친구로 인정해주었습니다. 내가 해군 복무를 끝내고 돌아오자 이웃들은 나를 진심으로 반갑게 맞아주었습니다. 내가 집에 온 첫날 나를 반겨주기 위해 200명 이상의 농부들이 찾아왔습니다. 어떤 사람은 80마일이나 되는 먼 곳에서 찾아왔습니다. 그들이 보여주는 애정은 정말로 진실했습니다. 다른 사람들을 도와주느라 바쁘기도 하고 행복하기도 했기 때문에 나는 거의 걱정이 없었습니다. '고아 녀석'이라는 말은 13년 전에 들어보고 그 이후 전혀 들어본 적이 없습니다.

C. R. 버튼 씨에게 박수를 보낸다. 그는 친구 만드는 법을 아는 사람이다. 또한 걱정을 극복하고 즐겁게 사는 법을 아는 사람이다.

워싱턴주 시애틀에 사는 프랭크 루프 박사도 그러했다. 그는 23년간 환자 신세였다. 관절염이었다. 하지만 〈시애틀 스타〉의 스튜어트 휘트하우스는 내게 보낸 편지에 이렇게 썼다. "나는 루프 박사를 여러 번 인터뷰했습니다. 나는 이 사람만큼 이타적이고 또 인생을 활기차게 사는 사람을 본 적이 없습니다."

병상에 누워 있는 이 환자가 어떻게 인생을 활기차게 살았을까? 두 번의 기회를 줄 테니 짐작해보기를 바란다. 불평과 비난으로 그랬던 것일까? 아니다. 자기 연민에 빠져서 모든 사람이 자신에게 주목하고 자신의 비위를 맞추기 요구함으로써 그랬을까? 그것도 아니다. 그는 영국 왕세자의 신조인 'Ich Dien.', 즉 '나는 봉사한다.'를 자신의 슬로건으로 삼았다. 그는 수많은 환자의 이름과 주소를 알아내서 그들에게 기쁨이 넘치고 용기를 주는 편지를 씀으로써 그들과 자기 자신 모두를 즐겁게 만들었다. 더 나아가서 환자들을 모아 편지 쓰기 모임을 결성해서 서로에게 편지를 쓰도록 했다. 마침내 그는 '병상 환자 모임'이라는 전국적인 조직을 결성하기에 이르렀다.

루프 박사는 병상에 있으면서도 매년 평균 140통의 편지를 썼으며, 병상에 누워 있는 수천 명의 환자에게 라디오나 책을 전달함으로써 기쁨을 주었다.

루프 박사와 다른 많은 사람의 중요한 차이는 무엇이었을까? 루프 박사의 내면에는 뜨거운 목표 의식과 사명감이 있었다는 점이다. 그는 자신이 고귀하고 중요한 어떤 이념의 도구로 쓰이고 있음을 알고 기뻐하는 사람이었다. 그는 쇼가 이야기하듯 '왜 세상이 나를 기쁘게 만들기 위해 헌신하지 않느냐고 불평하면서 고통과 원망으로 가득 차 있는 자기중심적인 작은 흙덩어리'가 결코 아니었다.

위대한 심리학자가 쓴 글 가운데 내가 읽은 가장 놀라운 말은 다음의 말이다. 이 말을 한 사람은 다름 아닌 알프레트 아들러이다. 그는 우울증에 걸린 환자들에게 이렇게 말하곤 했다. "당신은 내 처방을 따르기만 하면 2주 안에 나을 수 있습니다. 매일 어떻게 하면 누군가를 기쁘게 할 수 있을지 생각해보십시오."

이 말은 그리 믿기 쉬운 말이 아니므로 아들러 박사가 쓴 명저 『우리에게 인생이란 무엇인가』라는 책 일부를 인용함으로써 여러분의 이해에 도움을 주어야 할 것 같다.

우울증은 일종의 다른 사람들에 대한 만성적인 분노와 비난이다. 환자는 관심과 동정, 도움을 얻고자 하지만 그는 바로 그 자신의 잘못으로 인해 낙담을 맛볼 뿐이다. 우울증 환자의 최초의 기억은 일반적으로 다음과 같은 것이다. "내가 소파에 눕고 싶은데 누군가 거기 누워 있던 게 기억이 납니다. 나는 어찌나 울어댔던지 그 사람이 비켜줘야 했지요."

우울증 환자들은 흔히 복수의 수단으로 자살을 택하는 경향이 있다. 그래서 의사들이 우선 주의해야 하는 점은 자살의 핑곗거리를 주지 않는 것이다. 나 자신도 긴장을 풀기 위해서 '하기 싫은 것은 아무것도 하지 말라.'가 치료의 첫 번째 규칙이라고 환자들에게 말한다. 이것은 무척 조심스러운 태도로 보이겠지만 나는 이것이 모든 문제의 근본이라고 생각한다. 만일 우울증 환자가 자신이 하고 싶은 모든 일을 할 수 있다면 누구를 원망할 수 있겠는가? 복수를 해야 할 일이 뭐가 있겠는가? 나는 환자에게 이렇게 말한다. "공연을 보고 싶거나 야외에 놀러 가고 싶다면, 그렇게 하세요. 가는 길에 맘이 바뀌면 돌아와도 됩니다." 이것은 그 누구에게라도 최상의 상황이 아닐 수 없다. 이것은 우월감을 느끼고자 노력하는 환자에게 만족감을 준다. 그는 마치 신과 같이 마음 내키는 대로 할 수 있다. 하지만 이것은 환자의 생활 태도에 쉽게 들어맞지는 않는다. 환자는 다른 사람들을 비난하고 그들의 의견을 묵살하고 싶은데, 다른 사람들이 그의 말에 동의해버리면 그들의 의견을 무시할 방법이 없다. 이 규칙은 커다란 위안이 되어서 아직 내 환자 가운데 자살한 환자는 한 명도 없다.

대개 환자는 이렇게 응답한다. "하지만 저는 하고 싶은 일이 하나도 없는데요." 이런 대답에 대해서도 나는 준비해놓은 게 있다. 워낙 이런 경우를 많이 보았기 때문이다. 나는 이렇게 말한다. "그러면 하고 싶지 않은 일을 하지 않도록 하세요." 그런데 가끔은 이런 대답을 하는 사람도 있다. "저는 종일 침대에 누워 있고 싶어요." 내가 만일 그러라고 허락하면 그에게 더는 그러고 싶은 마음이 생기지 않는다는 걸 알고 있다. 내가 그러지 말라고 하면 그는 나와 전쟁을 시작할 것임을 또한 알고 있다. 나는 언제나 동의한다.

이것이 첫 번째 규칙이다. 다른 규칙은 환자들의 생활 태도를 좀 더 직접적으로 공격한다. 나는 이렇게 말한다. "당신은 내 처방을 따르기만 하면 2주 안에 나을 수 있습니다. 매일 어떻게 하면 누군가를 기쁘게 할 수 있을지 생각해 보십시오." 이 말이 그들에게 어떤 의미인가를 생각해 보라. 그들은 언제나 "어떻게 하면 다른 사람을 걱정시킬까?" 하는 생각만 하고 있다. 이 말에 대한 대답은 매우 흥미롭다. 어떤 사람은 이렇게 말한다. "그렇게 하는 거야 정말 쉽죠. 평생 그렇게 해왔는걸요." 그들은 한 번도 그렇게 해본 적이 없다. 나는 그들에게 잘 생각해 보라고 말한다. 하지만 그들은 잘 생각해 보지 않는다. 나는 이렇게 말한다. "밤에 잠이 안 올 때 어떻게 하면 누군가를 기쁘게 만들 수 있을까 생각하면서 시간을 보내세요. 당신의 건강에 큰 도움이 될 것입니다." 다음 날 환자를 만나면 이렇게 묻는다. "내가 제안한 걸 깊이 생각해 보셨나요?" 그러면 그들은 이렇게 대답한다. "지난밤에는 눕자마자 잠이 들었습니다." 물론 이 모든 일은 조금도 우월감을 보이지 않는 상태에서 조심스럽고 친근한 태도로 이루어져야 한다.

어떤 사람들은 이렇게 대답한다. "저는 그렇게 못 하겠습니다. 너무 걱정되어서요." 그러면 나는 이렇게 말한다. "걱정을 멈추려 하지 마세요. 다만 동시에 가끔 다른 일도 생각해 보세요." 나는 언제나 그들의 관심을 그들과 가까운 사람들에게로 돌려놓으려 한다. 많은 사람은 이렇게 묻는다. "제가 왜 다른 사람을 기쁘게 해야 하지요? 다른 사람들은 나를 기쁘게 만들려고 하지 않는데요." 그러면 나는 이렇게 대답한다. "당신은 자신의 건강을 생각해야 합니다. 다른 사람들도 나중에 같은 고통을 겪을 것입니다." 환자가 "선생님이 제안하신 것을 깊이 생각해 보았습니다."라고 말하는 경우는 거의 없다.

나는 환자가 주변에 대해 더 많이 관심을 두도록 하는 데 모든 노력을 기울인다. 나는 환자가 가진 질병의 근본 원인이 타인과의 협력 부족임을 알고 있으며 환자 또한 그 사실을 깨닫기를 원한다. 환자가 자신의 동료들과 평등하고 협력적인 관계를 만드는 순간, 그는 치료된다. …… 종교가 사람들에게 부여하는 가장 중요한 과제는 언제나 '네 이웃을 사랑하라.'였다. …… 삶을 살면서 자신도 가장 큰 어려움에 부닥치고 또 남에게 가장 큰 피해를 주는 사람은 자신의 동료에 관심을 두지 않는 개인이다. 인간의 모든 실패가 발생하는 것은 이런 개인들로부터이다. …… 인간에게 요구할 수 있는 모든 것, 그리고 인간에게 줄 수 있는 최고의 찬사는 '좋은 직장 동료'이며, '좋은 친구'이며, '사랑과 결혼의 진정한 동반자'라는 말이다.

아들러 박사는 우리에게 매일 선행을 하도록 촉구한다. 그렇다면 선행이란 무엇인가? 예언자 마호메트는 이렇게 말했다. "선행이란 다른 사람의 얼굴에 기쁜 미소가 생기게 하는 것이다."

매일 선행을 하면 왜 선행을 하는 사람에게 그토록 놀라운 결과가 생기는 것일까? 왜냐하면 다른 사람을 기쁘게 하려고 노력하면 우리 자신에 관한 생각을 멈추게 되기 때문이다. 이는 곧 걱정과 두려움, 우울증을 낳는 그 행위 자체를 멈추게 된다는 의미이다.

뉴욕 5번가 521번지에서 문 비서 양성 학교를 운영하는 윌리엄 T. 문 여사가 우울증을 치료하는 데는 누군가를 어떻게 하면 기쁘게 할 수 있을까 생각하면서 2주씩이나 보낼 필요가 없었다. 그녀는 알프레트 아들러보다도 한 수 높았다. 아니 한 수가 아니라 열세 수 높았다. 그녀는 고아 두세 명을 어떻게 하면 기쁘게 만들어줄까 생각함으로써 자신의 우울증을 2주가 아니라 단 하루 만에 깨끗이 날려버렸다. 문 여사가 전하는 이야기는 다음과 같다.

5년 전 12월, 나는 슬픔과 자기 연민에 빠져 있었습니다. 오랫동안 행복한 결혼 생활을 누리던 끝에 남편이 세상을 뜨고 말았습니다. 크리스마스 휴가철이 가까워질수록 내 슬픔은 더 깊어갔습니다. 나는 평생 크리스마스를 홀로 보낸 적이 없었습니다. 그래서 다가오는 크리스마스가 너무나 두려웠습니다. 친구들이 자기들과 함께 크리스마스를 보내자며 초대했지만 흥겨운 시간을 갖고픈 생각이 전혀 없었습니다. 아무리 멋진 파티에 가더라도 손수건에 눈물이나 적시고 있을 것임을 충분히 알고 있었죠. 그래서 초대하겠다는 친구들의 호의를 거절했습니다. 크리스마스이브가 다가오자 점점 더 자기 연민에 빠져들었습니다. 우리 대부분이 그렇겠지만 사실 내게도 감사해야 할 일이 참 많았습니다.

크리스마스 전날 나는 오후 3시에 사무실에서 나와서 혹시 자기 연민과 우울증을 떨쳐버릴 수 있을까 하는 기대를 하고 5번가를 정처 없이 걷기 시작했습니다. 거리는 흥겹고 행복한 사람들로 가득 차 있었습니다. 그 광경을 보자 이제는 가버린 행복한 시절의 기억들이 다시 떠올랐습니다. 나는 아무도 없는 쓸쓸한 아파트로 돌아가야 한다는 생각에 견딜 수가 없었습니다. 마음이 혼란스러워서 어찌해야 좋을지 도무지 알 수 없었습니다. 눈물이 터져 나오는 것을 막을 수가 없었습니다.

대략 한 시간가량 정처 없이 걷다가 정신을 차려보니 어느 버스 터미널 앞이었습니다. 남편과 내가 종종 모험 삼아 아무 버스나 타곤 하던 기억을 떠올리고 그 버스 터미널에서 가장 먼저 눈에 띈 버스에 올랐습니다. 버스는 허드슨강을 건너고도 한참을 더 갔고 마침내 차장으로부터 "손님, 마지막 정거장입니다." 하는 소리가 들려왔습니다. 나는 버스에서 내렸습니다.

그 마을 이름이 무엇인지도 알지 못했습니다. 그곳은 조용하고 평화로운 작은 마을이었습니다. 돌아가려고 버스를 기다리고 있다가 주택들이 서 있는 길을 따라 걸음을 옮기기 시작했습니다. 한 교회 앞을 지나는데 '고요한 밤'을 부르는 아름다운 선율을 들었습니다. 나는 교회로 들어갔습니다. 교회 안에는 오르간 연주자 외에는 아무도 없었습니다. 나는 조용히 예배당 한쪽 구석에 자리를 잡고 앉았습니다. 예쁘게 장식된 크리스마스트리에서 나오는 불빛들이 장식들에 반사되어 마치 달빛 아래서 무수한 별들이 춤추는 것처럼 보였습니다. 아침부터 한 끼도 먹지 않아 허기진 데다가 긴 여운을 남기며 흐르는 음악 선율을 듣게 되자 졸음이 밀려왔습니다. 지치고 무거운 짐을 진 자였던 나는 어느새 깊은 잠 속으로 빠져들어 갔습니다.

잠에서 깨었을 때 내가 어디에 있는지 깨닫지 못했습니다. 나는 겁이 더럭 났습니다. 내 앞에는 크리스마스트리를 보기 위해 들어온 게 분명한 꼬마 두 명이 서 있었습니다. 그중에 어린 여자아이가 나를 가리키며 말했습니다. "산타클로스 할아버지가 보낸 사람 아닐까?" 내가 깨어나자 그 아이들도 놀랐습니다. 나는 아이들에게 해치지 않을 테니까 놀라지 말라고 말했습니다. 그 아이들이 입은 옷은 형편없었습니다. 나는 아이들에게 부모님은 어디 계시느냐고 물어보았습니다. 아이들은 "우린 아빠 엄마 없어." 하고 대답했습니다. 그 아이들은 나보다 훨씬 불쌍한 어린 고아들이었습니다. 그들을 보자 나는 내 슬픔과 자기 연민이 부끄러웠습니다. 나는 아이들에게 크리스마스트리를 보여주고는 가게로 데리고 가서 같이 간단히 요기한 다음 사탕과 선물 두어 가지를 사주었습니다.

내 외로움은 마치 마법처럼 사라졌습니다. 그 고아 두 명은 내가 몇 달간이나 찾아 헤매던 진정한 행복과 자신에 대한 용서의 느낌을 가져다주었습니다. 나는 그 아이들과 대화를 나누면서 그동안 내가 얼마나 행복했었는지를 깨달았습니다. 나는 부모님이 사랑과 보살핌으로 빛나게 만들어주신 내 어린 시절의 크리스마스에 대해 하느님께 감사드렸습니다.

나는 그 두 명의 고아에게 해준 것보다 훨씬 많은 것을 그 아이들로부터 받았습니다. 그때의 경험으로 나는 내가 행복해지기 위해서라도 다른 사람을 행복하게 만들 필요가 있다는 사실을 다시 한번 깨달았습니다. 행복은 감염된다는 사실을 알게 되었습니다. 베푸는 것이 곧 받는 것입니다. 다른 사람을 도와주고 사랑을 나누어줌으로써 걱정과 슬픔, 자기 연민을 극복하고 새로운 사람이 된 듯한 느낌이 들었습니다. 그리고 나는 실제로 그 순간뿐만 아니라 그 후로도 새로운 사람이었습니다.

나는 자신을 잊어버림으로써 건강과 행복을 찾은 사람들의 이야기로 책 한 권이라도 채울 수 있다. 예를 들어 미국 해군에서 가장 유명한 여성 가운데 한 명인 마가렛 테일러 예이츠의 경우를 보자.

예이츠 여사는 소설가이다. 하지만 그녀가 지은 그 어떤 미스터리 소설도 일본이 진주만에 있던 미군 기지를 습격하던 운명의 날 아침 그녀에게 일어난 실제 이야기보다 흥미롭지 않다. 예이츠 여사는 1년 이상이나 환자 신세였다. 심장에 문제가 있었다. 그녀는 하루 24시간 가운데 22시간을 침대에 누워서 보냈다. 그녀가 가본 가장 긴 여행은 햇볕을 쬐러 앞뜰로 나간 것이었다. 그때조차 그녀는 도와주는 사람의 팔에 의지해서 걸어야 했다. 그녀가의 이야기에 따르면 그녀는 당시 남은 생애 동안 환자로 지내야 할 것으로 생각하고 있었다고 한다. 그녀는 이렇게 이야기했다.

만일 일본이 진주만을 폭격해서 내 안일함을 깨뜨리지 않았더라면 아마 나는 다시 제대로 된 삶을 살지는 못했을 거예요. 그 일이 일어나자 모든 게 혼란과 혼동 그 자체였어요. 내 집 가까운 곳에서 폭탄이 터지는 바람에 그 충격으로 나는 침대 밑으로 나뒹굴었죠. 육군 트럭들이 히컴 육군 비행장, 스코필드 병영, 카네오헤 비행장으로 달려가서 부녀자와 어린이 등 육군과 해군 소속 군인 가족들을 공립학교로 대피시켰어요. 그리고 적십자는 이들을 수용할 여분의 방이 있는 집마다 전화를 걸었습니다. 내 침대 옆에 전화가 있는 것을 알고 있던 적십자 직원들이 우리 집을 정보센터로 사용하게 해달라고 하더군요. 그래서 나는 군인 가족들이 어느 집에 묵고 있는지 계속해서 상황을 파악하게 되었습니다. 육군과 해군 병사들에게는 가족들이 어디 있는지 알고 싶으면 나에게 전화를 하라는 지시가 내려졌습니다.

나는 곧 내 남편인 로버트 롤리 예이츠 사령관이 무사하다는 소식을 들었습니다. 나는 남편의 생사를 확인하지 못한 부인들의 기운을 북돋아주기 위해 노력했습니다. 그리고 남편이 전사했다는 소식을 들은 과부들을 위로하기 위해 노력했습니다. 과부는 정말로 많았습니다. 2,117명이나 되는 해군과 해병대 소속 장교와 병사들이 전사했고, 실종된 사람만도 960명이나 되었습니다.

처음에 나는 침대에 누운 채 이런 전화를 받았습니다. 그러다가 점차 침대에 앉아서 전화를 받았습니다. 마침내는 너무 바쁘고, 너무 정신이 없어서 내가 아프다는 사실은 다 잊어버리고 침대에서 나와 책상에 앉았습니다. 나보다 훨씬 더 어려운 사람들을 도우면서 나 자신을 완전히 잊었습니다. 그렇게 된 다음에는 매일 밤 규칙적으로 8시간 동안 잠자는 시간 외에는 다시는 침대 신세를 지지 않았습니다. 지금 생각해 보면 만일 일본이 진주만을 공격하지 않았더라면 나는 아마 평생 환자에 가까운 신세로 살았을 것입니다. 침대에 누워 있을 때는 편했습니다. 항상 누군가 시중을 들어주었기 때문에 나도 모르게 건강해지려는 의지가 사라진 게 아닌가 하는 생각이 듭니다.

진주만 습격은 미국 역사상 가장 비극적인 사건에 해당하지만, 개인적으로 보면 그것은 내게 일어난 일 가운데 가장 좋은 일이었습니다. 그 비극적인 위기는 내가 갖고 있으리라고 생각지도 못했던 힘을 발견할 수 있도록 해주었습니다. 그 일은 나에게 나 자신이 아니라 다른 사람들에게 관심을 가지도록 만들었습니다. 그 일은 내가 인생을 살면서 지향해야 할 더 크고 근본적이고 중요한 어떤 것을 제시해주었습니다. 이제 나는 나에 대해 생각하거나 나 자신을 염려할 시간적 여유가 없습니다.

정신과 의사에게 도움을 청하기 위해 달려가는 사람들 가운데 3분의 1은 마가렛 예이츠가 했던 대로 다른 사람들을 돕는 일에 관심을 가지기만 하면 아마도 병이 깨끗이 나을 것이다. 이게 내 생각일까? 그렇지 않다. 이와 거의 비슷한 말을 칼 융이 했다.

칼 융은 이 분야에서는 둘째가라면 서러워할 전문가이다. 그는 이렇게 말했다. "내 환자들 가운데 3분의 1은 임상적으로 규정할 수 있는 신경 질환 때문이 아니라 자기 삶의 무의미함, 공허함 때문에 고통받고 있다." 다르게 말하자면 그들은 남의 차를 얻어 타고 인생이란 길을 지나려고 하는데, 끊임없이 지나는 차 가운데 하나도 그들을 태워주지 않는다. 그래서 그들은 정신과 의사에게 달려가서 자신들의 사소하고 무의미한, 아무 쓸데 없는 삶에 대해 한탄한다. 그들은 배가 떠나버린 부두에 서서 자신 외의 모든 사람을 원망하면서 세상을 향해 자신들의 자기중심적인 욕망에 부응해달라고 소리친다.

여러분은 지금쯤 이렇게 생각하고 있을지도 모르겠다. '이런 이야기들은 내게 별 감흥을 주지 않아. 크리스마스이브에 고아들을 만난다면 나라도 관심을 가질 수 있겠다. 만일 내가 진주만에 있었다면 나도 마가렛 테일러 예이츠 여사가 했던 일을 기꺼이 했을 테고. 그런데 내 상황은 그런 게 아니야. 나는 아주 평범한 일상생활을 하고 있지. 하루에 8시간씩 지겨운 일을 하고 있고 말이야. 내게는 극적인 일이라곤 일어나지 않아. 그런데 어떻게 내가 다른 사람을 돕는 일에 관심을 가질 수가 있겠어? 그럴 이유가 어디 있지? 그게 내게 무슨 도움이 되지?'

충분히 나올 만한 질문이다. 이 질문에 대해 내 나름대로 대답해보겠다. 여러분의 존재가 아무리 단조롭다고 해도 분명 여러분은 살아가면서 매일 누군가를 만나고 있다. 여러분은 그들을 어떻게 대하고 있는가? 그냥 물끄러미 쳐다보기만 하는가? 아니면 그들로부터 어떤 반응을 끌어

내기 위해 노력하는가? 가령 우체부를 예로 들어보자. 그는 매년 여러분의 문가에 편지를 배달하기 위해 수백km를 걷는다. 여러분은 그가 어디에 사는지 물어보거나, 혹은 그의 부인이나 아이들의 사진을 한번 보자고 말을 붙이는 수고를 들여본 적이 있는가? 다리가 아프지는 않은지, 일이 지겹지는 않은지 물어본 적은 있는가?

가게 점원이나 신문 배달부, 아니면 길모퉁이에서 여러분의 신발을 닦아주는 사람에 대해서는 어떤가? 이들은 인간이다. 수많은 문제와 수많은 꿈과 수많은 개인적 포부를 가진 인간이다. 또한 그들은 그것들을 다른 누군가와 공유할 기회를 갈망하고 있다. 여러분은 그 사람들에게 그럴 기회를 준 적이 있는가? 그 사람들이나 그들의 삶에 대해 진정한, 적극적인 관심을 보인 적이 있는가? 내가 말하는 게 바로 이런 것이다. 세상을 더 좋게 만들기 위해, 여러분 자신의 개인적인 세상을 더 좋게 만들기 위해 여러분은 플로렌스 나이팅게일이나 사회 개혁가가 될 필요는 없다. 당장 내일 아침 여러분이 만나는 사람들에서부터 시작할 수 있다!

그게 여러분에게 무슨 도움이 되냐고? 훨씬 커다란 행복을 갖다준다! 더 큰 만족감과 여러분 자신에 대한 자부심을 가져다준다! 아리스토텔레스는 이런 자세를 '계몽된 이기주의'라고 불렀다. 조로아스터는 이렇게 말했다. "타인에게 선행하는 것은 의무가 아니다. 그것은 즐거움이다. 그럼으로써 너 자신의 건강과 행복이 증가하기 때문이다." 그리고 벤저민 프랭클린은 이것을 아주 간결하게 요약했다. 그는 이렇게 말했다.

당신이 다른 사람에게 좋은 일을 할 때, 당신 자신에게는 가장 좋은 일을 하고 있다.
When you are good to others, you are best to yourself.

벤저민 프랭클린(Benjamin Franklin)

"미국 건국의 아버지"로 불리는 인물 중 한 명이다. 특별한 공직에 오르지는 않았지만, 프랑스군과의 동맹에서 중요한 역할을 하였고, 미국 독립에도 기여하였다.

뉴욕 심리 상담 센터의 헨리 C. 링크 소장은 이렇게 적고 있다. "내 견해로는 현대 심리학의 발견 중 그 무엇보다도 중요한 발견은 자아실현이나 행복을 위해서는 자기희생 혹은 훈련이 필요하다는 사실을 과학적으로 증명했다는 것입니다."

다른 사람에 대해 생각하는 것은 여러분 자신에 대해 걱정하는 것을 막아줄 뿐 아니라 여러분이 많은 친구를 사귀고 커다란 즐거움을 맛볼 수 있도록 도와준다. 어떻게 이런 일이 가능할까? 언젠가 나는 예일대의 윌리엄 라이언 펠프스 교수에게 어떻게 그런 일이 가능했느냐고 물어보았다. 그는 이렇게 말했다.

나는 호텔이나 이발관, 가게 할 것 없이 어디를 가건 만나는 사람들에게 친근하게 인사를 건넵니다. 나는 그들을 기계의 부속품이 아니라 독립된 인간으로 대접하는 말을 건네려고 노력합니다. 예를 들어 가게에서 나를 도와주는 여직원을 보면 눈이나 머리가 예쁘다는 칭찬을 건네곤 합니다. 이발사에게는 종일 서 있어서 피곤하지 않으냐는 인사를 건넵니다. 그리고 어떻게 해서 이발사가 되었는지, 이 일을 시작한 지 얼마나 되었는지, 아니면 그동안 얼마나 많은 사람의 머리를 깎았는지 등을 물어봅니다. 그가 셈하는 것을 도와주기도 합니다. 내가 관심을 보이면 그 사람들이 기쁨으로 환해지는 것을 볼 수 있습니다. 나는 종종 기차역에서 짐을 날라주는 짐꾼들과 악수를 합니다. 그것만으로도 그 사람은 마음이 뿌듯해져서 종일 신나게 일을 합니다.

어느 여름이던가 무척 더운 날, 나는 뉴헤이븐 철도의 식당 칸으로 점심을 먹으러 갔습니다. 식당 칸은 사람들로 가득 차서 용광로처럼 더웠고 음식은 더디게 나왔습니다. 직원이 내게 와서 메뉴판을 건넸을 때 나는 이렇게 말했습니다. "오늘 저 무더운 주방에서 음식 만드는 사람들은 고생이 이만저만 아니겠군요." 직원은 상스러운 말부터 내뱉었습니다. 목소리에서 짜증이 묻어 나왔습니다. 처음엔 그가 화를 낸다고 생각했습니다. "정말 돌아버리겠습니다. 오는 사람마다 음식 불평을 합니다. 왜 이렇게 늦게 나오느냐고 야단을 치고, 왜 이리 더우냐, 왜 이리 비싸냐 불평을 합니다. 저는 19년간이나 이런 잔소리만 들었지, 선생님처럼 저 찌는 주방에서 요리하는 사람 걱정하는 말씀을 하시는 분은 처음입니다. 선생님 같으신 손님이 더 많아지면 정말 좋겠습니다." 그는 이렇게 소리쳤습니다.

그 직원은 내가 그 흑인 요리사들을 커다란 철도회사의 한 부품이 아니라 하나의 인간으로 생각하는 것을 보고 깜짝 놀랐습니다. 사람들이 원하는 것은 인간적인 작은 관심입니다. 길거리를 가다가 예쁜 개를 보면 나는 항상 그 개가 예쁘다는 칭찬을 합니다. 지나치고 나서 슬쩍 뒤를 돌아보면 개 주인이 뿌듯한 마음으로 개를 바라보면서 쓰다듬어 주는 것을 종종 보게 됩니다. 내가 그의 개를 보고 멋지다고 하니까 그도 멋지다는 생각을 다시 하게 된 것이지요.

언젠가 영국에서 양치는 사람을 만난 적이 있는데 그 사람 곁에 아주 커다랗고 영리한 양치기 개가 있기에 진심 어린 감탄의 말을 건넸습니다. 나는 그에게 개를 어떻게 훈련했느냐고 물어보았습니다. 그 사람과 헤어져서 걸어가다 뒤를 돌아보았더니 그가 개의 발을 자신의 어깨에 걸치게 하고 개를 쓰다듬어 주고 있는 것을 볼 수 있었습니다. 양치기와 그의 개에 작은 관심을 보여줌으로써 나는 그를 행복하게 만들었습니다. 그리고 나는 그 개를 행복하게 만들었습니다. 또한 나 자신을 행복하게 만들었습니다.

여기에 짐꾼들과 악수하고, 뜨거운 주방에서 일하는 요리사들을 격정하는 말을 하며, 개를 데리고 가는 사람에게 개가 정말 멋지다고 말하는 사람이 있다. 여러분은 이 사람이 기분이 안 좋거나 걱정을 너무 많이 해서 정신과 의사의 신세를 져야 하는 상황을 상상할 수 있는가? 그런 상상을 하기는 쉽지 않을 것이다. 그렇지 않은가? 이런 경우에 적합한 중국 속담이 있다. "장미를 건네는 손에는 언제나 장미 향이 묻어 있다." 이 말을 예일대의 윌리엄 라이언 펠프스 교수에게 할 필요는 없을 것이다. 그는 이것을 알고 있었고, 그 말대로 살았다.

만일 여러분이 남자라면 다음 이야기는 그냥 넘어가라. 그다지 흥미롭지 않을 것이다. 불행하고 걱정이 많은 한 소녀가 어떻게 해서 여러 남자의 구애를 받게 되었는지를 말하는 대목이기 때문이다. 이 이야기의 주인공은 이제는 할머니가 되었다. 몇 년 전 나는 그들 부부의 집에서 하룻밤 묵은 적이 있다. 그녀가 살던 동네에서 내 강의가 있었다. 내가 묵은 다음 날 아침 그녀는 뉴욕 센트럴역으로 가는 기차를 탈 수 있도록 나를 50마일 정도 떨어진 역으로 태워다 주었다. 이야기를 나누던 중

화제가 친구를 만드는 일에 이르자 그녀는 이렇게 말했다.

"카네기 씨. 지금까지 아무에게도, 우리 남편에게도 털어놓지 않은 이야기를 하나 들려드리지요." (여담이지만 이 이야기는 여러분이 기대하는 것만큼 재미있는 이야기가 아닐지도 모르겠다) 그녀는 자신이 필라델피아 사교계에서 알려진 집안에서 자랐다고 털어놓았다. 그러고는 이렇게 말을 이었다.

어렸을 때, 그리고 성장하고 나서도 내 불행은 우리 집이 가난하다는 것이었습니다. 우리는 우리와 비슷한 사회적 신분을 가진 여자아이들이 누리는 것을 누릴 형편이 못 되었습니다. 고급 옷을 입어본 적은 한 번도 없습니다. 나는 빨리 자랐기에 옷은 금방 작아졌으며 그나마도 철이 지난 옷들이었습니다. 나는 너무나 창피하고 부끄러워서 울다 지쳐 잠이 들곤 했습니다. 그래서 순전히 궁여지책으로 한 가지 아이디어를 떠올렸는데, 그것은 저녁 모임에서 만나는 모든 상대에게 그들의 경험이나 생각, 미래에 대한 계획을 들려달라고 요청하는 것이었습니다. 이런 질문을 한 것은 내가 특별히 그 대답에 관심이 있었기 때문이 아니었습니다. 순전히 상대방이 내 보잘것없는 옷차림에 신경을 쓰지 못 하게 하려는 의도였습니다.

그런데 이상한 일이 일어났습니다. 상대방 남자가 하는 말을 듣고 그들에 대해서 더 많이 알게 될수록 그들이 말하는 이야기에 정말로 관심을 가지게 되는 게 아니겠어요? 관심을 가지고 이야기를 듣다 보면 나 스스로 옷에 관한 생각을 까맣게 잊어버리곤 했습니다. 그런데 나를 정말로 놀라게 하는 일이 일어났습니다. 이야기를 잘 들어주고 상대 남자가 자신에 대해 이야기하도록 부추겨줌으로써 그들은 행복감을 느꼈고, 나는 점차 내가 속한 사교 모임에서 가장 인기 있는 여자가 되었습니다. 결국 3명의 남자로부터 청혼을 받았습니다.

이 이야기를 읽은 사람 중 이런 말을 하는 사람이 있을지도 모르겠다. "다른 사람에게 관심을 가지라는 이런 이야기는 전혀 쓸모없는 말이야! 종교적인 사람들에게나 할 이야기야! 나에겐 이런 이야기가 안 통해! 나는 내 돈을 내 지갑에 넣어놓을 거야. 내가 가질 수 있는 건 몽땅 내가 가질 거야. 그것도 지금 당장. 다른 바보 얼간이들은 꺼지라고 해!"

만일 여러분의 의견이 이렇다면 그런 의견을 갖는 것에 대해 뭐라고 할 생각은 없다. 하지만 만일 여러분의 그런 생각이 옳다면, 예수, 공자, 부처, 플라톤, 아리스토텔레스, 소크라테스, 성 프란체스코 등 역사 이래의 모든 위대한 철학자와 스승들이 틀린 셈이 된다. 어쨌거나 여러분이 종교적 지도자들의 가르침을 비웃는 것도 가능하므로 무신론자들의 조언을 받아보기로 하자. 먼저, 당대 최고의 학자 가운데 한 사람으로 알려진 케임브리지 대학의 A. E. 하우스만 교수의 경우를 보자. 1936년 그는 케임브리지 대학에서 '시(詩)의 제목과 성격'이라는 주제의 강연을 했는데, 이 강연에서 그는 이렇게 말했다.

지금까지 논의된 가장 위대한 진리이자 인류 역사상 가장 심오한 도덕적 발견은 다음과 같은 예수의 말이다. '자기 목숨을 얻으려는 사람은 잃을 것이며 나를 위하여 자기 목숨을 잃는 사람은 얻을 것이다.'

성직자들이 이런 이야기를 하는 것을 평생 들었다. 하지만 하우스만은 무신론자에 염세주의자였으며 자살을 고민하던 사람이었다. 이런 그조차도 자신만을 생각하는 사람은 인생을 풍요롭게 살지 못한다고 생각했다. 그런 사람은 인생이 비참해진다. 하지만 다른 사람들에게 봉사하기 위해 자신을 잊는 사람은 인생의 즐거움을 발견한다.

A. E. 하우스만의 이야기에 별 감흥을 느끼지 못한다면 20세기 미국에서 가장 유명한 무신론자인 시이도어 드라이서의 이야기를 들어보자. 드라이저는 모든 종교는 동화라고 비웃었고 인생은 '바보가 하는 이야기로서 소리와 분노로만 가득 차 있으며 아무런 의미도 없다.'라고 생각했다. 하지만 드라이저는 예수가 가르친 단 하나의 위대한 원칙, "다른 사람을 섬기라."라는 원칙은 지지했다. 드라이저는 이렇게 말했다.

만일 누군가 자신의 생애에서 조금이라도 기쁨을 맛보고자 한다면, 그는 자기 자신뿐만 아니라 다른 사람들을 위해서 상황을 개선하려는 생각을 하고 계획을 세워야 한다. 왜냐하면 그 자신의 기쁨은 다른 사람들에게서 나오는 것이며, 다른 사람들의 기쁨은 그에게서 나오기 때문이다.

드라이저가 주장한 대로 '다른 사람들을 위해 상황을 개선'할 생각이라면 가능한 빨리 그렇게 해야 한다. 시간은 쉴 새 없이 지나가고 있다. "나는 이 길을 단 한 번만 지나갈 수 있다. 그러므로 내가 다른 사람에게 선행을 베풀거나 친절을 보여줄 조그마한 기회라도 생긴다면, 지금 바로 해야 한다. 미루어놓거나 게을리해서는 안 된다. 이 길을 다시는 지나갈 수 없기 때문이다."

그러므로 걱정을 멈추고 평화와 행복을 키우고 싶다면, 다음의 방법을 꼭 기억하라.

평화와 행복을 부르는 정신 자세를 갖추는 7가지 방법 7

- **다른 사람에게 관심을 가져서 자신을 잊어버려라.**
  Forget yourself by becoming interested in others.
- **매일 다른 사람의 얼굴에 미소가 생기도록 선행을 해라.**
  Do every day a good deed that will put a smile of joy on someone's face.

평화와 행복을 부르는 정신 자세를 갖추는 7가지 방법

1 평화와 용기, 건강, 희망에 관한 생각으로 정신을 가득 채우라. 우리의 인생은 우리가 생각하는 대로 만들어진다.

2 결코 원수에게 앙갚음하려고 하지 말라. 그것은 원수보다는 우리 자신을 더 해친다. 아이젠하워 장군이 했듯이 우리 마음에 들지 않는 사람들 생각으로 1분이라도 낭비하지 말자.

3
① 감사할 줄 모른다고 화내지 말고 아예 기대하지 말라. 예수가 하루에 나병 환자 열 명을 고쳐주었으나 오직 한 명만 감사했음을 기억하자. 우리가 예수보다 더 감사받아야 할 이유가 있는가?
② 행복을 찾는 유일한 길은 감사 받을 기대를 하는 것이 아니라 베푸는 데서 오는 즐거움을 누리는 것이다.
③ 감사는 '교육되는' 특성이 있음을 기억하자. 따라서 자녀가 감사하는 사람이 되길 바란다면 그들에게 감사하는 법을 가르쳐라.

4 여러분이 안고 있는 문제를 헤아리지 말고, 여러분이 받는 축복을 헤아려보라.

5 다른 사람을 모방하지 말라. 자신이 누구인지 알아내서 자신의 모습대로 살아라. '부러움은 무지'이며 '모방은 자살행위'이다.

6 운명이 레몬을 건네면 레모네이드를 만들기 위해 노력하라.

7 다른 사람에게 자그마한 행복을 만들어주기 위해 노력함으로써 우리 자신의 불행을 잊어버리자. "당신이 다른 사람에게 좋은 일을 할 때, 당신 자신에게는 가장 좋은 일을 하고 있다."

PART 5

걱정을 극복하는 완벽한 방법

The Perfect Way to Conquer Worry

내 부모님은 어떻게 걱정을 극복하셨는가

내 부모님은 어떻게 걱정을 극복하셨는가

HOW MY MOTHER AND FATHER CONQUERED WORRY

전에 말했듯이 내가 나고 자란 곳은 미주리에 있던 한 농장이다. 그 당시 대부분의 농부와 마찬가지로 내 부모님도 무척 어려운 생활을 하셨다. 어머니는 시골 학교 선생님이었고, 아버지는 한 달에 12달러를 받는 농장 일꾼이었다. 어머니가 우리 옷을 만들었을 뿐 아니라 그 옷을 빨 때 쓰기 위한 세탁비누도 만들었다.

일 년에 한 번 돼지를 팔 때를 제외하고는 우리 수중에 돈이 있을 때는 거의 없었다. 우리는 집에서 만든 버터와 달걀을 식료품 가게에 가져가서 밀가루와 설탕, 커피로 바꿔 왔다. 내가 12살이었을 때 개인적으로 쓸 수 있는 돈은 일 년에 50센트에 불과했다. 언젠가 독립기념일 축제를 구경하러 간 날 아버지가 내 마음대로 쓰라고 10센트를 주었던 일을 아직도 기억하고 있다. 나는 수만금이나 가진 것처럼 마음이 뿌듯했다.

나는 교실이 하나밖에 없는 시골 학교에 가기 위해 1마일을 걸어 다녔다. 나는 눈이 깊이 쌓이고 온도가 영하 30도 가까이 될 때도 걸어 다녔다. 나는 14살이 될 때까지 고무 덧신이건 그냥 덧신이건 가져 본 적이 없다. 길고 추운 겨울 동안 내 발은 언제나 젖어 있었고 차가웠다. 어렸을 때 나는 겨울에도 발이 젖지 않고 따뜻한 사람이 있다는 건 꿈에도 생각지 못했다.

내 부모님은 하루에 16시간씩 등골이 휘도록 일했지만 우리는 늘 빚을 갚느라 허덕였다. 그리고 궂은 일들은 끊임없이 생겼다. 내가 아주 어렸을 때 홍수로 102번 강이 범람해서 강물이 우리 옥수수 농장과 건초밭을 휩쓸고 지나가 모든 것을 망가뜨리는 것을 지켜보던 기억도 있다. 7년 가운데 6년 동안 홍수가 농작물을 휩쓸어 갔다. 해마다 돼지들은 콜레라에 걸려서 죽어 나갔고 우리는 그 돼지들을 불태웠다. 지금도 눈을 감으면 돼지 살이 타면서 나오는 지독한 냄새가 풍기는 것만 같다.

어느 한 해는 홍수가 일어나지 않았다. 농사는 풍작이었고, 우리는 가축을 사다가 농작물을 먹여서 살찌웠다. 하지만 그해도 홍수가 왔던 때와 그다지 다르지 않았다. 시카고 시장에서 가축 가격이 폭락했기 때문이다. 가축을 사다가 먹이고 살찌웠지만, 우리가 받은 돈은 처음에 가축을 살 때 들어간 돈에서 30달러가 더 늘었을 뿐이었다. 일 년 내내 고생한 대가로 겨우 30달러라니!

어떤 일에 손을 대든지 간에 우리는 돈을 잃었다. 아버지가 어린 노새들을 사 왔던 일을 아직도 기억한다. 우리는 3년간 그 노새들을 먹였고, 사람을 사서 노새들을 길들여서는 테네시주에 있는 멤피스로 실어 보냈다. 하지만 3년 전에 그 노새들을 살 때 낸 돈보다도 더 적은 돈을 받았다.

10년 동안이나 힘들여 일하며 고생했지만, 우리 수중에는 돈이 한 푼도 없었을 뿐 아니라 오히려 큰 빚만 지게 되었다. 우리는 농장을 저당 잡히고 대출을 받았다. 하지만 아무리 열심히 일해도 대출 이자를 갚기 힘들었다. 농장을 저당 잡고 대출을 해준 은행은 아버지를 무시하고 모욕했으며 농장을 빼앗아 가겠다고 협박했다. 아버지의 나이는 마흔일곱이었다. 30년 이상을 열심히 일했건만 아버지에게 돌아온 건 빚더미와 모멸감뿐이었다. 아버지는 도저히 현실을 인정할 수 없었다. 아버지는 늘 걱정을 했고, 그러면서 건강을 잃었다. 식욕이 생기지 않았다. 종일 들판에 나가서 힘들게 일했지만, 식욕이 너무나 없어 식욕을 돋우는 약을 먹어야 했다. 살도 빠졌다. 의사는 어머니에게 아버지가 6개월 이내에 죽을 것이라고 말했다. 아버지는 너무 심하게 걱정을 한 나머지 더는 살고 싶은 생각이 없었다.

어머니는 내게 "아버지가 말을 먹이거나 소젖을 짜러 축사로 갔는데 이상하게 시간이 오래 걸리면 혹시 목을 매고 죽은 건 아닐까 하고 부리나케 뒤쫓아 나가곤 했다."라는 말을 자주 들려주었다. 어느 날 아버지가 메리빌에 있는 은행에 갔더니 은행 측에서 목장을 처분하겠다고 위협하는 말을 했다. 그 말을 듣고 집으로 돌아오는 길에 아버지는 102번 강 위에 놓인 다리를 건너다가 마차에서 내려 강물에 뛰어들어 모든 걸 끝내느냐 마느냐를 갖고 한참이나 고민을 하기도 했다.

그로부터 한참 지나고 나서 아버지는 "그때 강으로 뛰어내리지 않은 유일한 이유는 어머니 때문이었다."라고 털어놓았다. 어머니는 우리가 하느님을 사랑하고 계율을 잘 지키면 모든 일이 잘될 것이라고 즐거운 마음으로 굳게 믿을 뿐 아니라 그 믿음에 따라 모든 것을 지키고 있었다.

어머니가 옳았다. 결국은 모든 게 잘되었다. 아버지는 그 후로도 42년 동안 행복하게 사시다가 1941년, 여든아홉을 일기로 돌아가셨다.

이렇게 힘들고 가슴 아픈 시기에도 어머니는 결코 걱정하는 법이 없었다. 어머니는 기도를 통해 자신의 모든 문제를 하느님께 맡겼다. 매일 밤 잠자리에 들기 전 어머니는 성경 구절을 우리에게 읽어 주셨다. 그 때 어머니나 아버지가 종종 읽어 주시던 성경 구절 가운데는 위안을 주는 이런 구절이 있었다.

"내 아버지의 집에는 거할 곳이 많도다. …… 내가 너희를 위하여 거처를 예비하러 가노니, …… 나 있는 곳에 너희도 있게 하리라." 이 구절을 읽고 나서 그 외로운 미주리주의 농장에서 우리는 모두 자신의 의자 앞에 무릎을 꿇고 하느님의 사랑과 보호를 갈구하는 기도를 드렸다.

윌리엄 제임스는 하버드 대학의 철학 교수로 있을 때 이렇게 말했다. "당연한 말이지만 걱정에 대한 최고의 처방은 종교적 신앙이다."

이런 사실을 발견하기 위해 하버드까지 갈 필요는 없다. 미주리의 농장에 살던 내 어머니도 그 사실을 알고 있었다. 홍수도, 빚더미도, 재난도, 어머니의 행복하고 빛나는 승리에 찬 영혼을 억압할 수 없었다. 어머니가 일하면서 부르시던 다음과 같은 노래가 아직도 내 귓가에 들리는 것 같다.

평화, 평화, 놀라운 평화,
하늘에 계신 아버지에게서 흘러나오네.
영원토록 내 영혼에 넘치길 기도하네.
한없는 사랑의 파도로 나를 감싸네.

어머니는 내가 종교적인 일을 하며 일생을 보내기를 바랐다. 그래서 나는 해외 선교사가 되는 것을 진지하게 고민했다. 그러다가 대학에 진학했고, 세월이 지나면서 내게 변화가 생겼다. 나는 생물학, 과학, 철학, 비교 종교학 등을 공부했다. 나는 성경이 기록되는 과정에 관해 쓴 책을 읽었다. 나는 성경에 나온 이야기들에 많은 의문을 가지게 되었다. 그리고 그 당시 시골 교회 목사들이 가르치던 많은 편협한 주장에 대해 회의가 들었다. 나는 방황했다. 월트 휘트먼이 이야기한 것처럼 나는 '내 안에서 알 수 없는 의문들이 불쑥불쑥 생기는 것을 느꼈다'.

나는 무엇을 믿어야 할지 알 수 없었다. 인생의 의미도 찾을 수 없었다. 나는 더는 기도를 하지 않았다. 불가지론자가 되었다. 나는 모든 삶은 계획도 없고 목적도 없는 것이라고 믿었다. 나는 인간도 2억 년 전 지구상을 어슬렁거리던 공룡들과 마찬가지로 아무런 신성한 목적이 없다고 믿었다. 나는 공룡들이 그랬듯이 인류도 언젠가는 멸종될 것으로 생각했다. 나는 과학계에서 태양은 점차 식어가고 있으며, 지금보다 온도가 10%만 내려가도 지구상에는 어떤 형태의 생명체도 살아 있을 수 없다고 가르치고 있는 것을 알고 있었다. 나는 사랑의 하느님이 자신의 형상을 따라서 인간을 만들었다는 생각을 비웃었다. 수억에 수억을 더한 것보다 더 많은 태양이 아무 목적이 없는 힘으로 창조되어 검고 차가운, 무 생명의 우주 속에서 떠돌고 있다고 믿었다. 어쩌면 창조란 것 자체가 없었는지도 모른다. 그 태양들은 영원히 존재했는지도 모른다. 마치 시간과 공간이 영원히 존재하는 것처럼 말이다.

내가 지금 이 모든 문제에 대한 답을 알고 있다고 하는 것 같은가? 아니다. 우주의 신비, 생명의 신비를 설명할 수 있는 사람은 지금까지 한 명도 없었다. 우리는 신비로 둘러싸여 있다. 여러분의 신체 활동도 대단한 신비이다. 여러분 가정에 있는 전기도 그러하다. 벽 사이 틈에서 자라는 꽃도 그러하고, 여러분이 사는 집 창밖에 있는 풀들도 그러하다. GM 연구소를 이끌던 천재 찰스 F. 케터링은 풀은 왜 초록색인지 알아내기 위해 개인적으로 안티오크 대학에 매년 3만 달러를 기부하고 있다. 그는 만일 우리가 풀이 어떻게 햇빛과 물, 이산화탄소를 포도당으로 변화시킬 수 있는지 알아내기만 하면 문명을 바꿀 수 있다고 단언한다.

여러분이 타고 다니는 자동차 엔진의 작동도 대단한 신비이기는 마찬가지이다. GM 연구소는 수년 동안 수백만 달러를 쓰면서 실린더에서 생긴 스파크가 어떻게, 그리고 왜 폭발을 일으켜서 차를 움직이는지 알아내려고 노력했으나 여전히 해답을 찾지 못하고 있다.

우리가 우리 몸이나 전기 혹은 가스의 신비를 이해하지 못한다는 사실 때문에 우리가 그것들을 이용하지 못하거나 그 덕을 보지 못하는 건 아니다. 기도와 종교의 신비를 이해하지 못한다는 사실 때문에 종교가 가져다주는 더 풍요롭고 행복한 삶을 누리지 말아야 하는 것도 아니다.

조지 C. 콕스가 촬영한 미국의 시인 월트 휘트먼(왼쪽), 미국의 발명가 찰스 F. 케터링(오른쪽)

오랜 세월이 흐른 끝에 나는 마침내 산타야나가 한 말에 지혜가 담겨 있음을 이해하게 되었다.

> 인간은 인생을 이해하도록 만들어져 있지 않다. 인생을 살도록 만들어졌다.
> Man is not made to understand life, but to live it.

조지 산타야나(George Santayana)
스페인 태생의 미국 철학자로, 어느 학파에 속하지 않고 자신의 철학을 관철하였던 인물이다.

나는 되돌아갔다. 나는 …… 나는 종교로 되돌아갔다고 말하려던 참이었지만, 그 말은 정확하지 않을 듯하다. 나는 종교에 대한 새로운 개념으로 나아갔다. 나는 기독교 내부의 종파를 가르는 교리상의 차이에 더는 조금도 관심을 두지 않는다. 다만 종교가 내게 어떤 역할을 하느냐에 대해서만 커다란 관심이 있다. 이것은 내가 전기나 좋은 음식, 물이 내게 어떤 역할을 하느냐에 관심을 두는 것이나 마찬가지이다. 이것들로 인해 내 삶은 더 풍요롭고, 더 충만하고, 더 행복해진다. 하지만 종교는 이것들보다 더 큰 역할을 한다. 종교는 내게 정신적 가치를 부여해 준다. 그것은 내게 윌리엄 제임스의 표현대로 '인생, 더 큰 인생, 더 크고, 더 풍요롭고, 더 만족스러운 인생에 대한 새로운 열정'을 가져다준다. 종교는 내게 믿음과 희망, 용기를 준다. 긴장과 불안, 두려움, 걱정을 없애 준다. 내 삶에 목적을 부여하고, 방향을 제시해 준다. 내 행복을 크게 신장시켜 준다. 내게 넘치는 건강을 준다. 내가 나 자신을 위해 '어지럽게 돌아가는 인생이란 사막 한가운데 평화의 오아시스'를 창조할 수 있도록 도와준다.

프랜시스 베이컨이 350여 년 전에 한 말이 옳았다.

철학을 조금 하면 생각이 무신론으로 기운다. 하지만 철학을 깊이 하면 생각이 다시 종교로 돌아온다.

프랜시스 베이컨(Francis Bacon)
영국의 철학자, 정치인으로, 경험론의 시조이며 근대 철학의 개척자로 평가받는다.

언젠가 사람들이 과학과 종교 간의 갈등에 관해 토론하던 시절이 떠오른다. 하지만 그걸로 끝이었다. 최첨단 과학이라 할 수 있는 심리학에서도 예수의 가르침을 가르치고 있다. 왜일까? 그것은 심리학자들이 기도와 강한 종교적 신앙이 모든 질병 가운데 절반 이상을 일으키는 걱정이나 불안, 긴장, 두려움 등을 없애 준다는 사실을 깨달았기 때문이다. 심리학계 리더에 속하는 A. A. 브릴 박사가 말했듯이 "진정으로 종교적인 사람은 신경 질환에 걸리지 않는다."라는 사실을 그들은 알고 있다.

종교가 진실하지 않다면 인생은 무의미하다. 비극적인 광대놀음일 뿐이다.

나는 헨리 포드가 세상을 뜨기 몇 해 전 그와 만나 이야기를 나눈 적이 있다. 나는 그가 세계에서 가장 거대한 사업체 가운데 하나를 세우고 운영하면서 오랜 기간 긴장된 생활을 했을 테니까 그런 생활의 흔적이 드러나지 않을까 생각했다. 하지만 그를 보고 놀라지 않을 수 없었다. 일흔여덟이라는 나이에도 불구하고 그는 차분하고 건강하며 평안해 보였기 때문이다. 그에게 혹시 걱정에 시달린 적이 있냐고 묻자 그는 이렇게 대답했다. "없습니다. 저는 하느님이 모든 일을 주관하신다고 믿으며, 제 조언이 있어야 하신다고 생각지 않습니다. 하느님께서 책임을 맡고 계시므로 모든 일이 결국은 가장 좋은 모습으로 끝날 것이라고 믿습니다. 이런데 제가 걱정할 이유가 무엇이겠습니까?"

오늘날 심지어는 정신과 의사들조차 현대적인 복음 전파자가 되고 있다. 그들이 우리에게 종교를 가지고 살라고 하는 이유는 내세에 지옥에 가지 말라는 뜻이 아니다. 위궤양이나 협심증, 신경쇠약, 정신이상과 같은 현세의 지옥을 피하려고 종교를 가지기를 권한다. 심리학자나 정신과 의사들이 어떤 것을 가르치고 있는지 실제 사례를 보고 싶다면 헨리 C. 링크 박사가 지은 『종교에의 복귀』라는 책을 읽어보라. 여러분이 사는 근처의 공공 도서관에서 찾을 수 있을 것이다.

참으로 기독교를 믿는 것은 영감을 주며 건강하게 해주는 활동이다. 예수는 이렇게 말했다. "내가 온 것은 너희가 생명을 얻게 하되 더욱 풍성하게 얻게 하고자 함이니라." 예수는 당시 종교라는 이름으로 받아들여지던 메마른 형식과 죽은 제의를 비난하고 공격했다. 그는 반역자였다. 그는 새로운 종류의 종교, 세상을 뒤집겠다고 위협하는 종교를 가르쳤다. 이것이 예수가 십자가에 매달린 이유이다. 그는 종교가 인간을 위해 존재해야지 인간이 종교를 위해 존재해서는 안 된다고 설파했다. 인간을 위해 안식일을 만들었지, 안식일을 위해 인간을 만든 게 아니라고 가르쳤다. 그는 죄보다는 두려움에 대해서 더 많이 언급했다. 잘못된 종류의 두려움이 죄이다. 여러분의 건강에 대한 죄이며, 예수가 가르치던 더 풍요롭고, 더 풍부하며, 더 행복하고 담대한 삶에 대한 죄이다. 에머슨은 자신을 '즐거움의 학문을 가르치는 교수'라고 불렀다. 예수 또한 '즐거움의 학문'을 가르친 선생이었다. 예수는 제자들에게 "기뻐하고 즐거워하라." 라고 명령했다.

예수는 종교에서 중요한 것은 단 두 가지밖에 없다고 단언했다. 하나는 온 마음을 다해 하느님을 사랑하는 것이요, 다른 하나는 이웃을 내 몸과 같이 사랑하는 것이다. 알고 하든 모르고 하든 이렇게 하는 사람이 종교적인 사람이다. 이런 예로 오클라호마주, 털사에 사는 내 장인 헨리 프라이스를 들 수 있다. 그분은 황금률을 지키며 살고자 노력했고 절대 비열하거나 이기적이거나 부정직한 일을 할 줄 모르는 분이었다. 그러나 그분은 교회에 나가지도 않았으며 자신을 불가지론자로 여겼다. 하지만 절대 그렇지 않다! 어떤 사람이 기독교인인가? 존 베일리가 한 대답을 들어보자. 그는 아마 에든버러 대학교에서 신학을 가르친 교수 가운데 가장 뛰어난 사람일 것이다. 그는 이렇게 말했다. "기독교인이 된다는 것은 어떤 이념을 지적으로 받아들인다든가 어떤 규칙을 지킨다든가 하는 게 아니다. 어떤 특정한 정신을 가지고 어떤 특정한 삶을 살아야 한다."

만일 이렇게 하는 게 기독교인이라면 헨리 프라이스야말로 진정한 기독교인이다.

현대 심리학의 아버지 윌리엄 제임스는 친구인 토마스 데이비드슨 교수에게 편지를 보내면서 세월이 지날수록 '하느님 없이 살아간다는 게 점점 더 불가능'하다는 것을 깨닫는다고 썼다.

앞에서 나는 심판관들이 내 수강생들이 보낸 이야기 가운데 가장 좋은 글을 골라야 하는데, 두 개의 글이 너무나 뛰어나서 하나를 고르지 못하고 상금을 둘로 나누었다고 이야기했다. 지금부터 1등을 한 두 개의 이야기 가운데 두 번째 이야기를 하겠다. 한 여성이 '하느님 없이 살아간다는 게 불가능'하다는 것을 잊을 수 없을 정도로 힘든 체험을 통해서 깨닫게 된다는 이야기이다.

그 여성의 실제 이름은 다른 이름이지만 여기서는 메리 쿠쉬먼이라는 이름을 사용하겠다. 그녀에게는 자녀와 손자 손녀가 있는데, 그들이 그녀의 이야기가 글로 나온 것을 보면 당황할 수도 있다고 판단했기 때문에 그녀의 이름을 가명으로 해 달라는 요청에 동의했다. 하지만 그 여성은 분명히 실제 인물이다. 몇 달 전 그녀는 내 책상 옆에 놓인 팔걸이의자에 앉아서 내게 그녀의 이야기를 들려주었다. 그녀의 이야기는 다음과 같다.

대공황기에 남편이 받은 평균 급여는 일주일에 18달러였습니다. 그나마도 받지 못하는 경우가 적지 않았습니다. 왜냐하면 남편이 몸이 안 좋을 때면 급여를 받지 못했거든요. 그런 경우도 적지 않았습니다. 남편에게는 소소한 사건들이 계속해서 일어났습니다. 볼거리를 앓고, 성홍열에 걸리고, 감기도 끊이질 않았습니다. 우리는 우리 손으로 직접 지은 작은 집을 날리고 말았습니다. 가게에 줄 돈은 50달러나 밀려 있는데, 먹여 살려야 하는 아이들은 다섯이나 되었습니다. 나는 동네 사람들에게 빨래와 다림질을 해 주고 품삯을 받았고, 구세군 가게에서 낡은 옷을 사다가 손질을 해서 아이들에게 입혔습니다. 나는 늘 걱정을 했고, 그로 인해 몸까지 아파졌습니다.

하루는 우리가 50달러를 빚지고 있는 가게 주인이 열한 살 난 우리 아들을 붙잡고 와서는 연필 몇 자루를 훔쳤다고 하더군요. 그런 이야기를 하는데 우리 애는 옆에서 울고만 있었습니다. 나는 그 애가 정직하고 예민한

애라는 걸 알고 있었습니다. 그리고 그 애가 다른 사람들 앞에서 창피를 당하고 모욕을 당했다는 걸 알 수 있었습니다. 그 일은 사소한 일이었지만 나를 더는 버틸 수 없게 하는 결정타였습니다. 우리가 그간 견뎌왔던 그 모든 비참함이 한꺼번에 머리에 떠올랐습니다. 그리고 미래의 희망이라곤 조금도 찾아볼 수 없었습니다. 분명 순간적으로 걱정 때문에 내 머리가 이상해졌던 것 같습니다.

나는 세탁기를 끄고 이제 다섯 살밖에 되지 않은 어린 딸을 데리고 안방으로 들어가서 종이, 천 등으로 창문과 벽에 난 모든 틈을 꼭꼭 틀어막았습니다. 어린 딸이 물었습니다. "엄마, 뭐 하는 거야?" 내가 대답했습니다. "여기로 바람이 새어 들어오는구나." 그러고 나서 나는 안방에 있는 가스난로의 가스를 틀었습니다. 불은 붙이지 않고요. 딸을 옆에 누이고 침대에 누워 있는데, 딸이 말했습니다. "엄마, 이상해요. 우리 아주 조금 전에 일어났는데." 하지만 나는 이렇게 말했습니다. "괜찮단다. 낮잠이나 좀 자자꾸나." 그러고는 가스난로에서 가스가 새는 소리를 들으며 눈을 감았습니다. 나는 결코 그때의 가스 냄새를 잊지 못할 것입니다.

그런데 갑자기 음악 소리가 들리는 것 같았습니다. 귀를 기울여 들어보았습니다. 부엌에 있는 라디오를 끄지 않았던 모양입니다. 하지만 이제는 아무런 상관이 없었습니다. 그래도 음악은 계속되었고, 어느 순간 나는 누군가가 다음과 같은 찬송가를 부르는 것을 들었습니다.

> 짐 말은 우리 구주 어찌나 좋은 친군지.
> 걱정 근심 무거운 짐 우리 주께 맡기세.
> 주께 고하지 않는 고로 복을 얻지 못하네.
> 사람들이 어찌하여 아뢸 줄을 모를까.

이 찬송가를 듣고 있는데, 갑자기 내가 정말 끔찍한 잘못을 저질렀다는 생각이 들었습니다. 나는 내 모든 어려운 싸움을 나 혼자 이겨보겠다고 노력했습니다. 나는 모든 것을 주님께 기도로 고하지 않았습니다. …… 나는 벌떡 일어나서 가스를 끄고 문을 열고 창문을 들어 올렸습니다.

그날 오후 내내 울면서 기도했습니다. 하지만 도움을 요청하는 기도를 하지는 않았습니다. 단지 하느님께서 내게 주신 축복, 건강하고 착하며 심신이 모두 강인한 다섯의 빛나는 아이들을 주신 축복에 대해 온 마음을 다해 감사를 드렸습니다. 다시는 이번처럼 감사를 모르는 사람이 되지 않겠다고 하느님께 맹세했습니다. 그리고 나는 지금까지 그 약속을 지켰습니다.

집을 잃고 한 달에 5달러만 내면 빌릴 수 있는 조그만 시골 학교로 이사를 하게 되었지만, 그 학교에 대해서 나는 하느님께 감사드렸습니다. 적어도 비를 피하고 따뜻하게 지낼 수 있는 지붕이라도 있다는 사실에 대해 감사드렸습니다. 나는 이보다 더 심하지 않은 것에 대해 감사드렸고, 마침내 내 기도를 하느님께서 들으셨다고 생각합니다. 시간이 가면서 상황이 좋아졌기 때문입니다. 물론 하룻밤에 확 바뀐 건 아닙니다.

공황이 점차 약해져 가자 우리도 조금씩 돈을 잘 벌게 되었습니다. 나는 커다란 골프장의 휴대품 보관실에서 일하게 되었으며 부업으로 스타킹을 팔았습니다. 스스로 대학 졸업에 필요한 돈을 벌기 위해 아들 하나는 농장에서 일하기로 해서 아침저녁으로 젖소 13마리의 젖을 짰습니다.

지금 우리 아이들은 모두 자라서 결혼을 했습니다. 예쁜 손자 손녀도 셋이나 두었습니다. 그리고 가스를 틀었던 그 끔찍했던 날을 돌이켜 볼 때마다 나는 때맞춰 '일어나게' 해 주신 하느님께 감사를 드리고 또 드립니다. '만일 내가 그대로 누워 있었다면 얼마나 큰 기쁨을 놓쳤을까! 내가

누린 몇 년이나 되는 그렇게 멋진 시간을 영원히 잊어버리지 않았을까!'
지금은 이제 더 살고 싶지 않다는 말을 들을 때마다 이렇게 외치고 싶은 마음이 듭니다. '그러지 마세요! 절대로!' 우리가 겪어야 하는 가장 힘든 시간은 단지 순간에 불과합니다. 그 순간이 지나고 나면 미래가 펼쳐집니다.

미국에서는 평균적으로 35분에 한 명씩 자살하고 있다. 평균적으로 120초에 한 명씩 정신이상에 걸리고 있다. 그 사람들이 종교와 기도를 통해 얻을 수 있는 위안과 평안을 갖기만 했다면 대부분의 자살, 그리고 정신이상이라는 비극의 많은 경우는 막을 수도 있었을 것이다.

가장 뛰어난 심리학자 가운데 한 사람인 칼 융 박사는 그의 저서 『영혼을 찾는 현대인』에서 이렇게 말하고 있다. "지난 35년간 지구상의 모든 문명국가 사람들이 내게 상담을 받았다. 나는 수백 명의 환자를 치료했다. 인생의 후반부, 그러니까 35세 이상의 모든 환자 가운데 궁극적으로 인생에 관한 종교적인 시각을 갖추는 것 이외의 문제를 가진 경우는 본 적이 없다. 그들이 아픈 이유는 어느 시대건 살아 있는 종교가 그 추종자들에게 주는 것을 잃었기 때문이며, 종교적인 시각을 다시 획득하지 못한 사람은 한 명도 진짜로 치유되지 않았다고 말해도 전혀 무리가 아니다."

이 말은 무척 중요한 말이기 때문에 굵은 글자로 다시 한번 적어 보겠다. 칼 융 박사는 이렇게 말했다.

"지난 35년간 지구상의 모든 문명국가의 사람들이 내게 상담을 받았다.

나는 수백 명의 환자를 치료했다. 인생의 후반부, 그러니까 35세 이상의 모든 환자 가운데 궁극적으로 인생에 관한 종교적인 시각을 갖추는 문제 이외의 문제를 가진 경우는 본 적이 없다. 그들이 아픈 이유는 어느 시대건 살아 있는 종교가 그 추종자들에게 주는 것을 잃었기 때문이며, 종교적인 시각을 다시 획득하지 못한 사람은 한 명도 진짜로 치유되지 않았다고 말해도 전혀 무리가 아니다."

윌리엄 제임스도 이와 거의 흡사한 말을 했다. 그는 이렇게 단언했다. "믿음이란 인간이 의지하고 살아가는 힘이며, 믿음이 전혀 없다는 것은 붕괴를 의미한다."

부처 이래 인도 역사상 최고의 지도자인 마하트마 간디도 기도를 통해 견디는 힘을 얻지 않았다면 쓰러지고 말았을 것이다. 그걸 어떻게 아느냐고? 간디 스스로 그렇게 말했기 때문이다. 그는 이렇게 적었다. "기도가 없었더라면 나는 오래전에 미치고 말았을 것이다."

이와 비슷한 사례를 수없이 많은 사람에게서 볼 수 있다. 우선 이미 이야기한 대로 내 아버지만 하더라도 어머니의 믿음과 기도가 아니었다면 물에 빠져 죽고 말았을 것이다. 아마도 지금 정신 병원에서 비명을 지르고 있는 수천의 고통 받는 영혼들도 인생의 싸움을 혼자 감당하려는 대신 더 큰 힘에 의지하기만 했더라면 구원받았을 것이다.

고통받고 우리 능력이 한계에 부닥쳐서 절망하게 될 때 많은 사람은 신을 찾는다. 그래서 "간이 참호에는 무신론자가 없다."라고 하지 않던가. 그런데 절망에 빠질 때까지 기다릴 필요가 무엇인가? 매일 우리의 힘을 새롭게 하는 게 더 낫지 않겠는가? 일요일까지 기다릴 필요가 무엇인가?

몇 년째 나는 평일 오후 아무도 없는 교회에 들어가곤 한다. 내가 너무 급하고 바빠서 영적인 문제를 생각할 시간이 조금도 없다고 느껴질 때면 나는 자신에게 이렇게 말하곤 한다. '잠깐만, 데일 카네기. 잠깐만, 이 작은 친구야. 왜 그리 숨 가쁘게 뛰면서 서두르는가? 자네는 잠깐 멈춰서 어느 정도 생각을 정리하는 게 필요해.'

이런 때면 나는 열려 있기만 하면 어느 교회든 맨 처음 눈에 들어온 교회로 들어가곤 한다. 비록 나는 개신교도이긴 하지만 평일 오후 종종 5번가에 있는 성 패트릭 성당에 들어가서 앞으로 30년 후면 나는 죽겠지만 교회가 가르치는 위대한 영적인 진리는 영원하다는 생각을 되새기곤 한다. 나는 눈을 감고 기도한다. 이렇게 하면 곤두섰던 신경이 가라앉고 몸이 편안해지면서 내 관점도 명료해지고 내 가치 체계를 새로 정립하는 데 도움이 되는 것을 느낀다. 이런 습관이라면 여러분에게 권장해도 괜찮지 않을까?

지난 6년 동안 이 책을 쓰면서 나는 기도를 통해 두려움과 걱정을 극복한 사람들에 대한 구체적인 경우와 사례들을 많이 모았다. 내 서류 캐비닛 바구니에는 각종 사례가 넘쳐나고 있다. 전형적인 사례로 실망하고 의기소침해진 책 판매원 존 R. 앤서니의 이야기를 들어보자. 앤서니 씨는 현재 텍사스주 휴스턴에서 변호사로 일하고 있으며 사무실은 험블 빌딩에 있다. 그가 내게 다음과 같은 이야기를 들려주었다.

20년 전 나는 법률 사무소 문을 닫고 법률서 전문 출판사의 세일즈맨이 되었습니다. 내 주요 업무는 법조인들에게 법률 서적을 파는 것이었는데, 그 책들은 필수 서적이라 할 수 있었죠.

나는 그 일에 철저히 훈련되어 있었고, 능력도 갖추고 있었습니다. 나는 직판에 필요한 화술을 알고 있었고, 어떤 부정적인 반응에도 설득력 있는 대답을 할 수 있었습니다. 고객을 방문할 때면 변호사로서의 그의 지위, 하는 일의 성격, 정치 성향이나 취미에 대해서까지 미리 숙지를 했습니다. 상담하면서 능숙하게 그런 정보를 활용했습니다. 그런데도 어딘가에 문제가 있었습니다. 주문을 받을 수가 없었습니다. 점점 용기가 사라졌습니다. 며칠이 지나고 몇 주가 갈수록 나는 노력을 곱절로, 다시 곱절로 늘렸습니다.

하지만 비용을 감당할 정도의 판매를 할 수가 없었습니다. 마음속에 두렵고 무서운 느낌이 자라났습니다. 사람들을 찾아가는 것이 무섭게 여겨졌습니다. 고객 사무실 앞에 서면 너무 무서워서 문밖 복도를 이리저리 서성대거나 건물 밖으로 나가 주위를 한 바퀴 돌아야만 했습니다. 그렇게 소중한 시간을 한참이나 허비하면서 순전히 의지력으로 마치 사무실 문이라도 박살 낼 수 있을 정도의 용기가 생겼다고 억지로 믿은 후 떨리는 손으로 살며시 손잡이를 돌렸습니다. 그나마도 고객이 자리에 없기를 바라면서 말입니다!

나를 관리하는 판매 책임자는 내가 더 많이 판매하지 못한다면 보수를 줄 수 없다고 위협했습니다. 집에 있는 아내는 자신과 세 아이가 가게에 진 외상을 갚아야 하니 제발 돈 좀 갖다 달라고 애원했습니다. 걱정이 나를 사로잡았습니다. 날이 갈수록 점점 더 절망에 빠졌습니다. 어찌해야 할지 도무지 알 수 없었습니다. 아까 이야기한 대로 나는 집에서 하던 개인 법률 사무소 일을 그만두었고 고객들도 이미 떠났습니다. 이제 파산이었습니다. 심지어 내가 묵는 호텔 비용도 내지 못할 처지였습니다. 집으로 돌아갈 차표를 살 돈도 없었고 설사 표가 있다 해도 실패한 모습으로 집으로 돌아갈 용기도 없었습니다.

마침내 불행한 또 하루를 마치고 호텔 방으로 지친 발걸음을 옮기며 생각했습니다. '오늘이 마지막이다.' 어떤 식으로 말하건 간에 나는 완전히 실패한 사람이었습니다. 마음에 상처를 입고 의기소침해진 나는 어느 쪽으로 향해야 할지 알 수 없었습니다. 이제 살아도 그만, 죽어도 그만이었습니다. 이 세상에 태어난 것 자체가 원망스러웠습니다. 그날 저녁거리로는 뜨거운 우유 한 잔 외에 아무것도 없었지만, 그 우유 한 잔마저도 편히 살 수 있는 처지가 아니었습니다. 그날 밤 나는 왜 절망에 빠진 사람들이 호텔 창문을 열고 뛰어내리는지 이해할 수 있었습니다. 용기만 있었더라면 나도 그렇게 했을지도 몰랐을 것입니다. 나는 인생의 목적이 무엇인지 생각해 보려고 했지만 알 수 없었습니다. 도무지 떠오르지 않았습니다.

의지할 사람이 아무도 없었기 때문에 나는 하느님께 의지했습니다. 나는 기도하기 시작했습니다. 나는 전능하신 하느님께 나를 둘러싸고 있는 깊고 어두운 절망의 황야를 건널 수 있도록 빛을 달라고, 지혜를 달라고, 인도해달라고 간청했습니다. 나는 하느님께 아내와 아이들을 먹여 살릴 수 있도록 책을 팔아 돈을 벌게 해 달라고 애원했습니다. 기도를 마치고 눈을 뜨는데, 마침 그 외로운 호텔 방 찬장에 놓여 있던 기드온 성경이 보였습니다. 성경을 펼치는 순간 나는 예수님이 주신 아름답고도 영원한 약속을 읽을 수 있었습니다. 예전부터 지금까지 외롭고 걱정에 사로잡히고 실패한 수많은 사람에게 용기를 주었을 그 약속은 예수님이 사도들에게 어떻게 걱정을 막을 수 있는지를 가르치신 말씀이었습니다.

목숨을 부지하려고 무엇을 먹을까, 또는 무엇을 마실까 걱정하지 말고, 몸을 감싸려고 무엇을 입을까 걱정하지 마라. 목숨이 음식보다 소중하지 아니하냐? 몸이 옷보다 소중하지 아니하냐? 공중의 새를 보아라. 씨를 뿌리지도 않고, 거두지도 않고, 곳간에 모으지도 않으나, 너희의 하늘 아버지께서 그것들을 먹이신다. 너희는 새보다 귀하지 아니하냐? …… 너희는 먼저 하느님의 나라와 하느님의 의를 구하여라. 그리하면 이 모든 것을 너희에게 더하여 주실 것이다.

기도를 하고 이 말씀을 읽는 동안 기적이 일어났습니다. 곤두섰던 신경이 가라앉았습니다. 근심과 두려움, 걱정이 마음을 따뜻하게 해주는 용기와 희망, 승리의 믿음으로 변했습니다.

비록 호텔 숙박료를 계산할 돈도 갖고 있지 않았지만 행복했습니다. 나는 침대로 가서 몇 년 만에 처음으로 아무런 근심도 없이 달콤하게 잠을 잤습니다.

다음 날 아침 나는 고객이 사무실 문을 열 때까지 도저히 기다릴 수 없었습니다. 그 비가 내리고 춥지만 아름다운 날 아침, 활기차고 씩씩한 걸음걸이로 첫 번째 고객의 사무실 문에 이르렀습니다. 나는 침착하고 흔들림 없는 태도로 손잡이를 잡았습니다. 문을 열고서 고개를 들고 활기차게 그리고 적절하게 정중한 태도로 고객에게 똑바로 다가갔습니다. 그리고 이렇게 말했습니다. "안녕하세요, 스미스 씨! 올아메리칸 로북 컴퍼니의 존 R. 앤서니입니다!"

"아, 네, 그러세요." 그 역시 자리에서 일어나서 손을 내밀며 웃으면서 대답했습니다. "반갑습니다. 앉으시죠!"

그날 나는 몇 주 동안 판매한 것보다 더 많은 책을 판매했습니다. 그날 저녁 나는 개선 영웅처럼 자랑스럽게 호텔 방으로 돌아왔습니다. 마치 새로운 사람이 된 것 같았습니다. 그리고 실제로 새로운 사람이었습니다. 왜냐하면 새롭고도 의기양양한 정신 자세를 갖게 되었기 때문입니다. 그날 저녁 식사는 뜨거운 우유 한 잔이 아니었습니다. 절대 그렇지 않왔습니다. 제대로 된 스테이크 요리였습니다. 그날부터 내 판매 실적은 날로 늘어났습니다.

21년 전 그 절망의 밤, 텍사스주 애머릴로에 있던 한 작은 호텔에서 나는 다시 태어났습니다. 그다음 날, 나의 외적인 상황은 실패를 거듭하던 그 전 몇 주와 다를 바 없었지만, 내면에는 커다란 변화가 있었습니다. 갑자기 하느님과의 관계에 대해 눈을 뜨게 되었습니다. 단지 하나의 인간일 때는 쉽게 패배하지만, 그 안에 하느님의 힘이 살아 있는 인간일 때는 절대로 패하지 않습니다. 나는 확실히 압니다. 나 자신의 삶에서 그 일이 일어나는 것을 보았습니다.

"구하라! 그러면 너희에게 주실 것이요, 찾으라 그러면 찾을 것이요, 문을 두드리면 너희에게 열릴 것이니라."

일리노이주 하이랜드 8번가 1421번지에 사는 L. G. 비어드 부인은 엄청난 비극이 다가왔을 때 무릎을 꿇고 "오, 주여, 내 뜻대로 하지 마시고 당신 뜻대로 하옵소서." 하고 말함으로써 평화와 안정을 찾을 수 있다는 걸 깨달았다. 지금 내 앞에 놓여 있는 그녀의 편지는 이렇게 쓰여 있다.

어느 날 저녁 전화벨이 울렸습니다. 나는 전화벨이 열네 번이나 울린 다음에야 겨우 용기를 내어 수화기를 들었습니다. 나는 그 전화가 틀림없이 병원에서 왔다는 것을 알고 있었습니다. 그리고 나는 겁에 질려 있었습니다. 우리 집 어린 아들 녀석이 죽어 가고 있는 건 아닐까 두려웠습니다. 아들은 뇌막염을 앓고 있었습니다. 그 애에게 이미 페니실린을 처방했지만 그건 단지 체온을 오르락내리락하게 할 뿐이었습니다. 의사는 질병이 뇌에 침투하지 않았나 의심되며 만일 그렇다면 뇌종양으로 발전해서 사망하게 될지도 모른다고 걱정했습니다. 전화가 걸려오는 게 저에게는 공포였습니다. 그리고 그 전화는 병원에서 걸려온 전화였습니다. 의사는 즉시 와달라고 말했습니다.

아마 당신도 나와 남편이 대기실에 앉아 있는 동안 겪었을 고통을 상상할 수 있을 것입니다. 다른 모든 사람은 자신들의 아기를 안고 있는데, 우리만 거기 빈손으로 앉아서 우리 집 어린 녀석을 다시 한번 팔에 안을 수 있을지 없을지 걱정하고 있었습니다. 마침내 진료실로 들어가서 의사의 표정을 보았을 때 우리는 공포를 느꼈습니다. 그가 한 말은 더 큰 공포였습니다. 우리 아기가 살아날 가능성은 4분의 1에 불과하다는 것이었습니다. 그러고는 혹시 아는 의사가 있으면 불러서 상담하는 게 좋겠고 말했습니다.

집으로 돌아오면서 남편은 눈물을 흘리며 두 주먹을 불끈 쥐고 자동차 핸들을 내리치며 소리쳤습니다. "베츠, 나는 절대 우리 애를 포기할 수 없어." 남자가 우는 걸 본 적이 있으신가요? 그건 유쾌한 경험이 아닙니다. 차를 길가에 세우고 이야기를 나눈 결과 우리는 교회에 가서 우리 아기를 데려가는 게 하느님 뜻이라면 그 뜻에 따르겠다는 기도를 하기로 했습니다. 나는 신도석에 무너지듯 주저앉아 눈물을 흘리며 이렇게 기도했습니다. '내 뜻대로 되게 하지 마시고 당신 뜻대로 되게 하소서.'

이 말을 하는 순간 마음이 편안해졌습니다. 오랫동안 느끼지 못하던 평화로운 느낌이 찾아왔습니다. 집으로 돌아오는 내내 나는 이 말을 반복했습니다. '내 뜻대로 되게 하지 마시고 당신 뜻대로 되게 하소서.'

나는 그날 밤 오래간만에 편안히 잠들었습니다. 며칠 뒤 의사가 전화를 걸어서 보비가 위험한 고비를 넘겼다고 전해 주었습니다. 이제 네 살 된 우리 아이를 튼튼하고 건강하게 해 주신 것에 대해 하느님께 감사드립니다.

나는 종교를 여자나 아이들, 그리고 성직자를 위한 것으로 여기는 남자들을 알고 있다. 그들은 자신의 싸움을 혼자 싸울 수 있는 '사나이'임을 자랑으로 여긴다.

이들이 만일 세계에서 가장 유명한 '사나이'들 중에도 매일 기도하는 사람들이 있다는 사실을 안다면 얼마나 놀랄까. 예를 들면 '사나이' 잭 뎀프시는 자기 전에 항상 기도한다고 말했다. 식사를 하기 전에도 항상 하느님께 감사 기도를 드린다고 말했다. 시합이 있어서 훈련할 때도 매일 기도하고, 시합할 때도 매 라운드 공이 울리기 직전에 기도한다고 말했다. "기도는 내가 용감하고 자신 있게 싸울 수 있도록 도와줍니다."

'사나이' 코니 맥은 기도하지 않고는 잠을 자지 못한다고 말했다. '사나이' 에디 리켄베커는 기도를 통해 자신의 인생이 구원받았다는 것을 믿는다고 털어놓았다. 그는 매일 기도한다.

제너럴 모터스와 US 스틸의 고위 간부를 지냈으며 미국 국무장관을 역임한 '사나이' 에드워드 R. 스테티니어스는 매일 아침저녁으로 지혜와 인도를 비는 기도를 드린다고 말했다.

당대 최고의 금융인이었던 '사나이' J. P. 모건은 토요일 오후면 월스트리트 입구에 있는 트리니티 성당에 가서 무릎을 꿇고 기도를 드렸다.

'사나이' 아이젠하워가 영미 연합군의 최고사령관직을 맡기 위해 영국으로 날아갔을 때 그가 비행기에 가지고 오른 책은 성경 단 한 권이었다.

'사나이' 마크 클라크 장군은 전시에도 매일 성경을 읽고 무릎 꿇어 기도했다고 말했다. 장제스(蔣介石) 총통이 그랬고, '알 알라메인의 몬티'로 알려진 몽고메리 장군이 그랬다. 트라팔가르 해전으로 유명한 넬슨 제독도 그랬다. 워싱턴 장군과 로버트 E. 리 장군, 스톤웰 잭슨 장군을 비롯해 수많은 전쟁 영웅들이 그랬다.

이 '사나이'들은 윌리엄 제임스가 한 말에 담겨 있는 진리를 알고 있었다. "인간과 하느님은 상호 관계가 있다. 우리를 하느님의 영향에 맡김으로써 우리의 가장 깊은 운명이 이룩된다."

수많은 '사나이'들이 이 진리를 깨닫고 있다. 현재 7,200만의 미국인이 교회에 다니고 있다. 역사상 가장 많은 숫자이다. 전에 말했듯이 과학자들까지도 종교에 의지하고 있다. 예를 들어 『인간, 그 신비』라는 책을 썼으며 과학자에게 주어지는 최고의 영예인 노벨상을 받은 알렉시 카렐 박사의 경우를 보자. 카렐 박사는 <리더스 다이제스트>에 실린 글에서 이렇게 말했다.

기도는 인간이 낼 수 있는 가장 강력한 형태의 에너지이다. 그건 지구의 중력만큼이나 실제적인 힘이다. 의사로서 나는 모든 치료가 실패한 후에

1805년 10월 영국 해군과 프랑스·스페인 연합 함대가 벌인 트라팔가르 해전을 묘사한 J. M. W. 터너의 그림(왼쪽), 영국의 해군 제독 허레이쇼 넬슨을 그린 르뮤엘 프랜시스 애벗의 초상화(오른쪽)

조용히 기도에 힘쓰는 것만으로 질병이나 우울증을 이기고 일어나는 사람들을 보았다. …… 기도는 마치 라듐처럼 빛을 내며 스스로 힘을 발생시키는 에너지원이다. …… 기도를 통해 인간은 자신을 모든 에너지의 근원이 되는 무한한 힘으로 향하게 함으로써 자신의 유한한 에너지를 증가시키고자 한다. 기도할 때 우리는 우리 자신을 우주를 움직이는 무궁무진한 원동력에 연결한다. 우리는 이 힘의 일부가 우리가 필요로 하는 곳에 할당되기를 기도한다. 요구만으로도 우리의 인간적 부족함은 채워지고, 우리는 힘을 얻고 완전해져서 일어난다. …… 간절한 기도로 하느님을 찾을 때마다 우리의 심신은 더 낫게 변화한다. 남자건 여자건 단 한 순간이라도 기도를 하기만 하면 반드시 좋은 결과가 생긴다.

버드 제독은 "우리 자신을 우주를 움직이는 무궁무진한 원동력에 연결한다."라는 말이 어떤 의미인지 알고 있었다. 그렇게 할 수 있었던 그의 능력이 생애 최대의 시련을 견디게 해주었다. 그는 이 이야기를 자신의 책 『홀로』에서 말하고 있다. 1934년 그는 남극대륙 깊숙한 곳에 있는 로스 배리어 만년빙 아래 파묻혀 있던 오두막 안에서 다섯 달을 보낸 적이 있다. 그는 남위 78도 아래에서 유일하게 살아 있는 생명체였다. 오두막 위로는 눈 폭풍이 으르렁거렸다. 수은주는 영하 63도 밑으로 내려갔다. 그는 온통 끝없는 밤의 장막으로 둘러싸여 있었다. 어느 순간 그는 너무나 놀랍게도 자신이 난로에서 나오는 일산화탄소에 천천히 중독되고 있다는 사실을 깨달았다! 무엇을 할 수 있었겠는가? 도움을 줄 수 있는 곳은 아무리 가까운 곳도 123마일이나 떨어져 있었기 때문에 그가 있는 곳까지 오려면 적어도 서너 달은 걸릴 것이었다. 난로와 환기장치를 수리해 보았지만, 여전히 연기가 새어 나왔다. 그는 가끔 정신을 잃고 쓰러지기도 했다. 완전히 의식을 잃은 채 마룻바닥에 누워 있곤 했다. 먹을 수도 없었고, 잠을 잘 수도 없었다. 어찌나 쇠약해졌는지 침대를 벗어나기가 힘들 정도였다. 내일 아침 눈을 뜰 수 있을까 걱정되었던 적도 무척 많았다. 그는 분명 자신은 그 오두막 안에서 죽고 끝없이 내리는 눈이 자신의 시체를 묻어 버릴 것으로 생각했다.

무엇이 그를 살려 냈을까? 어느 날 깊은 절망에 빠져 있던 그는 일기를 꺼내 자신의 인생철학을 기록하려고 했다. 그는 이렇게 썼다. "인류는 우주에서 혼자가 아니다." 그는 하늘에 뜬 별을 생각했다. 별자리와 행성의 규칙적인 움직임에 대해 생각했다. 그러자 영원히 빛나는 태양이 언젠가는 남극의 구석진 곳도 비추기 위해 돌아올 것이라는 데 생각이 미쳤다. 그래서 일기에 이렇게 적었다. "나는 혼자가 아니다."

이 깨달음, 지구의 끝에 있는 얼음 구덩이 속에 있다 하더라도 자신이 혼자가 아니라는 이 깨달음이 리처드 버드를 살렸다. 그는 이렇게 말했다. "나는 그것이 나를 견디게 했음을 알고 있다." 그리고 이렇게 덧붙였다. "살아가면서 자신 안에 존재하는 능력을 다 쓰기는커녕 그 근처에라도 갔다고 할 만한 사람조차 찾아보기 힘들다. 우리 안에는 결코 사용한 적이 없는 능력의 샘이 깊이 숨겨져 있다." 리처드 버드는 하느님께 의지함으로써 그 능력의 샘을 열어서 그 능력을 사용하는 법을 깨달았다.

글렌 A. 아놀드는 버드 제독이 남극 대륙의 만년빙 속에서 깨달은 교훈을 일리노이주의 농원에서 똑같이 깨달았다. 일리노이주 칠러코시에 있는 베이컨 빌딩에서 보험 중개업을 하는 아놀드 씨는 자신이 걱정을 극복한 방법에 관해 이렇게 연설을 시작했다.

8년 전 나는 이게 내 인생에서 마지막이라고 믿으며 현관문을 열쇠로 열었습니다. 그러고는 차에 올라서는 강 하구 쪽으로 차를 몰았습니다. 나는 실패작이었습니다. 1개월 전 내 작은 세계가 한꺼번에 무너져 내리며 내 머리를 강타했습니다. 내 전기 설비 사업이 암초에 부딪힌 것입니다. 집에서는 어머니가 생사의 기로를 헤매고 있었습니다. 아내는 둘째 애를 임신하고 있었습니다. 치료비 청구서가 산더미처럼 쌓여만 갔습니다. 사업을 시작하면서 우리는 차며 가구며 할 것 없이 저당 잡힐 수 있는 것은 모조리 저당 잡혔습니다. 보험을 들어 놓은 것에 대해 약관 대출을 받기까지 했습니다. 이제 모든 것이 사라졌습니다. 나는 도저히 현실을 받아들일 수 없었습니다. 그래서 나는 차에 올라 강을 향해 달려가기 시작했던 것입니다. 엉망진창이 된 이 가슴 아픈 상황을 끝장낼 생각이었습니다.

나는 도심을 벗어나서 얼마간 달리다가 길가에 차를 세우고 차에서 내려 길바닥에 주저앉아서는 어린아이처럼 엉엉 울었습니다. 그러고 나서 정신을 차리고 생각을 하기 시작했습니다. 걱정에 사로잡혀 발을 동동 구르는 대신 건설적인 생각을 하려고 노력했습니다. '내 상황이 얼마나 안 좋은가? 더 나빠질 수 있는가? 희망은 전혀 없는가? 상황을 개선하기 위해 어떻게 해야 하는가?'

바로 그 자리에서 나는 모든 문제를 주님께 맡기고 주님께 해결해 달라고 간청하기로 했습니다. 나는 기도했습니다. 간절하게 기도했습니다. 다른 무엇도 아닌 내 생명이 기도에 달린 것처럼 기도했습니다. 그리고 실제로 내 생명은 기도에 달려 있었습니다. 그러자 이상한 일이 일어났습니다. 내가 내 모든 문제를 나보다 커다란 권능에 맡기자마자 내가 몇 달 동안이나 맛보지 못하던 마음의 평화가 찾아왔습니다. 울고 기도하면서 거기에 30분은 앉아 있었을 것입니다. 그러고 나서 집으로 돌아와 어린아이처럼 편안히 잠들었습니다.

다음 날 아침 나는 확신을 하고 일어났습니다. 더는 두려워할 것이 없었습니다. 하느님께 인도해 달라고 의지했기 때문이었습니다. 그날 아침 자신 있게 그 지역 백화점에 갔습니다. 그리고 전기 설비 파트의 일자리를 구하고 있다고 당당히 이야기했습니다. 나는 일자리를 잡을 수 있다고 믿었습니다. 그리고 실제로 일자리를 잡았습니다. 나는 전쟁으로 인해 전기 설비 산업 전체가 망하기 전까지 좋은 실적을 냈습니다. 그 후 생명보험을 파는 일을 시작했습니다. 여전히 위대한 인도자에게 모든 것을 맡긴 상태였습니다. 그게 바로 5년 전의 일입니다. 지금 나는 모든 빚을 갚았습니다. 아주 귀여운 아이들도 셋이나 됩니다. 우리 집도 생겼습니다. 차도 새로 장만했고 생명보험에 이만 오천 달러나 들어 놓았습니다.

지금 돌이켜 보면 모든 것을 잃고 너무나 낙담해서 강으로 차를 몰고 가던 일이 얼마나 다행인지 모르겠습니다. 그 비극으로 인해 하느님께 의지하는 법을 배웠으니까요. 지금 나는 전에는 꿈꾸지도 못하던 평화와 안정을 누리고 있습니다.

종교는 어떻게 우리에게 이런 평화와 안정, 강인함을 가져다 주는가? 이 질문에는 윌리엄 제임스가 답하도록 하겠다. 그는 이렇게 말한다. "잔물결 이는 표면에 커다란 파도가 치더라도 바다 깊은 곳은 절대로 흔들리지 않는다. 이와 마찬가지로 더 크고 더 영원한 현실을 꼭 붙들고 있는 사람에게 시시각각 변하는 개인 운명의 부침은 그다지 중요하지 않게 여겨진다. 그러므로 진정으로 종교적인 사람은 절대로 흔들리지 않으며 언제나 평정을 유지하고, 세월이 요구하는 어떤 의무에 대해서도 침착하게 준비가 되어 있다."

만일 걱정이 되고 불안하다면, 하느님께 의지해 보는 게 어떨까? 임마누엘 칸트가 말했듯이 “하느님에 대한 믿음을 받아들이는 게 어떨까? 왜냐하면 우리는 그런 믿음이 있어야 하기 때문이다.” 이제 우리 자신을 ‘저 우주를 움직이는 무궁무진한 원동력에’ 연결해 보는 게 어떨까?

여러분이 성격상 혹은 받은 교육으로 인해 종교적인 사람이 아니라 하더라도, 더 나아가 만일 여러분이 아주 철저한 무신론자라 하더라도, 기도는 여러분이 생각하는 것보다 훨씬 큰 도움이 된다. 왜냐하면 기도는 실제적이기 때문이다. 실제적이라니, 이게 무슨 의미일까? 실제적이란 말로 내가 의미하는 것은, 기도는 하느님을 믿건 안 믿건 간에 모든 사람이 공유하는 세 가지의 아주 기본적인 심리적 욕구를 충족시켜 준다는 의미이다.

첫째로, 기도는 우리를 괴롭히는 게 무엇인지 정확히 말로 표현할 수 있게 해준다. 우리는 4장에서 문제가 모호한 상태로 있는 한 그 문제를 해결하는 것이 불가능하다는 것을 보았다. 기도는 어떤 의미에서 우리의 문제를 종이 위에 기록하는 것과 매우 비슷하다. 하느님께 하더라도 문제를 해결하기 위한 도움을 요청할 때 문제를 말로 표현해야 한다.

둘째로, 기도는 우리에게 짐을 나 혼자 지는 게 아니라 나눈다는 느낌이 들게 해준다. 우리의 가장 무거운 짐, 우리를 가장 크게 괴롭히는 문제를 전적으로 혼자서 감당할 정도로 강한 사람은 거의 없다. 때로 우리의 걱정거리는 너무 내밀한 성격의 것이어서 가장 가까운 친척이나 친구에게도 털어놓을 수 없을 때가 있다. 그럴 때 기도가 해답이다. 정신과 의사라면 누구나 가슴이 답답하거나 긴장되고 심적인 고통에 휩싸일 때 누군가에게 고민거리를 털어놓는 것이 치료의 측면에서 이롭다고 이야기할 것이다. 누구에게도 털어놓을 수 없을 때, 우리는 항상 하느님께 털어놓을 수 있다.

셋째로, 기도는 실천이라는 적극적인 원칙을 현실화시켜 준다. 기도는 실천으로 가는 첫 단계이다. 무언가를 이루어 달라고 하루도 빠짐없이 기도하는 사람은 기도의 덕을 보게 되어 있다고 믿는다. 그러니까 원하는 일을 현실화하기 위해 어떤 행동을 취하지 않을 수 없다는 말이다. 세계적으로 저명한 과학자 알렉시 카렐 박사는 이렇게 말했다. "기도는 인간이 낼 수 있는 가장 강력한 형태의 에너지이다." 이런데도 기도를 활용하지 말아야 할 이유가 무엇인가? 하느님, 알라, 성령이든 자연의 신비한 힘이 우리를 돌보아 주기만 하면 정의를 가지고 다툴 이유가 어디에 있는가?

지금 당장 이 책을 덮고 안방으로 가서 문을 닫고 무릎을 꿇고 마음속에 있는 짐을 덜어 내는 게 어떻겠는가? 만일 신앙이 있지 않다면 성 프란체스코가 700년 전에 쓴 다음과 같은 아름다운 기도문을 외울 수 있게 해 달라고 전능하신 하느님께 빌어보라.

평화의 기도

주여, 나를 평화의 도구로 써 주소서.
미움이 있는 곳에 사랑을,
다툼이 있는 곳에 용서를,
의혹이 있는 곳에 믿음을 심게 하소서.
절망이 있는 곳에 희망을,
어둠이 있는 곳에 빛을,
슬픔이 있는 곳에 기쁨을 심게 하소서.

거룩하신 주님, 위로받기보다는 위로하고,

이해받기보다는 이해하며,

사랑받기보다는 사랑할 수 있도록 허락해 주소서.

우리는 줌으로써 받고,

용서함으로써 용서받으며,

죽음으로써 영생을 얻기 때문입니다.

이탈리아 화가 페데리코 바로치(Federico Barocci)가 그린 성 프란체스코(왼쪽), 이탈리아 아시시에 있는 성 프란체스코 대성당(오른쪽)

PART 6

비판을 받고도 걱정하지 않을 방법

How To Keep From Worrying About Criticism

I

죽은 개는 아무도 걷어차지 않는다

REMEMBER THAT
NO ONE EVER KICKS A DEAD DOG

1929년 미국 교육계를 발칵 뒤집어 놓는 사건이 발생했다. 전국에서 배웠다는 사람들이 그 사건을 직접 보기 위해 시카고로 몰려들었다. 몇 년 전 로버트 허친스라는 이름을 가진 한 청년이 식당 종업원으로, 벌목꾼으로, 가정교사로, 빨랫줄 판매원으로 일하면서 공부해 예일대를 졸업했다. 그로부터 겨우 8년이 지난 지금, 그는 미국에서 네 번째로 부유한 대학인 시카고 대학의 총장으로 취임했다. 그의 나이는? 서른. 도저히 믿을 수 없는 일이지 않은가! 나이 든 축에 속하는 교육자들은 머리를 흔들었다. 이 '천재 소년'에 대한 비판이 산사태처럼 쏟아졌다. 너무 젊다느니 경험이 없다느니 교육 철학이 비뚤어져 있다느니, 이러쿵저러쿵 말이 많았다. 심지어는 신문까지 공격에 가담하고 나섰다.

그가 취임하던 날 로버트 메이나드 허친스의 부친에게 한 친구가 이렇게 이야기했다. "오늘 아침 신문에 아드님을 비난하는 사설이 실린 것을 보고 깜짝 놀랐습니다."

"맞네." 허친스의 부친이 대답했다. "좀 심하더군. 하지만 이걸 기억해 두게. 죽은 개는 아무도 걷어차지 않는다네."

그렇다. 더 중요한 사람일수록 그 사람을 걷어차는 사람들은 더 큰 만족을 얻기 마련이다. 윈저 공이 된 에드워드 8세는 왕세자이던 시절에 경험을 통해 이런 사실을 절실하게 깨달았다. 그는 당시 데번셔에 있는 다트머스 대학에 다니고 있었는데, 이 대학은 미국으로 치면 아나폴리스에 있는 해군사관학교에 해당하는 학교였다. 왕세자가 열네 살가량 되었을 때였다. 하루는 해군 장교 한 사람이 그가 울고 있는 것을 보고 왜 울고 있느냐고 물어보았다. 그는 처음에는 털어놓지 않으려고 하다가 마침내 사실을 털어놓았다. 해군사관학교 생도들이 자신에게 발길질한다는 것이었다. 사관학교 학장은 생도들을 소환해서 왕세자가 불평을 한 것이 아님을 설명한 후 왕세자에게 그렇게 거친 짓을 한 이유가 무엇인지 물어보았다.

한참이나 발가락을 꼼지락거리며 우물쭈물하던 생도들은 자신들이 왕실 해군의 지휘관이나 함장이 되면 예전에 왕을 걷어차 본 적도 있다고 자랑하고 싶었기 때문에 그랬다고 털어놓았다. 그러니 만일 여러분이 걷어차이고 비판을 받는다면, 그 사람은 그럼으로써 자신이 중요해진다고 느끼기 때문에 그렇게 한다는 사실을 잊지 말라. 그것은 종종 여러분이 좋은 실적을 내고 있으며 주목할 만한 사람임을 뜻한다. 사람들 가운데는 자신보다 더 교양이 있거나 더 성공한 사람들을 깎아내리는 데서 천박한 만족감을 얻는 사람들이 적지 않다.

예를 들어 이 장을 쓰고 있는 사이에도 나는 어떤 여성으로부터 구세군의 설립자인 윌리엄 부스 장군을 비난하는 편지를 받았다. 나는 방송에서 부스 장군을 칭찬하는 말을 했다. 그래서 이 여성은 부스 장군은 불쌍한 사람들을 돕기 위해 모은 돈 가운데 800만 달러를 유용했다는 편지를 보낸 것이다. 물론 이는 전혀 근거 없는 비난이다. 하지만 이 여성이 기대한 건 진실이 아니었다. 이 여성은 자신보다 훨씬 높은 위치에 있는 사람을 끌어내리는 데서 오는 비열한 정신적 만족을 구하고 있었을 뿐이다. 나는 그녀가 쓴 비난의 편지를 쓰레기통에 버리고서 그런 여성과 결혼하지 않게 해 주신 것에 대해 하느님께 감사드렸다. 그녀의 편지는 부스 장군에 대해서는 조금도 알려주지 않았지만, 그녀 자신에 대해서는 많은 것을 알려주었다. 쇼펜하우어는 오래전 이런 말을 했다.

저속한 사람들은 위인들의 잘못이나 결점에서 커다란 즐거움을 느낀다.
Vulgar people take huge delight in the faults and follies of great men.

사람들은 예일대 총장이라면 결코 저속한 사람이라고 보지 않을 것이다. 하지만 전 예일대 총장 티머시 드와이트는 분명 미합중국 대통령에 출마한 어떤 사람을 비난하면서 커다란 즐거움을 느꼈다. 예일대 총장은 만일 그 사람이 대통령으로 당선되면 "우리는 우리의 아내와 딸들이 합법적인 매춘 제도의 희생자가 되어 눈 뜨고도 명예가 더럽혀지고, 겉으로 보기엔 그럴듯하지만, 속으로는 타락해서 교양과 미덕을 잃어버린 채 하느님과 인간 모두의 미움을 받는 존재가 되는 것을 보아야 할지도 모른다."라고 경고했다.

거의 히틀러를 비난하는 것처럼 들리지 않는가? 하지만 그게 아니었다. 이것은 토마스 제퍼슨을 비난한 말이었다. 어떤 토마스 제퍼슨일까? 설마 민주주의의 수호자이며 독립 선언문을 쓴 저 불멸의 토마스 제퍼슨은 아니겠지? 맞다. 다름 아닌 바로 그 토마스 제퍼슨이다.

미국인 가운데 '위선자', '사기꾼', '살인자나 다름없는 사람'이라는 비난을 받을 사람은 누구일 것 같은가? 한 신문에는 그가 단두대에 묶여 있고 커다란 칼날이 그의 목을 자르려고 하는 만화가 실리기도 했다. 그가 단두대로 가는 동안 사람들이 그를 야유하고 조롱하고 있었다. 누구였을까? 조지 워싱턴이다.

하지만 이런 건 아주 오래전에 일어난 일이다. 그 사이 인간 본성이 조금은 나아졌을지도 모를 일이다. 어디 한번 살펴보자. 1909년 4월 6일 개 썰매를 타고 북극점을 정복함으로써 세계를 놀라게 하며 전율을 안겨준 탐험가 피어리 제독의 경우를 보자. 그 일을 이루기 위해 수많은 용감한 사람들이 오랫동안이나 고통을 겪고 굶주림에 시달리거나 죽어 갔다. 피어리 자신도 추위와 굶주림으로 거의 죽을 뻔했다. 심한 동상에 걸린 그는 결국 여덟 개의 발가락을 잘라 내야 했다. 감당하지 못할 정도로 재난이 이어져서 이러다 정신 이상이 되는 게 아닌가 걱정하기도 했다. 워싱턴에 있던 그의 해군 상관들은 피어리가 커다란 인기와 명성을 얻자 약이 올랐다. 그래서 그들은 피어리가 과학 탐사를 한다는 명목으로 돈을 모으고는 "북극에서 빈둥대며 놀기만 했다."라는 누명을 씌웠다. 그리고 아마도 그들은 실제로 그렇다고 믿었을 것이다. 믿고 싶은 것을 믿지 않기란 거의 불가능하기 때문이다. 피어리에게 모욕을 주고 방해하려는 그들의 결정이 어찌나 심했던지 매킨리 대통령이 직접 명령을 내리고서야 피어리는 북극 탐험을 계속할 수 있었다. 만일 피어리가 워싱턴에 있는 해군 본부에서 서류 처리하는 일을 했다고 해도 그렇게 비난을 받았을까? 그렇지 않았을 것이다. 만일 그랬다면 그는 질투를 불러일으킬 만큼 중요한 위치가 되지 않았을 것이다.

그랜트 장군은 피어리 제독보다도 더 심한 경험을 했다. 1862년 그랜트 장군은 북군이 거둔 최초의 결정적인 승리를 이끌어 냈다. 오후 한나절 동안 이루어진 승리였지만 이 승리로 인해 그랜트는 단번에 전국적인 우상이 되었다. 이 승리는 멀리 떨어진 유럽에서도 커다란 반향을 일으켰을 뿐 아니라 메인주에서부터 미시시피강 둑에 이르기까지 교회에서는 종소리가 울려 퍼졌고 축포가 하늘을 수놓았다. 하지만 이런 대승을 거둔 지 6주가 지나기도 전에 북군의 영웅 그랜트는 체포되면서 군에 대한

미국의 해군 · 북극 탐험가 로버트 피어리(왼쪽), 미군에서 공개한 알링턴 국립묘지의 로버트 피어리 헌정 기념비(오른쪽)

통수권을 상실하였다. 그는 모멸감과 절망으로 눈물을 흘렸다. U. S. 그랜트 장군이 승리의 흥분이 채 가라앉기도 전에 체포된 이유는 무엇이었을까? 주요한 이유는 그가 콧대 높은 상관들의 질투와 부러움을 불러일으켰기 때문이었다.

부당한 비판으로 인해 걱정될 때면, 다음의 방법을 꼭 기억하라.

비판을 받고도 걱정하지 않을 방법 1

- **부당한 비판이란 종종 변형된 칭찬이라는 점을 기억하라.**
  Remember that unjust criticism is often a disguised compliment.
- **죽은 개는 아무도 걷어차지 않는 법이다.**
  Remember that no one ever kicks a dead dog.

II

비판을 받고도 상처받지 않는 방법

DO THIS–AND CRITICISM CAN'T HURT YOU

언젠가 나는 왕년의 '송곳눈' 스메들리 버틀러 소장과 대화를 나눈 일이 있다. 그 옛날의 '지옥 사신' 버틀러! 그를 기억하는가? 미국 해병대 지휘관 중에서 가장 화려하고 가장 허세가 심했던 장군.

그는 내게 자신은 어렸을 때 인기를 얻고 싶어서 안달이 났었고 누구에게나 좋은 인상을 남기고 싶어 했다고 털어놓았다. 그 시절에는 사소한 비판에도 속이 쓰리고 상처를 입었다. 하지만 그는 30년 동안 해병대 생활을 하면서 가죽이 두꺼워졌다고 고백했다. 그는 이렇게 말했다. "나는 심한 야단도 맞고 모욕도 당했습니다. 똥개니 독사니 스컹크니 하는 비난도 받았습니다. 상급자들에게서 욕을 먹기도 했습니다. 영어에 있는 입에 담지 못할 욕이란 욕은 다 들어 보았습니다. 신경 쓰이냐고요? 하! 요즘은 누가 내게 욕을 하는 소리가 들려도 그게 누군지 돌아보지도 않습니다."

어쩌면 왕년의 '송곳눈' 버틀러가 비판에 너무 무감각한 것인지도 모르겠다. 하지만 한 가지는 분명하다. 대부분의 사람들은 사소한 조롱이나 공격을 너무 심각하게 받아들인다는 것이다. 오래전 〈뉴욕 선〉 지의 기자가 내가 진행하는 성인 교육 강좌의 공개 수업에 참가한 후 나와 내가 하는 일을 비꼬았던 일이 기억난다. 내가 약이 올랐을까? 나는 그것을 개인적인 모욕으로 받아들였다. 나는 〈선〉 지의 운영 위원회 의장인 길 호지스에게 전화를 걸어서 그 기자에게 조롱하는 기사가 아니라 사실을 밝히는 기사를 쓰도록 해 달라고 요구했다. 나는 잘못에 합당한 벌을 받게 하겠다고 작심했다.

하지만 지금은 당시 내가 보인 반응을 부끄럽게 생각한다. 지금 생각해 보면 그 신문을 산 사람들 가운데 절반은 그 글을 보지도 못했을 것이다. 그 글을 읽은 사람들 가운데 절반은 별 의미 없는 여담 정도로 생각했을 것이다. 그 글을 읽고 고소해하던 사람들도 얼마 안 가 그 글을 까맣게 잊어버렸을 것이다.

스메들리 버틀러

요즘 나는 사람들이 여러분이나 나에 대해 생각하지 않으며 우리에 대한 말에 대해서도 신경 쓰지 않는다는 것을 깨닫는다. 사람들은 아침을 먹기 전에도, 아침을 먹은 후에도, 그리고 그 후로도 계속해서, 자정을 10분 넘긴 시간까지도, 자기 자신에 대해서만 생각한다. 사람들은 여러분이나 내가 죽었다는 소식보다 자신들의 미약한 두통에 대해서 천 배나 더 많이 생각한다.

설령 여러분이나 내가 중상모략을 당하고 조롱을 받고 배반을 당하고 등에 칼을 맞거나 배신을 당한다고 하더라도, 그것도 가장 친한 친구들 여섯 명 가운데 한 명꼴로 그런다고 하더라도 자기 연민에 빠져 허우적대지 말자. 그러는 대신 그것이 바로 예수에게 일어난 일 그대로임을 기억하자. 예수와 가장 가까운 친구 열둘 가운데 한 명은 오늘날로 치면 19달러 남짓한 뇌물을 받고 배신자가 되었다. 또한 가장 가까운 친구 열둘 가운데 또 다른 한 명은 예수에게 고난이 닥치자 바로 공개적으로 그를 부인했고, 예수를 알지도 못한다고 세 번이나, 그것도 맹세까지 해

은화를 받는 유다(왼쪽), 예수를 세 번 부인한 뒤 회개의 눈물을 흘리는 베드로(오른쪽)

가면서 단언했다. 여섯 명에 한 명! 이것이 예수에게 생긴 일이었다. 여러분이나 내가 이보다 더 좋은 결과를 바랄 이유가 어디 있는가?

나는 비록 사람들이 나를 부당하게 비판하지 못하도록 할 수는 없지만, 그보다 훨씬 중요한 일을 할 수 있다는 사실을 오래전에 깨달았다. 그것은 바로 그런 부당한 비난이 나를 흔들도록 할 것이냐 아니냐는 것은 내가 결정할 수 있다는 것이다.

좀 더 구체적으로 이야기해 보자. 나는 모든 비판을 무시하라고 권하고 있지 않다. 결코 그런 뜻이 아니다. 부당한 비판만을 무시하는 것에 대해 말하고 있다. 언젠가 나는 프랭클린 루스벨트의 부인인 엘리너 루스벨트 여사에게 부당한 비판을 받으면 어떻게 대처하는지 물어본 적이 있다. 여사가 그런 비판을 얼마나 많이 받았는지는 세상이 다 아는 일이다. 여사는 백악관에서 살았던 그 어떤 영부인보다도 더 열렬한 친구와 더 지독한 적들을 가졌을 것이다.

여사가 내게 털어놓은 바에 따르면 여사는 어렸을 때 병적으로 소심해서 다른 사람들이 뭐라고 할지 항상 겁내고 있었다고 한다. 다른 사람들의 비판을 무서워하던 그녀는 어느 날 친척 아줌마, 그러니까 시어도어 루스벨트의 누나에게 조언을 청했다. 그녀는 이렇게 말했다. "바이 고모님, 저는 이러이러하게 하고 싶어요. 그런데 사람들이 뭐라고 할까 무서워요."

시어도어 루스벨트의 누나는 그녀의 눈을 똑바로 바라보면서 이야기했다. "마음속으로 네가 옳다고 생각하면, 다른 사람이 뭐라고 하는지는 조금도 신경 쓰지 마라." 엘리너 루스벨트는 이 조언이 백악관에 입성했을 때 지브롤터의 바위처럼 정신적 지주가 되어 주었다고 말했다. 그녀는 비판을 피할 수 있는 유일한 방법은 드레스덴에서 만든 도자기 인형이 선반에 놓여 있는 것처럼 가만히 있는 것뿐이라고 했다.

> 어떻게 하든 비판은 피할 수 없습니다. 그러니 가슴으로 옳다고 믿는 것을 하세요. 해도 비난을 받고, 하지 않아도 비난을 받습니다.

애나 엘리너 루스벨트(Anna Eleanor Roosevelt)
미국 대통령인 프랭클린 루스벨트의 부인으로, 정치가, 사회운동가로도 활동하였다.

이게 그녀의 충고이다.

매슈 C. 브러시가 월스트리트 40번지에 있는 아메리칸 인터내셔널 코퍼레이션의 사장으로 있었을 때, 나는 그에게 혹시 비판에 민감하게 반응한 적이 있느냐고 물어보았다. 그러자 그는 이렇게 대답했다.

그럼요. 젊었을 때는 무척 민감하게 반응했지요. 당시는 모든 조직 구성원들이 나를 완벽하다고 봐주기를 간절히 바랐습니다. 그렇지 않으면 무척 신경이 쓰였지요. 처음에 나는 나랑 다른 목소리를 내는 첫 번째 사람의 비위를 맞추려고 노력했습니다. 하지만 그 사람을 무마하기 위해 한 행동은 다른 누군가를 화나게 만들기 일쑤였습니다. 그래서 다시 이 사람의 화난 것을 달래기 위해서 어떤 일을 하면, 그건 또다시 다른 몇 사람의 비위를 건드려서 벌떼처럼 달려들게 했습니다. 그러다 마침내 개인적인 비판을 피하려고 감정적으로 상처 입은 사람들을 무마하고 달래려고 할수록 적들은 더 많아질 수밖에 없다는 사실을 깨달았습니다. 결국 나는 이렇게 생각했습니다. '다른 사람보다 뛰어난 사람은 비판을 받을 수밖에 없다. 그러니 이런 생각에 익숙해지자.' 이것은 내게 커다란 도움이 되었습니다. 그때부터 나는 우선 내가 할 수 있는 최선의 것을 하고 나서는, 쏟아지는 비판을 고스란히 맞으면서 괴로워할 게 아니라 낡은 우산이라도 하나 펼쳐 들고 비판이 잦아들기를 기다리기로 했습니다.

딤스 테일러는 이보다 한 걸음 더 나아갔다. 그는 쏟아지는 비판에 흠뻑 옷을 적시고도 보란 듯이 가볍게 웃어넘겼다. 그는 라디오를 통해 뉴욕 필하모닉 심포니 오케스트라의 공연을 들려주다가 중간 휴식 시간에 해설을 덧붙이고 있었는데, 한 여성이 그에게 "당신은 거짓말쟁이, 배신자, 독사, 멍청이다."라고 하는 편지를 보냈다. 테일러 씨는 자신이 쓴 『인간과 음악』이라는 책에서 이렇게 말한다. "그 여성은 내 이야기를 좋아하지 않았던 게 아닌가 하는 생각이 든다." 그다음 주 방송에서 그는 수백만의 라디오 청취자들에게 그 편지를 읽어 주었다. 그랬더니 그 여성이 며칠 후 또다시 "당신이 여전히 거짓말쟁이이며 배신자, 독사, 멍청이라는 생각을 바꾸지 않는다."라는 편지를 보냈다. 비판에 대해 이런 식으로 대처하는 사람은 존경하지 않을 수 없다. 우리는 그의 차분함과 흔들리지 않는 평정심, 그리고 유머 감각을 존경한다.

찰스 슈워브는 프린스턴 대학교 학생들에게 강연하면서 자신은 자신의 제강 공장에서 일하는 한 나이 든 독일인 노동자에게서 정말로 중요한 교훈 하나를 배웠다고 고백했다. 그 나이 든 독일인은 전시 중에 다른 노동자들과 전쟁과 관련된 격론을 벌이게 되었는데, 다른 노동자들이 그만 그를 강물에 집어 던지는 일이 일어났다. 슈워브 씨는 이렇게 말했다. "그 노동자가 진흙투성이가 되어 내 사무실에 왔기에 그에게 당신을 강물로 내던진 사람들에게 뭐라고 해줬습니까 하고 물어보았더니, 그는 '그냥 웃어 주었지요.' 하고 대답했습니다."

슈워브 씨는 그 나이 든 독일인이 한 말, 즉 '그냥 웃는다.'를 자신의 신조로 삼았다.

이 신조는 여러분이 부당하게 비판을 받을 때 특히 유용하다. 여러분에게 말대꾸하는 사람에게는 한마디 더 쏘아 줄 수 있지만, '그냥 웃는' 사람에게 뭐라고 할 수 있겠는가?

링컨도 자신에게 쏟아지는 그 모든 신랄한 비난에 일일이 대응하는 것이 얼마나 부질없는 짓인가를 깨닫지 못했더라면 남북 전쟁 동안 압박감을 못 이기고 쓰러지고 말았을 것이다. 그가 자신을 비판하는 사람들을 어떻게 다루었는지에 대한 기록은 문학사의 보석이자 고전이 되었다. 맥아더 장군은 전쟁을 치르는 동안 자신의 회의실 탁자 위쪽에 이 구절을 걸어 놓았으며, 윈스턴 처칠 또한 고향 차트웰에 있는 자신의 서재 벽에 그 구절을 액자로 만들어 걸어 놓았다고 한다. 그 구절은 다음과 같다.

"내가 받는 공격 전부에 대해 답변은 하지 않더라도 적어도 읽어 보기라도 하겠다고 애쓴다면, 그건 다른 모든 일을 손에서 놓는 것과 마찬가지가 될 것이다. 나는 내가 아는 가장 좋은 방법을 택하고 있으며, 최선을 다하고 있다. 그리고 마지막까지 그렇게 할 것이다. 결과가 좋으면 내게 뭐라고 해도 아무 상관이 없다. 결과가 좋지 않으면 열 명의 천사가 내가 옳다고 해도 전혀 도움이 되지 않는다."

여러분이나 내가 부당하게 비판을 받을 때, 다음의 방법을 꼭 기억하라.

비판을 받고도 걱정하지 않을 방법 2

- **최선을 다하라. 그러고는 낡은 우산이라도 하나 펼쳐 들어서 비판의 빗줄기가 여러분의 목덜미를 타고 흘러내리면서 괴롭히지 못 하게 하여라.**

  Do the very best you can; and then put up your old umbrella and keep the rain of criticism from running down the back of your neck.

III

내가 저지른 바보 같은 짓들

FOOL THINGS
I HAVE DONE

내 개인 서류함에는 'FTD'라는 색인이 붙어 있는 폴더가 있다. '내가 저지른 바보 같은 짓들(Fool Things I Have Done)'이라는 뜻의 약자이다. 나는 그 폴더 안에 내가 저질렀던 바보 같은 짓들에 관한 기록을 넣어 놓았다. 나는 보통 비서를 시켜 메모들을 기록하게 하지만 때로 너무나 개인적이고 너무 어리석은 일에 관한 메모의 경우에는 비서에게 구술시키는 게 너무 창피해서 내가 직접 적어 놓기도 한다.

나는 아직도 내가 15년 전에 'FTD' 폴더에 넣어 놓은 데일 카네기의 몇 가지 비판을 기억할 수 있다. 만일 내가 나 자신에게 조금도 숨김없이 솔직했다면 지금쯤 내 서류함은 아마 이런 'FTD' 메모들로 넘치고 있을 것이다. 나는 지금으로부터 3천 년 전 이스라엘의 사울 왕이 했던 말에 진심으로 공감한다. "나는 바보 같았으며 너무나 많은 잘못을 저질렀다."

'FTD' 폴더를 꺼내서 나 스스로에 대해 적은 비판을 다시 읽을 때마다 그 기록들은 내가 평생토록 안고 갈 가장 어려운 문제, 즉 데일 카네기를 어떻게 관리할 것인가 하는 문제를 해결하는 데 도움이 된다.

나는 내 어려움에 대해 다른 사람 탓을 하곤 했다. 그러나 세월이 흘러 나이를 먹으면서, 그리고 희망 사항이긴 하지만 더 현명해지면서, 내게 닥친 거의 모든 불행은 결국은 나 자신 때문이었음을 깨달았다. 많은 사람이 나이가 들면서 이런 사실을 깨달았다. 세인트헬레나섬에 유배되어 있던 나폴레옹은 이렇게 말했다.

나의 몰락은 다른 누구도 아닌 나 자신 때문이다. 나 자신이야말로 내 최대의 적이었으며, 내 비참한 운명의 원인이다.

나폴레옹 보나파르트(Napoléon Bonaparte)
프랑스 제1제국의 황제. 프랑스 혁명 시기에 전쟁에서 활약하면서 프랑스 국민의 지지를 받아 황제의 자리에 올랐다. 그러나 라이프치히 전투에서 패배하여 실각하였고, 이후 엘바섬에 유배되었다.

내가 아는 사람 가운데 자기 긍정과 자기 관리의 문제에 대해서는 예술적인 경지를 보여 주던 어떤 사람에 관한 이야기를 해 보겠다. 그의 이름은 H. P. 하웰이다. 1944년 7월 31일, 뉴욕에 있는 앰배서더 호텔 가게에서 그가 갑자기 죽었다는 속보가 나오자 월스트리트는 깜짝 놀랐다. 왜냐하면 그는 미국 금융계의 리더로서 월스트리트 56번가에 있는 전미 상업 신탁 은행 이사회 회장일 뿐만 아니라 그 이외의 몇몇 대형 회사에서 이사로 재직하고 있었기 때문이다. 그는 정규 교육을 거의 받지 못한 채 시골 가게 점원으로 사회생활을 시작했지만, 나중에는 US 스틸 사의 채권 담당 임원이 되었으며 계속 승승장구하는 중이었다.

언젠가 하웰 씨에게 그렇게 성공을 거둔 비결이 무엇이냐고 물었더니 그는 이렇게 대답했다.

오랫동안 나는 그날 있었던 모든 약속을 보여 주는 약속 기록부를 적어왔습니다. 우리 가족은 토요일 저녁이면 어떤 일정도 잡지 않습니다. 왜냐하면 내가 토요일 저녁마다 그 한 주 동안 내가 한 일에 내해 자기 평가를 하면서 반성도 하고 인정도 하는 시간을 갖는다는 것을 알고 있기 때문입니다. 저녁 식사를 마치고 혼자 내 방으로 가서 약속 기록부를 펼쳐놓고 월요일 아침 이후 일어난 모든 상담과 토론, 회의에 대해 숙고합니다. 나는 이렇게 물어봅니다. '그때 나는 어떤 실수를 했는가?' '나는 어떤 일을 잘했는가, 그리고 어떻게 했다면 더 잘할 수 있었겠는가?' '그 경험에서 나는 어떤 교훈을 배워야 하는가?' 가끔은 이런 주간 반성을 하고 나면 기분이 매우 언짢아집니다. 내가 저지른 엄청난 실수에 놀란 적도 있습니다. 물론 세월이 흐르면서 이런 실수들은 점점 줄어들었죠. 이런 자기 분석의 방법은 해를 거듭하면서 계속되었고 내가 시도해 본 그 어떤 방법보다도 더 큰 도움이 되었습니다.

아마도 H. P. 하웰은 벤저민 프랭클린의 아이디어를 빌려왔을 것이다. 다른 점이 있다면 프랭클린은 토요일 저녁까지 기다리지 않았다는 점이다. 그는 자기 자신에 대한 철저한 반성을 매일 밤 시행했다. 그는 자신이 열세 가지 심각한 잘못을 저질렀음을 발견했다. 그 가운데 세 가지는 이런 것이었다. 시간을 낭비했다. 사소한 일에 신경을 썼다. 다른 사람들의 의견을 따지고 반박했다. 현명했던 벤 프랭클린은 자신이 이런 결점을 극복하지 못한다면 결코 좋은 결과를 낼 수 없다는 것을 잘 알고 있었다. 그래서 그는 자신의 결점 가운데 하나를 선택해서 매일 그 결점과 싸우며 그날은 누가 이겼는가를 기록하는 일을 일주일 동안 계속했다. 그다음 날엔 다른 나쁜 습관을 골라서 싸울 준비를 하고 공이 울리면 링 가운데로 나와 그 습관과 싸우곤 했다. 프랭클린은 매주 자신의 잘못과 싸우는 일을 2년 이상 지속했다. 그가 미국 역사상 가장 사랑받고 가장 영향력 있는 사람이 된 것도 전혀 놀랄 일이 아니지 않겠는가!

앨버트 허바드는 이렇게 말했다.

누구나 하루에 적어도 5분 동안은 미련하기 짝이 없는 사람이 된다. 지혜란 그 한계를 넘지 않는 데 있다.

앨버트 그린 허바드(Elbert Green Hubbard)

미국의 작가, 예술가, 철학가로, 로이크로프트라는 출판사를 설립하였다.

소인배는 아주 사소한 비판에도 불끈 성을 내며 달려든다. 하지만 현자는 자신을 비판하고 질책하며, 자신과 '서로 비키라며 길을 다투는' 사람들에게서도 배우려고 애를 쓴다. 이것을 월트 휘트먼은 이렇게 표현했다. "당신은 당신을 존경하고 당신을 부드럽게 대하고 당신 편을 들어주는 사람에게서만 교훈을 배웠는가? 당신을 무시하고 당신에게 빡빡하게 굴거나 당신과 서로 비키라며 길을 다투는 사람들에게서 더 큰 교훈을 배우지 않았던가?"

우리의 적이 우리나 우리의 일을 비판하기 전에 우리가 먼저 해 버리자. 우리 스스로 우리에 대한 가장 혹독한 비판자가 되자. 우리의 적이 입을 열기 전에 우리가 먼저 우리의 약점을 찾아내서 고쳐 버리자. 찰스 다윈이 바로 이렇게 했다. 사실 그는 비판하면서 15년을 보냈다. 이 이야기의 자초지종은 다음과 같다. 다윈은 자신이 쓰고 있던 역사적인 저서 『종의 기원』의 초고를 마쳤을 때 자신이 제시하는 창조에 관한 혁명적인 개념을 출판하면 지식층과 종교계에 한바탕 소동이 일어나리라는 것을 깨달았다. 그래서 그는 자기 스스로 자신의 비판자가 되어 자신의 자료를 검토하고 자신의 추론을 검증하고 자신의 결론을 비판하면서 15년을 보냈다.

만일 누군가 여러분을 '바보 천치'라고 깎아내렸다고 하자. 여러분은 어떻게 하겠는가? 화를 내겠는가? 분개하겠는가? 링컨은 이렇게 했다. 링컨 내각의 국방 장관인 에드워드 M. 스탠턴이 한번은 링컨을 '바보 천치'라고 불렀다. 스탠턴은 링컨이 자신의 업무에 개입했기 때문에 분개한 상태였다. 한 이기적인 정치인의 부탁에 못 이겨서 링컨은 일부 연대를 옮겨서 배치하라는 명령을 재가했다. 스탠턴은 링컨의 명령을 이행하기를 거부했을 뿐 아니라 그런 명령을 재가하는 걸 보면 링컨은 바보 천치임이 분명하다고 비난했다. 그래서 어떻게 되었을까? 스탠턴이 한 이야기를 전해 듣고 링컨은 차분하게 대답했다. "스탠턴이 나보고 바보 천치라고 했다면 아마 그 말이 맞을 거야. 그는 거의 언제나 정확하니까 말이야. 내가 그에게 직접 이야기해 보겠네."

링컨은 실제로 스탠턴을 찾아갔다. 스탠턴이 그 명령이 잘못된 것임을 설득시키자 링컨은 명령을 철회했다. 링컨은 진심이 담겨 있으며 정확한 지식에 기초하고 있고 도움을 주려는 의도에서 나온 비판은 환영했다.

여러분과 나도 그런 종류의 비판은 환영해야 한다. 왜냐하면 우리가 네 번 가운데 세 번 이상 옳기를 기대하는 것은 어렵기 때문이다. 시어도어 루스벨트는 대통령으로 재임하던 시절 자신이 바랄 수 있는 것은 잘해야 이 정도까지라고 이야기했다. 20세기 들어 가장 심오한 사상가 중의 한 사람인 아인슈타인도 그가 내린 결론의 99%는 잘못된 것이었다고 고백하지 않았던가!

라 로슈푸코는 이렇게 말했다.

우리 자신의 의견보다 우리 적들의 의견이 우리에 관한 진실에 더 가깝다.
The opinions of our enemies come nearer to the truth about us than do our own opinions.

프랑수아 드 라 로슈푸코(François de La Rochefoucauld)
프랑스의 귀족 출신 작가, 도덕 지상주의자로, 대표적인 작품으로는 『회상록』이 있다.

나는 이 말이 맞는 경우가 많다는 사실을 알고 있다. 하지만 내가 나 자신을 지켜보고 있지 않으면, 누군가가 나를 비판하기 시작하는 순간 나는 상대방이 무슨 이야기를 하는지 제대로 이해하기도 전에 자동으로 방어에 들어간다. 그렇게 할 때마다 나 자신이 혐오스럽다. 우리는 모두 비판을 거부하고 칭찬은 그대로 받아들이는 경향이 있다. 비판이 정당한지 칭찬이 정당한지는 신경도 쓰지 않는다. 인간은 논리적인 존재가 아니다. 인간은 감정적인 존재이다. 인간의 논리란 깊고 캄캄하며 폭풍이 몰아치는 감정이라는 바다 한가운데서 이리저리 흔들리는 작은 카누에 불과하다.

누군가 우리를 험담하는 소리를 듣더라도 방어하려고 애쓰지 말자.

그건 바보나 하는 짓이다. 좀 더 독창적이고, 겸손하면서, 재치 있는 방법을 쓰자. 비판하는 사람을 어리둥절하게 만들고 다른 사람들을 감탄하게 만들 수 있도록 말해보자. "만일 나를 비판하는 사람이 내 잘못을 다 알았다면, 지금보다 훨씬 심하게 나를 비판했을 것입니다."

이 책 앞쪽에서 나는 부당한 비판을 받을 때 어떻게 대응해야 하는지 말했다. 여기에 또 하나의 아이디어가 있다. 만일 여러분이 부당하게 비난을 받고 있다는 생각으로 화가 치솟고 있다면 잠깐 멈춰 서서 이렇게 생각해 보는 게 어떻겠는가? '잠깐만, 나는 전혀 완벽하지 않잖아. 아인슈타인조차 자신이 99%는 틀렸다고 하는데, 나는 적어도 80%는 틀리지 않을까? 어쩌면 내가 이런 비판을 받을 만할지도 몰라. 혹시라도 그렇다면 이 비판을 고마워해야 하고, 거기서 하나라도 얻으려고 노력해야지.'

펩소던트 컴퍼니의 찰스 럭맨 사장은 밥 호프를 방송에 내보내느라 일 년에 백만 달러를 쓴다. 하지만 그는 그 프로그램을 칭찬하는 편지를 거들떠보지도 않고 고집스레 비판적인 편지만 골라서 읽는다. 그는 거기서 뭔가 배울 수 있다는 것을 알고 있다. 포드 자동차는 회사의 관리와 운영에 어떤 문제가 있는지 알아내기 위한 적극적인 조치로 최근 종업원들의 의견을 조사하고 또 그들에게 회사를 비판해 달라고 요청했다.

나는 서슴없는 비판까지도 요청하던 전직 비누 판매원을 알고 있다. 그가 처음 콜게이트사의 비누를 판매하기 시작했을 때는 주문이 그리 많지 않았다. 그는 일자리를 잃지 않을까 걱정이 되었다. 비누나 가격에는 아무런 문제가 없음을 알고 있었던 그는 자신에게 문제가 있을 것으로 생각했다. 어느 한 곳에서 판매에 실패하면 그는 그 주변을 서성거리면서 무엇이 잘못이었는지 알아내려고 노력했다. '내가 너무 모호했던 것일까? 열정이 부족했던 것일까?' 가끔 그는 조금 전 만났던 장사꾼에게 다시 가서 이렇게 말했다.

"제가 다시 여기 온 건 비누를 팔기 위해서가 아닙니다. 제게 조언과 비판을 해 주시길 요청하기 위해 다시 왔습니다. 조금 전에 제가 비누를 판매하기 위해 왔을 때 제가 어떤 잘못을 했는지 알려 주시면 고맙겠습니다. 당신은 저보다 훨씬 경험도 많고 성공도 했습니다. 제게 비판의 말을 해 주시기를 바랍니다. 솔직하게 말씀해 주십시오. 조금도 사정봐주시지 말고 있는 그대로 말씀해 주십시오."

이런 태도를 통해 그는 많은 친구를 사귀었고 소중한 충고도 들었다. 그에게 어떤 일이 일어났을 것 같은가? 그는 세계 최대의 비누 제조 회사인 콜게이트사의 사장이 되었다. 그의 이름은 E. H. 리틀이다.

H. P. 하웰이나 벤 프랭클린, E. H. 리틀이 했던 대로 할 수 있는 사람은 보통 사람은 아니다. 자, 지금 아무도 보지 않을 때 거울을 보면서 스스로 이렇게 물어보라. 나는 과연 이런 종류의 인물에 속하는가!

비판을 받고 걱정하지 않기 위해 다음의 방법을 꼭 기억하라.

비판을 받고도 걱정하지 않을 방법 3

- **우리가 저지른 미련한 행동들을 기록하고 자신을 비판하라. 우리가 완벽하길 바라는 건 무리다. E. H. 리틀이 했던 것처럼 편견 없고 유용하며 건설적인 비판을 요청하자.**

  Let's keep a record of the fool things we have done and criticize ourselves. Since we can't hope to be perfect, let's do what E. H. Little did: let's ask for unbiased, helpful, constructive criticism.

비판을 받고도 걱정하지 않을 방법

1 부당한 비판이란 종종 변형된 칭찬이라는 점을 기억하라. 그것은 대개 여러분이 부러움과 질시를 불러일으켰음을 의미한다. 죽은 개는 아무도 걷어차지 않는 법이다.

2 최선을 다하여라. 그러고는 낡은 우산이라도 하나 펼쳐 들어서 비판의 빗줄기가 여러분의 목덜미를 타고 흘러내리면서 괴롭히지 못하게 하여라.

3 우리가 저지른 미련한 행동들을 기록하고 자신을 비판하라. 우리가 완벽하길 바라는 건 무리다. E. H. 리틀이 했던 것처럼 편견 없고 유용하며 건설적인 비판을 요청하자.

PART 7

걱정과 피로를 막고 활력과 의욕을 고취하는 6가지 방법

Six Ways To Prevent Fatigue And Worry And Keep Your Energy And Spirits High

I

활동 시간을 하루에 1시간 늘리는 방법

HOW TO ADD ONE HOUR A DAY TO YOUR WAKING LIFE

걱정을 막는 방법에 관한 책을 쓰면서 나는 왜 피로를 방지하는 방법에 관해 쓰고 있는 것일까? 이유는 간단하다. 피로는 종종 걱정을 불러온다. 혹은 그렇지는 않다고 하더라도 적어도 피로는 여러분이 쉽게 걱정하도록 만든다. 어떤 의학도라도 여러분에게 피로가 흔한 감기나 그 밖의 수백 가지 질병에 대한 신체적 저항력을 떨어뜨린다고 말할 것이다. 그리고 정신병리학자라면 누구나 피로가 두려움이나 걱정과 같은 감정에 대한 여러분의 저항력을 떨어뜨린다고 말할 것이다. 그러므로 피로를 방지하는 것이 곧 걱정을 방지하는 것이 되기 쉽다.

내가 '걱정을 방지하는 것이 되기 쉽다.'라는 말을 썼던가? 이것은 온건한 표현이다. 에드먼드 제이컵슨 박사는 이보다 훨씬 강하게 말한다. 제이컵슨 박사는 긴장 완화에 관해 『점진적 긴장 완화』와 『긴장을 풀어야 한다』라는 두 권의 책을 썼다. 그리고 시카고 대학 임상 생리학 연구소 소장으로서 의학 치료의 한 방법으로 긴장 완화를 활용하는 방법을 오랫동안 연구해왔다. 그는 신경적 혹은 감정적 상황은 긴장이 완벽히 풀려 있는 상태에서는 존재할 수 없다고 단언한다. 이 말을 다르게 표현하면 이런 말이 된다. 즉, 긴장을 완화하면 걱정을 계속할 수 없다.

그러므로 피로와 걱정을 방지하기 위한 첫 번째 규칙은 이것이다. 자주 쉬어라. 지치기 전에 휴식을 취하라.

이 말이 왜 중요한가? 피로는 놀라울 정도로 빨리 누적되기 때문이다. 미 육군은 반복적인 실험을 통해 젊은 사람들, 군대에서 수년 동안 훈련을 받아 단련된 사람들조차 한 시간에 10분씩 배낭을 내려놓고 휴식을 취하면 더 효율적으로, 그리고 더 오랫동안 행군할 수 있다는 사실을 발견했다. 그 이후 육군은 이런 방침을 시행하고 있다.

여러분의 심장은 미 육군 병사와 마찬가지로 똑똑하다. 여러분의 심장이 매일 전신으로 밀어내는 혈액의 양은 기차에 싣는 유조 탱크 하나를 가득 채울 정도의 양이다.

심장이 하루에 소모하는 에너지는 석탄 20t을 1m 높이로 들어 올릴 때 필요한 에너지에 해당한다. 심장은 이렇게 놀라울 정도의 일을 50년, 70년, 때로는 90년 동안 한다. 심장은 어떻게 이런 일을 견디고 있을까?

하버드 의대의 월터 B. 캐넌 박사는 이렇게 설명한다. "대부분의 사람은 심장이 끊임없이 일하고 있다고 생각합니다. 하지만 사실은 한 번 수축할 때마다 일정한 정도의 휴지기가 있습니다. 통상적인 수준으로 1분에 70번 박동을 한다고 했을 때, 심장은 실제로는 24시간 중에 단지 9시간 동안만 일하는 셈입니다. 모두 합쳐보면 심장은 하루에 15시간 동안 쉬고 있습니다."

제2차 세계 대전 당시 윈스턴 처칠은 60대 후반에서 70대 초반의 나이였지만 몇 년 동안이나 하루에 16시간씩 일하며 대영제국의 전쟁을 지휘했다. 경이적인 기록이다.

그의 비결은 무엇이었을까? 그는 매일 아침 11시까지 침대에서 보고서를 읽고 지시를 하고 전화를 걸고 중요한 회의를 했다. 점심 후에 그는 다시 침대로 가서 한 시간 동안 낮잠을 잤다. 저녁이 되면 다시 한번 침대로 가서 두 시간 동안 잠을 잔 후 8시에 저녁을 먹었다. 그는 피로를 해소하지 않았다. 그럴 필요가 없었다. 그는 피로를 예방했다. 자주 쉬었기 때문에 그는 자정이 훨씬 넘은 시각까지도 원기 왕성하게 일을 계속할 수 있었다.

존 D. 록펠러에게는 특별한 기록이 두 개 있다. 그는 당시까지 존재했던 그 누구보다도 더 많은 부를 쌓았으며, 동시에 98세에 이르도록 장수했다.

그는 어떻게 그럴 수 있었을까? 물론 가장 중요한 이유는 장수할 수 있는 유전적 성향이 있었기 때문일 것이다. 다른 이유가 하나 더 있다면 그것은 사무실에서 매일 오후 30분씩 낮잠을 자는 습관이다. 그는 사무실에 준비되어 있던 소파에서 잠을 자곤 했는데, 이렇게 휴식을 취할 때면 미국 대통령이 전화를 걸어도 그를 깨울 수 없었다.

대니얼 W. 조슬린은 그가 지은 명저 『피로의 원인』에서 이렇게 말한다. "휴식이란 그냥 아무것도 하지 않는 게 아니다. 휴식은 회복이다." 짧은 휴식은 회복시키는 힘이 무척 크므로 단 5분간의 낮잠을 자더라도 피로를 방지하는 데 도움이 된다.

왕년의 야구 스타 코니 맥은 시합 전에 잠깐이라도 눈을 붙이지 않으면 다섯 번째 이닝 무렵에는 완전히 녹초가 되고 만다고 말했다. 하지만 단 5분이라도 눈을 붙이면 더블헤더를 뛰더라도 조금도 지치지 않고 끝까지 뛸 수 있었다고 한다.

언젠가 엘리너 루스벨트 여사에게 백악관에 있는 12년 동안 빡빡한 일정을 무난히 소화한 비결이 무엇이냐고 물었다. 그녀는 군중을 만나거나 연설을 하기 전에 종종 의자나 커다란 소파에 앉아서 눈을 감고 20분가량 휴식을 취한다고 말했다.

한번은 매디슨 스퀘어 가든에 있는 개인 탈의실에서 진 오트리와 이야기를 나눈 적이 있다. 그는 거기서 열리는 세계 로데오 경기에서 가장 인기 있는 선수였다. 나는 그의 탈의실에 군용 침대가 있는 것을 보았다.

진 오트리는 이렇게 말했다. "나는 매일 오후 경기를 하는 중간 시간에 저기 누워서 한 시간가량 눈을 붙입니다. 할리우드에서 영화 촬영을 할 때면 나는 종종 커다랗고 편안한 의자에 누워서 휴식을 취하거나 10분 정도의 잠을 두어 번 잡니다. 그러고 나면 엄청나게 기운이 납니다."

에디슨은 자신의 엄청난 에너지와 인내심은 자고 싶으면 언제든지 잠자는 습관 덕분에 가능했다고 말했다.

나는 헨리 포드가 80번째 생일을 맞이하기 직전 그와 만나 이야기를 나눈 적이 있다. 나는 무척 기운차 보이는 그의 모습을 보고 놀랐다. 그에게 비결을 물었더니 그는 이렇게 대답했다. "나는 앉을 수 있으면 절대 서 있지 않습니다. 그리고 누울 수 있으면 절대 앉아 있지 않습니다."

'현대 교육의 아버지' 호레이스 만도 나이가 들면서 이와 똑같이 했다. 그가 안티오크 대학의 총장이 되었을 때, 그는 학생들과 면담을 하면서도 소파에 누워 있곤 했다.

나는 할리우드에서 영화를 만드는 감독 한 사람에게 이와 비슷한 방법을 시도해보라고 권했다. 그는 그 방법이 기적 같은 효과를 가져왔다고 전했다. 이 이야기의 주인공은 할리우드에서 최고의 감독으로 꼽히는 잭 처톡이다.

몇 년 전 나를 찾아왔을 당시 그는 MGM의 단편 영화 파트를 맡고 있었다. 늘 지치고 기운을 차리지 못하던 그는 강장제며 비타민, 약 할 것 없이 이것저것 다 해보았지만, 아무것도 도움이 되지 않았다. 나는 그에게 매일 휴가를 갈 것을 권했다. 어떻게? 사무실에서 보조 작가들과 같이 회의할 때 몸을 쭉 펴고 휴식을 취하기만 하면 되었다.

2년 뒤 그를 다시 보았을 때 그는 이렇게 말했다. "기적이 일어났습니다. 이건 나를 치료하던 의사들이 한 말입니다. 단편 영화에 관한 기획 회의를 할 때면 나는 긴장한 채 의자에 꼿꼿이 앉아 있곤 했습니다. 지금은 이런 회의를 할 때 사무실에 있는 소파에 몸을 쭉 펴고 편한 자세를

미국의 교육 개혁가 호레이스 만(왼쪽), 미국 오하이오주에 있는 안티오크 대학의 전경(오른쪽)

취합니다. 지난 20여 년 사이에 요즘처럼 기분이 좋기는 처음입니다. 전보다 하루에 두 시간이나 더 일하지만 거의 지칠 줄을 모릅니다."

이 모든 것들이 여러분에게는 어떤 식으로 적용되겠는가? 만일 여러분이 속기사라면 에디슨이나 샘 골드윈이 했던 것처럼 사무실에서 낮잠을 즐기기는 어려울 것이다. 만일 여러분이 회계사라면 윗사람과 회계 보고서에 관해 토론하면서 소파에 드러누워 있기도 어려울 것이다. 하지만 여러분이 작은 도시에 살고 있고 집으로 점심을 먹으러 간다면 점심을 먹고 나서 10분 정도 잠을 자는 것은 가능할 것이다.

조지 C. 마셜 장군이 바로 그렇게 했다. 그는 전시에 미 육군을 지휘하면서 조금도 틈을 찾을 수 없었기 때문에 점심시간에 휴식을 취해야겠다고 생각했다. 만일 여러분이 이미 나이 오십을 넘겼고 너무 바빠서 그렇게도 할 수 없다면 지금 바로 가능한 많은 생명보험에 가입해놓는 것이 좋을 것이다. 요즘은 죽음이 갑자기, 느닷없이 찾아온다.

만일 낮잠을 잘 수 없다면 적어도 저녁을 먹기 전에 한 시간 정도 누울 수는 있을 것이다. 이게 칵테일 한 잔보다 더 싸게 먹힌다. 그러면서도 장기적인 관점에서 보면 5,467배나 더 효과적이다.

만일 여러분이 다섯 시나 여섯 시, 혹은 일곱 시 전후에 한 시간 정도 잠을 잔다면 매일 활동 시간을 한 시간 늘릴 수 있다. 왜일까? 어떻게 그렇게 될까? 그것은 저녁 식사 전에 한 시간 잠을 자고 밤에 여섯 시간 잠을 자서 합쳐서 일곱 시간 잠을 자는 것이 여덟 시간 계속해서 자는 것보다 더 낫기 때문이다.

육체노동자는 휴식을 많이 할수록 일을 더 많이 할 수 있다. 베들레헴 철강에서 기술 관리 엔지니어로 일하던 프레더릭 테일러가 이런 사실을 증명했다.

그는 노동자들이 하루에 1인당 대략 12.5t의 선철을 화차에 선적하는데 정오가 되면 기운이 빠지는 것을 발견했다. 그는 연관된 모든 피곤 요소를 과학적으로 분석해보고는 이 노동자들은 하루에 1인당 12.5t이 아니라 47t을 선적하고 있어야 한다고 단언했다. 그의 계산에 따르면 노동자들은 지금보다 네 배나 더 많이 일하면서도 지치지 않아야 했다. 하지만 어떻게 증명할 것인가!

테일러는 슈미트 씨를 선택해서 스톱워치에 따라 일하도록 했다. 슈미트 옆에서 한 사람이 서서는 시계를 보면서 이렇게 말했다. "자, 선철을 들고 걸어가세요. …… 앉아서 쉬세요. …… 걸어가세요. …… 쉬세요."

결과는 어떻게 되었을까? 다른 사람이 하루에 1인당 12.5t을 나르는 동안 슈미트는 47t의 선철을 날랐다. 그리고 프레더릭 테일러가 베들레헴 철강에서 일한 3년 동안 이런 속도로 일하지 못하는 날은 하루도 없었다.

The Principles of Scientific Management

BY

FREDERICK WINSLOW TAYLOR, M.E., Sc.D.

PAST PRESIDENT OF THE AMERICAN SOCIETY OF MECHANICAL ENGINEERS

HARPER & BROTHERS PUBLISHERS

NEW YORK AND LONDON

1919

프레더릭 윈슬로 테일러(왼쪽), 『과학적 관리 방법』(오른쪽)

슈미트가 이렇게 할 수 있었던 이유는 지치기 전에 휴식을 취했기 때문이다. 그는 대략 시간당 26분 동안 일하고 34분 동안 쉬었다. 일하는 시간보다 쉬는 시간이 많았다. 하지만 그가 한 일의 양은 다른 사람의 네 배나 되었다! 이것은 근거 없는 소문에 불과한 것일까? 아니다. 프레더릭 윈슬로 테일러가 쓴 『과학적 관리 방법』이라는 책에서 여러분 스스로 확인해보기를 바란다.

다시 한번 반복하겠다. 군대에서 하듯이 자주 휴식을 취하라. 여러분의 심장이 그렇듯이 지치기 전에 휴식을 취하라. 그러면 여러분의 활동 시간은 매일 한 시간 늘어날 것이다.

II

피로의 원인과 대처 방법

WHAT MAKES YOU TIRED-AND WHAT YOU CAN DO ABOUT IT

정말 놀라우면서도 중요한 사실을 한 가지 말하겠다. 여러분은 정신 노동만으로는 절대 피로해지지 않는다. 이 말은 마치 터무니없는 말처럼 들릴 것이다. 하지만 몇 년 전 과학자들은 인간 두뇌가 피로의 과학적 정의인 '작업 능력 감소'에 이르지 않으면서 얼마나 오랫동안 일할 수 있는지 알아내기 위한 시험을 했는데, 이 과학자들은 깜짝 놀라고 말았다. 활동적인 뇌를 통과하는 혈액은 피로의 증상을 전혀 보이지 않았기 때문이었다! 만일 노동을 하는 막노동자의 혈관에서 혈액을 채취해서 보면 그 혈액이 '피로 독소'와 피로 물질로 가득 차 있는 것을 볼 수 있다. 하지만 알베르트 아인슈타인의 뇌에서 피 한 방울을 뽑아 본다면, 저녁이 되더라도 피로 독소가 하나도 없는 것을 보게 될 것이다.

뇌만 놓고 본다면 뇌는 '8시간, 심지어는 12시간 동안 활동한 후에도 처음과 꼭 마찬가지로 원활하고 빠르게' 활동할 수 있다. 뇌는 조금도 피로해지지 않는다. 그렇다면 여러분을 피로하게 만드는 것은 무엇일까?

정신병리학자들의 말에 따르면 대부분의 피로는 우리의 정신적·감정적 태도에서 생긴다. 영국이 낳은 가장 뛰어난 정신병리학자 가운데 한 사람인 J. A. 해드필드는 자신의 저서 『힘의 심리학』에서 이렇게 말한다. "우리를 괴롭히는 피로는 정신적인 이유로 발생하는 경우가 가장 일반적이다. 사실 순전히 육체적인 이유로 피로해지는 경우는 극히 드물다."

미국이 낳은 가장 뛰어난 정신병리학자 가운데 한 사람인 A. A. 브릴 박사는 이보다 더 극단적으로 단언한다. "건강한 사무실 노동자가 피곤해지는 이유는 100% 심리적인 요인에 기인한다. 이것은 곧 감정적인 요인에 기인함을 의미한다."

어떤 종류의 감정적 요인이 사무실 노동자, 혹은 책상에 앉아 일하는 노동자를 피곤하게 만들까? 즐거움? 만족감? 아니다! 절대 아니다! 지루함, 원한, 인정받지 못하고 있다는 느낌, 허무감, 시간에 쫓김, 불안, 걱정 …… 이런 것들이 사무실 노동자를 지치게 하고, 쉽게 감기에 걸리게 하며, 일의 효율을 떨어뜨리고 신경성 두통으로 인해 집으로 가게 만드는 감정적 요인들이다. 그렇다. 우리가 피곤해지는 것은 우리의 감정들이 육체에 신경성 긴장 상태를 유발하기 때문이다.

메트로폴리탄 생명 보험은 피로에 관한 안내문에서 이런 사실을 명백히 밝히고 있다. 이 대형 생명 보험사는 이렇게 말하고 있다. "고된 노동 그 자체로 인해 생기는 피로는 충분히 잠을 자거나 휴식을 취하고도 사라지지 않는 게 거의 없다. …… 걱정과 긴장, 감정적 동요가 피로를 유발하는 3대 요인이다. 육체적 혹은 정신적 활동이 원인으로 보일 때도 이 요인들이 실제 원인인 경우가 많다. …… 긴장하고 있는 근육은 일하고 있는 근육임을 명심하라. 이완시켜라! 중요한 임무를 위해 에너지를 아껴두어라."

지금 여러분의 모습 그대로 잠깐 멈춰서 여러분 자신을 점검해보라. 이 부분을 읽으면서 여러분은 혹시 인상을 쓰고 있지는 않은가? 두 눈 사이에 긴장이 느껴지는가? 의자에 편안히 앉아 있는가? 아니면 어깨를 구부리고 앉아 있지는 않은가? 얼굴 근육이 긴장되어 있지는 않은가? 여러분의 몸 구석구석이 모두 낡은 헝겊 인형처럼 흐느적거리지 않고 있다면 여러분의 신경과 근육은 바로 이 순간 긴장하고 있다. 여러분은 신경성 긴장과 신경성 피로를 생성하고 있다!

우리는 왜 정신 작업을 하면서 쓸데없이 이런 긴장을 생성하고 있을까? 조슬린은 이렇게 말한다. "내가 생각하는 가장 큰 장애물은 거의 모든 사람이 노력하고 있다는 느낌이 들어야 열심히 일하는 것이고, 그렇지 않으면 제대로 안 하고 있다고 믿는다는 것이다." 그래서 우리는 집중을 할 때면 인상을 쓴다. 어깨를 구부린다. 우리는 우리의 근육에 노력하고 있다는 표시를 내도록 요구한다. 그런 게 뇌의 활동에는 전혀 도움이 되지 않는데도 말이다.

여기 놀랍고도 비극적인 진실이 하나 있다. 돈이라면 손톱만치도 낭비할 생각이 없는 사람들이 자신들의 에너지는 '싱가포르 항구에서 술에 취해 해롱거리는 일곱 명의 선원들'처럼 무분별하게 낭비하고 소모한다.

이런 신경성 피로에 대한 해답은 무엇일까? 휴식하라! 휴식하라! 휴식하라! 일하면서도 휴식을 취하는 방법을 배우라!

쉽다고? 그렇지 않다. 어쩌면 여러분은 평생 익숙해진 습관을 바꿔야 할지도 모른다. 하지만 그럴 만한 가치가 있다. 왜냐하면 이것은 여러분의 인생을 혁명적으로 바꿔놓을 테니까 말이다. 윌리엄 제임스는 '휴식의 복음'이라는 글에서 이렇게 말했다. "미국인들의 표현에서 드러나는 과도한 긴장이나 갑작스러운 변덕, 숨 가쁨, 격렬함, 고통스러움 등은 …… 나쁜 습관일 뿐, 그 이상도 그 이하도 아니다." 긴장은 습관이다. 휴식도 습관이다. 그리고 나쁜 습관을 버리고 좋은 습관을 갖는 것은 불가능한 일이 아니다.

여러분은 어떻게 휴식을 취하는가? 정신적인 휴식을 먼저 취하는가 아니면 신경부터 휴식을 취하는가? 이 두 가지로 시작하는 휴식은 존재하지 않는다. 여러분은 언제나 먼저 근육의 휴식부터 취한다!

한번 시험해보기로 하자. 어떤 방식으로 이루어지는지 보기 위해서 여러분의 눈에서부터 시작해보기로 하자. 이 문단을 다 읽어서 끝에 이르면 길게 뒤로 누워서 눈을 감고 눈을 향해 조용히 이렇게 말해보라. "풀어라, 풀어라, 긴장을 풀어라. 인상을 펴라. 풀어라, 풀어라." 이 말을 아주 천천히 1분 동안 반복해보라.

몇 초 후에 눈에 있는 근육들이 말을 듣기 시작하는 것을 느끼지 못했는가? 어떤 손이 긴장을 앗아가는 것을 느끼지 못했는가? 믿기 어렵겠지만 여러분은 이 1분 사이에 휴식의 기술에 관한 모든 비결과 비밀을 체험했다. 여러분은 턱과 얼굴 근육, 목, 어깨, 그리고 온몸에 대해서도 이와 똑같은 일을 할 수 있다. 하지만 그 가운데서도 가장 중요한 기관은 역시 눈이다. 시카고 대학의 에드먼드 제이컵슨 박사는 심지어 우리가 만일 눈에 있는 근육의 긴장을 완전히 푼다면 가진 모든 문제를 잊어버릴 수 있을 것이라는 말까지도 했다. 긴장된 신경을 이완하는 데 눈이 이렇게 중요한 이유는 눈이 우리 신체가 소모하는 신경 에너지의 4분의 1을 소모하기 때문이다. 이것은 또한 시력에 아무런 문제가 없는 많은 사람이 '눈의 피로'를 호소하는 이유이기도 하다. 그 사람들은 눈을 긴장시키고 있다.

유명한 소설가 비키 바움은 어렸을 때 어떤 노인을 만났는데, 평생 배운 교훈 가운데 가장 중요한 교훈을 그에게서 배웠다고 말한다. 그녀는 넘어지면서 무릎이 긁히고 손목을 다쳤다. 한 노인이 그녀를 일으켜주었다. 예전에 서커스단에서 광대역을 하던 노인이었다. 그는 그녀의 옷을 털어주며 이렇게 말했다. "네가 다친 것은 몸에서 힘을 빼는 법을 모르기 때문이란다. 양말 짝처럼 부드러워야 한단다. 낡아서 헐렁거리는 양말 짝처럼 말이야. 가르쳐줄 테니 나를 따라오너라."

그 노인은 비키 바움과 다른 아이들에게 넘어지는 법과 앞으로 재주넘기, 뒤로 재주넘기 등을 가르쳐주었다. 그러면서 그 노인은 항상 이렇게 강조했다. "너 자신을 낡아서 헐렁거리는 양말이라고 생각해라. 그러면 힘을 뺄 수 있단다!"

여러분은 언제 어디에서건 휴식을 취할 수 있다. 다만 휴식을 취하기 위해 노력하면 안 된다. 휴식이란 모든 긴장과 노력이 없음을 의미한다. 편안함과 휴식을 생각하라. 먼저 눈과 얼굴 근육의 휴식을 생각하면서 이런 말을 반복해보라. "풀어라, 풀어라, 이제부터 긴장을 풀어라." 에너지가 얼굴 근육에서 몸 가운데로 움직여가는 것을 느껴라. 여러분이 갓난아기처럼 아무런 긴장도 없다고 생각하라.

위대한 소프라노인 갈리쿠르치가 바로 이렇게 했다. 헬렌 젭슨은 공연

전에 갈리쿠르치가 모든 근육의 긴장을 풀고 거의 입이 벌어지도록 아래 턱의 힘을 빼고서 의자에 앉아 있는 것을 자주 보았다고 한다. 무척 좋은 습관이다. 이렇게 함으로써 그녀는 무대에 오르기 전에 과도하게 긴장하는 것을 막을 수 있었다. 그것은 피로도 예방해주었다.

여기 휴식을 취하는 데 도움이 되는 다섯 가지 제안이 있다.

1. 데이비드 해럴드 핑크 박사가 쓴 책으로 이런 주제에 관한 최고의 권위서인 『신경 긴장에서 해방되는 법』이라는 책을 찾아 읽어보라.
2. 때때로 휴식을 취하라. 여러분의 몸을 헌 양말처럼 부드럽게 만들어라. 나는 일을 할 때면 내가 얼마나 부드러워져야 하는지 환기하기 위하여 책상 위에 낡은 밤색 양말을 갖다 놓는다. 양말이 없다면 고양이도 괜찮다. 혹시 양지바른 곳에서 잠자고 있는 고양이를 안아본 적이 있는가? 그럴 때면 고양이의 양쪽 끝은 젖은 신문처럼

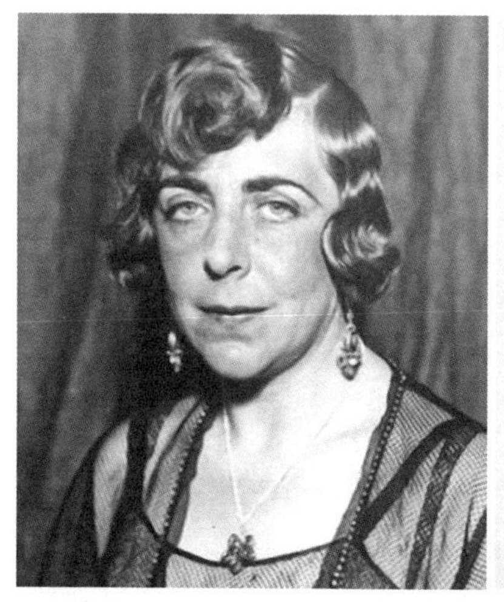

오스트리아의 작가 비키 바움(왼쪽), 이탈리아의 오페라 가수 아멜리타 갈리쿠르치(오른쪽)

고양이가 쉬고 있는 모습

축 늘어진다. 심지어는 인도의 요가 수행자들까지도 이완하는 법을 배우고 싶다면 고양이를 연구하라고 할 정도이다. 나는 지금껏 한 번도 지친 고양이라든가 신경쇠약에 걸린 고양이, 혹은 불면증이나 걱정, 위궤양으로 고생하는 고양이를 본 적이 없다. 여러분이 만일 고양이처럼 이완하는 법을 배운다면 앞에서와 같은 불행한 일을 피할 수 있을 것이다.

3. 가능하면 편안한 자세로 일하라. 신체의 긴장이 어깨를 아프게 하고 신경 피로를 불러온다는 사실을 기억하라.
4. 하루에 네댓 번 자신을 돌아보며 이렇게 물어보라. '실제보다 더 일을 어렵게 만들고 있지 않은가? 내가 하는 일과 전혀 상관없는 근육을 사용하고 있지는 않은가?' 이러면 여러분이 휴식하는 습관을 들이는 데 도움이 될 것이다. 데이비드 헤럴드 핑크 박사가 말하듯 '심리학을 잘 아는 사람들은 반드시 이런 습관을 갖고 있다'.

5. 하루 일을 마치고 나면 다시 한번 스스로 물어보라. '나는 지금 정확히 어느 정도나 피곤한가? 만일 피곤하다면 그것은 내가 한 정신노동 때문이 아니라 그 일을 하는 방식 때문이다.' 대니얼 W. 조슬린은 이렇게 말한다. "나는 하루 일을 마쳤을 때 그날의 성과를 내가 피곤한 정도로 측정하지 않고 내가 피곤하지 않은 정도로 측정한다. 일과를 마쳤을 때 내가 특별히 피곤하거나 짜증이 나는 걸로 보아 신경이 피로해졌다는 판단이 서면, 나는 그 하루가 질적으로 보나 양적으로 보나 비효율적인 하루였다고 확신한다." 만일 미국의 모든 비즈니스맨들이 이런 교훈을 배운다면 '고혈압'으로 인한 사망률은 순식간에 급감할 것이다. 또한 피로나 걱정으로 피폐해진 사람들이 정신 요양소나 정신 병원을 가득 채우는 일도 멈출 것이다.

III

가정주부들이 피로를 막고 젊음을 유지하는 법

HOW THE HOUSEWIFE CAN AVOID FATIGUE-AND KEEP LOOKING YOUNG

지난가을 어느 날, 나와 같이 일하는 동료 한 사람이 세상에서 가장 보기 드문 의학 강좌에 참가하기 위해 보스턴으로 날아갔다. 의학 강좌? 글쎄, 틀린 말은 아니다. 그 모임은 보스턴 진료소에서 일주일에 한 번씩 열리며 그 모임에 참가하는 환자들은 입장하기 전에 정규적이고도 철저한 검진을 받는다.

하지만 실제로 이 강좌는 심리 치료 강좌이다. 비록 공식 명칭이 응용 심리학 강좌이긴 하지만 실제 목적은 걱정으로 질병에 걸린 사람들을 치료하는 것이다. (전에는 그 모임의 첫 번째 멤버가 제안한 대로 사고 조절 강좌로 알려져 있었다) 그리고 이 환자들 가운데 대부분은 감정적인 문제를 겪고 있는 가정주부들이었다.

걱정에 관한 이런 강좌가 어떻게 시작된 것일까? 1930년 조셉 H. 프래트 박사는 (참고로 말하자면, 그는 윌리엄 오슬러 경의 제자였다) 보스턴 진료소를 찾는 외래환자 가운데 많은 사람에게 육체적인 이상이 전혀 없음을 알게 되었다.

그런데도 그들은 신체가 겪을 수 있는 모든 종류의 증세를 실제로 보이고 있었다. 어떤 여성은 손에 심한 '관절염'이 걸려서 전혀 손을 움직이지 못했다. 다른 여성은 '위암'의 증세와 같은 극심한 고통을 겪고 있었다.

그 밖에 많은 여성이 요통이나 두통 혹은 만성피로를 갖고 있거나 꼬집어 말할 수 없는 고통과 통증을 호소했다. 그들은 실제로 고통을 겪고 있었다. 하지만 아무리 철저하게 검진을 해도 이 여성들에게서는 육체적인 의미의 질병이 전혀 발견되지 않았다. 구식 의사들은 이런 경우 대부분 상상의 산물이거나 '마음에서 생긴 병'이라고 해왔다.

하지만 프래트 박사는 이들에게 "집에 가서 잊어버리라."라고 하는 게 전혀 도움이 되지 않는다는 것을 깨달았다. 이 여성들 대부분은 아프고 싶어 하지 않는다는 것을 알고 있었다. 만일 고통을 잊는 것이 그렇게 쉬운 일이었다면 그들 스스로 그렇게 했을 것이다. 그렇다면 어떻게 해야 하는가?

그래서 그는 의학적인 효과를 의심하는 사람들의 온갖 반대를 무릅쓰고 이 강좌를 열었다. 그리고 그 강좌를 통해 기적이 일어났다! 처음 강좌를 시작한 후 18년 동안 그 강좌에 참가한 수천 명의 환자가 '치유'되는 일이 일어났다. 환자 가운데 일부는 몇 년째 마치 교회에 가는 것처럼 종교적인 태도로 계속 참석하고 있다. 내 보조원이 그 모임에 9년 동안 거의 한 번도 빠지지 않은 여성과 이야기를 나눈 적이 있다. 이 모임에 처음 참가했을 때 그 여성은 자신이 유주신(遊走腎)이라는 병과 함께 몇 종류의 심장병을 앓고 있다고 확신하고 있었다. 어찌나 걱정하고 긴장했던지 그녀는 가끔 눈앞이 캄캄해지면서 시력을 잃기도 했다.

하지만 지금 그녀는 자신감도 생겼고 즐겁게 지내며 건강 또한 아주 좋다. 그녀는 마흔 정도로밖에는 보이지 않지만, 무릎에서는 손자가 자고 있다. 그녀는 이렇게 말했다. "가족 문제로 얼마나 걱정을 했던지 죽고 싶다는 생각을 많이 했습니다. 하지만 이 모임에 와서 걱정하는 게 아무 소용이 없다는 것을 알게 되었습니다. 그리고 걱정을 멈추는 법을 배웠습니다. 이제 내 삶은 평온해졌다고 아무 거리낌 없이 이야기할 수 있습니다."

그 강좌의 의학 담당 고문인 로즈 힐퍼딩 박사는 걱정을 줄이는 가장 좋은 처방 가운데 하나는 '믿을 수 있는 사람에게 문제를 털어놓는 것'이라고 말했다. "우리는 이것을 카타르시스라고 합니다." 그녀는 또한 이렇게 말했다. "환자들은 여기에 와서 자신들의 문제를 속이 후련히 풀릴 때까지 시시콜콜히 털어놓을 수 있습니다. 걱정을 혼자서만 곱씹으면서 아무에게도 털어놓지 않는 것은 심각한 신경적 긴장을 일으킵니다. 우리는 누구나 자신의 문제를 공유할 줄 알아야 합니다. 우리는 걱정을 공유해야 합니다. 우리는 이 세상에 누군가 내 이야기를 들어주고 이해하는 사람이 있다는 느낌이 들어야 합니다."

내 보조원은 자신의 걱정을 털어놓음으로써 한 여성이 얼마나 커다란 위안을 얻는지를 직접 목격했다. 그녀는 가정사에 대한 걱정이 있었는데, 처음 자신의 이야기를 시작했을 때 그녀는 마치 팽팽히 감겨 있는 용수철 같았다.

하지만 이야기를 해가면서 점차 그녀는 누그러지기 시작했다. 상담이 끝날 무렵 그녀는 실제로 웃고 있었다. 문제가 해결되었던 것일까? 아니다. 문제는 그렇게 쉬운 게 아니었다. 변화를 일으킨 것은 누군가에게 털어놓고, 약간의 조언을 얻고 약간의 인간적 관심을 얻는다는 사실 바로 그 자체였다. 실제로 변화를 일으킨 것은 말 그 안에 숨어 있는 엄청난 치유력, 바로 그것이었다.

정신 분석은 상당 부분 이런 말의 치유력에 기초하고 있다. 프로이트의 시대 이후 분석 전문의들은 환자가 이야기할 수 있으면, 단지 이야기만이라도 할 수 있으면 자신의 내적 불안을 해소할 수 있다는 사실을 알고 있었다.

이런 일은 왜 생기는 걸까? 어쩌면 말을 함으로써 우리는 우리의 문제에 대해 좀 더 깊은 통찰력을 갖게 되고 더 잘 이해하게 되기 때문인지도 모른다. 아무도 이 문제에 대해 속 시원한 해답을 제시하지는 못한다. 하지만 우리는 모두 '가슴속에 맺힌 것을 내뱉거나 후련하게 털어놓는 것'이 거의 즉각적으로 위안을 준다는 사실을 안다.

그러므로 앞으로 감정적인 문제에 부닥치면 누군가에게 털어놓는 것이 어떻겠는가? 물론 보이는 사람마다 붙들고 징징대며 불평을 해서 우리 자신을 귀찮은 존재로 만들라는 말은 결코 아니다. 우리가 믿을 수 있는 사람을 선택해서 약속해야 한다. 그는 친척일 수도 있고 의사나 변호사, 목사 혹은 신부일 수도 있다.

그리고 그 사람에게 이렇게 말하라. "당신의 조언이 필요합니다. 제게 문제가 있는데, 제가 그 문제를 말로 표현하는 동안 잘 들어주시면 좋겠습니다. 당신은 제게 조언을 해주실 수 있으리라 생각합니다. 이 문제에 대해 제가 보지 못하는 시각으로 보실 수 있기 때문입니다. 만일 조언해주시지 못한다고 하더라도 제가 말씀드리는 동안 가만히 들어주시는 것만으로 제게 커다란 도움이 됩니다."

만일 여러분이 아무리 생각해도 털어놓을 만한 사람이 떠오르지 않는다면 '생명의 전화'를 추천하고자 한다. 이곳은 보스턴 진료소와는 아무런 관계가 없다. '생명의 전화'는 세상에서 가장 독특한 조직 가운데 하나이다. 원래 이 조직은 자살을 예방하기 위해 만들어졌다.

하지만 세월이 흐르면서 이 조직은 삶이 불행하거나 감정적으로 도움이 필요한 사람들에게 정신적인 상담을 제공해주는 곳으로 영역을 넓혔다. 나는 한동안 생명의 전화에서 상담역을 맡은 로나 B. 보넬과 연락을 하고 지냈다.

그녀는 이 책의 독자들이 편지를 보내면 기꺼이 회신하겠다고 이야기해 주었다. 여러분이 뉴욕 5번가 505번지에 있는 생명의 전화로 편지를 쓴다면 여러분의 편지와 여러분의 고민거리에 대해서는 엄격한 비밀이 유지될 것이라고 약속한다. 솔직히 가능하면 여러분이 개인적으로 만날 수 있는 사람에게 털어놓는 것이 더 큰 위안이 되겠지만, 그럴 수 없는 경우라면 여기로 편지를 쓰는 것도 괜찮으리라 생각된다.

그 이후 문제를 털어놓는 것은 보스턴 진료소가 사용하는 주요한 처방이 되었다. 그리고 여기에 그 강좌에서 배울 수 있으며 여러분이 가정주부로서 집에서 활용할 수 있는 몇 가지 아이디어가 있다.

1. '정신적인' 독서를 기록할 수 있는 공책이나 스크랩북을 준비하라. 거기에 여러분의 마음에 와닿고 여러분의 의욕을 고취해주는 시나 짧은 기도문, 어구 등을 붙일 수 있다. 그러면 어느 비 오는 오후

기분이 축 처질 때 그 책에서 우울함을 걷어낼 수 있는 처방을 찾게 될 수도 있다. 보스턴 진료소를 찾는 많은 환자는 이런 공책을 오랫동안 유지하고 있다. 이들은 그 공책이 정신적인 '활력소'가 된다고 말한다.

2. 타인의 단점에 대해 너무 깊이 생각하지 말라!
   분명 여러분의 남편에게는 단점이 있다! 만일 그가 성인(聖人)이라면 여러분과 결혼하지도 않았을 것이다. 그렇지 않은가? 그 강좌의 한 여성은 자신이 점점 잔소리하고 야단치는 표독스러운 표정의 아내가 되어가고 있다고 느끼고 있었는데, 다음과 같은 질문을 받고는 단숨에 그런 모습을 버렸다. "남편이 죽으면 어떻게 하시겠습니까?" 이 생각에 너무나 놀란 그 여성은 그 자리에 주저앉아 남편의 장점을 하나하나 적어보았다. 그러자 꽤 많은 장점을 적을 수 있었다.
   만일 여러분도 주먹이나 흔드는 폭군과 결혼했다는 생각이 들면 이렇게 해보는 게 어떻겠는가? 남편의 장점을 읽고 나면 그 사람이야말로 여러분이 만나고 싶어 했던 사람이라고 느끼게 될지도 모른다.
3. 이웃에 관심을 가져라! 동네에서 여러분과 함께 생활하는 사람들에게 우호적이고도 건강한 관심을 가져라.
   자신이 너무 '배타적'이라 친구가 한 명도 없다고 고민하던 한 여성은 만나는 사람들에 대해 이야기를 지어보라는 조언을 받았다. 그녀는 전차에서 그녀가 보는 사람들의 배경과 상황을 지어내기 시작했다. 그녀는 그들의 삶이 어떠했을지 생각해보려고 노력했다.

금세 그녀는 어디에서나 사람들에게 이야기를 걸게 되었고, 지금 그녀는 자신의 '고통'을 벗어버리고 성격이 밝고 눈썰미가 좋은, 매력적인 사람으로 살아가고 있다.

4. 오늘 밤 잠자리에 들기 전 내일 할 일에 대한 계획을 세워라.

그 모임에서 조사한 바에 따르면 많은 가정주부가 매일 끝없이 반복되는 집안일과 잡다한 일로 언제나 바쁘고 정신이 없었다. 해야 할 일은 도무지 끝나는 법이 없었으므로, 그들은 언제나 시간에 쫓기고 있었다. 이렇게 시간에 쫓기는 느낌, 그리고 거기서 오는 걱정을 해소하기 위해서 다음 날 할 일에 대해 전날 저녁 계획을 세워놓으라는 제안이 나왔다. 그 결과 어떻게 되었을까? 더 많은 일을 끝낼 수 있었다. 피로도가 훨씬 줄어들었다. 자부심과 성취감을 얻게 되었다. 시간이 남아 휴식을 취하고 멋을 부릴 여유도 생겼다. (여성이라면 누구든지 일하는 틈틈이 멋을 부리고 예쁘게 꾸밀 시간을 가져야 한다. 개인적으로 나는 스스로 예쁘다고 생각하는 여성은 '신경과민'에 걸릴 가능성이 거의 없다고 생각한다)

5. 마지막으로 긴장과 피로를 피하라. 휴식하라! 휴식하라!

긴장과 피로만큼 여러분을 빨리 늙어 보이게 만드는 것은 없다. 그 어떤 것도 이것만큼 심하게 여러분의 상큼함을 떨어뜨리고 외모를 망가뜨리지 않는다. 내 보조원은 보스턴 사고 조절 강좌에 참석해서 그곳 책임자인 폴 E. 존슨 박사가 이 장에서 이미 살펴본 휴식의 원칙을 실제로 적용하는 강좌에 한 시간가량 참가했다. 이렇게 휴식을 취하는 훈련을 10분 정도 하고 나자, 훈련에 동참하고 있던 내 보조원은 의자에 똑바로 앉은 채 거의 잠이 들고 말았다! 이런 육체적인 이완 과정을 이렇게나 강조하는 이유가 무엇일까? 다른 의사들과 마찬가지로 이 모임을 진행하는 사람들은 누군가로부터 걱정이라는 괴물을 제거하기 위해서는 우선 온몸의 긴장을 빼야 한다는 사실을 알고 있었다.

바로 이것이다. 가정주부인 여러분은 휴식을 취해야 한다. 여러분에게는 아주 커다란 장점이 하나 있으니, 그건 바로 여러분이 원할 때는 드러누울 수 있다는 것이다. 그것도 여러분의 거실 바닥에 말이다! 이상한 일이지만, 어느 정도 딱딱한 바닥이 푹신푹신한 침대보다 드러누워 휴식을 취하기에 더 적당하다. 바닥은 더 단단하게 받쳐준다. 그러는 편이 척추에 좋다.

자, 그러면 여러분이 집에서 할 수 있는 몇 가지 방법을 제시하겠다. 일주일가량 시험해보고 여러분의 외모와 성격에 어떤 영향을 미치는지 살펴보기를 바란다.

1) 피곤하다고 느낄 때면 언제든지 바닥에 똑바로 누워라. 가능한 몸을 쭉 펴라. 구르고 싶다면 굴러도 좋다. 이렇게 하루에 두 번 하라.
2) 눈을 감아라. 존슨 박사가 추천한 대로 이렇게 말하는 것도 방법이다. "머리 위에서 해가 비치고 있다. 하늘은 파랗게 반짝인다. 자연은 고요하게 온 세상을 감싸고 있다. 나는 자연의 아기로서 우주와 교감하고 있다." 이렇게 하기 싫다면 기도하라. 기도를 하는 편이 사실은 더 나은 방법이다.
3) 혹시 오븐에 고기를 넣어놓았다든가, 시간이 없다든가 해서 누울 수 없다면 의자에 앉는 것만으로도 거의 같은 효과를 거둘 수 있다.

휴식을 취하는 데는 딱딱하고 똑바로 앉을 수 있는 의자가 가장 좋다. 의자에 앉아 있는 이집트 동상처럼 의자에 똑바로 앉아라. 그리고 손은 바닥을 아래로 해서 허벅지 위에 내려놓아라.

4) 그런 다음 발가락에 천천히 힘을 준 후 힘을 빼라. 다리 근육에 힘을 준 후 힘을 빼라. 이런 식으로 아래쪽에서부터 온몸의 근육에 힘을 줬다가 빼는 일을 목에 이를 때까지 계속하라. 그런 다음, 마치 축구공을 굴리는 듯한 느낌으로 머리를 세게 굴려라. 앞 장에서 보았듯이 여러분의 근육을 향해 계속 이렇게 말을 걸어라. "풀어라, 풀어라."

5) 꾸준하고 느리게 숨을 쉬어 신경을 가라앉혀라. 몸 저 아래쪽에서부터 숨을 쉬어라. 인도의 요가 수행자들이 하는 말이 옳다. 규칙적인 호흡은 신경을 안정시키는 데는 지금까지 발견된 그 어떤 방법보다도 좋은 방법이다.

6) 얼굴에 있는 주름살과 인상에 의식을 집중해서 매끈하게 펴라. 여

바른 자세로 앉아 있는 이집트 조각상

러분의 미간과 입꼬리에서 느껴지는 근심 주름살을 완화해라. 하루에 두 번 이렇게 하면 아마도 피부 관리실에 가서 마사지를 받지 않아도 될 것이다. 아마도 주름은 아무런 흔적도 없이 사라질 것이다!

Ⅳ

피로와 걱정을 막는 데에 도움이 되는 4가지 작업 습관

FOUR GOOD WORKING HABITS THAT WILL HELP PREVENT FATIGUE AND WORRY

좋은 작업 습관 1

지금 당장 해야 하는 일과 관계없는 모든 서류를 책상에서 치워라.

시카고 앤드 노스웨스턴 철도의 사장 롤란드 L. 윌리엄스는 이렇게 말한다. "책상 위가 잡다한 문제에 관한 서류들로 가득 차 있는 사람은 책상에서 지금 당장 하는 일과 관계없는 모든 서류를 치우고 나면 자기 일을 더 쉽고 정확하게 할 수 있다는 것을 알게 될 것이다. 나는 이것을 굿 하우스 키핑이라도 부르는데, 이것이야말로 효율성을 높이는 가장 기본적인 조치이다."

워싱턴에 있는 국회도서관을 방문하면 천장에 다음과 같은 명구가 적혀 있는 것을 볼 수 있다. 시인 알렉산더 포우프가 쓴 구절이다.

“질서는 하늘의 제1 법칙이다.”

질서는 사업에서도 제1 법칙이 되어야 한다. 하지만 실상 그런가? 아니다. 평범한 비즈니스맨의 책상에는 몇 주씩이나 눈길 한 번 주지 않는 온갖 서류들이 어지러이 놓여 있다. 실제로 뉴올리언스에 있는 한 신문 출판인은 비서에게 자신의 책상을 정리하라고 시켰더니 거기서 2년 동안이나 찾지 못하던 타자기가 나오더라는 이야기를 내게 한 적이 있다.

아직 회신하지 않은 편지와 보고서, 메모들로 어지러운 책상을 보는 것만으로도 혼란과 긴장, 걱정을 유발하기에 충분하다. 이보다 더 심한 결과가 생길 수도 있다. ‘해야 할 일은 수만 가지인데 할 시간은 없다.’라는 생각을 끊임없이 하게 되므로 걱정하게 되고, 이것은 여러분을 긴장과 피곤함에 빠뜨릴 뿐 아니라 고혈압과 심장 질환, 위궤양 등을 불러오기도 한다.

펜실베이니아 대학 의과 대학원에서 교수로 재임 중인 존 H. 스토크스 박사는 미국 의학 협회 전국 모임에서 ‘기관 질환의 합병증으로서의

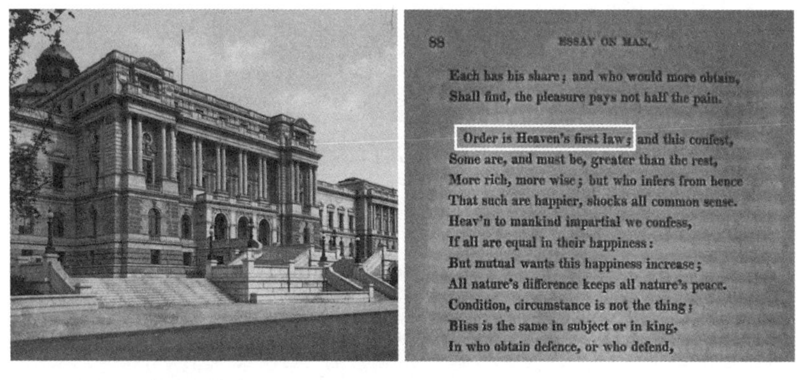
88 ESSAY ON MAN.

Each has his share; and who would more obtain,
Shall find, the pleasure pays not half the pain.

Order is Heaven's first law; and this confest,
Some are, and must be, greater than the rest,
More rich, more wise; but who infers from hence
That such are happier, shocks all common sense.
Heav'n to mankind impartial we confess,
If all are equal in their happiness:
But mutual wants this happiness increase;
All nature's difference keeps all nature's peace.
Condition, circumstance is not the thing;
Bliss is the same in subject or in king,
In who obtain defence, or who defend,

미국 국회도서관(왼쪽), 알렉산더 포프의 시 『인간론(Essay of Man)』의 한 페이지(오른쪽)

기능성 신경증'이라는 논문을 발표했다. 이 논문에서 스토크스 박사는 '환자의 심리 상태에서 무엇을 확인해야 하는가.'라는 제목으로 11개의 상황을 열거했는데, 그 목록 맨 위에는 다음과 같은 게 올라와 있다.

'의무감 혹은 책임감. 끝없이 펼쳐져 있는 반드시 해야 할 일들'

하지만 책상을 정리한다든가 결단을 내린다든가 하는 기본적인 조치가 어떻게 해서 앞에서 말한 고혈압이나 의무감, '끝없이 펼쳐져 있는 반드시 해야 할 일들'이라는 느낌을 피하는 데 도움이 될까? 유명한 정신병리학자 윌리엄 L. 새들러 박사는 간단한 방법을 통해 신경쇠약에서 벗어난 환자에 관해 말한다. 문제의 환자는 시카고에 있는 대형 회사의 임원이었다. 그가 새들러 박사를 찾아왔을 때 그는 긴장으로 몸이 굳어 있고 신경질적이며 걱정이 많은 사람이었다. 이렇게 가다간 심각한 상황이 되리라는 것을 알고 있었지만, 일을 그만둘 수는 없었다. 그에게는 도움이 필요했다. 새들러 박사는 이렇게 말했다.

이 사람이 내게 자신에 관한 이야기를 하고 있는데 내 사무실로 전화가 왔습니다. 병원에서 온 전화였습니다. 나는 그 일을 다음으로 미루는 대신 바로 시간을 내서 그 자리에서 결론을 내렸습니다. 나는 언제나 가능하면 그 자리에서 문제를 해결합니다. 전화를 끊자마자 다시 전화벨이 울렸습니다. 또다시 긴급한 문제였으므로 나는 시간을 내서 토의를 마쳤습니다. 세 번째로 방해를 한 것은 위중한 상태에 있는 환자에 관한 조언을 듣기 위해 나를 찾아온 내 동료였습니다. 그와 이야기를 마치고 나서 기다리게 해서 미안하다고 이야기하려고 상담하러 온 사람을 보았습니다.

하지만 그는 이미 밝아져 있었습니다. 그의 표정은 전과 완전히 달라져 있었습니다.

"사과하지 않아도 됩니다, 의사 선생님!" 그 사람이 새들러에게 말했다. "지난 10분 동안 내가 어떤 잘못을 저지르고 있었는지 알게 된 것 같습니다. 이제 사무실로 돌아가서 내가 일하는 습관을 고쳐야 하겠습니다. …… 그 전에 우선 선생님 책상 속을 한번 살펴봐도 괜찮을까요?"

새들러 박사는 책상 서랍을 열어 보여주었다. 몇몇 비품을 제외하고는 아무것도 들어 있지 않았다. 환자가 물어보았다. "아직 끝나지 않은 업무는 어디에다 보관하십니까?"

"다 끝냈습니다." 새들러가 대답했다.

"그럼 아직 회신하지 않은 편지들은 어디에 보관하십니까?"

"다 회신했습니다!" 새들러가 그에게 말했다. "나는 언제나 편지를 내려놓기 전에 회답을 끝냅니다. 그 자리에서 비서에게 구술해주고 회신을 쓰게 하지요."

6주가 지난 후 이 임원이 새들러 박사를 자신의 사무실로 초대했다. 그는 달라져 있었다. 그의 책상도 달라져 있었다. 그는 자신의 책상 서랍을 열어 해결되지 않은 업무가 하나도 들어 있지 않음을 보여주었다. 그 임원이 말했다. "6주 전 나는 사무실 두 곳에 세 개의 책상을 갖고 있었고, 일은 산더미처럼 쌓여 있었습니다. 일은 끝나는 법이 없었습니다. 선생님과 상담을 하고 돌아와서 나는 보고서와 오래된 서류들을 한 짐 실어냈습니다. 이제 나는 책상을 하나만 쓰고, 일이 생기면 바로 처리하기 때문에 끝나지 않은 일이 산더미처럼 쌓여서 나를 괴롭히고 긴장하고 걱정하게 만드는 일이 생기지 않습니다. 하지만 가장 놀라운 일은 이제 건강을 완전히 되찾았다는 사실입니다. 내 건강에는 이제 아무런 문제가 없습니다!"

미국 대법원장을 지낸 찰스 에번스 휴즈 판사는 이렇게 말했다.

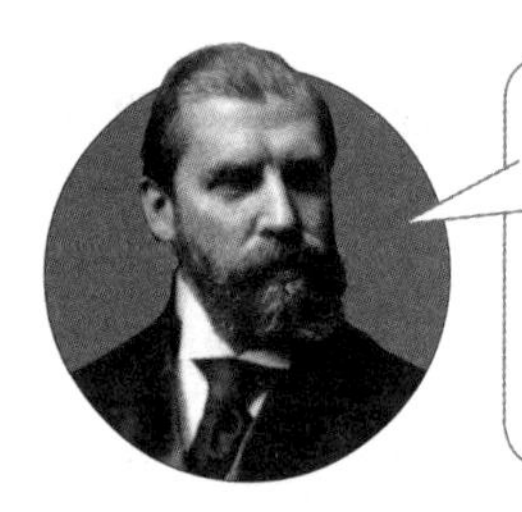

사람들이 쓰러지는 것은 과로 때문이 아니다. 에너지의 분산과 걱정 때문이다.
Men do not die from overwork.They die from dissipation and worry.

찰스 에번스 휴즈(Charles Evans Hughes)
미국의 법조인, 정치인으로, 뉴욕 주지사, 대법관, 미국 국무장관, 미국 연방 대법원장 등을 지냈다.

그렇다. 에너지의 분산, 그리고 절대로 일을 마치지 못할 것 같다는 걱정이 원인이다.

좋은 작업 습관 2

중요도 순서대로 일하라.

전국적으로 지점을 가진 시티즈 서비스 컴퍼니의 설립자인 헨리 L. 도허티는 급여를 아무리 많이 주더라도 거의 찾을 수 없는 능력이 두 가지 있다고 말했다.

값을 매길 수 없을 정도로 귀중한 두 가지 능력은 생각하는 능력, 중요도 순서대로 일하는 능력이다.

찰스 럭맨은 빈털터리 소년으로 시작해서 12년 만에 펩소던트 사의 사장에까지 올랐다. 연봉은 10만 달러에 이르고 자산은 100만 달러가 넘을 정도이다. 이런 그도 자신이 성공을 거둔 데는 헨리 L. 도허티가 거의 찾아볼 수 없다고 말한 그 두 가지 능력을 계발하는 것이 큰 도움이 되었다고 단언했다. 찰스 럭맨은 이렇게 말했다. "나는 내가 기억할 수 있는 아주 오랜 옛날부터 새벽 5시에 일어났다. 왜냐하면 그 시간이 다른 어떤 때보다도 더 잘 생각할 수 있는 시간이기 때문이다. 그때가 가장 생각을 잘할 수 있는 시간이므로 나는 그 시간에 그날의 일정을 세우고 중요도 순서에 따라 일을 할 계획을 세운다."

미국 역사상 가장 성공한 보험 세일즈맨으로 꼽히는 프랭클린 베트거는 계획을 세우기 위해서 새벽 5시까지 기다리지도 않는다. 그는 전날 저녁에 계획을 세우고 자신의 목표를 세운다. 다음 날 팔아야 할 보험 계약에 관한 목표이다. 만약 그 목표를 이루지 못하면, 나머지는 그다음 날에 추가되는 식으로 계속 이어져 간다.

오랜 경험을 통해 나는 항상 중요도 순서에 따라 일을 하기가 쉽지 않다는 것을 안다. 하지만 동시에 중요한 일을 먼저 하도록 계획을 세우는 것이 그때그때 되는 대로 일을 하는 것과는 비교도 할 수 없을 정도로 더 낫다는 사실도 알고 있다.

만일 조지 버나드 쇼가 중요한 일을 먼저 한다는 원칙을 엄격하게 지키지 않았더라면 그는 아마 소설가로서 실패하고 평생을 은행원으로 살아야 했을지도 모른다. 그는 매일 다섯 장의 글을 쓴다는 계획을 세웠다. 그 계획은 그가 9년이라는 고통스러운 기간에 계속해서 하루에 5장씩 글을 쓰도록 이끌었다. 9년 동안 그는 단지 13달러밖에 벌지 못했으니, 하루에 1페니를 번 셈이었다. 로빈슨 크루소조차 하루하루 시간 단위로 어떤 일을 할지에 관한 계획을 세웠다.

좋은 작업 습관 3

문제가 생겼을 때 결정을 내리는 데 필요한 사실을 알고 있다면 그 자리에서 즉시 문제를 해결하라. 결정을 미루지 말라.

내 강좌 수강생이던 H. P. 하웰은 예전에 US 스틸 사의 이사였다. 그의 말에 의하면 그가 참석하는 이사회는 아주 길게 늘어지기 일쑤였으며, 토론은 많이 하지만 결론을 내리지 못하는 경우가 많았다고 한다. 그 결과 이사회에 참석한 사람들은 검토해야 할 보고서만 한 보따리씩 안고 돌아가야 했다.

마침내 하웰 씨는 이사회를 설득해서 한 번에 한 가지 문제만 토의하고 결론을 내리자고 했다. 그러자 질질 끄는 문제도 사라지고 결론을 미루는 일도 없어졌다. 결론은 좀 더 사실을 확인해야 한다는 것일 수도 있었다. 어떤 일을 해야 한다는 것일 때도 있고, 하지 말아야 한다는 것일 때도 있었다. 하지만 각각의 의제에 대해서는 다음 의제로 넘어가기 전에 결론에 도달했다. 하웰 씨가 말한 바에 따르면 그 결과는 놀랄 만큼 효과적이었다. 미결 사항이 남김없이 사라졌다. 달력도 깨끗해졌다. 더는 보고서를 각자 한 보따리씩 집으로 싸가야 할 이유가 없었다. 이제 더는 미해결 문제로 인해 걱정해야 할 이유도 없었다.

이것은 US 스틸 사의 이사회뿐 아니라 여러분과 나를 위해서도 아주 좋은 규칙이다.

좋은 작업 습관 4

조직하고, 위임하고, 관리하는 법을 익혀라.

많은 비즈니스맨들이 책임을 다른 사람에게 위임하는 법을 배우지 못하고 모든 일을 혼자 하려고 고집하면서 자기 무덤을 파고 있다. 그런 결과 그는 세세한 일에 파묻혀 갈피를 잡지 못하게 될 뿐이다. 촉박하다는 느낌과 걱정, 불안, 긴장이 그를 사로잡을 뿐이다. 책임을 위임하는 법을 익히는 것은 쉬운 일이 아니다. 나도 알고 있다. 내게도 그것은 어려운, 정말로 어려운 일이었다. 나는 또한 경험을 통해 권한을 적합하지 않은 사람에게 위임하면 낭패를 당할 수 있다는 사실을 안다. 하지만 권한을 위임하는 것이 어렵긴 해도 책임자라면 걱정과 긴장, 피로를 피하기 위해서는 권한을 위임해야 한다.

사업을 크게 일구고도 조직하고 위임하고 관리하는 법을 익히지 못한 사람은 50대나 60대 초반에 심장 질환으로 사망하는 경우가 적지 않다. 긴장과 걱정으로 인해 야기되는 것이 심장 질환이다. 구체적인 사례를 보고 싶은가? 멀리 갈 것도 없다. 눈에 띄는 일간지 부고란을 살펴보라.

V

피곤, 걱정, 원한을 일으키는 지루함을 어떻게 막을 것인가

HOW TO BANISH THE BOREDOM THAT PRODUCES FATIGUE, WORRY, AND RESENTMENT

피곤을 느끼는 주원인 가운데 하나가 지루함이다. 예를 들어 여러분 동네에 사는 평범한 '앨리스'라는 사람을 보자. 어느 날 밤 앨리스는 무척 지친 모습으로 집에 돌아왔다. 그녀는 피곤해 보였고 실제로 피곤했다. 두통이 있었고, 요통도 있었다. 어찌나 피곤했던지 저녁 먹을 새도 없이 침대에 누워 자고 싶었다. 그녀의 어머니가 애원하는 통에 그녀는 식사하러 식탁에 앉았다. 그때 전화벨이 울렸다. 남자 친구였다! 춤추러 가자는 제안! 그녀의 눈이 반짝 빛났다. 기분이 날아오를 듯했다. 그녀는 자신의 방으로 달려가서 연푸른색 치마를 입고 집을 나서서 새벽 3시가 되도록 춤을 췄다. 마침내 집으로 돌아왔을 때 그녀는 조금도 지친 기색이 없었다. 오히려 너무나 기분이 들뜬 나머지 잠을 이루지 못할 정도였다.

8시간 전에 그녀가 피곤해 보이고, 또 피곤한 듯이 행동했을 때 그녀는 실제로, 그리고 정말로 지쳐 있었던 것일까? 물론이다. 그녀는 실제로 지쳐 있었다. 자기 일이 너무 지루해서, 그리고 어쩌면 자신의 인생이 너무 지루해서 그녀는 지쳐 있었다. 세상에는 이런 앨리스가 너무 많다. 어쩌면 여러분도 그 가운데 속할지 모르겠다.

사람을 피곤하게 하는 데는 육체적인 수고보다 감정적인 태도가 훨씬 더 크게 작용한다는 사실은 이미 잘 알려져 있다. 몇 년 전 조셉 E. 바맥 박사는 『심리학 논집』에 지루함이 어떻게 피곤을 유발하는지를 밝히는 실험에 관한 보고서를 실었다. 바맥 박사는 학생들에게 의도적으로 재미없게 만든 일련의 시험에 참여하도록 했다. 결과는 어떠했을까? 학생들은 피곤하고 졸음이 온다는 반응을 보였으며 두통과 눈의 긴장을 호소했다. 짜증스러움을 느끼거나 심지어는 소화기관의 이상을 호소하는 학생들도 있었다. 그 모든 게 '상상'이었을까? 아니다. 그 학생들에게 신진대사 검사를 해보았더니, 지루함을 느낄 때는 신체의 혈압과 산소 소모량이 실제로 줄어들고, 자기 일에 관심을 가지고 즐거움을 느낄 때는 모든 신진대사가 즉각적으로 상승한다는 결과가 나왔다.

우리는 뭔가 흥미롭고 재미있는 일을 할 때 거의 지치지 않는다. 예를 들어 최근 캐나디안 로키산맥에 있는 루이즈 호수 근처로 휴가를 다녀왔다. 코랄 크리크 강가에서 송어잡이를 하면서 여러 날을 보냈다. 내 키보다 더 큰 수풀을 헤치며 나아가고, 통나무에 걸려 넘어지기도 하고, 넘어져 쌓여 있는 고목을 타고 넘기도 했지만, 이렇게 8시간씩이나 고생하고서도 전혀 지치지 않았다. 왜? 그 일이 너무나 재미있고 흥분되었기 때문이다. 송어를 6마리나 잡아서 성취감이 컸다. 그런데 만일 낚

시가 지루했다면, 내가 어떻게 느꼈을 것으로 생각하는가? 해발 2천 미터도 넘는 고지에서 이렇게 격렬한 일을 했으니 녹초가 되고도 남았을 것이다.

산악 등반과 같은 힘든 활동에서조차 고된 움직임보다 지루함이 훨씬 더 사람을 지치게 만든다. 예를 들어 미니애폴리스 농공 저축 은행의 은행장인 S. H. 킹맨은 앞의 말에 관한 정확한 사례가 될 만한 이야기를 들려주었다. 1943년 7월 캐나다 정부는 캐나다 산악인 클럽에 왕실 친위대 소속 군인들에게 산악 등반을 훈련해줄 안내인을 제공해달라고 요청했다. 킹맨 씨도 이 군인들을 훈련하기 위한 안내인으로 선발되었다. 그는 내게 자신을 포함해 42세에서 49세에 이르는 나이를 가진 안내원들이 어떻게 젊은 병사들을 이끌고 빙하와 설원을 건너는 긴 도보 여행을 하고, 10여 미터에 이르는 깎아지른 절벽을 로프와 작은 발 디딜 곳과 위험스러운 붙잡을 곳에 의지해서 올라갔는지 말했다. 그들은 마이클스 봉(峰)과 바이스프레지던트봉을 비롯해 캐나디안 로키산맥의 리틀요호 계곡에 있는 이름 없는 여러 봉우리를 올랐다. 이렇게 15시간 동안 산악

캐나다 요호 국립공원

등반을 하고 나자, 바로 얼마 전 6주간의 힘든 특공 훈련을 완료하고 온 이 원기 왕성한 젊은 병사들은 완전히 녹초가 되고 말았다.

이들은 특공 훈련에서 아직 단련되지 않은 근육을 사용하느라고 지쳤던 것일까? 특공 훈련을 받아본 사람이라면 이런 바보 같은 질문은 가볍게 웃어넘기리라! 전혀 그렇지 않았다. 그들이 지친 건 산악 등반이 너무 지루했기 때문이었다. 어찌나 피곤했던지 일부 병사들은 식사를 하지도 않고 곯아떨어지고 말았다. 그러면 병사들보다 나이가 두 배 혹은 세 배나 많은 안내인도 지쳤을까? 물론 그랬다. 하지만 기진맥진할 정도는 아니었다. 안내인들은 저녁을 먹은 후에도 몇 시간씩이나 자지 않고 그날 있었던 일에 관해 이야기를 나눴다. 그들이 지쳐 떨어지지 않은 것은 재미있었기 때문이었다.

컬럼비아 대학의 에드워드 손다이크 박사는 피로에 관한 실험을 진행할 때 젊은 사람들에게 끊임없이 재밋거리를 제공함으로써 1주일 동안이나 잠을 자지 않고 깨어 있도록 만들었다. 많은 연구 끝에 손다이크 박사는 이렇게 말했다고 한다.

지루함만이 작업 능력의 감소를 가져오는 단 하나의 진정한 원인이다.
Boredom is the only real cause of diminution of work.

에드워드 손다이크(Edward Thorndike)

미국의 심리학자로, 연결주의 이론의 발전을 이끌었으며 심리학의 과학적 토대를 만들었다.

만일 당신이 정신노동자라면 여러분이 하는 작업량이 여러분을 피곤하게 하는 경우는 거의 없다. 여러분이 하지 않은 작업량 때문에 피곤해진다. 예를 들면 지난주 여러분이 쉴 새 없이 방해를 받던 그 날을 생각해 보라. 편지에 회신도 못 했고, 약속은 깨졌으며, 여기저기 문제가 생겼다. 그날은 모든 게 엉망이었다. 뭐 하나 해놓은 일도 없는데, 여러분은 집에 갈 때 녹초가 되었다. 게다가 머리는 깨질 듯 아팠다.

그다음 날은 모든 업무가 순조로웠다. 전날 한 것보다 40배나 많은 일을 해냈다. 그러고도 눈처럼 하얀 치자나무와도 같이 활기차게 귀가했다. 여러분은 그런 경험을 한 적이 있다. 나도 그렇다.

여기서 배울 교훈? 이것이다. **종종 우리의 피로는 일이 아니라 걱정과 좌절, 원망 때문에 생긴다는 것이다.**

이 장을 쓰는 사이에 나는 제롬 컨의 재미있는 뮤지컬 코미디 『쇼 보트』의 재공연을 보러 다녀왔다. 코튼 블라섬 호의 선장인 캡틴 앤디는 철학적인 독백을 하는 중에 이렇게 말한다. '자신이 즐기는 일을 하게 되는 사람이야말로 운이 좋은 사람들이지.' 그런 사람들은 정말 운이 좋다. 더 힘차게, 더 행복하게 일하면서 걱정은 적고, 피로도 덜하기 때문이다. 여러분의 관심이 있는 곳에 여러분의 에너지도 있다. 잔소리하는 배우자와 함께 10블록을 걷는 게 사랑하는 연인과 함께 1마일을 걷는 것보다 더 지치는 일일지도 모른다.

그래서 어떻단 말인가? 도대체 어떻게 하라는 말인가? 여기 오클라호마주 털사에 있는 한 석유회사에서 일하는 속기사가 사용한 방법이 있다. 그녀는 매달 사나흘 정도 정말 생각만 해도 지루하기 짝이 없는 일을 했다. 인쇄되어 나온 석유 리스용 양식에 숫자와 통계표를 적어넣는 일이었다. 이 일은 너무나 지루한 일이었기 때문에 그녀는 자구책의 하나로 그 일을 재미있게 만들어보겠다고 생각했다. 어떻게 했을까? 그녀는 매일 자신과 시합을 했다. 그녀는 아침에 채운 양식 숫자를 세고서 오후에는 그 숫자를 넘어서기 위해 노력했다. 그리고 그날 총 몇 장이나 했는지 센 후 다음 날에는 그보다 더 많은 양을 하려고 노력했다. 그 결과는? 그녀는 곧 그녀가 속한 부서에 있는 다른 어떤 속기사보다도 더 많은 양식을 채울 수 있게 되었다. 그러면 이 모든 일로 그녀에게는 어떤 이득이 있었을까? 칭찬? 아니다. 감사? 아니다. 승진? 아니다. 급여 인상? 그것도 아니다. 하지만 지루함으로 인해 생기는 피곤함을 막는 데는 도움이 되었다. 그것은 그녀에게 정신적인 자극을 주었다. 지루한 일을 재미있게 만들기 위해 최선을 다했기 때문에 그녀는 더 힘이 나고, 열정이 더 생겼으며, 한가한 시간에 더 큰 행복을 누릴 수 있었다. 여담이지만 나는 이 이야기가 사실임을 누구보다도 확실히 안다. 내가 결혼한 여성이 바로 이 이야기의 주인공이기 때문이다.

이번엔 자기 일이 마치 재미있는 것처럼 행동했기 때문에 좋은 일이 생긴 다른 여성 속기사 이야기를 해보겠다. 그녀는 마치 싸움을 하듯 일을 했다. 그 이상도 그 이하도 아니었다. 그녀는 밸리 G. 골든 양이며 지금 일리노이주 엘머스트 사우스 케닐워스 가 473번지에 살고 있다. 지금부터 그녀가 내겐 써 보낸 이야기를 소개하겠다.

우리 팀에는 4명의 속기사가 있는데 각자 몇 사람씩을 맡아 편지를 써주고 있습니다. 가끔 정신을 못 차릴 정도로 일이 밀릴 때가 있는데, 하루는 부팀장이 내가 작성한 기다란 편지를 다시 쓰라고 지시하기에 내가 반발했습니다. 내가 다시 타이핑을 다하지 않아도 고칠 수 있지 않겠느냐고 따졌더니, 그는 나보고 다시 못하겠다면 하겠다는 다른 사람을 찾아보겠다는 게 아니겠습니까! 나는 속이 부글부글 끓어올랐습니다. 하지만 그 편지를 다시 타이핑하기 시작하고 나자 갑자기 기회가 있다면 내가 하는 일을 하겠다고 달려들 사람은 얼마든지 있다는 생각이 머리를 스쳤습니다. 그리고 내가 돈을 받는 것은 바로 이런 일을 하기 때문이라는 생각도 들었습니다.

그러자 마음이 좀 편안해졌습니다. 그리고 내가 지금 하는 일을 즐기는 것처럼 해봐야겠다는 마음이 들었습니다. 비록 실제로는 경멸했지만 말입니다. 그러자 나는 다음과 같은 중요한 발견을 하였습니다. 즉, 내가 진짜로 즐기는 것처럼 일하면 어느 정도는 정말로 일을 즐기게 된다는 것입니다. 그리고 내 일을 즐기면 일을 더 빠르게 할 수 있다는 것도 알게 되었습니다. 이렇게 되자 더는 늦게까지 남아 일을 할 필요가 없었습니다. 이런 새로운 태도로 인해 나는 유능한 직원이라는 평도 얻었습니다. 그러던 중 부장님 한 분이 나에게 비서로 와주지 않겠느냐고 요청했습니다. 내가 일을 더 시켜도 짜증 내지 않고 기꺼이 잘한다면서 말입니다. 마음가짐의 변화가 커다란 위력을 갖고 있다는 사실은 내게는 엄청나게 중요한 발견이었습니다. 기적 같은 일이 생기고 있습니다!

골든 양에게 기적을 만들어준 방법은 한스 파이잉거 교수가 제안한 '마치 …… 처럼'이라는 행동 방침이다. 그는 우리보고 '마치 행복한 것처럼', '마치 …… 한 것처럼' 행동하라고 가르친다.

여러분이 만일 여러분의 직업에 흥미를 가진 것처럼 행동하면 그 행동으로 인해 여러분에게는 실제로 흥미가 생긴다. 그와 동시에 여러분의

피로와 긴장과 걱정도 줄어든다.

수년 전 할런 A. 하워드는 자신의 인생을 통째로 변화시키는 결정을 내렸다. 재미없는 일을 재미있게 만들기로 했다. 그가 하는 일은 정말 재미없는 일이었다. 고등학교에서 다른 아이들이 공놀이하거나 여학생들과 노닥거리는 사이, 식당에서 접시를 닦고 판매대를 정리하고 아이스크림을 담아주는 게 그가 하는 일이었다. 할런 하워드는 자기 일이 수치스러웠다. 하지만 그 일을 계속해야 했으므로 아이스크림을 연구하기로 했다. 그는 아이스크림을 어떻게 만드는지, 어떤 원료가 들어가는지, 왜 어떤 아이스크림이 다른 아이스크림보다 더 맛있는지 등을 연구했다. 그는 아이스크림과 관련한 화학을 연구했고 고등학교 화학 수업에서 척척박사로 통하게 되었다. 이러면서 식품 화학에 깊은 관심을 가지게 된 그는 매사추세츠 주립 대학에 입학해서 '식품 화학'을 전공했다. 어느 날 뉴욕 코코아 거래소가 100달러의 상금을 걸고 코코아와 초콜릿의 활용에 관한 연구 논문을 공모했다. 모든 대학생이 참여할 수 있는 공모였다. 여러분은 과연 누가 그 상금을 탔을 것 같은가? …… 그렇다. 할런 하워드다.

일자리를 구하기 어려웠던 그는 매사추세츠주 암허스트 노스플레전트가 750번지에 있던 자신의 집 지하실에 개인 실험실을 마련했다. 그로부터 얼마 지나지 않아 새로운 법률이 통과되었다. 우유에 들어 있는 박테리아의 수를 확인해야 한다는 법률이었다. 할런 A. 하워드는 곧 14개 우유 회사를 위해 박테리아의 수를 확인하는 일을 하게 되었다. 이 일을 위해 조수도 둘이나 고용해야 했다.

지금부터 25년이 지나고 나면 그는 과연 어디에 있을까? 아마 지금

식품 화학 사업을 영위하는 사람들은 그때가 되면 은퇴를 했거나 이 세상 사람이 아닐 것이다. 그리고 그들의 자리는 왕성한 도전 정신과 열정을 가지고 있는 젊은 인재들의 차지가 될 것이다. 할런 A. 하워드가 아이스크림을 건네주던 학생들 가운데 일부는 직업을 구하지 못해서 짜증을 내며 정부에 대해 비판을 하고 기회가 주어지지 않는다고 투덜거리겠지만, 하워드는 자신이 속한 직업에서 아마도 리더가 되어 있을 것이다. 만일 할런 A. 하워드가 재미없는 일을 재미있게 만들려고 결심하지 않았더라면 그에게도 기회가 찾아오지 않았을지도 모를 일이다.

오래전 공장 선반 앞에 서서 볼트를 만드는 따분한 일에 싫증이 난 또 한 명의 젊은이가 있었다. 그의 이름은 샘이었다. 샘은 일을 그만두고 싶었지만 다른 일자리를 구하지 못하면 어쩌나 걱정이 되었다. 이 따분한 일을 계속해야 했으므로 샘은 자기 일을 재미있게 만들어야겠다고 결심했다. 그래서 그는 자신의 옆에 있는 기계를 돌리는 기계공과 시합을 벌였다. 한 사람이 자신의 기계를 이용해 볼트의 거친 표면을 다듬으면 다른 사람은 적당한 지름이 되도록 볼트를 가공해야 했다. 그들은 가끔 기계를 바꿔가며 누가 더 많은 볼트를 생산하느냐 시합을 벌였다. 샘의 속도와 정확도를 높이 산 작업반장은 그에게 더 나은 일을 맡겼다. 이것이 그가 승진을 거듭한 출발점이었다. 30년이 지난 후 샘, 즉 새뮤얼 보클레인은 볼드윈 로코모티브 웍스의 사장이 되었다. 하지만 자신의 재미없는 일을 재미있게 만들어보겠다는 결심을 하지 않았더라면 평생을 기계공으로 머물렀을지도 모를 일이다.

유명한 라디오 뉴스 해설가인 H. V. 칼텐본이 한번은 자신이 어떻게 재미없는 일을 재미있게 만들었는지에 대해 말해주었다. 그는 스물두 살이 되던 해에 가축 수송선을 타고 가축들에게 사료와 물을 주며 대서양을 건넜다. 영국에서 자전거 여행을 하고 나서 파리에 도착했을 때 그에겐 먹을 것도, 돈도 없었다. 그는 카메라를 저당 잡히고 받은 5달러로 〈뉴욕 헤럴드〉 파리 판에 구직 광고를 냈다. 그 결과 쌍안 사진경을 파는 일을 하게 됐다. 40살을 넘긴 사람이라면 두 장의 똑같은 사진을 눈앞에 놓고 보던 구식 입체경을 기억할 것이다. 그것을 보면 마술 같은 일이 일어났다. 입체경에 있는 두 개의 렌즈가 두 장의 사진을 입체감이 있는 하나의 장면으로 만들어냈다. 거리감을 느낄 수 있었으며 놀라운 원근감을 맛볼 수 있었다.

이미 말했지만 칼텐본은 파리 시내의 집마다 찾아다니며 이런 기계를 파는 일을 시작했다. 문제는 그가 프랑스어를 하지 못한다는 것이었다. 하지만 첫해에 수수료로 5천 달러를 벌어들였다. 그는 그해 프랑스에서 가장 많은 보수를 받은 세일즈맨이었다. H. V. 칼텐본은 성공에 유용한 내적인 자질을 개발하는 데에 하버드에서 공부한 그 어떤 한 해보다도 그해의 경험이 더 큰 도움이 되었다고 말했다. 자신감? 그는 그 경험을 하고 나자 프랑스의 가정주부들에게 미국 의회의 회의록이라도 팔 수 있을 것 같은 생각이 들더라고 털어놓았다.

이 경험으로 인해 그는 프랑스에서의 삶을 깊이 이해하게 되었다. 이것은 나중에 그가 라디오를 통해 유럽에서 일어나는 사건들을 해설하는 데 이루 말할 수 없는 도움이 되었다.

그러면 그는 어떻게 프랑스어를 하지도 못하면서 능숙한 세일즈맨이 될 수 있었을까? 그는 자신의 상사에게 판매에 필요한 어구를 완벽한 프랑스어로 적어달라고 해서 그것을 외웠다. 그가 도어벨을 누르고 주부가 내다보면 칼텐본은 이미 외우고 있는 판매 어구를 아주 우스꽝스러울 정도의 엉터리 억양으로 반복했다. 그는 주부에게 자신이 가져온 사진을 보여주었고, 주부가 질문을 하면 어깨를 한 번 으쓱하고는 이렇게 말했다. "미국 사람 …… 미국 사람." 그러고는 모자를 벗어서 그 안에 붙여놓은 완벽한 프랑스어 판매 어구 쪽지를 가리켰다. 주부가 웃으면 그도 따라 웃으면서 사진을 몇 장 더 보여주었다. H. V. 칼텐본이 이 이야기를 내게 말하면서 그 일이 사실은 전혀 쉽지 않았다고 털어놓았다. 그는 자신이 그 일을 밀어붙일 수 있었던 단 하나의 이유는 그 일을 재미있게 만들겠다는 결심이었다고 고백했다. 매일 아침 집을 나서기 전 그는 거울을 보며 이렇게 기운을 북돋는 말을 하곤 했다. "칼텐본, 먹고 살려면 이 일을 해야 한다. 기왕 해야 한다면, 기분 좋게 하는 게 어떤가? 도어벨을 누를 때마다 나 자신은 조명을 받는 배우이고 관객이 나를 보고 있다고 생각하자. 어찌 보면 내가 하는 일은 무대 위에서 일어나는 일만큼이나 재미있는 일이야. 그러니 활력과 열정을 쏟아부어도 되지 않을까?"

칼텐본 씨는 이런 격려 발언이 전에는 맘에 들지도 않을뿐더러 두렵기도 하던 일을 맘에 들면서도 돈을 버는 모험으로 바꾸는 데 도움이 되었다고 말했다.

내가 그에게 성공하고 싶은 미국의 젊은이들에게 해주고 싶은 충고가 있느냐고 묻자 그는 이렇게 말했다. "있습니다. 아침마다 스스로 용기를 북돋우라는 것입니다. 많은 사람이 반쯤 졸면서 돌아다니기 때문에 거기서 깨어나기 위해 육체 운동이 중요하다는 이야기를 많이 합니다. 하지만 매일 아침 우리 자신이 행동할 수 있도록 정신적이고 심리적인 운동을 할 필요가 더 큽니다. 매일 자신의 용기를 북돋는 말을 하도록 하십시오."

매일 자신의 용기를 북돋는 말을 하라는 것이 미련하거나 피상적이거나 유아적으로 들리는가? 아니다. 오히려 그 반대이다. 이것이야말로 건전한 심리학의 요체이다. "우리의 삶은 우리가 생각하는 대로 만들어진다." 마르쿠스 아우렐리우스가 자신의 책 『명상록』에서 이 말을 처음 한 것은 18세기 전이지만 이 말은 지금도 그때와 똑같이 유효한 말이다. "우리의 삶은 우리가 생각하는 대로 만들어진다."

매시간 자신에게 말을 건넴으로써 여러분은 여러분 자신을 용기와 행복에 관한 생각, 힘과 평화에 관한 생각을 하도록 이끌 수 있다. 여러분이 감사해야 할 것들에 대해 여러분 자신에게 말을 건넴으로써 여러분은 여러분의 마음을 기분 좋으면서도 즐거운 생각으로 채울 수 있다.

올바른 생각을 가지면 어떤 일에 대해서건 싫증을 줄일 수 있다. 여러분의 상사는 여러분이 일에 더 관심을 가지기를 원한다. 그래야 상사 자신이 돈을 더 많이 벌게 되기 때문이다. 하지만 상사가 원하는 것에 대해서는 신경 쓰지 말자. 여러분이 하는 일에 관심을 가지면 여러분에게 어떤 이득이 생기는지만 생각하자. 그렇게 하면 여러분이 인생에서 얻는 행복의 양이 두 배로 늘어난다는 것만 생각하자. 왜냐하면 여러분은 깨어 있는 시간의 절반을 일하면서 보내고 있고, 만일 여러분이 일에서 행복을 찾지 못한다면 다른 어디에서도 찾을 수 없기 때문이다. 여러분이 하는 일에 관심을 가지면 걱정을 잊어버릴 수 있으며, 길게 보면 승진도 하고 보수도 더 많이 받게 될 것이라는 점을 잊지 말자. 만일 그렇게 되지 않는다고 하더라도 그럼으로써 여러분의 피로가 최소로 줄어들고 한가한 시간을 더 충분히 즐기는 데 도움이 된다.

VI

불면증에 대한 걱정을 없애는 방법

HOW TO KEEP FROM WORRYING ABOUT INSOMNIA

잠을 이루지 못해 걱정하는가? 그렇다면 세계적으로 유명한 법률가인 새뮤얼 운터마이어가 평생 푹 잠을 이룬 적이 없다는 사실을 듣는다면 귀가 솔깃할지도 모르겠다.

샘 운터마이어가 대학에 입학했을 때 그에게는 두 가지 걱정거리가 있었다. 하나는 천식이고, 다른 하나는 불면증이었다. 두 가지 가운데 어떤 것도 고칠 가망성이 보이지 않자 그는 차선책, 즉 자신의 질병을 최대한 이용하는 방법을 택하기로 마음먹었다. 잠을 이루지 못하고 이리저리 뒤척거리는 대신에 일어나 앉아 공부했다. 결과는 어떻게 되었을까? 그는 모든 과목에서 장학생이 되었으며 뉴욕 시립 대학의 천재 가운데 한 명으로 알려졌다.

법조계에 들어선 이후에도 그의 불면증은 이어졌다. 하지만 운터마이어는 걱정하지 않았다. 그는 이렇게 말했다. “자연이 나를 돌볼 것이다.” 정말로 자연이 그를 돌보았다. 수면 시간이 매우 짧았지만, 그는 건강을 유지했고 뉴욕 법조계의 그 어떤 젊은 법조인에게도 뒤지지 않을 만큼 정력적으로 일했다. 아니 오히려 더 많이 일했다. 그들이 잠을 자는 동안에도 일했으니까!

스물두 살이란 나이에 샘 운터마이어는 한 해에 7만 5천 달러를 벌어들이고 있었다. 그러자 다른 젊은 변호사들이 그의 방법을 연구하기 위해 법정으로 몰려들었다. 1931년 그는 아마도 역사상 단일 사건 수임료로는 가장 높은 금액인, 현찰로 100만 달러나 되는 금액을 보수로 받았다.

그의 불면증은 이때도 여전해서 밤이 늦도록 서류를 읽고도 새벽 5시면 일어나서 편지를 쓰기 시작했다. 대부분의 사람이 이제 막 일을 시작할 무렵이면 그는 그날 종일 해야 할 일의 절반가량을 이미 끝내놓고 있었다. 잠을 푹 자본 적이 거의 없긴 했지만, 그는 여든한 살이 되도록 장수했다.

미국 법률가 새뮤얼 운터마미어(왼쪽), 미국 뉴욕 용커스에 있는 새뮤얼 운터마이어 정원(오른쪽)

하지만 만일 불면증 때문에 걱정을 하고 조바심을 냈더라면 그는 아마도 인생을 망치고 말았을 것이다.

우리는 인생의 3분의 1 가량을 잠을 자면서 보낸다. 하지만 누구도 잠이 실제로 무엇인지 알지 못한다. 우리는 잠은 습관이며 휴식 상태라는 것을 안다. 우리가 잠을 자는 동안 자연은 헤어져 너덜거리는 옷자락을 손질하듯 우리 몸을 돌본다. 하지만 개개인에게 얼마나 많은 수면 시간이 필요한지 알지 못한다. 도대체 잠은 반드시 자야 하는지 아닌지도 알지 못한다.

너무 허황한 말 같은가? 제1차 세계 대전 당시 헝가리 군인이던 폴 컨은 총알이 전두엽을 관통하는 상처를 입었다. 그는 부상에서 회복했지만, 이상하게도 잠을 이루지 못했다. 의사들이 진정제와 신경안정제, 최면술 등 다양한 방법을 시도해보았지만 어떤 방법으로도 폴 컨을 잠들게 하지 못했다. 잠들게 하기는커녕 졸음이 오게 하지도 못했다.

의사들은 그가 오래 살지 못할 것이라고 진단했다. 하지만 그런 예상은 모두 빗나갔다. 그는 취직하고 수년 동안이나 아주 건강하게 살았다. 그는 드러누워서 눈을 감고 휴식을 취했지만 절대 잠을 자지는 않았다. 그의 사례는 잠에 관한 우리의 많은 믿음을 뒤집는 의학적 수수께끼였다.

사람들 가운데는 다른 사람들보다 훨씬 더 많이 자야 하는 사람들도 있다. 토스카니니는 밤에 5시간만 자면 되었지만 캘빈 쿨리지는 적어도 그 두 배는 자야 했다. 쿨리지는 24시간 가운데 11시간은 잠을 잤다. 달리 말하자면 토스카니니가 인생의 5분의 1을 잠으로 보냈지만 쿨리지는 거의 절반가량을 잠으로 보낸 셈이다.

불면증에 대해 걱정하는 것이 불면증 자체보다 훨씬 더 나쁜 영향을 준다. 예를 들자면 내 수강생 가운데 뉴저지주 리지필드 파크 오버페크 애비뉴 173번지에 사는 아이라 샌드너는 만성 불면증으로 거의 자살할 지경에 이르렀다. 아이라 샌드너는 이렇게 말했다.

나는 정말로 내가 미쳐가고 있다고 생각했습니다. 문제는 처음에는 내가 매우 잠을 잘 자는 사람이었다는 것입니다. 자명종이 울려도 잠에서 깨지 못하는 바람에 아침 늦게야 일하러 가곤 했었습니다. 저는 그게 걱정이 되었고, 실제로 윗사람으로부터 제시간에 출근해야 한다는 경고를 받기도 했습니다. 만일 계속 늦잠을 잔다면 직장에서 쫓겨난다는 사실을 알고 있었습니다.

친구들에게 이런 이야기를 했더니 한 친구가 한번 자기 전에 자명종에 의식을 집중하고 자보라고 하더군요. 그렇게 불면증이 시작되었습니다! 그 빌어먹을 자명종의 째깍째깍 소리가 나를 끊임없이 괴롭혔습니다. 그로 인해 나는 이리저리 뒤척이며 잠을 이루지 못했습니다. 밤이 새도록 말입니다! 날이 밝을 무렵이 되자 나는 몸이 아플 지경이었습니다. 피로와 걱정으로 몸이 안 좋아진 것이지요. 이런 일이 8주간이나 계속되었습니다. 그간 겪은 고통은 말로 표현할 수 없을 정도였습니다. 나는 분명 내가 미쳐가고 있다고 생각했습니다. 어떤 날은 몇 시간씩이나 방 안을 서성이기도 했는데, 솔직히 말하자면 창문 밖으로 뛰어내려서 모든 것을 끝내버리고 싶은 생각이 들기도 했습니다.

마침내 전부터 알고 지내던 의사를 찾아갔더니 그 의사는 이렇게 말하더군요. "아이라, 이건 내가 도울 수 있는 일이 아니야. 다른 누구도 도와주지 못해. 왜냐하면 아이라 자신이 만들어낸 일이니까 말이야. 가서 잠자리에 누워서 잠이 안 오더라도 모든 것을 그냥 잊어봐. 자신에게 이렇게 말해봐. '잠이 안 와도 상관없어. 아침까지 깨어 있더라도 괜찮아.' 그리고 눈을 감고 이렇게 말해봐. '가만히 누운 채 잠이 안 온다고 걱정을 하지 않으면, 어쨌거나 그걸로 휴식을 취하는 거야.'"

나는 그렇게 했습니다. 그렇게 2주가 지나자 조금씩 잠이 오기 시작했습니다. 한 달이 지나자 나는 8시간씩 잠을 자게 되었고 신경도 정상으로 돌아왔습니다.

아이라 샌드너를 죽이고 있던 건 불면증이 아니다. 불면증에 대한 걱정이 그를 죽이고 있었다.

시카고 대학 교수인 나다니엘 클라이트만 박사는 현존하는 그 어떤 사람보다도 잠에 대해 많이 연구했다. 그는 잠에 관해서는 세계적인 전문가이다. 그는 지금까지 불면증으로 죽은 사람이 있다는 말을 들어본 적이 없다고 단언한다. 물론 불면증으로 걱정하고 그로 인해 저항력이 떨어지면 병균이 침입할 수도 있다. 하지만 피해를 주는 건 걱정이지 불면증 그 자체가 아니다.

클라이트만 박사는 또한 불면증에 대해 걱정하는 사람들이 스스로 생각하는 것보다 훨씬 잠을 많이 잔다고 말한다. "간밤에 한숨도 자지 못했다."라고 하는 사람도 알고 보면 자신도 모르는 사이에 상당한 시간 동안 잠을 잤을 수 있다. 예를 들어 19세기 가장 심오한 사상가의 한 사람인 허버트 스펜서는 늙도록 결혼도 하지 않고 하숙집에서 살았는데 주변 사람들이 지겨워할 정도로 끊임없이 불면증을 호소했다. 그는 심지어 '귀마개'를 껴서 소음을 막고 신경을 안정시키려고도 해보았다. 졸음을 유도하기 위해 아편을 사용한 적도 있었다. 그러던 어느 날 그와 옥스퍼드 대학교의 세이스 교수가 한 호텔 방에서 묵게 되었다. 다음 날 아침 스펜서는 간밤에 한숨도 못 잤노라고 단언했다. 하지만 실제로 한숨도 못 잔 것은 세이스 교수였다. 세이스 교수는 스펜서가 코를 고는 소리에 밤새 한숨도 잠을 이루지 못했다.

잠을 푹 자기 위한 최우선 요건은 안전하다는 느낌이다. 우리보다 위대한 어떤 힘이 아침까지 우리를 안전하게 지켜줄 것이라는 느낌이 들어야 한다. 그레이트 웨스트 라이딩 요양원의 토마스 히슬롭 박사는 영국 의학 협회에서 가진 강연에서 이 점을 강조하면서 이렇게 말했다. "오랜 임상 경험으로 보았을 때 수면을 유도하는 가장 좋은 방법 가운데 하나가 기도입니다. 제가 이 말을 하는 건 순전히 의학적 관점에서입니다. 규칙적으로 기도를 하는 사람들에게는 기도하는 것이 마음을 평안하게 하고 신경을 가라앉히는 가장 적절하고 정상적인 방법이라고 보아야 합니다."

"하느님께 맡기고 의지한다."

저넷 맥도널드는 우울하고 걱정이 되어 잠을 이루기 어려울 때면 언제나 시편 23장에 나오는 다음 구절을 반복해서 읽음으로써 '안전하다는

존 맥루어 해밀턴이 그린 영국의 철학자 허버트 스펜서(왼쪽), 허버트 스펜서의 서재와 침실(오른쪽)

느낌'을 얻을 수 있었다고 말했다. "여호와는 나의 목자시니 내게 부족함이 없으리로다. 그가 나를 푸른 풀밭에 누이시며 쉴 만한 물가로 인도하시도다."

하지만 만일 여러분이 종교를 갖고 있지 않고 본인 스스로 헤쳐나가야 한다면 물리적인 방법을 이용해 긴장을 완화하는 법을 배워야 한다. 『신경 긴장에서 해방되기』라는 책을 쓴 데이비드 헤럴드 핑크 박사는 물리적으로 긴장을 완화하는 가장 좋은 방법이 자신의 몸에 말을 거는 것이라고 말하고 있다. 핑크 박사에 의하면 말은 모든 종류의 최면에 가장 중요한 요소이다. 만일 여러분이 고질적으로 잠을 이루지 못하고 있다면 그것은 여러분이 자신에게 불면증에 걸리도록 말을 하고 있기 때문이다. 여기에서 벗어나는 길은 여러분 자신을 최면에서 깨어나게 하는 것이다. 그러기 위해서는 여러분 육체의 근육을 향해 이렇게 말하면 된다. "풀어라, 풀어라, 힘을 빼고 긴장을 풀어라."

우리는 이미 근육이 긴장되어 있으면 마음과 신경의 긴장도 풀리지 않음을 알고 있다. 그러니 잠을 자고 싶다면 우선 근육에서부터 시작해야 한다. 핑크 박사가 추천하고 또 실제로도 효과가 있는 방법은 무릎 밑에 베개를 괴어서 다리의 긴장을 풀고 팔 밑에도 작은 베개를 괴어서 팔의 긴장을 푸는 것이다. 그러고 나서 턱, 눈, 팔, 다리에 긴장을 풀라고 이야기를 하면 마침내 우리는 무슨 일이 생기는지 미처 알기도 전에 잠에 빠져들게 된다. 여러분이 만일 수면 장애를 갖고 있다면 이미 언급한 핑크 박사의 『신경 긴장에서 해방되기』라는 책을 참조하기를 바란다. 이 책은 내가 아는 한 재미있게 읽히면서도 불면증을 치료해주는 유일한 책이다.

불면증을 치료하는 정말 좋은 방법 가운데 하나가 정원 조경이나 수영, 테니스, 골프, 스키 혹은 그 밖의 육체적으로 힘든 일을 해서 여러분 자신을 육체적으로 피곤하게 만드는 것이다. 시어도어 드라이저가 사용한 방법이 바로 이 방법이다. 무명의 젊은 작가 시절 그는 불면증으로 걱정하고 있었다. 그래서 뉴욕 센트럴 열차 회사에 보선공으로 들어갔다. 하루 동안 못을 박고 자갈을 나르고 나자 어찌나 피곤했던지 그는 식사할 때까지 기다리지도 못하고 곯아떨어지고 말았다.

우리가 매우 피곤해지면 자연은 우리가 걷고 있는 동안에도 잠이 들게 한다. 예를 들어보자. 내가 열세 살이었을 때 아버지는 통통한 돼지를 화차에 싣고 미주리주 세인트 조로 갔다. 무료 기차표가 두 장이 나왔으므로 아버지는 나를 데리고 가셨다. 당시까지 4천 명 이상이 사는 도회지에는 한 번도 가본 적이 없던 나는 6만 명이 모여 사는 도시인 세인트 조에 도착했을 때 흥분으로 들떠 있었다. 6층이나 되는 마천루를 보았고, 그보다 더 신기한 시내 전차를 보았다. 지금도 눈을 감으면 그때 보았던 전차의 모습과 소리가 생생하게 떠오른다. 평생 다시없는 흥분과 설렘의 날을 보내고 아버지와 나는 미주리주 레이븐우드로 돌아오는 기차를 탔다. 새벽 2시에 거기에 도착한 우리는 농장까지 6㎞를 걸어갔다. 그리고 이 이야기의 핵심은 바로 이 부분이다. 즉, 나는 너무나 기진맥진해서 잠을 자고 꿈을 꾸면서 걸었다. 나는 가끔 말을 타고 가면서도 자곤 했다. 그러고도 여태껏 살아 있으니 이런 이야기를 하는 것 아니겠는가!

피곤이 극도에 달하면 사람들은 전쟁의 소음과 공포, 위험 속에서도 깊은 잠을 잔다. 유명한 신경과 전문의인 포스터 케네디 박사는 1918년 영국군 제5 파병 부대가 퇴각하던 당시 극도의 피로에 시달리던 병사들이 어디건 상관없이 드러누워서는 혼수상태에 빠진 것처럼 잠을 자는 것을 목격했다고 한다. 심지어 그들은 박사가 손가락으로 눈꺼풀을 들어 올려도 꿈쩍도 하지 않았다고 했다. 그리고 그는 병사들의 눈동자가 언제나 안구 위쪽을 향해 돌아가 있는 것을 발견했노라고 말했다. "그 후 내가 수면 장애가 있다고 느껴질 때면 나는 눈동자를 위쪽으로 돌려보곤 합니다. 그러면 몇 초 지나지 않아 하품이 나고 졸음이 쏟아지는 것을 느끼게 됩니다. 그건 내가 통제할 수 없는 자동적인 반사 행동이었습니다."

지금까지 잠자기를 거부하는 방식으로 자살을 한 사람은 한 사람도 없고, 앞으로도 없을 것이다. 자연은 인간이 아무리 커다란 의지력을 발휘한다고 해도 잠들게 한다. 자연은 인간이 음식이나 수분을 섭취하지 않고 버티면 버텼지 잠을 자지 않고 버틸 수는 없게 만들었다.

자살에 대한 이야기를 하자니, 헨리 C. 링크 박사가 『인간의 재발견』이라는 책에서 말한 사례가 생각난다. 링크 박사는 사이컬로지컬 코퍼레이션의 부사장으로서 우울함과 걱정으로 고민하는 많은 사람을 상담하고 있다. 그의 책에서 '두려움과 걱정을 극복하는 법'이란 장에는 자살을 원하는 한 환자에 관한 이야기가 나온다. 링크 박사는 논쟁하는 것이 결코 도움이 되지 않는다는 것을 알고 있었기에 환자에게 이렇게 말했다. "어쨌거나 자살을 하실 생각이라면, 적어도 영웅적인 방식으로 하시길 바랍니다. 이 주변을 열심히 뛰다가 쓰러져 죽는 게 어떠신가요?"

환자는 그가 제시한 방법을 시도했다. 그것도 한 번이 아니라 여러 번. 횟수가 거듭되면서 근육은 어떤지 몰라도 마음은 점차 좋아지기 시작했다. 세 번째 밤, 그는 링크 박사가 처음부터 노리던 대로 되었다. 즉, 육체적으로 너무나 피곤했기 때문에, 또한 육체적으로 긴장이 풀렸기 때문에 그는 픽 쓰러져서는 통나무처럼 잠을 잤다. 나중에 그는 육상 동호회에 참가해서 시합에 나가게 되었다. 오래지 않아 그는 영원히 살았으면 좋겠다 싶을 정도로 건강을 되찾았다.

그러므로 불면증으로 걱정하는 것을 멈추고 싶다면 다음의 다섯 가지 규칙을 지켜라.

1. 잠이 오지 않으면 새뮤얼 운터마이어가 했던 대로 일어나서 일하든가 졸릴 때까지 책을 읽어라.
2. 수면 부족으로 죽은 사람은 한 명도 없다는 사실을 기억하라. 수면 부족 자체보다 불면증에 대한 걱정이 훨씬 더 나쁜 영향을 미친다.
3. 기도하든가, 아니면 저넷 맥도널드처럼 시편 23장을 반복해서 읽어라.
4. 신체의 긴장을 풀어라. 『신경 긴장에서 해방되기』라는 책을 읽어라.
5. 운동하라. 깨어 있지 못할 만큼 육체적으로 피곤하게 하라.

PART 7

걱정과 피로를 막고 활력과 의욕을 고취하는 6가지 방법

1 지치기 전에 휴식을 취하라.

2 긴장을 풀고 일하는 법을 배워라.

3 주부들은 가정에서 긴장을 완화함으로써 건강을 지켜라.

4 다음의 네 가지 좋은 작업 습관을 활용하라.

① 당장 해야 하는 일과 관계없는 모든 서류를 책상에서 치워라.
② 중요도 순서대로 일하라.
③ 문제가 생겼을 때, 결정을 내리는 데 필요한 사실을 알고 있다면 그 자리에서 즉시 문제를 해결하라.
④ 조직하고, 위임하고, 관리하는 법을 익혀라.

5 걱정과 피로를 막기 위해 일에 열정을 쏟아라.

6 수면 부족으로 죽은 사람은 한 명도 없다는 사실을 기억하라. 수면 부족 자체보다 불면증에 대한 걱정이 훨씬 더 나쁜 영향을 미친다.

PART 8

하고 싶은 일을 해며 성공하는 방법

How To Find The Kind Of Work In Which You May Be Happy And Successful

인생에서 가장 중요한 결정

ONE OF THE TWO MAJOR DECISIONS OF YOUR LIFE

(이 장은 아직 하고 싶은 일을 찾지 못한 젊은이들을 위한 글이다. 만일 여러분이 그런 상황이라면 이 장을 읽는 것은 여러분의 향후 인생에 커다란 영향을 미칠 것이다)

만일 여러분이 18세 이하라면 여러분은 곧 인생에서 가장 중요한 두 가지 결정을 하도록 요구받을 것이다. 그 결정은 여러분 인생의 하루하루를 결정적으로 바꾸어놓을 것이고 여러분의 행복과 수입, 건강에 막대한 영향을 끼칠 것이며 여러분을 성공시키거나 망가뜨릴 수도 있을 것이다.

이 두 가지 엄청난 결정은 과연 무엇인가?

첫째, 어떻게 돈을 벌 것인가? 농부가 될 것인가, 집배원이 될 것인가,

아니면 화학자나 삼림 감시원, 속기사, 가축 중간상, 대학 교수가 될 것인가? 아니면 간이매점에서 햄버거를 팔 것인가?

둘째, 여러분 자녀의 아빠 혹은 엄마로 어떤 사람을 선택할 것인가?

이 두 가지 커다란 결정은 도박일 경우가 적지 않다. 『통찰력』이란 책을 쓴 헤리 에머슨 포스딕은 자신의 책에서 "모든 젊은이는 직업을 선택하는 데 있어 도박사이다. 거기에 자신의 인생을 걸어야 한다."라고 말한다.

직업을 선택하는 데 어떻게 하면 도박적인 요소를 줄일 수 있을까? 계속해서 읽어보라. 최선을 다해 말해보겠다. 우선, 가능하면 여러분이 즐길 수 있는 일을 선택하라. 언젠가 내가 타이어 제조회사인 B. F. 굿리치 사의 데이비드 M. 굿리치 회장에게 사업에서 성공하기 위한 제1 요건을 어떤 것으로 생각하느냐고 물었더니 그는 이렇게 대답했다. "일하는 게 즐거워야 합니다. 일을 즐기면 오랜 시간 일을 하고도 일처럼 여기지 않습니다. 일을 마치 놀이처럼 여길 것입니다."

그 좋은 예가 에디슨이다. 정규교육도 받지 못했지만 자라서는 미국의 산업사를 바꿔놓은 신문팔이 소년, 에디슨. 종종 실험실에서 숙식을 해결해가며 하루에 18시간씩 일하던 사람, 에디슨. 하지만 그에게 이런 일은 전혀 고생이 아니었다. 그는 이렇게 주장했다.

나는 평생 하루도 일해본 적이 없습니다. 모든 게 재미 그 자체였으니까요.
I never did a day`s work in my life, It was all fun.

토머스 앨바 에디슨(Thomas Alva Edison)
미국의 발명가, 사업가로, 세계에서 가장 많은 발명품을 남겼다.

그의 성공이 놀라운 일은 아니지 않겠는가!

언젠가 나는 찰스 슈워브도 이와 거의 비슷한 말을 하는 것을 들었다. 그는 이렇게 말했다.

어떤 일이라 해도 그 사람이 무한한 열정을 가진 일이라면 성공할 수 있다.
A man can succeed at almost anything for which he has unlimited enthusiasm.

찰스 미카엘 슈워브(Charles Michael Schwab)
미국의 기업가, 엔지니어이다. 앤드루 카네기의 철강 회사에서 엔지니어로 경력을 시작하였다. 이후 베들레헴 철강 회사(Bethlehem Steel)를 운영하였다.

하지만 여러분 자신이 하고 싶은 일이 무엇인지 전혀 감을 잡지도 못하고 있다면 어떻게 어떤 일에 대해 열정을 가질 수 있겠는가? 한때 듀퐁사에서 수천 명의 종업원을 채용했으며, 지금은 아메리칸 홈 프로덕츠 컴퍼니에서 노무 관리 부책임자로 근무하는 에드나 커 여사는 이렇게 말했다. “내가 아는 가장 비극적인 사실은 매우 많은 젊은이가 자신들이 진정으로 하고 싶은 일을 발견하지 못한다는 것입니다. 자기 일에서 보수 이외에 다른 아무런 보람도 얻지 못하는 사람이 가장 불쌍한 사람이라고 생각합니다.” 커 여사의 이야기에 따르면 심지어는 대졸자들도 여사에게 와서 이렇게 말한다고 한다. “저는 다트머스 대학에서 학사 학위를 받았습니다. (혹은 코넬대에서 석사 학위를 받았습니다) 귀사에 제가 할 수 있는 일이 있을까요?” 그들은 자신들이 어떤 일을 할 수 있는지, 아니 심지어는 어떤 일을 좋아하는지조차 모르고 있다. 그러니 도전 의식과 장밋빛 꿈으로 인생을 시작한 수많은 젊은 남녀가 마흔이 되면 절망으로, 심지어는 신경쇠약으로 끝나는 게 어찌 놀라운 일이겠는가? 사실 자신에게 적합한 직업을 찾아내는 것은 여러분의 건강을 위해서도 중요하다. 존스 홉킨스 병원의 레이먼드 펄 박사가 몇몇 보험회사와 공동으로 인간의 장수에 이바지하는 요인을 찾아내는 연구를 해보았더니 '자신에게 적합한 직업'이 목록 상위에 올라왔다. 그는 토마스 칼라일과 마찬가지로 이렇게 말할 수도 있었을 것이다. "자신의 천직을 찾아낸 사람은 축복받은 사람이다. 더 이상의 축복은 바라지 마라."

나는 최근 소코니 배큐엄 석유회사의 인사 책임자인 폴 W. 보인턴과 함께 저녁 시간을 보냈다. 지난 25년간 그는 7만 5천 명이 넘는 구직자를 대상으로 면접을 시행하고서 『취업 성공의 6가지 방법』이라는 책을 써냈다. 나는 그에게 이렇게 물어보았다. "요즘 젊은이들이 직업을 구하면서 저지르는 가장 큰 실수는 무엇입니까?" 그는 대답했다. "그들은 자신이 하고 싶은 일이 무엇인지 알지 못합니다. 자신의 모든 미래가, 미래의 모든 행복과 평화가 직업에 달린대도 그 직업을 고르는 데 몇 년 입지도 못하는 양복 한 벌을 고를 때보다도 생각하지 않는다는 것을 보면 정말 끔찍하다는 느낌이 듭니다."

그래서 어쩌란 말인가? 어떻게 할 수 있을까? 직업 상담사라는 새로운 전문가의 도움을 받을 수도 있을 것이다. 이것은 여러분을 도와주는 상담사의 능력이나 성격에 따라 여러분에게 도움이 될 수도 있고, 해가 될 수도 있다. 이 새로운 직종은 아직 완벽과는 거리가 멀다. 자동차로 치면 T형 포드 단계에도 이르지 못했다. 물론 전망은 아주 유망하다. 이 분야를 여러분은 어떻게 활용할 수 있을까? 여러분이 사는 지역에서 어디에 가면 직업 훈련이나 직업에 관한 조언을 받을 수 있는지 알아봄으로써 활용할 수 있다. 미국 전역에 걸쳐 대도시라면 어디에나, 그리고 그보다 작은 수천 개의 도시에도 이런 종류의 서비스가 있다. 만일 여러분이 퇴역 군인이라면 재향군인 보훈처에서 적절한 구직처를 안내받을 수 있다. 퇴역 군인이 아니라면 공공 도서관이나 지역 교육청에 물어보면 직업 안내를 받을 수 있다. 고등학교나 대학교 수백 곳에 직업 안내 코너가 있다. 여러분이 사는 곳이 시골이라면 그 주의 수도를 담당하고 있는 주립 직업 안내 서비스 담당자에게 편지를 써서 물어보라. 많은 주들이 이런 종류의 조언을 제공하기 위해 담당자를 두고 있다. 이런 공공 기관 이외에도 YMCA나 YWCA, 적십자, 유대인 문화교육 촉진협회, 보이즈 클럽, 키와니스 클럽, 구세군과 같은 많은 전국적인 조직들이 여러분의 직업 관련 고민에 도움을 줄 수 있는 상담사를 두고 있다.

그들은 제안할 뿐이다. 결정은 여러분이 내려야 한다. 이 상담사들도 완벽과는 거리가 멀다는 것을 명심해야 한다. 그들 사이에도 항상 의견이 일치하는 건 아니다. 그들은 종종 터무니없는 실수를 하기도 한다. 예를 들면 어떤 직업 상담사는 내 수강생에게 단지 단어를 많이 알고 있다는 이유로 작가가 되기를 권했다. 이 얼마나 어처구니없는 일인가! 일이란 그렇게 간단하지 않다. 글을 잘 쓴다는 것은 자기 생각과 감정을 독자에게 전달하는 것이다. 그러기 위해서는 단어를 많이 알아야 하는 것이 아니라, 생각과 경험, 확신, 강한 느낌 등을 갖고 있어야 한다. 단어를 많이 아는 내 수강생에게 작가가 되는 게 어떠냐고 조언한 그 직업 상담사는 한 가지는 성공했다. 전에는 행복하던 속기사를 좌절감에 사로잡힌 소설가 지망생으로 만드는 데 말이다.

내가 말하고자 하는 요지는 여러분이나 나와 마찬가지로 전문 직업 상담사들도 잘못을 저지른다는 것이다. 그러니 여러 명의 직업 상담사에게 상담을 받고 나서 그들의 조언을 상식에 비추어 판단하는 것이 필요하다.

걱정을 주제로 한 책에 이런 내용이 들어 있는 것이 이상하게 여겨질지도 모르겠다. 하지만 사람들이 갖는 걱정과 후회, 좌절 가운데 얼마나 많은 부분이 자신이 싫어하는 직업 때문에 발생하는지 안다면 전혀 이상하게 느껴지지 않을 것이다. 여러분의 부모님이나 이웃, 상사에게 한 번 물어보라. 존 스튜어트 밀 같은 위대한 지성도 직업의 부적합성이야말로 '사회의 가장 큰 손실 가운데 하나'라고 단언했다. 그렇다. 바로 이렇게 자신이 매일 하는 일을 싫어하는 '부적합한 직업을 가진 사람들'은 세상 그 누구보다도 더 불행한 사람에 속한다.

여러분은 혹시 군대에서 어떤 사람들에게 '전력 손실'이 생기는지 아는가? 배치를 잘못 받은 사람들이다! 내가 말하고 있는 건 전투 부상병이 아니라 일상 근무에서 전력이 손실되는 사람들이다. 현존하는 최고의 정신병리학자 가운데 한 사람이며 제1차 세계 대전 당시 육군 신경정신병과를 지휘했던 윌리엄 매닝거 박사는 이렇게 말한다. "우리는 육군에서 선발과 배치, 즉 적절한 인력에게 적절한 임무를 부여하는 문제의 중요성을 크게 깨달았습니다. …… 부여받은 임무의 중요성에 대한 확신이 대단히 중요합니다. 흥미가 없거나, 잘못 배치되었다고 느끼거나, 인정받지 못한다고 생각하거나, 자신의 재능을 발휘하지 못하고 있다고 느끼는 병사에게서는 예외없이 실제적인 혹은 적어도 잠재적인 정신적 부상을 발견했습니다."

맞다. 그리고 같은 이유로 사람들은 산업 현장에서도 '능력 손실'을 경험한다. 자기 일을 지긋지긋하게 여기는 사람은 일을 망치기 마련이다.

그런 예로 필 존슨의 경우를 보자. 필 존슨의 아버지는 세탁소를 운영하고 있었고, 아들도 그 일을 하기를 바라서 일을 맡겼다. 하지만 필은 세탁업이 싫었다. 그래서 그는 빈둥거리거나 이리저리 돌아다니면서 주어진 일만 하고 더는 일하지 않았다. 며칠씩이나 '결근하는' 경우도 있었다. 자기 아들이 게으르고 열정이 없는 게 아닌가 하는 생각에 상처를 입은 아버지는 종업원들 얼굴 보기도 부끄러울 정도였다.

어느 날 필 존슨은 아버지에게 기계공장에 기계공으로 들어가고 싶다고 밝혔다. '뭐라고? 기계공으로 돌아가겠다고?' 노인에게는 충격적인 발언이었다. 하지만 필은 자신의 고집대로 했다. 그는 기름때 묻은 작업복을 입고 일했다. 세탁소에서 요구되던 것보다 훨씬 더 열심히 일했다. 더 오랫동안 일하면서도 더 즐겁게 일했다! 그는 엔지니어링에 관심을 두고 엔진을 연구했고 끊임없이 기계를 붙들고 늘어졌다. 1944년 필립 존슨이 세상을 떴을 때, 그는 보잉사의 사장이었으며 제2차 세계 대전을 승리로 이끄는 데 결정적인 역할을 한 공중요새를 제작하고 있었다! 만일 그가 세탁소에 처박혀 있었다면 그와 세탁소는 어떻게 되었을 것 같은가? 더군다나 그의 아버지가 돌아가신 후에는? 내 생각에 그는 사업에서 망해서 모든 걸 말아먹고 아무것도 남기지 못했을 것이다.

어쩌면 가족 간에 말다툼의 소지가 될지도 모르겠지만 나는 젊은이들에게 이렇게 말하고 싶다. 가족이 바란다는 이유만으로 어떤 직업이나 직종을 반드시 선택해야 한다고 생각하지 말라! 하고 싶은 분야가 아니라면 시작하지 말라! 하지만 부모님의 조언을 신중하게 검토하라. 그분들은 여러분보다 두 배는 오래 살았다. 그분들은 많은 경험과 오랜 세월을 통해서만 얻을 수 있는 그런 지혜를 가지고 있다. 하지만 결국 최종 결정을 내려야 하는 것은 여러분 자신이다. 여러분이 선택하는 직업을 통해 행복해지거나 불행해지는 것은 여러분 자신이다.

이 정도 이야기했으니, 직업 선택과 관련해서 다음과 같은 제안을 제시하고자 한다. 일부는 경고이기도 하다.

1. 전문 직업 상담사를 선택하려면 다음의 다섯 가지 제안을 읽고 검토하라. 이 제안을 한 사람은 저명한 직업 상담 전문가인 컬럼비아 대학의 헤리 덱스터 킷슨 교수로서 여러분이 충분한 믿음을 가져도 좋을 사람이다.

1) 여러분의 '직업 적성'을 밝혀주는 마법의 시스템이 있다고 하는 사람들에게 가지 말라. 이런 사람들 가운데는 골상학자나 점성술사, '성격 분석가', 필적감정사 등이 있다. 그들의 '시스템'은 신뢰성이 없다.

2) 여러분이 어떤 직업을 선택해야 하는지 알려주는 검사를 해주겠다고 하는 사람에게 가지 말라. 그런 사람은 직업 상담사로서 상담을 받는 사람의 신체적, 사회적, 경제적 제반 상황을 고려해야 한다는 규칙을 위반하는 사람이다. 직업 상담사는 상담할 때 상담받는 사람이 선택 가능한 직업인가를 고려해서 조언해야 한다.

3) 직업에 관한 적절한 자료를 갖고 있고, 상담 과정에 그 자료를 활용하는 직업 상담사를 찾아보라.

4) 직업 안내 상담을 철저하게 하기 위해서는 대개 두 번 이상의 상담이 필요하다.

5) 절대 우편으로 직업 상담을 받지 말라.

2. 사람들이 몰려들어서 이미 인력이 넘치는 사업이나 직업은 멀리

하여라! 미국에만 해도 2만 개 이상의 직종이 있다. 생각해 보라. 2만 개 이상이다. 그런데 젊은이들이 이런 사실을 알고 있을까? 수정구를 들여다보는 현인을 고용하지 않은 이상 그들이 알고 있을 리가 없다. 그 결과는? 어느 학교의 경우, 남학생의 5분의 2, 그리고 여학생의 5분의 4가 2만 개의 직종 가운데서 단지 5개의 직종만을 선택했다. 소수의 사업과 직종이 포화 상태인 것도 그리 놀라운 일이 아니며, 화이트칼라 사이에 불안감과 걱정, 그리고 불안 노이로제가 때때로 기승을 부리는 것 역시 그리 놀라운 일이 아니다. 특히 법률, 언론, 방송, 영화와 같은 '인기 직종'에 기를 쓰고 들어가는 것은 조심해야 한다.

3. 생계를 꾸려나갈 가능성이 10분의 1에 불과한 분야는 피하라. 예를 들어 생명보험 판매를 살펴보자. 매년 자리를 잡지 못한 수만의 젊은이들이 앞으로 어떤 일이 닥칠지 미리 생각해 보려고 하지도 않은 채 보험 판매의 길에 들어선다. 이들에게는 앞으로 대략 이런 일이 일어난다. 이 말을 한 사람은 필라델피아 주에서 부동산 신탁 빌딩을 운영하는 프랭크 L. 베트거인데, 그는 20년 동안이나 미국에서 가장 성공적인 보험 세일즈맨으로 꼽힌 사람이다. 그는 보험 판매에 나선 사람들 가운데 90%는 심한 마음고생과 실망으로 인해 1년 이내에 그만둔다고 단언한다. 남은 10%의 사람들이 파는 보험 가운데 90%는 단 한 사람이 판매하며, 단지 10%의 보험만을 나머지 사람들이 나눠서 판매한다. 다른 식으로 말해보자. 만일 여러분이 생명보험 판매를 시작한다면, 12개월 이내에 실패하고 일을 그만둘 가능성이 90%다. 그리고 보험 판매로 일 년에 만 달러를 벌 가능

성은 1%다. 만일 여러분이 살아남는다고 해도 간신히 밥벌이하는 수준을 넘어설 가능성은 그 가운데 10%에 불과하다.

4. 어떤 직업에 종사하겠다고 마음먹기 전에 몇 주에 걸쳐, 필요하다면 몇 달에 걸쳐, 그 직업에 대해 알아낼 수 있는 모든 것을 알아내라! 어떻게? 그 직업에서 10년, 20년, 혹은 40년을 일한 여러 사람을 만나 이야기해 보는 게 방법이다.

이런 만남은 여러분의 미래에 지대한 영향을 미칠 수 있다. 내가 이런 말을 할 수 있는 건 나 자신이 직접 경험했기 때문이다. 20대 초반 시절, 나는 두 명의 선배에게 직업에 관한 조언을 구했다. 돌이켜보면 그 두 번의 만남이 내 경력과 관련한 전환점이었다. 솔직히 말하자면 그 두 번의 만남이 없었더라면 지금의 내 모습이 어떨지 감히 상상조차 하지 못할 정도이다.

직업 안내를 받을 수 있는 이런 만남을 어떻게 마련할 수 있을까? 예를 들어 여러분이 건축사가 되기 위한 공부를 하려고 마음먹고 있다고 해 보자. 그런 결정을 내리기 전에 여러분은 여러분이 사는 도시, 혹은 그 인근 도시의 건축사를 만나는 데 몇 주의 시간을 들여야 한다. 직업별 공중 전화번호부를 보면 그들의 이름과 주소를 알아낼 수 있다. 약속하고 가면 좋지만, 약속이 없더라도 여러분은 그들의 사무실을 찾아갈 수 있다. 만일 미리 약속을 정하고 싶다면 다음과 같은 식으로 편지를 써 보내라.

귀하께 간절히 바라는 바가 있어 편지를 드립니다. 귀하의 조언을 듣고 싶습니다. 저는 지금 18세이고 건축사가 되기 위해 공부를 할까 생각하는 중입니다. 최종 결심을 하기 전에 귀하의 조언을 듣고 싶습니다.

혹시 너무 바쁘셔서 사무실에서 뵙기 어렵다면, 댁에서라도 30분 정도만 시간을 내주신다면 정말 감사하겠습니다.

제가 여쭈어보고자 하는 질문은 다음과 같은 것입니다.

1) 만일 인생을 다시 시작할 수 있다면, 그때도 건축사가 되시겠습니까?
2) 저를 보시고 나서, 제가 건축사로서 성공하는 데 필요한 자질을 갖추고 있는지 판단해주시기 바랍니다.
3) 건축사 분야에는 인력이 넘치고 있습니까?
4) 제가 4년을 공부하고 나서 직장을 구하는 게 어렵겠습니까? 처음에 어떤 종류의 직장을 구하는 게 좋다고 생각하십니까?
5) 제가 남들과 비슷한 정도의 능력을 갖추고 있다면, 첫 5년 사이에 수입이 얼마나 되리라고 생각하십니까?
6) 건축사가 갖는 장단점에는 어떤 게 있습니까?
7) 만일 귀하가 제 아버지라면, 제게 건축사가 되라고 충고해주시겠습니까?

만일 여러분이 마음이 약해서 혼자 '거물'을 만나러 가는 게 부담스럽다면 다음의 두 가지 방법을 사용하면 도움이 될 것이다.

첫째, 여러분 또래의 다른 친구를 구해서 함께 가라. 둘이 가면 서로의 자신감이 더 커질 것이다. 만일 여러분 또래를 구하지 못하면 부모님께 함께 가달라고 요청하라.

둘째, 그의 조언을 구함으로써 여러분은 그에게 찬사를 보내고 있다는 점을 잊지 말라. 여러분의 요청을 받고 그 사람은 어깨가 으쓱해질 가능성이 있다. 어른들은 젊은이들에게 충고하는 것을 좋아한다는 것을 기억하라. 그 건축사는 아마도 여러분과의 만남을 즐겁게 생각할 것이다.

만일 약속을 요청하는 편지를 쓰는 게 부담스럽다면 약속을 하지 말고 그 사람의 사무실로 찾아가서 조언해주시면 정말 고맙겠다고 이야기하라.

아마도 그럴 리는 없겠지만, 다섯 명의 건축사를 방문했는데 그들이 모두 바빠서 여러분과 이야기할 시간이 없다고 하면, 다섯 명을 더 방문하라. 그 가운데 몇 명은 여러분과 만나줄 것이고, 그들이 주는 천금과도 같은 조언은 여러분의 엄청난 시간 낭비와 상심을 모면하게 해줄 것이다.

여러분은 지금 인생에서 가장 중요하고도 깊은 영향을 미치는 두 가지 결정을 내리려 하고 있음을 기억하라. 그러므로 행동하기 전에 사실을 확인하는 데 시간을 들여라. 그렇게 하지 않으면 인생의 절반을 후회하면서 보낼지도 모른다.

혹시라도 가능하다면 상대의 30분이라는 시간과 조언에 대해 보상을 제시하라.

5. 여러분이 단 하나의 직업에만 적성이 있다는 잘못된 믿음을 극복하라! 모든 평범한 사람들이 여러 개의 직업에서 성공할 수 있고, 또 모든 평범한 사람들이 여러 개의 직업에서 실패할 수도 있다. 그런 예로 나의 경우를 들어보겠다. 만일 내가 다음과 같은 직업들에 관해 공부하고 준비했더라면, 그래도 어느 정도는 성공도 하고 일도 즐길 가능성이 꽤 크지 않겠나 하는 생각이 든다. 내가 말하는 직업은 농사, 작목, 과학 영농, 의학, 판매, 광고, 지방지 발간, 교직, 임업이다. 다른 한편, 나는 어떤 직업에서는 불행하고 실패를 맛보았을 것이다. 예를 들면 경리, 회계, 엔지니어링, 호텔이나 공장 경영, 건축사, 기계 관련 모든 직종과 그 외에도 수백 가지의 직업이 그런 종류이다.

PART 9

돈과 관련한 걱정을 줄이는 방법

How To Lessen Your Financial Worries

모든 걱정의 70%는 ……

一

모든 걱정의 70%는 ……

SEVENTY PER CENT OF
ALL OUR WORRIES...

만일 내가 모든 사람의 재정적인 걱정을 해결할 수 있다면 지금 여기서 이 책을 쓰고 있지는 않을 것이다. 아마도 백악관에, 그것도 대통령 바로 곁에 앉아 있을 것이다. 하지만 나는 이것 한 가지는 할 수 있다. 바로 이 주제에 관해 권위자들의 말을 인용하고, 대단히 현실적인 제안을 제시하며, 여러분이 어디로 가야 추가로 정보를 얻을 만한 책이나 팸플릿을 구할 수 있는지 알려주는 것이다.

〈레이디스 홈 저널〉이 실시한 조사에 따르면, 모든 걱정의 70%는 돈에 관한 것이라고 한다. 갤럽 여론조사의 창설자 조지 갤럽의 조사에 의하면, 모든 사람은 자신의 수입이 10%만 오르면 더는 재정적으로 아무런 걱정도 없을 것이라고 믿고 있다고 말한다. 이 말이 맞는 경우는 많다. 하지만 이 말이 맞지 않는 경우도 놀라울 정도로 많다.

예를 들어보자. 이 장을 쓰는 사이 나는 엘시 스테이플턴이라는 예산 분야의 전문가와 면담했다. 그녀는 수년 동안 뉴욕에 있는 워너메이커 백화점과 짐벨스 백화점의 고객들에게 재정 조언을 해주고 있는 여성이다. 또한 금전적인 고민으로 애가 타는 사람들을 도와주기 위해 개인 상담사로 활약한 경력도 몇 년이 된다. 그녀가 도와준 사람들은 일 년에 천 달러도 벌지 못하는 포터에서부터 일 년에 10만 달러 이상을 버는 사장에 이르기까지 수입의 규모가 매우 다양하다. 그녀는 다음과 같이 말했다.

"대부분 사람의 재정적인 고민은 돈을 더 많이 번다고 해결되지 않습니다. 사실 수입의 증가가 소비의 증가로 이어지고, 결국은 고민의 증가로 귀착되는 경우를 적잖이 보았습니다. 대부분의 사람이 고민하는 이유는 돈이 부족해서가 아니라 가지고 있는 돈을 어떻게 사용해야 하는지 알지 못하기 때문입니다!"

여러분은 아마 이 마지막 문장에서 코웃음을 쳤을 것이다. 그렇지 않은가? 하지만 다시 한번 코웃음을 치기 전에 스테이플턴 씨가 이 말이 모든 사람에게 해당하는 말이라고는 하지 않았음을 상기해주기를 바란다. 그녀는 '대부분의 사람'이라고 말했다. 그녀가 한 말은 여러분에게 한 말이 아니다. 그녀는 여러분의 형제나 자매, 혹은 사돈의 팔촌들에게 말하고 있을 뿐이다.

많은 독자는 이렇게 말할지도 모르겠다. "이 카네기라는 친구에게 내가 받는 돈으로 온갖 비용과 책임을 감당해보라고 해봤으면 좋겠네. 그래 보면 어조가 확 달라질 게 분명할 텐데." 내게도 내 나름대로 재정적인 문제가 없었던 게 아니다. 나는 미주리의 옥수수밭과 건초 창고에서 하루에

10시간씩 힘들게 일했다. 그때 내 최고의 바람은 진이 빠지도록 육체 노동을 하는 데서 오는 고통에서 자유롭게 되는 것뿐이었다. 그런 고된 노동의 대가로 내가 받은 돈은 시간당 1달러도 아니고 50센트도 아니고, 심지어는 10센트도 아니었다. 나는 한 시간에 5센트를 받으며 하루에 10시간씩 일했다.

나는 욕실이나 수도가 없는 집에서 20년 동안 산다는 게 어떤 것인지 안다. 온도가 영하 20도 이하로 내려가는 침실에서 잠을 자는 게 어떤 것인지 안다. 1니켈의 차비를 아끼기 위해 몇 마일씩이나 걷는 게 어떤 것인지, 바닥에 구멍이 뚫린 신발을 신고 엉덩이에 구멍이 난 바지를 입는 게 어떤 것인지 안다. 음식점에서 가장 싼 음식을 시켜 먹고, 바지를 다릴 돈이 없어서 침대 매트리스 밑에 깔고 자는 게 어떤 것인지 안다.

하지만 그런 시절에도 나는 대개 한두 푼씩은 저축했다. 왜냐하면 그러지 않는 게 두려웠기 때문이다. 이런 경험을 한 결과 나는 여러분이나 내가 채무와 재정적인 걱정을 피하려면 어떻게 해야 하는지 깨달았다. 우리는 기업체가 하는 방법을 사용해야 한다. 우리는 우리의 돈을 소비할 계획을 세워야 하고 그 계획에 따라 돈을 소비해야 한다. 하지만 대부분 사람은 그렇게 하지 않는다. 예를 들면 내 가까운 친구이자 이 책을 펴내는 출판사의 이사회 회장인 레온 심스킨은 많은 사람이 이해할 수 없을 정도로 돈에 관해 무지하다고 말했다.

그는 자신이 아는 어떤 경리 사원에 대해 이야기를 해주었다. 그 사람은 업무와 관련해서는 귀신처럼 환하게 숫자를 꿰고 있지만, 자신의 개인적인 재정 문제에 대해서는 너무나 부족하다! 가령 그 사람이 금요일 낮에 급여를 받는다고 하자. 그러면 그는 시내로 나가서 맘에

드는 오버코트가 보이면 그 옷을 산다. 자신이 들고 있는 급여 봉투에서 방세니, 전기세니 온갖 종류의 '고정' 비용이 조만간 나가야 한다는 사실은 조금도 신경 쓰지 않는다. 신경을 왜 써야 하는가? 지금 수중에 돈이 있다는 것, 그에겐 그 사실만이 중요할 뿐이다. 하지만 이 사람은 자신이 일하는 회사가 이처럼 기분 내키는 대로 사업을 한다면 파산하고 만다는 것을 알고 있다.

우리가 잊지 말아야 하는 점이 바로 이것이다. 여러분의 돈에 관한 한 여러분은 사업을 하는 거나 마찬가지다! 그리고 여러분 돈에 관해서 하는 일은 말 그대로 '여러분의 사업'이다.

그렇다면 돈을 관리하는 원칙에는 어떤 게 있을까? 우리는 어떻게 예산을 짜고 계획을 세워야 할까? 여기 열한 가지의 규칙을 제시하겠다.

규칙 1 사실을 기록하라.

50년 전 런던에서 소설가 생활을 시작하면서 아널드 베넷은 가난하고 궁핍한 생활을 했다. 그래서 그는 동전 한 닢을 쓸 때도 기록했다. 그가 자신의 돈이 어디로 가는지 궁금해했을까? 물론 아니다. 그는 철저히 알고 있었다. 그는 자기 생각이 너무나 맘에 들어서 돈도 많이 벌고 세계적으로 명성도 얻어서 개인 요트를 가질 정도가 된 후에도 그와 같은 기록을 계속 유지했다.

존 D. 록펠러 또한 장부를 기록했다. 저녁에 기도하고 잠자리에 들 때면 자신의 재정 상태에 대해 아주 상세하게 파악하고 있었다. 여러분과 나 또한 공책 하나를 준비해서 기록을 시작해야 한다. 앞으로 평생? 반드시 그래야 할 필요는 없다. 예산 분야의 전문가들은 적어도 한 달 동안, 가능하다면 석 달 동안 우리가 쓰는 돈을 1원 단위까지 정확하게 기록하기를 권장한다. 이렇게 함으로써 우리는 우리의 돈이 어디로 가는지 정확하게 기록할 수 있고, 그래야 예산을 세울 수 있다.

아, 여러분은 여러분의 돈이 어디로 가는지 아는가? 어쩌면 그럴 수도 있다. 하지만 만일 그렇다면, 여러분은 천 명 가운데 한 명에 해당한다! 스테이플턴 씨가 말하는 바에 따르면 많은 남자와 여자들이 그녀에게 몇 시간 동안 여러 내용과 숫자를 이야기하고 그녀가 그것들을 적고 나면 그들은 그 기록을 보고 깜짝 놀라는 경우가 많다고 한다. "내 돈이 이렇게 없어지고 있었나요?" 그들은 그 결과를 믿기 힘들어한다. 여러분도 그러한가? 그럴지도 모른다.

규칙 2 자신의 상황에 맞춘 예산안을 마련하라.

한 마을에 거의 비슷한 집에 사는 두 가족이 서로 자녀 수도 같고 수입도 같아도 예산의 형태는 판이할 수 있다고 스테이플턴 씨는 말한다. 왜 이런 일이 생기는 것일까? 그것은 사람들이 다르기 때문이다. 그녀는 예산은 사람마다 다르므로 자신에게 맞는 예산을 짜야 한다고 말한다.

예산이란 개념은 삶에서 모든 즐거움을 빼앗아버려야 한다는 것이 아니다. 이 개념은 물질적인 안정감을 느끼기 위한 것이며, 대개 물질적인 안정감이 생겨야 감정적인 안정감과 걱정이 없는 편안함이 생기게 마련이다. 스테이플턴 씨는 "예산을 세워서 사는 사람들은 더 행복한 삶을 사는 사람들입니다."라고 말했다.

그렇다면 예산은 어떻게 세우는가? 우선, 전에 말했듯이 모든 비용을 나열해야 한다. 그리고 조언을 얻어야 한다. 여러분은 미국 농무부에 편지를 보내서 이 주제에 관한 자료를 요구할 수도 있다. 밀워키나 클리블랜드, 미니애폴리스 혹은 이 정도의 크기를 가진 수많은 대도시에는 기꺼이 여러분의 재정적인 문제에 대해 상담해주고 예산을 세우도록 도와줄 만한 전문 상담원을 둔 선도 은행들이 있다.

2만 명 이상의 인구를 가진 도시에서는 가족 복지 단체들이 기꺼이 여러분의 재정 문제에 대해 무료로 상담을 해주고 여러분의 수입에 맞추어 예산을 짤 수 있도록 도와줄 것이다. 이 가족 복지 조직들은 일반적으로 직종별 전화번호부에서 사회조직이라는 항목을 보면 찾을 수 있다. 시장 사무실이나 적십자 혹은 지역협력기금에 전화를 거는 것도 여러분이 사는 지역에 있는 가족 복지 단체들을 찾는 데 도움이 될 것이다.

내가 스테이플턴 씨에게 "만일 당신이 작은 마을이나 농장에 살고 있는데 예산 수립을 위해 개인적인 조언이 필요하다면 어떻게 하시겠습니까?" 하고 물었더니 그녀는 다음과 같이 대답했다. "나라면 가까운 도회지에 있는 가장 큰 신문사에 편지를 써서 예산을 세우려는데 어디에 가면 개인적인 조언을 받을 수 있겠느냐고 물어보겠습니다. 그리고 만일 필요하다면 종일 걸려서라도 찾아가서 조언을 듣겠습니다."

규칙 3 현명하게 소비하는 법을 배워라.

이 말의 의미는 여러분의 돈으로 최대의 가치를 얻는 방법을 배우라는 것이다. 규모가 있는 회사라면 오로지 회사를 위해 최선의 구매를 하고자 노력하는 구매 담당자나 구매 대행인을 갖고 있다. 여러분 개인의 자산에 대한 재산 관리인이자 집행인으로서 여러분 또한 그렇게 해야 하지 않겠는가? 여기 그러는 데 필요한 몇 가지 조언이 있다.

1. 워싱턴에 있는 문서관리국에 편지를 보내서 구매자와 고객을 위한 조언이 들어 있는 정부 고시에 대한 목록을 보내달라고 요청하라. 이런 자료들은 대부분 명목상의 비용만으로 확보할 수 있다.
2. 1년에 50센트를 내면 농무부에서 발간하는 〈소비자 가이드〉를 한 달에 한 번 우편을 통해 받아볼 수 있다.
3. 돈을 최대한 효율적으로 사용하는 방법을 배우는 데 1년에 6달러를 투자할 수 있다면, 뉴욕주 마운트버논 워싱턴 가 256번지에 있는 컨슈머 리포츠에서 발간하는 잡지를 구독하라. 이 잡지는 구매 보고서의 브리태니커 백과사전에 해당한다. 각 권은 50센트이며 12월에 발간하는 구매 가이드 종합판은 1.75달러이다.

규칙 4 수입이 는다고 고민도 늘리지 말라.

스테이플턴 씨가 털어놓은 바에 따르면 그녀가 예산과 관련해서 가장 상담하기 까다로운 대상은 연간 소득이 5천 달러인 가정이다. 그녀에게 이유를 물었더니 이렇게 대답했다. "대부분의 미국인 가정들은 연간 소득 5천 달러를 일종의 목표로 간주하는 경향이 있습니다. 수년 동안

합리적이고도 이성적으로 살다가 연간 소득이 5천 달러에 달하면 이제 '도달했다.'라는 생각을 하게 됩니다. 그때부터 사람들은 소비를 확장합니다. '아파트 임차료보다 싸다.'라면서 교외에 집을 마련합니다. 새 차를 사고 새 가구를 들이고 새 옷을 수도 없이 사들입니다. 그러다 보니 당연히 적자 상태로 들어가게 되지요. 그 사람들은 사실 예전보다 덜 행복합니다. 왜냐하면 소득이 증가한 것에 비할 수 없을 만큼 소비를 너무 많이 늘렸으니까요."

이것은 자연스러운 현상일 뿐이다. 우리는 누구나 인생을 더 풍족하게 살고자 한다. 하지만 길게 보았을 때 과연 어떤 것이 우리를 더 행복하게 할까? 빠듯한 예산에 맞춰 사는 것일까, 아니면 대출 상환 고지서가 날아오고 추심원들이 현관문을 들락날락하는 것일까?

규칙 5 대출받을 때를 대비해서 신용을 쌓아놓아라.

만일 여러분에게 어떤 위기가 닥쳐서 대출을 받지 않을 수 없는 상황이 되었을 때, 생명보험증권이나 미국 재무성 채권은 주머니 안에 든 현금이나 마찬가지다. 하지만 보험을 담보로 대출을 받으려면 여러분의 보험증권이 저축성인지 확인을 해야 한다. 저축성 보험이어야 현금 가치가 생기기 때문이다. 보험 가운데 '보장성' 보험은 일정 기간 위험에 대비하기 위한 것일 뿐이므로 나중에 돌려받는 돈이 생기지 않는다. 이런 보험은 대출을 받는 데는 아무런 소용이 없다. 그러므로 다음의 규칙을 지켜라. 질문하라! 보험증서에 서명하기 전에 혹시 대출에 쓸 수 있는 해약 환불금이 있는지를 물어보라.

자, 만일 여러분이 대출을 받을 수 있는 보험이 없고 소유하고 있는 채권도 없지만, 집이나 자동차 혹은 어떤 종류의 담보물을 갖고 있다고 하자. 어디에 가서 대출을 받을 것인가? 그건 물어보나 마나 은행이다! 은행은 그 지역에서 일정한 신뢰도를 확보해야 하므로 여러분을 공정하게 대할 것이다. 만일 여러분이 재정적으로 곤란한 상황이라면 은행이 여러분과 문제를 상의하고 계획을 제안해서 여러분이 걱정과 채무 상태에서 벗어날 수 있도록 도와주는 역할을 하는 경우도 적지 않을 것이다. 강조하고 또 강조하는데, 담보물이 있다면 은행으로 가라! 그런데 무척 드문 경우이긴 하지만 만일 여러분이 저당 잡힐 것도 없고 소유하고 있는 재산도 없어서 임금이나 봉급 외에는 담보로 제공할 것이 하나도 없다고 해보자. 그런 경우 자신의 삶을 소중히 생각하는 사람이라면 다음 말을 명심하기를 바란다. 정식으로 허가를 받은 업체가 아니라면 절대로, 절대로 '대부 업체'를 찾아가지 말라! 러셀 세이지 재단이 제안한 통일

미국 금융인 · 정치인 러셀 세이지(왼쪽), 남편인 러셀 세이지의 재산을 상속받아 러셀 세이지 재단을 설립한 미국의 자선가 마가렛 올리비아 슬로컴 세이지(오른쪽)

소액 대부업법이 통과되지 않은 일부 서부와 남부의 주에서는 무허가 '고리대금업자'들이 아직도 성업 중이다. 이와는 달리 이 법률이 통과된 32개 주에서는 등록된 대부 업체들이라면 일반적으로 믿어도 된다. 대부분의 업체는 윤리적이고 정직하며 엄격히 규정을 지킨다. 이 업체들은 질병이나 긴급 상황에 직면해서 급히 돈이 필요한 사람들에게 서비스를 제공하고 있다. 이곳의 이율은 은행보다 높으나 그 업체들은 더 높은 위험을 안으며 자금 조달 비용도 더 높아서 그럴 수밖에 없다. 하지만 만일 여러분이 대부업에 대한 규제가 없는 주에 살고 있다면 대부 업체를 찾아가기 전에 은행에 가서 담당자에게 솔직하게 털어놓고 믿을 만한 업체를 추천해달라고 하는 게 낫다.

만일 이렇게 하지 않는다면 여러분은 고리대금업자의 손아귀에 들어가고 만다. 특히 다음의 주에서는 더욱 그렇다. 소액 대부에 관해 유효한 법률이 없는 주-캔자스주, 몬태나주, 노스다코타주, 사우스다코타주, 사우스캐롤라이나주. 소액 대부업에 관한 법률은 있지만, 부분적으로 혹은 전반적으로 작용하지 않는 주-앨라배마주, 아칸소주, 조지아주, 미시시피주, 노스캐롤라이나주, 테네시주, 텍사스주, 와이오밍주. 고리대금업자들은 컬럼비아 지역에서도 활개를 치고 있다. 불법 사채업자들은 대개 은행보다 40~50배나 높은 240%의 이자를 물린다. 그들은 조심성이 부족한 사람들로부터 매년 1억 달러 이상의 돈을 뜯어내고 있다. 그들은 여러분이 빚을 갚지 못하도록 하며 여러분을 골탕 먹일 방법을 15가지나 가지고 있다.

규칙 6 보험으로 질병이나 화재, 긴급 상황에 대비하라.

보험은 비교적 적은 금액으로 모든 종류의 사고나 재난 그리고 일어남 직한 긴급 상황에 대비할 수 있는 좋은 방법이다. 나는 여러분에게 목욕탕에서 미끄러지는 데서부터 풍진(風疹)에 걸리는 것까지 모든 상황에 대해 보험으로 대비하라고 말하고 있지 않다. 나는 다만 여러분에게 돈을 쓰게 하고 따라서 여러분을 걱정하게 할 것으로 예상되는 주요한 재난에 대비하라고 제안할 따름이다. 비용으로 보아 그러는 편이 더 저렴하다.

예를 들어 내가 아는 한 여성은 작년 병원에 열흘 동안 입원했는데, 퇴원할 때 그녀가 낸 돈은 정확히 8달러에 불과했다. 어떻게 그럴 수 있었을까? 그것은 그녀가 병원 보험에 가입되어 있었기 때문이다.

규칙 7 사망보험금을 배우자에게 일시금으로 지급하도록 설정하지 말라.

만일 여러분이 사망한 뒤 가족을 위해 보험금을 남기고자 한다면, 부디 바라건대, 보험금이 일시금으로 지급되도록 하지 말라.

'새로 돈이 생긴 새 미망인'에게 어떤 일이 생기는가? 이 질문에 대한 대답은 메이언 S. 에벌리 여사에게 맡기겠다. 여사는 뉴욕시 메디슨 애비뉴 488번지에 있는 생명보험협회 여성 분과 위원장으로서 여성 모임이 있는 곳이면 미국 어디든지 달려가서 사망으로 인한 보험금을 일시금으로 지급하는 상품보다는 종신 소득형 상품을 사는 것이 현명하다고 강연한다. 그녀는 사례로서 보험금을 현금으로 받은 한 미망인의 경우를 제시한다. 그 미망인은 보험금으로 2만 달러를 받고서 그 돈을 아들에게 자동차 액세서리 사업을 시작하는 사업 자금으로 빌려주었다. 사업은 실패했고, 그녀는 빈털터리가 되고 말았다. 다른 미망인은 "1년만 지나면 땅값이 두 배로 뛴다."라는 교활한 부동산업자의 꼬임에 넘어가 공터를 사는 데 보험금 대부분을 투자했다. 3년 후 그 땅을 매각할 때 그녀는 자신이 산 가격의 10분의 1밖에 받지 못했다. 또 다른 미망인은 보험금으로 1만 5천 달러를 받은 지 채 열두 달이 지나기도 전에 자녀들을 위해 '아동 복지기금'에 도움을 요청할 수밖에 없는 신세가 되었다. 이와 비슷한 비극적인 사례들을 대라면 수천 개라도 댈 수 있다.

"부인이 손에 쥐는 2만 5천 달러의 평균 수명은 채 7년이 되지 않는다." 이 발언은 〈뉴욕 포스트〉의 경제부장으로 재직 중인 실비아 S. 포터가 〈레이디스 홈 저널〉에서 한 말이다.

수년 전, 〈새터데이 이브닝 포스트〉의 사설에는 이런 글이 실렸다. "사회생활을 해본 적도 없고 조언을 해줄 만한 금융 전문가도 없는 일반적인 미망인은 맨 처음 접근한 교활한 세일즈맨이 잘 구슬리기만 하면 너무나도 쉽게 남편이 남긴 보험금을 쓰레기 같은 주식에 투자한다는 것은 널리 알려진 사실이다. 변호사나 금융 전문가라면 누구든지 미망인이나 자녀가 직업적으로 여성들의 돈을 우려먹는 교활한 사기꾼을 믿었다는 이유만으로 한 남자가 오랜 희생과 자기 절제를 통해 평생 아끼며 모은 돈 전부를 눈 깜짝할 사이에 날린 사례를 수십 개씩 들 수 있다."

만일 여러분이 부인이나 자녀를 보호하고 싶다면 가장 현명한 금융가로 알려진 J. P. 모건을 보면서 한 수 배우는 게 어떻겠는가? 그는 유언으로 열여섯 명의 주요 상속인에게 유산을 남겼다. 그중 열둘은 여성이었다. 그가 이 여성들에게 현금을 남겼을까? 아니었다. 그가 남긴 것은 그 여성들에게 평생 매달 일정한 수입을 보장해주는 신탁기금이었다.

규칙 8 자녀에게 돈에 관한 책임 있는 자세를 갖도록 가르쳐라.

나는 언젠가 〈유어 라이프〉 지에서 읽은 좋은 글 하나를 평생 잊지 못할 것이다. 글을 쓴 사람은 스텔라 웨스턴 터틀이라는 사람이었는데 그녀는 자신의 어린 딸에게 어떻게 돈에 대해 책임감을 느끼도록 지도하는지 자세히 알려주었다. 그녀는 은행에서 수표책을 하나 더 받아다가 아홉 살 난 딸에게 주었다. 매주 용돈을 주면 딸은 그 돈을 엄마에게 '예금'했다. 아이에게는 엄마가 은행인 셈이었다. 그러다가 주중에 돈이 필요하면 딸이 필요한 만큼 '수표'를 발행하고 잔액을 확인하게 했다. 어린 딸은 그러는 것에 재미를 느낄 뿐만 아니라 자신의 돈을 관리하는 데 실제적인 책임감을 배우기 시작했다.

아주 좋은 방법이다! 만일 여러분에게 고등학교에 다니는 자녀가 있고 그 자녀에게 돈을 관리하는 법을 가르치고 싶다면, 내가 강력하게 추천하고 싶은 책이 한 권 있다. 사실 이 책은 필수적으로 갖고 있어야 할 책이다. 책의 제목은 『돈 관리법』이며 워싱턴 16번가 1201번지에 소재한 전미 교육협회에서 소비자 교육 시리즈의 하나로 펴냈다. 그 책에는 머리 손질에서 콜라에 이르기까지 10대 학생들의 실생활에 밀착된 이야기가 담겨 있다. 또한 대학 졸업 때까지 필요한 예산을 세우는 방법도 담겨 있다. 사실 만일 내게 고등학교 다니는 자녀가 있다면 이 책을 읽어보게 하고 가족 예산을 짜는 데 도와달라고 하고 싶다.

전미 교육협회

규칙 9 가정주부들은 부엌에서 용돈벌이를 할 수 있다.

만일 여러분이 비용을 현명하게 관리하고도 수지를 맞추기가 쉽지 않다면 여러분은 다음의 두 가지 가운데 한 가지를 할 수 있다. 하나는 잔소리하고 짜증 내고 걱정하고 불평하는 것이고, 다른 하나는 약간의 가욋돈을 벌 수 있는 계획을 짜는 것이다. 어떻게? 돈을 벌기 위해서 여러분은 현재 적절하게 충족되지 않고 있는 필수적인 요구를 충족시켜 주기만 하면 된다.

뉴욕주 잭슨하이츠 83번가 37-9번지에 사는 넬리 스피어 부인이 한 일이 바로 이런 일이었다. 1932년 그녀는 방 세 개짜리 아파트에서 혼자 사는 신세가 되었다. 남편은 세상을 떴고 아이들은 둘 다 결혼해서 나갔다. 어느 날 가게 판매대에서 아이스크림을 사던 그녀는 거기서 아주 볼

품도 없고 맛도 없어 보이는 파이를 파는 것을 보았다. 그녀는 가게 주인에게 집에서 만든 진짜 파이를 가져올 테니 사지 않겠느냐고 물어보았다. 주인이 두 개를 주문했다. 내게 이 이야기를 하면서 스피어 부인은 이렇게 말했다. "내가 요리는 잘하는 편이지만 조지아에 살 때는 언제나 하녀들이 있었어요. 그리고 내 평생 파이를 열 개 이상 구워본 적도 없었지요. 그래서 파이 두 개를 주문받자 나는 이웃집 부인에게 사과파이를 어떻게 만드느냐고 물어보았답니다. 그 가게에서 내 파이를 사 먹은 손님은 아주 맘에 들어 했습니다. 하나는 사과파이였고, 하나는 레몬 파이였죠. 다음 날은 그 가게에서 다섯 개의 파이를 주문받았습니다. 그러더니 점차 다른 가게와 식당으로부터 주문이 들어오기 시작했습니다. 2년이 채 안 되어 나는 매년 파이 5천 개를 구워내게 되었습니다. 모든 일은 우리 집 작은 부엌에서 나 혼자 했지요. 나는 매년 천 달러 정도를 벌어들였습니다. 파이에 들어가는 재료 말고는 아무런 비용도 들이지 않고 말입니다."

스피어 부인의 수제 파이에 대한 수요가 계속 느는 바람에 부인은 더는 집안 부엌에서 일하지 못하고 가게를 열고 여직원 두 명을 고용해서 파이, 케이크, 빵, 롤 등을 구워냈다. 전쟁 기간에 사람들은 부인의 수제 식품을 사기 위해서 한 시간씩이나 줄을 서서 기다리곤 했다.

스피어 부인은 이렇게 말했다. "평생 이때처럼 행복한 적이 없었습니다. 나는 가게에서 열 시간에서 열네 시간 동안 일했지만, 전혀 피곤하지 않았습니다. 왜냐하면 그건 내게 일이 아니었으니까요. 그건 신나는 모험이었습니다. 나는 내 나름대로 사람들을 더 행복하게 만드는 역할을 하고 있었습니다. 너무 바빠서 외로움을 느끼거나 걱정을 할 여유가 전혀 없었습니다. 그 일은 어머니와 남편과 집을 잃고 나서 내 삶에 생긴 허전한 공백을 채워주었습니다."

스피어 부인에게 인구가 만 명 이상인 도시에 살면서 요리 솜씨가 좋은 다른 여성들도 비슷한 방식으로 돈을 버는 게 가능하겠느냐고 물었더니 그녀는 이렇게 대답했다. "물론이죠. 가능하고말고요!"

오라 스나이더 부인도 여러분에게 똑같은 말을 할 것이다. 그녀가 사는 곳은 일리노이주의 메이우드인데 인구는 3만 명 정도 된다. 그녀 또한 부엌에서 값이 얼마 안 나가는 재료들을 가지고 사업을 시작했다. 그녀의 남편이 병으로 드러눕는 바람에 그녀는 돈을 벌어야 했다. 하지만 어떻게 할 것인가? 경험도 없고, 기술도 없고, 자본도 없었다. 그저 평범한 가정주부였을 뿐이다. 그녀는 달걀흰자와 설탕을 가지고 부엌 한쪽 구석에서 사탕을 만들었다. 그러고는 사탕을 들고 학교 근처에 가서 하교하는 어린이들에게 하나에 1페니씩 받고 팔았다. 그녀는 어린이들에게 이렇게 말했다. "내일은 돈을 더 많이 갖고 오렴. 아줌마가 집에서 만든 사탕을 가지고 매일 여기서 기다리고 있을게." 첫 주에 그녀는 4.15달러를 벌었을 뿐 아니라 삶에 새로운 열정을 불러일으켰다. 그녀는 자신과 어린이들 모두를 행복하게 하고 있었다. 걱정할 시간이 없었다.

일리노이주 메이우드 출신의 이 말이 없고 작달막한 가정주부는 적당한 사람을 고용해 자신이 만든 수제 사탕을 시끌벅적 빛나는 대도시 시카고에서 팔아야겠다는 큰 뜻을 품었다. 그녀는 거리에서 땅콩을 파는 한 이탈리아인에게 조심스럽게 접근했다. 그에게 오는 손님들은 사탕이 아니라 땅콩을 사러 오는 손님들이었다. 하지만 그녀가 건넨 사탕을 먹어 본 그 남자는 사탕이 마음에 들었고 그래서 그녀의 사탕을 팔기 시작했다. 장사를 시작한 첫날 스나이더 여사에게는 2.15달러라는 이익이 생겼다. 그로부터 4년 후, 그녀는 시카고에 자신의 첫 가게를 냈다. 너비가 2m 남짓 되는 작은 가게였다. 그녀는 밤에는 사탕을 만들고 낮에는 그 사탕을 팔았다. 부엌에서 사탕 공장을 시작한 한때 소심했던 이 가정주부는 이제 열일곱 개의 공장을 거느리게 되었으며, 그 가운데 열다섯 개는 시카고에서도 번화한 루프 지역에 있다.

내가 말하고자 하는 요시가 바로 이것이다. 뉴욕주 잭슨하이츠에 사는 넬리 스피어나 일리노이주 메이우드에 사는 오라 스나이더는 돈에 관해 걱정하는 대신 적극적으로 뭔가를 했다. 이들은 자신들의 부엌에서 간접비도 없고, 월세도 없고, 광고비도 없고, 직원 급여도 없이 아주 조그맣게 사업을 시작했다. 이런 조건이라면 어떤 여성이든지 재정적인 걱정으로 나자빠질 일은 없다.

여러분 주변을 둘러보라. 아직도 충족되지 않고 있는 많은 요구를 발견할 수 있을 것이다. 예를 들어 여러분이 열심히 연습해서 뛰어난 요리사가 된다면 부엌에서 젊은 여성들을 위한 요리 교실을 열어 돈을 벌 수도 있다. 수강생은 집마다 찾아다니며 모으면 된다.

규칙 10 절대로 도박하지 말라.

경마를 하거나 슬롯머신에 돈을 넣어서 돈을 벌겠다는 사람을 볼 때마다 나는 깜짝 놀란다. 내가 알고 있는 사람 가운데 이런 '한손잡이 강도'를 쭉 늘어놓고 사업을 하는 사람이 있는데, 그는 사람들에게 이기도록 만들어져 있는 기계를 이기겠다는 말도 안 되는 생각을 품는 바보 같은 사람들을 경멸할 뿐이다.

내가 아는 사람 가운데는 미국에서 가장 유명한 출판사 사장도 있다. 그는 내가 진행하는 성인 대상 강좌의 수강생이었다. 그는 내게 자신이 아무리 경마에 대한 지식이 많더라도 경마로 돈을 버는 것은 불가능하더라고 털어놓았다. 하지만 현실을 살펴보면 그런 바보 같은 사람들이 한 해에만도 경마에 60억 달러라는 돈을 쏟아붓고 있다. 1910년도 미국의 국가 채무 총액의 여섯 배에 달하는 금액이다. 그 사장은 만일 정말 보기 싫은 원수가 있어서 그를 망치고 싶다면 경마를 하도록 꼬드기는 것보다 더 좋은 방법은 없을 것이라고 말하기도 했다. 그에게 경마 정보지에서 하라는 대로 경마를 하는 사람들에게는 어떤 일이 생기느냐고 물었더니 이렇게 대답했다. "그런 식으로 경마를 하면 돈을 다 잃기에 십상이죠."

만일 도박할 생각이라면 적어도 현명하게 해야 한다. 우리가 지고 이길 확률이 얼마나 되는지 확인해보자. 어떻게? 『확률 계산하기』라는 책을 읽어보면 된다. 브리지와 포커 게임의 권위자이며 뛰어난 수학자이자 확률 계산 전문가이면서 보험 계리인인 오스왈드 자코비가 지은 책이다. 그는 215쪽에 걸쳐서 경마, 룰렛, 크랩스, 슬롯머신, 드로 포커, 스터드 포커, 콘트랙트 브리지, 옥션 피노클 등을 할 때 여러분이 이길 수 있는 확률을 계산해놓았다. 이 책에는 수십 가지의 여타 활동에서 나타나는 과학적이고 수학적인 확률도 들어 있다. 이 책은 어떻게 하면 도박을 해서 돈을 벌 수 있는지를 보여주겠다고 하지 않는다. 저자는 딴 속셈을 가지고 있지 않다. 그는 다만 대부분의 일반적인 도박에서 여러분이 이길 확률이 얼마나 되는지를 보여줄 뿐이다. 만일 여러분이 그 확률을 살펴본다면, 여러분은 경마나 카드 게임, 주사위 놀이나 슬롯머신에 자신이 열심히 일해서 번 돈을 갖다 바치는 불쌍한 노름꾼들에게 연민을 금치 못할 것이다. 여러분이 크랩스나 포커 게임을 하거나 경마를 하고 싶을 때 이 책을 본다면 잃는 돈을 백 분의 일로, 아니 천 분의 일로 줄일 수 있을 것이다.

규칙 11 재정 상태를 개선하지 못한다 해도 자신을 용서하고, 바꿀 수 없는 상황에 대해 불평하지 말자.

재정 상태를 개선하지 못한다 해도 우리의 정신 자세를 개선할 수는 있다. 누구나 그 나름대로 재정적인 고민을 안고 있다는 점을 명심하자. 우리는 존스네 집만큼 잘살지 못해 고민할 수 있다. 하지만 존스네도 리츠네 집만큼 잘살지 못해 고민하고 있을 것이다. 그리고 리츠네도 반더빌트네 집만큼 잘살지 못한다고 고민한다.

워싱턴 대통령 취임식 석판화(왼쪽), 링컨 대통령 취임식(오른쪽)

미국 역사상 가장 유명한 사람들 가운데에도 재정적인 문제를 가진 사람들이 있었다. 링컨과 워싱턴은 둘 다 대통령 취임식에 참가하는 여비를 대기 위해 돈을 꿔야 했다.

모든 것을 갖지는 못한다 해도 우리의 인생을 걱정과 분개로 망치지는 말자. 우리 자신을 용서하자. 철학을 하며 살자. 에픽테토스는 철학을 이렇게 정의했다.

자신의 행복이 외적인 것에 의존하지 않도록 살아가는 것, 이것이 철학의 요체이다.
The essence of philosophy is that a man should so live that his happiness shall depend as little as possible in external things.

그리고 세네카는 이렇게 이야기했다.

어딘가 부족하다고 느껴지는 것이 있으면 온 세상을 가진다 해도 비참하다.
If you have what seems to you to be insufficient, then you will be miserable even if you possess the world.

루키우스 안나이우스 세네카(Lucius Annaeus Seneca)
로마 제국의 정치인, 사상가, 문학가로, 로마 제국의 황제였던 네로의 스승으로도 유명하다.

그러므로 만일 우리가 온 세상을 소유하고 그 둘레를 촘촘한 울타리로 둘러친다 해도 하루에 세 끼밖에는 먹지 못하고 침대 하나에서밖에는 눕지 못한다는 사실을 기억하자. 막노동을 하는 사람도 그 정도는 한다. 그리고 그 사람이야말로 록펠러보다도 더 맛있게 먹고 더 평화롭게 잠을 잘 것이다.

PART 9

재정적인 고민을 덜기 위한 11가지 방법

1 사실을 기록하라.

2 자신의 상황에 맞춘 예산안을 마련하라.

3 현명하게 소비하는 법을 배워라.

4 수입이 는다고 고민도 늘리지 말라.

5 대출받을 때를 대비해서 신용을 쌓아놓아라.

6 보험으로 질병이나 화재, 긴급 상황에 대비하라.

7 사망보험금을 배우자에게 일시금으로 지급하도록 설정하지 말라.

8 자녀들에게 돈에 관한 책임 있는 자세를 갖도록 가르쳐라.

9 가정주부들은 부엌에서 용돈벌이를 할 수 있다.

10 절대로 도박하지 말라.

11 재정 상태를 개선하지 못한다 해도 자신을 용서하고 바꿀 수 없는 상황에 대해 불평하지 말라.

MEMO